„Wir schleudern diese Botschaft in den Kosmos ... dies ist ein Geschenk von einer kleinen, weit entfernten Welt ... Wir hoffen, daß wir uns eines Tages, wenn wir die Probleme, vor denen wir jetzt stehen, gelöst haben werden, einer Gemeinschaft galaktischer Zivilisationen anschließen können.

Jimmy Carter, Präsident der USA
16. Juni 1977 — Auszug aus einer Botschaft im Voyager-Raumschiff

„Ich bin der persönlichen Überzeugung, daß höhere Wesen aus anderen Galaxien und anderen Zeiten einen erneuten Dialog mit der Menschheit begonnen haben ... Ich weiß nicht, wie sie aussehen, wie sie leben oder auch nur, was für Ziele sie im Hinblick auf die Menschheit haben ... [aber] ich glaube an ihre Weisheit und ihre wohlwollenden Absichten gegenüber den Menschen und allen lebenden Dingen auf der Erde."

Andrija Puharich
Mediziner, Inhaber von mehr als 50 Patenten

„Innerhalb der nächsten zehn Jahre werden psychokinetische Fähigkeiten eine recht hohe Akzeptanz finden. Sie werfen das bisherige Bild vom Menschen um; es gibt etwas, das noch fundamentaler ist als die Materie, aus der wir gemacht sind.
Wir können [übernatürlich] Kontrolle über die Materie ausüben, die um uns herum ist, und wir können die Funktionsweise unseres Körpers durch unsere Gedanken kontrollieren."

Ex-Astronaut Edgar D. Mitchell
in einer Rede vor den Mitgliedern des Kongresses, 1980

„Wenn wir an Telepathie glauben, glauben wir an einen Prozeß, der es einem Menschen ermöglicht, aus der Ferne in die Persönlichkeit eines anderen einzudringen. Es ist sehr unwahrscheinlich, daß ausschließlich geistig gesunde und intelligente Geister solch einen Einfluß ausüben werden ... Es gibt keinen Grund, der dagegen spricht, daß andere nicht genau dasselbe tun sollten."

James Hyslop
Professor für Logik und Ethik an der Columbia University

„Ich hatte größte Schwierigkeiten, meine Gedanken unter Kontrolle zu halten. In mir war ein Dämon ..."

Carl Gustav Jung
Psychiater

Dave Hunt

Die letzte große Verschwörung

Verlag der Francke-Buchhandlung GmbH

Alle Schriftstellen wurden der revidierten Elberfelder Bibel oder der neu bearbeiteten Textfassung der Schlachter Bibel von 1951 entnommen.

Die Deutsche Bibliothek – CIP-Einheitsaufnahme

Hunt, Dave: Die letzte große Verschwörung / Dave Hunt.
[Dt. von Annerose Goldhahn] – Marburg an der Lahn : Francke, 1992
(Francke-Lesereise : Aufwind)
ISBN 3-86122-001-6

Alle Rechte vorbehalten
Originaltitel: The Archon Conspiracy
© 1989 by Harvest House Publishers, Eugene, Oregon, USA
© by Verlag der Francke-Buchhandlung GmbH
3550 Marburg an der Lahn
Deutsch von Agentur Lardon/Annerose Goldhahn
Umschlaggestaltung: Uno-Design, Hamburg
Satz: Druckerei Schröder, 3552 Wetter/Hessen
Druck: St.-Johannis-Druckerei, Lahr

Francke-Lesereise Aufwind

Inhalt

Vorwort	7
1. Kontakt	9
2. Verabredung mit dem Tod	17
3. Abgang der „Neun"	23
4. Aus der Dunkelheit zurück	30
5. Ein lebender Beweis	35
6. Veränderungen	41
7. Eine CIA-Operation?	51
8. An der Weggabelung	58
9. Die Wege trennen sich	68
10. Die KGB-Verbindung	75
11. Für das Protokoll	87
12. Eine tollkühne Entscheidung	96
13. Paris!	105
14. Entdeckt!	116
15. Untergetaucht	128
16. Das Projekt Archont	139
17. Ein überraschender Vorschlag	152
18. Endlich!	166
19. Antonio Del Sasso	174
20. Der Plan	183
21. Katz und Maus	197
22. Ein unüberlegtes Abenteuer	203
23. Invasion!	211
24. Psychischer Kampf!	221
25. Ein unbegrenztes Potential?	231
26. Von Angesicht zu Angesicht	245
27. Ein antichristlicher Aufruhr?	253
28. Poltergeist!	259
29. Die Frau und die Schlange	267
30. Den Glauben bewahren	274
31. Wachsende Zweifel	283
32. Eine Warnung!	297
33. Ausgetrickst!	309
34. Ein Trick?	316
35. Ein Konkurrenzplan	323
36. Um die Welt zu retten	333

37. Der Weltkongreß 666 342
38. Inferno! 353
39. Eine größere Kraft 370
40. Das Vermächtnis der Archonten 378

Vorwort

Dieses Buch spielt in der nahen Zukunft. Die Handlung ist zwar frei erfunden, aber dennoch handelt es sich weder um Fantasy noch um eine Allegorie. Vielmehr ist es — vielleicht — ein Blick in die Geschichte, bevor sie geschehen ist. Das soll nicht heißen, das die folgenden Seiten exakte Prophetie wären, denn das sind sie nicht. Dennoch werden wahrscheinlich schon sehr bald Ereignisse, die den Handlungen dieser Erzählung bemerkenswert ähnlich sind, geschehen — Ereignisse, die keine menschliche Behörde verhindern kann, selbst wenn sie im voraus gewarnt würde. Wann genau sich ein solches Szenario in der wirklichen Geschichte abspielen wird, läßt sich natürlich nicht vorhersehen.

Abgesehen von allgemein bekannten Persönlichkeiten, die eindeutig als solche beschrieben werden, sind alle Ähnlichkeiten mit noch lebenden oder bereits verstorbenen Personen rein zufälliger Art.

1. Kontakt

„Sie nähern sich Omega! Bleiben Sie ganz ruhig. Lassen Sie sich fallen. Wir bringen Sie tiefer ... tiefer ..."
Ken Inman hatte den Eindruck, daß die metallische Stimme aus seinem eigenen Kopf zu kommen schien. Er befand sich schon tief in einer selbst verursachten Trance und war an die geheime Maschine geschnallt, die er erfunden hatte. Die Roboterstimme — elektronisch umgewandelte Gehirnströme von Ken, die in einen Verstärker geleitet wurden — schien aus unendlich fernen Räumen und Zeiten zu kommen. Sie hallte von einem Lautsprecher direkt über der zweiten Gestalt, die einen weißen Laborkittel trug und sich über die Kontrollinstrumente einer Reihe von elektronischen Überwachungsgeräten beugte, gespenstisch durch den Versuchsraum. Auf der breiten, hohen Stirn unter den ausgedünnten grauen Haaren standen Schweißperlen, und der eulenähnliche Blick hinter dem Metallrahmen seiner Brille verriet Anzeichen zunehmender Nervosität.

Vor achtzehn Jahren, als Ken Inman noch ein Teenager war, hatte er die Stanford University *summa cum laude* abgeschlossen. Er war ein Wunderkind in Mathematik und erwarb bereits mit 19 Jahren einen zweifachen Doktortitel der Stanford Universität in Elektrotechnik und Informatik — eine Leistung, die vor ihm noch niemand geschafft hatte und die sehr wahrscheinlich auch nicht wiederholt werden würde. Nachdem Ken seine eigene, höchst erfolgreiche Softwarefirma gegründet hatte, die er immer noch leitete, hatte er seine Tätigkeiten noch ausgedehnt und beschäftigte sich mit Parapsychologie. Es war eine Entscheidung, die einige seiner früheren Professoren sehr enttäuschte, aber es war auch eine Entscheidung, die sich Ken nicht leicht gemacht hatte. Ein überzeugendes Argument, daß er seinen Kritikern entgegenhalten konnte, war, daß die Parapsychologie ein größeres Potential besaß, der Menschheit zu dienen, als jeder andere Bereich der Wissenschaft. Allerdings deutete er mit keiner Silbe auf die geheime Forschungsarbeit hin, die begonnen hatte, ihn in ihren Bann zu ziehen und von der er schließlich besessen war: Die Suche nach psychischem Kontakt mit höherentwickelten, geistigen Intelligenzen.

Nach fünf intensiven und einsamen Jahren der Arbeit an diesem Projekt hatte Inman seinen guten Freund, den brillanten und kampfeslustigen Psychologieprofessor der Stanford Universität, Frank Leighton, in das Projekt eingeführt. Gemeinsam hatten sie unermüdlich nach etwas gesucht, das, wie sie beide glaubten, größer war als die Atombombe, das Gesetz der Gravitation und die Relativitätstheorie zusammengenommen. Und jetzt schien es endlich soweit zu sein: sie hatten offenbar Kontakt aufgenommen!

„Wir sind die Neun. Vertraut uns! Wir haben Ihre Voyager-Botschaft erhalten ... wir sind gekommen, um Ihnen zu helfen ..." Die fremde Stimme klang beruhigend und hypnotisierend.

Obwohl er sich in einem sorgfältig kontrollierten veränderten Bewußtseinszustand befand, verspürte Inman ein Hochgefühl. *Die „Voyager-Botschaft"? Unglaublich! Es gibt sie also wirklich irgendwo da draußen!* Seine Gedanken rasten durch seinen Kopf, während er spürte, wie er in den Strudel eines unwiderstehlichen Bewußtseins gezogen wurde — eines Bewußtseins, von dem er nie gedacht hätte, daß so etwas existiere.

Frank Leighton atmete schwer und bemühte sich, das Zittern in seinen Fingern zu kontrollieren. Er warf prüfende Blicke auf die Gestalt, die in tiefer Trance vor ihm lag. Der wuchtige Ruhesessel, auf dem Ken festgeschnallt war, wurde von einer dicken Plexiglas-Pyramide überdacht, die beinahe bis zur Decke des Versuchsraumes reichte. Ein Gewirr von Kabeln führte von einem eng sitzenden Plastikhelm auf Kens Kopf und von vielen verschiedenen Stellen seines Körpers zu einer beeindruckenden Anordnung von elektronischen Wunderwerken direkt neben ihm. Von dort führten zwei dicke Computerkabel zu den Überwachungsinstrumenten, die sich außerhalb der Pyramide befanden. Die gesamte Konfiguration war auf einer pentagrammförmigen Metallplattform aufgebaut. Diese „Abschußrampe für Reisen in den inneren Raum", wie Ken und Frank ihr geheimes Labor liebevoll nannten, war nur etwa zehn Minuten von der Stanford Universität entfernt.

„Sie treten jetzt in den Bereich größter Erleuchtung ein. Entspannen Sie sich!" Beim Klang der Stimme verspürte Leighton ein Gefühl der Panik, als ob kalte Finger seine Kehle und seinen Brustkorb umklammerten. *Das war es also — der Lohn für Jahre harter Arbeit!*

Ken lag bewegungslos da. Sein Gesicht war jetzt eine Totenmaske. Die Monitore zeigten, daß sich der Trancezustand schnell vertieft hatte, tiefer, als sie es je bisher erreicht hatten. Der Puls und der Blutdruck waren auf 35 pro Minute beziehungsweise 90/40 gesunken. Einen Augenblick lang stand Leighton kurz vor einer Panik und verfluchte ihren heimlichtuerischen Verfolgungswahn, der es nicht zugelassen hatte, daß bei diesen gefährlichen Sitzungen ein Arzt zugegen war.

„Wir haben Ihre Fortschritte beobachtet — wir sind hier, um Ihnen beim nächsten Schritt zu helfen. Aber da ist eine Schranke, die uns blockiert. Öffnen Sie sich! Es gibt keinen Grund zur Furcht." Trotz dieser beruhigenden Worte und des hypnotisierenden Tonfalls hatte sich etwas Abschreckendes in die metallische Stimme gemischt, die über den Lautsprecher kam. Leighton spürte, wie sich seine Nackenhaare sträubten. *Bleib ruhig! Reiß dich zusammen! Es ist die Elektronik, die es so unheimlich klingen läßt. Ruhig, Ken.* Leightons Augen wanderten von Ken zu den Nadeln und Kurven der Instrumente und wieder zurück. Er wischte sich mit schweißnasser Hand die Stirn.

„Um an den Omega-Punkt zu gelangen, wo die menschliche Intelligenz dem Unendlichen begegnet, mußt du die Schranke fallen lassen, die dein Ich umgibt. Laß die Schranke fallen!" Die gebieterische Stimme war plötzlich von der Sie-Form zu der persönlichen Du-Anrede gewechselt.

Zu seiner Bestürzung bemerkte Leighton, daß Ken damit begonnen hatte, sich zum normalen Bewußtsein zurückzukämpfen. Krampfhaft wehrte er sich gegen die Gurte, die ihn auf dem Stuhl festhielten. Ein tiefes Stöhnen kam aus seinem starren Mund. Der Blutdruck und die Pulswerte machten einen Sprung nach oben. Leighton sah hilflos zu, wie die Monitore ein Nachlassen des tiefen Trancezustandes anzeigten.

„Laß die Schranke fallen!" Die außerirdische Stimme hatte ihren verführerischen Klang verloren und war barsch und autoritär geworden.

„Neiiin!" Der Schrei, der aus Kens Kehle hervorbrach, klang mehr tierisch als menschlich. Er kämpfte jetzt verzweifelt gegen seine Fesseln an, wie ein Ertrinkender, der versucht, nach oben zu kommen, um Luft zu holen.

„Du mußt dich öffnen. Laß die Schranke fallen ... die Schranke ..." Die Stimme war jetzt lauter, drängender, aber auch unzusammenhängender, als ob die Verbindung mit großer Anstrengung aufrechterhalten würde.

„Neiiiin!" Ein schrecklicher Schrei zerriß die Luft. „Oh Gott! Nein!"

Die Reihe der Zeiger auf den Überwachungsgeräten schwankte einige Sekunden lang wild hin und her und bewegte sich dann langsam zurück zum Normalstand — und darüber hinaus. Leighton fluchte leise vor sich hin und drückte einen Knopf. Die Plexiglaspyramide begann, sich mit einer eleganten Bewegung von ihm weg zur Seite zu neigen. Der Kontakt, von dem sie geträumt hatten, für den sie gearbeitet und den sie schließlich erreicht hatten, entglitt ihnen. Kens Augen öffneten sich mit einem wilden Blick. Sein Kopf bewegte sich sprunghaft, als ob er den Raum nach etwas oder jemandem absuchte. In jedem seiner verzerrten Gesichtszüge war deutliche Panik zu erkennen, während er vergeblich gegen die starken Gurte ankämpfte, die ihn festhielten. Blutdruck und Puls waren auf über 200 nach oben geschossen. Jetzt, als sich seine Augen auf Leighton richteten, der sich beeilte, um die elektronischen Anschlüsse von Kens Körper zu lösen, bevor er die Haltegurte entfernte, begannen die Werte langsam zu sinken.

„Ken, ich kann es nicht glauben! Warum hast du gezögert — gerade jetzt, wo du *Omega* erreicht hast? Warum?"

„Ach — gezögert? Habe ich das getan?" Selbst in seinem immer noch desorientierten Zustand war Ken schockiert von dem Tadel in der Stimme seines Kollegen. Er schüttelte den Kopf, um klarer denken zu können. „Was sagst du da?"

„Wir waren am Ziel, und dann hast du dagegen *angekämpft*. Erinnerst du dich nicht daran?"

„Dagegen angekämpft? Ich weiß nicht. Ich hatte das Gefühl, daß etwas versuchte, meinen Verstand zu übernehmen. Es war schrecklich!" Ein Schauder schüttelte Kens Körper. Er umklammerte seinen Kopf mit beiden Händen, angeekelt und verwirrt, und versuchte angestrengt, sich an die Einzelheiten eines entsetzlichen Alptraums zu erinnern, der immer noch nicht ganz verschwunden war, sich aber auch nicht fassen ließ.

Ungeduldig streckte Leighton seine Hand zu dem Aufnahmepult neben Ken hinüber und drückte abwechselnd die Knöpfe „Rücklauf" und „schneller Vorlauf". Wirre Laute durchbohrten die angespannte Atmosphäre. Schließlich fand er, was er suchte. „Hier ist es. Wir waren dabei, Geschichte zu machen! Hör dir das an!"

„Sie nähern sich Omega! Bleiben Sie ganz ruhig! Lassen Sie sich fallen. Wir bringen Sie tiefer ... tiefer ..."

Beim ersten Klang der Stimme zuckte Kens Körper krampfhaft, und ein Stöhnen entschlüpfte seinen verzerrten Lippen. Leighton drückte einen Augenblick lang auf den Pausenknopf und ließ ihn dann wieder los.

„Wir sind die Neun. Vertraut uns! Wir haben Ihre Voyager-Botschaft erhalten ... wir sind gekommen, um Ihnen zu helfen ... Sie treten jetzt in den Bereich größter Erleuchtung ein. Entspannen Sie sich! Wir haben Ihre Fortschritte beobachtet — wir sind hier, um Ihnen beim nächsten Schritt zu helfen. Aber da ist eine Schranke, die uns blockiert. Öffnen Sie sich! Es gibt keinen Grund zur Furcht." Leighton beobachtete seinen Kollegen aufmerksam. Kens Körper zitterte unkontrollierbar, als die drängende Stimme fortfuhr.

„Um an den Omega-Punkt zu gelangen, wo die menschliche Intelligenz dem Unendlichen begegnet, mußt du die Schranke fallen lassen, die dein Ich umgibt. Laß die Schranke fallen!"

„Laß die Schranke fallen!" Die Stimme schien den Raum zu erfüllen.

„Neiiin!"

Der Klang seiner eigenen Stimme, die hysterisch schrie, bewirkte in Kens Kopf so etwas wie eine Explosion. Der Schmerz ließ ihn wild an den hemmenden Gurten zerren. In panischer Angst schaltete Ken den Kassettenrekorder aus und begann, an den Gurten zu zerren.

„Warte! Ich werde dich losmachen." Leighton legte seine Hand fest auf Kens Schulter und schob ihn wieder in den Sitz.

Ken zitterte. Sein Blick war der eines Tieres, das in einer Falle sitzt.

„*Irgend etwas* hat wieder nach meinem Verstand gegriffen!" Er holte mehrmals tief Luft und atmete langsam aus, um sich zu beruhigen. „Gott, es ist schrecklich! So etwas habe ich nie erwartet, Frank! Wer sind diese *Neun?* Warum habe ich Gefahr gespürt — etwas *Widerwärtiges?*"

Systematisch löste Leighton die Gurte und schüttelte dabei mit deutlichem Tadel seinen Kopf. „Ich verstehe nicht, was du meinst. Es ist einfach unfaßbar!" Die Angst und Verwirrung in Kens Augen ließen Leighton etwas ruhiger werden. „Kannst du noch etwas mehr verkraften?" fragte er. „Du solltest dir den Rest jetzt gleich anhören — während es noch frisch ist. Vielleicht erinnerst du dich an etwas."

Ken lehnte sich in dem Sessel zurück und nickte zögernd. „Na gut. Laß es uns noch einmal versuchen." Leighton stellte den Rekorder wieder an.

„Du mußt dich öffnen. Laß die Schranke fallen ... die Schranke ..." Die Stimme wurde stärker, dann wieder schwächer.

„Neiiin! Oh Gott! Nein!" Es war ein Schrei, der sich dem tiefsten Abgrund der Hölle entwand. Ken umklammerte die Armlehnen seines Sessels und versuchte, seinen Verstand zu behalten, bis die schrecklichen, aber undeutlichen Bilder wieder verschwanden.

Leighton stellte den Rekorder ab. „Genau hier haben wir den Kontakt verloren. Wir haben jahrelang für diesen Augenblick gearbeitet."

Das Einfühlungsvermögen, das er einen Augenblick lang verspürt hatte, war wieder verschwunden. Es stand zuviel auf dem Spiel. Es gab keine Entschuldigung für das, was Ken getan hatte. Wieder unternahm er keinen Versuch, seine Enttäuschung und seinen Ärger zu verbergen. Er sah Ken über seine Brillengläser hinweg an, aber nicht mit jenem sachlich-klinischen Blick, den die Studenten seines Psychologiekurses an der Stanford Universität so gut kannten und der sie zur Raserei brachte. Ein großer Erfolg war ihnen durch die Finger geschlüpft. Enttäuschung und Ärger kochten in ihm.

„Warum hast du dagegen angekämpft? Warum?" Leightons Frage türmte sich wie eine greifbare Gegenwart im Raum auf. „Wir hatten es, Ken!"

„Ich habe es dir doch gesagt. Es war wie ... wie etwas *Lebendiges* und schrecklich *Fremdes*, das versuchte, mich zu übernehmen – mich in Besitz zu nehmen! Ich kann es nicht erklären ..." Kens Stimme wurde leiser, bis sie verstummte.

Leighton schüttelte unnachgiebig den Kopf. „Ken, sie sagten, sie hätten die *Voyager-Botschaft* erhalten und wären gekommen, um uns zu helfen. Verstehst du, was das bedeutet ... was für eine Chance wir gerade vertan haben?"

„Es ist also meine Schuld, ja? Es tut mir leid, aber du weißt nicht, wie es war ..."

„Ich habe jedes Flackern dieser Zeiger beobachtet", beharrte Leighton, „und ich versichere dir, daß auf keinem der Monitore irgendein Anzeichen einer schädlichen Auswirkung zu sehen war, bis du angefangen hast, Widerstand zu leisten! Dann erst lief alles schief!"

Ken wurde zornig. „Es ärgert mich, daß du mir die Schuld dafür gibst, Frank! Meinst du denn, ich hätte grundlos so geschrien? Das ist nicht meine Art, aber ich habe es gehört – und du hast es auch gehört."

„Was du da sagst, ist nichts Konkretes, Ken – nur vage und subjektive Gefühle, die nur deinen eigenen inneren Geisteszustand widerspiegeln, aber nicht das, was wirklich geschehen ist." Leightons Ton war kalt geworden, als würde er einen Patienten oder Studenten analysieren. „Ich habe die Monitore beobachtet, und da war nichts ..."

Ken unterbrach ihn ärgerlich. „Es ist mir egal, was die Monitore gezeigt haben! Ich wurde von etwas aufgesogen, das *unbeschreiblich scheußlich* war! Ich kann es nicht erklären, aber es war *fürchterlich!*"

„Ich höre, was du sagst, Ken, und ich versuche, Verständnis für deine Gefühle zu haben. Ich bin sicher, daß sie für dich real waren. Aber ich muß verstehen, was wirklich geschehen ist. Wir dürfen nicht zulassen, daß es das nächste Mal wieder passiert. Du warst am Omega-Punkt – der Verwirklichung unseres Traumes – und dann hast du dich zurückgezogen."

„Glaubst du denn, ich wäre nicht genauso enttäuscht wie du? Ich habe mir diese Sache ausgedacht und dich mit hineingenommen! Also laß mich endlich in Ruhe!"

„Schon gut, schon gut", sagte Leighton halb entschuldigend. „Wir werden es wieder versuchen, wenn du bereit bist. Es sollte das nächste Mal leichter sein ..."

„*Das nächste Mal?* Ja, vielleicht ... aber jetzt möchte ich lieber nicht daran denken." Kens bittende Augen und sein verzerrtes Gesicht spiegelten die panische Angst blinden Schreckens wider.

„Du kannst es!", sagte Leighton beruhigend. Jetzt geriet *er* in Panik. Ken würde doch nicht etwa abspringen? „Schlaf dich heute gut aus, und du wirst darüber hinwegkommen. Vielleicht war dies ein unglücklicher Zufall. Vielleicht wird es das nächste Mal kinderleicht sein." Frank legte seine Hand auf Kens Arm, aber der schob sie weg.

„*Vielleicht* – vielleicht sollten wir das nächste Mal die Plätze tauschen ..."

„Das würde ich sehr gern tun, wenn es auch nur halbwegs vernünftig wäre", erwiderte Leighton ernsthaft, „aber du hast jahrelang trainiert: bewußtseinserweiternde Drogen, Yoga, Zen ... Wie lange würde ich brauchen? Komm schon, Ken – es war noch nie deine Art, aufzugeben!"

„Nun laß mich endlich in Ruhe, ja? Ich werde es wieder versuchen – natürlich werde ich das tun. Aber ich – ich brauche etwas Zeit."

Ken stand energisch auf. Seine große, athletische Gestalt überragte seinen Gefährten. Sie waren sehr gegensätzlich. Es war offensichtlich, daß Leighton den Alkohol und gutes Essen zu sehr liebte. „Ich muß hier raus!" murmelte Ken, sowohl zu sich selbst als auch zu Leighton. Er schüttelte erneut seinen Kopf, hielt ihn dann mit beiden Händen und zuckte von dem Schmerz und der Verwirrung zusammen. Er taumelte, immer noch kopfschüttelnd, aus dem Labor und warf die Tür hinter sich zu.

Leighton machte ein paar zögernde Schritte hinter ihm her und blieb dann stehen. Er stand still, der Klang der zuschlagenden Tür hallte in seiner Erinnerung wider. Ein Wirbelwind von einander widersprechenden Gedanken hielt ihn gefangen. Sein Blick wanderte über das Labor, das Ken mit seinem überragenden Verstand und seiner Ausdauer aufgebaut hatte. Es war auch Leightons große Leidenschaft geworden.

Sie hatten Kontakt aufgenommen! Der Gedanke versetzte ihn in ein heftiges Hochgefühl. Er ging schnell zum Telefon, das in der Nähe auf dem Tisch stand, und wählte eine Nummer — eine Nummer, die er niemals wählte, außer von Orten aus, wo sie nicht zurückverfolgt werden konnte, um ihn zu finden.

Das Telefon klingelte und klingelte. Schließlich meldete sich eine energische weibliche Stimme am anderen Ende und sagte: „CIA".

Leighton räusperte sich. „Hawkins, bitte."

„Wen soll ich ihm melden?"

„Sagen Sie ihm, daß Herbert George Wells am Apparat ist — mit der großen Neuigkeit, auf die er gewartet hat."

2. Verabredung mit dem Tod

Nachdem Ken das Labor verlassen hatte, fuhr er instinktiv zu den Bergen an der Küste. Wie oft war er schon hierher gefahren, um in den Wäldern umherzustreifen und über schwierige Probleme nachzudenken, bis er eine Lösung gefunden hatte. Aber als er dieses Mal auf der gewundenen Bergstraße fuhr, die er so gut kannte, und in die späte Nachmittagssonne blickte, die gerade in den Pazifik sinken wollte, konnte er sich nicht erinnern, wie er hierher gekommen war. Und er konnte sich auch nicht daran erinnern, während der Fahrt James Taylors *Sweet Baby James* in den Rekorder geschoben zu haben. Die nostalgischen Klänge schmetterten ihm aus der Quadroanlage seines Jaguar XJS entgegen.

Trotz des Reichtums, den ihm seine Computerfirma eingebracht hatte, engagierte sich Ken viel zu sehr für seine Ziele, als daß ihm noch Zeit für den vielen Luxus geblieben wäre, den er sich mit Leichtigkeit hätte leisten können. Der Jaguar war das eine Statussymbol, das er sich erlaubte, der einzige Besitz, der ihn besaß. Er war sein Stolz und seine Freude. Und doch hatte er jetzt das seltsame Gefühl, daß diese meisterhaft eingestellte Maschine, die immer sofort auf jede noch so leichte Berührung von ihm reagiert hatte, gegen ihn ankämpfte, wie ein lebendiges, atmendes, ungezähmtes Tier. Und selbst diese eigenartige Wahrnehmung schien undeutlich und unwirklich zu sein. Nur ein Gedanke beherrschte ihn jetzt: Er mußte unbedingt einer Erinnerung entfliehen, die schwer zu fassen und doch grauenhaft war. Dieser Alptraum ließ ihn nicht los. Er wurde ständig deutlicher und qualvoller, während die Stimmen immer und immer wieder dieselben Worte laut in seinen schmerzenden Kopf einhämmerten.

„Du hast Omega erreicht ... Omega ... den Bereich größter Erleuchtung ... Bereich größter Erleuchtung ... Bereich größter Erleuchtung ..." Es war mehr als nur eine Erinnerung. Die metallischen, drohenden Befehle schienen aus seiner eigenen Seele zu dringen, so, als gehöre sie jetzt „den Neun", wer auch immer sie waren. Jeder dieser stechenden Töne verstärkte sein Verlangen, ihnen zu entkommen — und auch die schreckliche Gewißheit, daß er es nicht konnte. Sein brillanter Verstand, seine Genialität, die geistige Größen eingeschüchtert hatte — was nützte ihm das jetzt?

Eine seltsame Veränderung schien mit seiner physischen Wahrnehmung vor sich zu gehen. Er hatte das Gefühl, als würde der Jaguar, mit dem er gekämpft hatte, mehr und mehr zu einer Erweiterung seiner selbst. Jetzt waren er und das Auto irgenwie eins – sein Körper und die Maschine verschmolzen zu einem Wesen. Seine Arme waren jetzt am Lenkrad festgefroren und vollführten dieselben wilden Manöver wie das Lenkrad; und seine Füße und Beine waren Teil des Gaspedals, das den vibrierenden Wagen bis zur äußersten Grenze seiner Leistungsfähigkeit antrieb. Gleichzeitig wußte er auf einer anderen Ebene seines Bewußtseins, daß er unvernünftig handelte. Aber diese wilde Woge der Kraft schien seine einzige Hoffnung auf Vergeltung zu sein – Vergeltung an den Stimmen zu sein, die ihn verfolgten. Selbst wenn es seinen eigenen Untergang bedeuten sollte! Das würde sie zum Schweigen bringen! Der Gedanke war verrückt, und er wußte es, und trotzdem trat sein Fuß im Gehorsam gegenüber einem inneren Befehl das Gaspedal weiter bis zum Boden durch.

„Wir, die Neun, werden dich führen. Du mußt dich öffnen ... öffne dich ..."

Die Straße war schmaler und sehr viel steiler geworden. Sie wurde zu einer scheinbar endlosen Folge gefährlicher Kurven, die sich am Rande einer tiefen und steilen Schlucht entlangwanden. Das strahlende Blau des Himmels, die vorbeirauschenden Bäume, durch deren Zweige die Strahlen der untergehenden Sonne fielen, die Woge der Macht, die ihn überwältigte – es war wie ein Rausch. Er hatte dasselbe Gefühl beim ersten Kontakt mit den „Neun" gehabt. Und genauso wie damals verwandelte sich auch jetzt der Taumel der Begeisterung in Angst und Verwirrung. In einer unübersichtlichen Kurve überholte der Jaguar mühelos einen mit Heu beladenen Laster, der sich mühsam den Berg hinaufquälte und stillzustehen schien. Es war ein tödliches Risiko, das er normalerweise niemals eingegangen wäre. Aber jetzt beherrschte ihn etwas Unwiderstehliches. Und die Erkenntnis, daß dies mehr war als ein Spiel mit dem Tod – daß er eine konkrete Verabredung mit dem Tod hatte – erschien vage und unwichtig.

War all dies ein Traum? Verblüfft und wie gelähmt beobachtete er voller Faszination, wie eine riesige Kobra unter dem Armaturenbrett hervorglitt und sich zwischen seinen Beinen emporwand. Sie sah ihn mit starren, undurchdringlichen Augen an. Dann wand sie sich rasch um seinen linken Arm. Ken schrie vor Angst und griff verzweifelt nach ihrem Kopf, aber seine freie Hand fand nichts als Luft. Und doch war sie da. Ihre Augen starrten hypnotisierend in seine, und ihre giftige Zunge züngelte drohend.

Seine intensive Konzentration auf die grauenhafte Schlange wurde plötzlich von dem Klang quietschender Bremsen und lautem Hupen unterbrochen – und von der schrecklichen Erkenntnis, daß er über die doppelte Mittellinie hinweg auf die andere Seite der Fahrbahn und in den Gegenverkehr geraten war. Augenblicklich verschwand die schreckliche Schlange, und statt dessen sah er einen Laster und einen Anhänger, der mit gewaltigen Baumstämmen beladen war und direkt auf ihn zukam. Der LkW-Fahrer bremste und schlingerte heftig. Ken zog den Wagen verzweifelt nach rechts.

Eine Sekunde lang meinte Ken, er habe es geschafft – bis die riesige Stoßstange des LkW's mit ohrenbetäubendem Krachen auf seinen hinteren linken Kotflügel prallte. Der Jaguar machte einen Satz über die Leitplanke, drehte sich in der Luft und schoß einen steilen, felsenübersäten Hang beinahe einhundertfünfzig Meter hinunter in die Tiefe. Der zerknautschte Wust von verbogenem und zerbeultem Blech fiel die letzten sieben Meter im freien Fall in ein ausgetrocknetes Flußbett am Grunde der Schlucht. Das Auto landete mit einem scheußlichen Krachen, das Ken nicht mehr hörte, in einer Spalte zwischen zwei massigen Felsblöcken und blieb dort eingekeilt.

Das steile Gelände und die hohen Bäume machten es dem Rettungshubschrauber unmöglich, hier zu landen. Als die Sanitäter das Wrack endlich erreichten, fanden sie Ken bewußtlos vor. Er hing immer noch in seinem Sicherheitsgurt, der ihm wahrscheinlich das Leben gerettet hatte – *falls* er überleben sollte. Trotz des enormen Blutverlustes durch mehrere offene Brüche und obwohl seine Lunge von einer gebrochenen Rippe durchbohrt war, konnte man einen kaum mehr wahrnehmbaren Puls fühlen. Es dauerte über eine Stunde, ihn aus dem verbogenen Metallgrab herauszuschneiden und die Felsen hinaufzuziehen. Sofort wurde ein Schlauch in seine Luftröhre eingeführt, und er wurde von Hand mit dem Ambubeutel beatmet. Die Sanitäter hatten noch während der Fahrt Ringerlösung intravenös gespritzt, damit sein Herz noch genügend Flüssigkeit hatte, um zu schlagen. Als der Rettungswagen das Krankenhaus von Palo Alto erreichte, hing Kens Leben nur noch an einem seidenen Faden.

Dort begann man sofort mit Bluttransfusionen und einer Notoperation. Zwei der besten Chirurgen des Landes – Dr. Harold Elliott und sein Assistent – arbeiteten wahrlich heldenhaft, wenn auch, wie sie selbst meinten, vergeblich. Der Patient hatte starre, weite Pupillen und mußte künstlich beatmet werden. Trotzdem war sein CT-Bild normal, was bedeutete, daß sein Koma nicht durch raumgreifende Gehirnverletzungen hervorgerufen wurde.

„Nervenverletzung unklarer Genese – oder Hypoxie", murmelte Elliotts Assistent nüchtern mit gerunzelter Stirn. „Die schlimmstmögliche Diagnose. Wahrscheinlich verschwenden wir unsere Zeit."
„Hmmm... vielleicht", antwortete Elliott, während er rasch schnitt und nähte. Er dachte an eine andere und möglicherweise noch hoffnungslosere Erklärung für das Koma – eine Erklärung, die nicht medizinischer Art war und über die sein Assistent spotten würde, so daß es keinen Sinn hatte, sie zu erwähnen.

„Wir könnten einen M.R.I. Scan ansetzen – falls er dafür lange genug lebt", schlug der Assistent vor.

„Vielleicht", sagte Elliott, der mit anderen Gedanken beschäftigt war. Der Name des Patienten war jedem, der sich über das Tagesgeschehen auf dem Laufenden hielt, bekannt. *Der Kerl ist ein freimütiger Förderer östlicher Mystik und telepathischer Kräfte. So tief, wie er in dem Zeug drinsteckt, könnte er schwer besessen sein. Das könnte seinen eigenartigen bewußtlosen Zustand erklären... vielleicht.*

Als die beiden Chirurgen ihre Instrumente weglegten, war inzwischen Kens Verlobte, Carla Bertelli, in der Klinik angekommen. Die junge Frau, die jetzt nervös im Warteraum auf und ab ging, hatte sieben Jahre, nachdem Ken seinen zweifachen Doktor gemacht hatte, an der Universität von Kalifornien, Berkeley, ihren Magister in Journalismus erhalten. Sie waren sich begegnet, als Carla eine Reihe von Gastvorlesungen über Parapsychologie besuchte, die Ken an der Universität Berkeley gehalten hatte. Für beide war es Liebe auf den ersten Blick gewesen. Sie hatte seine Genialität und seinen Sinn für Humor bewundert, und ganz besonders hatte ihr sein weltmännischer Humanismus und die geschickte Abqualifizierung aller Religionen gefallen, die ihre eigene Ablehnung gegenüber dem christlichen Glauben, in dem sie erzogen worden war, bestärkte. Und er hatte in ihr nicht nur all das gesehen, was sich ein Mann von einer Frau nur erträumen kann, sondern auch jene seltene Beharrlichkeit, ein Ziel zu erreichen, die seine eigene Zielstrebigkeit widerspiegelte. Am Anfang war Ken häufig nach Berkeley gefahren, um sich mit Carla zu treffen. Aber manchmal, je nach Verkehrslage, brauchte er für die Fahrt von Palo Alto nach Berkeley zwei Stunden. Ken arbeitete bereits sechzehn Stunden am Tag an der Entwicklung von Computerprogrammen. Als er zusätzlich auch noch mit Parapsychologie begann, blieb ihm nicht mehr viel Zeit für eine Romanze.

Carla hatte ihre olivbraune Haut und ihre großen, dunklen, mandelförmigen Augen von ihrem italienischen Vater geerbt. Ihre irische

Mutter hatte sie mit rotbraunem Haar und langgliedriger Schönheit ausgestattet. Carla war auf sympathische Weise liebevoll, von hartnäckiger Entschlossenheit und treu — und für den jungen, engagierten Wissenschaftler war sie die Erfüllung seiner Träume. Auch als ihr andere Verehrer nachliefen, blieb sie dem Mann, den sie liebte, treu. Ja, sie blieb es selbst dann noch, als er zu sehr mit seiner Doppelkarriere beschäftigt war, um noch die Zeit oder die Energie für die lange Fahrt zu haben, abgesehen von einigen seltenen Wochenenden. In dieser Hinsicht war Carla Ken sehr ähnlich: Wenn sie sich erst einmal für ein Ziel entschieden hatte, ließ sie sich nicht mehr davon abbringen. Und so hielt sie es mit allen Dingen. Sie hatte mehrere vielversprechende Angebote von Mannequin-Agenturen abgelehnt, um die Karriere als Journalistin, auf die sie seit ihrer Schulzeit abzielte, zu verfolgen.

Carla war zwei Jahre bei *The Wall Street Journal* und weitere zwei Jahre bei *The Washington Post* gewesen. Dann entschloß sie sich, freiberuflich zu arbeiten. Die täglichen Berichte über Firmenübernahmen und Wall Street-Skandale hatten sie weder gefordert noch waren sie im geringsten reizvoll gewesen, und so faßte sie einen Pulitzer-Preis in's Auge. Jetzt wollte sie frei sein, wenn ihr die große Story über den Weg liefe, um sie verfolgen zu können. Irgendwann war Ken schließlich gen Osten geflogen, um Carla zu sagen, wie sehr er sie vermißte, und es brauchte keine großen Überredungskünste, um sie dazu zu bringen, wieder nach Palo Alto zurückzuziehen. Sie hatte niemals ihr tiefes Interesse an Parapsychologie verloren, das Kens elektrisierende Vorlesungen früher in ihr erregt hatten, und unter seiner Anleitung hatte sie begonnen, Artikel über dieses Thema zu schreiben. Zunächst hatten die Verleger ihre Begeisterung nicht geteilt. Ken hatte Informationen preisgegeben, die niemand sonst hatte. Er hatte ihr Daten über seine eigene geheime Forschungsarbeit gegeben und sie den bekanntesten Wissenschaftlern auf diesem Gebiet vorgestellt. Und so war es kaum verwunderlich, daß sie schon jetzt von Journalisten in aller Welt als eine der besten Experten auf dem Gebiet der Parapsychologie angesehen wurde. Ja, sie war es gewesen, die dieser Art der Berichterstattung ein neues und dringend benötigtes Ansehen gegeben hatte.

Carla sprang sofort besorgt auf, als der große Arzt mit den ergrauenden Haaren und dem grünen Chirurgenkittel in den Warteraum trat und sich suchend umsah. Sie wurde augenblicklich von seinem Gesicht angezogen — es war mit Sicherheit das freundlichste Gesicht, das sie je gesehen hatte. „Ist er ...?" Sie hatte in der Unfallstation

bereits die Einzelheiten des Unfalls und die trostlose Prognose erfahren und wußte nicht, wie sie den Satz beenden sollte. „Wird er ...?"
„Ich bin Dr. Elliott." Sie spürte, wie er ihre ausgestreckte Hand herzlich mit seinen beiden Händen umfaßte. „Er liegt im Koma, aber er klammert sich gerade noch so an das Leben. Wir haben getan, was wir konnten. Es gibt eine kleine Chance, daß er es überleben wird, aber die Verletzungen sind so gravierend, daß wir nur abwarten können und sehen, was passiert." Er schwieg einen Augenblick lang und legte mitfühlend seine Hand auf ihren Arm. „Wir haben die Ursache für sein Koma nicht herausgefunden", fügte er ernst hinzu, „und das ist nicht gut."

„Kann ich ihn sehen? Wir wollten nächsten Monat heiraten."

„Es tut mir leid. Bevor wir ihn auf der Intensivstation nicht stabilisiert haben, darf ihn niemand besuchen. Wir wissen nicht, wie lange das dauern wird. Warum hinterlassen Sie nicht Ihre Telefonnummer im Schwesternzimmer? Sie werden Sie benachrichtigen, wenn Sie kommen können. Es hat wirklich keinen Sinn, hier zu warten. Es wäre am sinnvollsten, wenn Sie sich jetzt etwas ausruhen – und beten."

Carla sah einen Moment lang äußerst überrascht aus. *Beten? Meinen Sie das wirklich ernst? Ich baue auf Kens Überlebenswillen – und Ihre ärztlichen Fähigkeiten. Wie soll ich einem Arzt vertrauen, der moderne Wissenschaft mit Hokuspokus aus dem finsteren Mittelalter vermischt!*

„Danke", erwiderte sie. Obwohl sie sich bemühte, ihre Gefühle nicht zu zeigen, klang es ein wenig unterkühlt. „Aber ich glaube nicht an Gebet – und Ken tut es auch nicht." Sie wollte nicht undankbar erscheinen, aber Ehrlichkeit in den Dingen war Carla sehr wichtig. Keine falschen Eindrücke, keine Kompromisse in ihren Prinzipien ... schon gar nicht, wenn es um etwas so Wichtiges ging.

„Nun, ich glaube an Gott", erwiderte Dr. Elliott sanft und sah ihr direkt in die Augen, „und deshalb bete ich für jeden meiner Patienten. Und Sie wären erstaunt, wie oft er auf gnädige Weise Gebet erhört. Und in diesem Fall wäre es – es wäre nicht ehrlich, wenn ich Ihnen den Eindruck vermitteln würde, daß es noch eine andere Hoffnung gäbe."

3. Abgang der „Neun"

Gebet war ein sehr wichtiger Teil von Dr. Harold Elliotts Leben – eine Tatsache, die bei seinen Kollegen unterschiedliche Reaktionen hervorrief. Sie reichten vom Achselzucken bis zu versteckter Feindschaft. Der Grund dafür war nicht etwa, daß seine Kritiker kein Interesse an „alternativen" Methoden der Heilung hatten. Im Gegenteil, die Klinik förderte Seminare über nahezu alles, von Yoga bis zu „schamanistischer Visualisation" und hatte einen Ruf als Vorreiter der ganzheitlichen Medizin. Sie hatten mit Dr. Elliott Probleme, weil er höflich aber kompromißlos darauf bestand, daß der Gott, der sich in der Bibel offenbarte, der einzige wahre Gott sei und daß er allein auf wunderbare Weise eingreifen könne – und das nur so, wie er es in seiner Gnade wählte. Es gäbe keine Methoden, die Wunder garantierten.

Man hielt Elliott wegen seiner klaren Ablehnung von pseudowissenschaftlichen Techniken wie Hypnose und Biofeedback für engstirnig. Er hielt diese Dinge für irreführende geistige Praktiken und bezeichnete sie ganz unverblümt als „wissenschaftlich verkleidete Religion", die er nicht duldete. Aber wegen seines chirurgischen Könnens, das ihm einen internationalen Ruf eingebracht hatte, konnte man nichts an ihm aussetzen. Und selbst jene, die ihn einen dogmatischen Fundamentalisten nannten, mußten widerwillig zugeben, daß es bei seinen Patienten eine erstaunliche Anzahl offensichtlich wunderbarer Genesungen gegeben hatte.

Jeden Donnerstag abend war das geräumige Heim der Elliotts Schauplatz einer Gebetsversammlung, die häufig bis nach Mitternacht dauerte und für gewöhnlich dreißig oder mehr Teilnehmer aus dem großen Kreis seiner christlichen Freunde anzog. Selbstverständlich wurden Dr. Elliotts Patienten auf dem sorgfältig zusammengestellten und ständig aktualisierten Bogen mit Gebetsanliegen vermerkt, den die Teilnehmer als Gedächtnisstütze für ihre eigene tägliche Fürbitte mitbekamen. Ken Inmans Name war bei dem wöchentlichen Treffen, das drei Tage nach seinem Unfall stattfand, auf die lange Liste gesetzt worden. Ja, er wurde an jenem Abend sogar zum Hauptgegenstand vieler ernster Gebete.

„Ich habe eine besondere Last für diesen jungen Mann", hatte Elliott zu Beginn der Versammlung erklärt. „Ihr müßt wissen, daß die Medien seit Jahren über ihn berichtet haben – er ist ein brillanter, freimütiger Feind Christi, der östliche Mystik und übernatürliche Kräfte befürwortet. Es ist kaum anzunehmen, daß jemand, der so tief in Okkultismus verwickelt ist, nicht zu einem gewissen Grade unter den Einfluß von Dämonen geraten ist. Er liegt noch im Koma, obwohl die Ultraschallaufnahme seines Gehirns keine Blutungen zeigt. Normalerweise würde das mit großer Wahrscheinlichkeit auf eine Nervenverletzung unklarer Genese oder Hypoxie hinweisen – Zustände, die nahezu hoffnungslos sind. Aber in seinem Fall vermute ich eine nichtmedizinische Ursache – irgendeine Art von dämonischer Beteiligung. Laßt uns Ken Inman rund um die Uhr zu einem besonderen Anliegen unserer Gebete machen und sehen, ob Gott in seiner Gnade eingreifen wird – wenigstens so, daß er wieder zu Bewußtsein kommt, so daß er die Wahrheit hören und eine vernünftige Entscheidung treffen kann. Ich glaube, er ist bisher zu sehr verführt gewesen, um das tun zu können."

Auf seinen Appell hin hatte die Gruppe beinahe eine ganze Stunde in ernsthaftem Gebet für Inman verbracht. Schließlich rief Elliotts Frau Karen ihren Mann aus dem Wohnzimmer in das angrenzende Arbeitszimmer.

„Hal, es ist wieder die Intensivstation!" flüsterte sie, als sie ihm den Hörer reichte.

„Dr. Elliott hier", sagte er und hoffte, daß es weitere gute Nachrichten gäbe. Während der letzten Stunden hatte der Patient allmähliche Fortschritte in der Atmung gemacht. Elliott hatte sogar angeordnet, vorübergehend die Beruhigungsmittel abzusetzen, weil der Patient mehrmals kurz bei Bewußtsein gewesen war.

„Doktor!" sagte eine aufgeregte Stimme am anderen Ende der Leitung, „ich glaube, Sie sollten herkommen und nach Ihrem Patienten Inman sehen. Wir haben die Weening-Parameter verfolgt. Ich habe ihn um 19.20 Uhr extubiert. Er hat mühelos geatmet, 12 mal pro Minute. Der Blutdruck war stabil bei 130 zu 80 und sein Puls lag um die 90 pro Minute. Seine Blutgase nach der Extubation waren im Normbereich. Er hat ungefähr eine Stunde lang friedlich geruht, es gab keine Probleme – und dann ist etwas Beängstigendes passiert. Plötzlich kamen *unheimliche, unmenschliche Stimmen* aus ihm heraus!"

„Ist er noch im Koma?"

„Ja – aber ich könnte schwören, daß ich gesehen habe, wie er sich bewegt! Doktor, ich habe mir erlaubt, eine Videokassette einzulegen. Ich meine, dies sollte aufgenommen werden."

„Ich komme sofort – und lassen Sie den Videorecorder laufen."

Elliott legte den Hörer auf und wandte sich an seine Frau. „Liebling, du mußt mitkommen. Ich brauche dich!"

Als die beiden eilig durch das Wohnzimmer zur Haustür gingen, blieb Elliott kurz stehen, um der Gruppe ihren plötzlichen Aufbruch zu erklären. „Ich habe gerade einen Anruf von der Klinik erhalten. Inman liegt noch im Koma, aber es geht ihm etwas besser. Sie haben ihn vom Beatmungsgerät genommen und er atmet selbständig. Und jetzt geschehen seltsame Dinge, die dämonischer Natur sein könnten ... Karen kommt mit mir. Bitte gebt uns Rückendeckung im Gebet – Betet für seine vollständige Befreiung und Heilung."

* * *

Die Intensivstation bestand aus zwölf Krankenzimmern, die im Rechteck um das Stationszimmer herum angeordnet waren. Die Zimmer hatten zwar solide Wände, aber jedes Zimmer hatte an der Vorderseite eine Glaswand, die es ermöglichte, die Patienten zu beobachten. In vier Zimmern waren Videokameras mit Monitoren verbunden. Sie ermöglichten es, jene Patienten, deren Zustand besonders kritisch war, jederzeit vom Schwesternzimmer aus genau zu überwachen.

Eine entsetzte und verwirrte Stationsschwester beobachtete zusammen mit drei Assistenten besorgt Ken Inmans Video-Monitor, als Dr. Elliott und seine Frau ankamen.

„Was sind wir froh, daß Sie da sind, Doktor!" rief sie aus. „Ich habe ja schon viele psychotische Patienten gesehen und eine Menge seltsamer Verhaltensweisen, aber *so etwas* habe ich noch nicht gesehen!"

Elliott sah von dem Video-Monitor, der Inman in seinem Bett zeigte, zu den anderen Monitoren, die ständig seinen gegenwärtigen Gesundheitszustand anzeigten. „Im Moment nichts Außergewöhnliches", stellte er fest. „Wir werden ihn uns einmal ansehen."

Die Stationsschwester ging zusammen mit Elliott die paar Schritte zu Inmans Zimmer. „Die letzten 20 Minuten ist er ruhig gewesen. Aber was noch schlimmer ist als die Stimmen – da ist *irgend etwas* bei ihm im Zimmer! Man kann es *spüren!*"

Sie standen jetzt direkt vor dem Zimmer und sahen durch die Glasscheibe. Inman war deutlich zu sehen. Sein rechtes Bein und sein linker Arm lagen in Gips. Wegen der durchbohrten Lunge traten Schläuche aus seiner Brust heraus. Plötzlich schlug der rechte Arm des Koma-Patienten wild umher und fiel dann schlaff herunter.

„Haben Sie das gesehen?" rief die Schwester aus.

„Gehen Sie zurück auf Ihre Station", sagte Elliott. „Meine Frau und ich werden hineingehen. Sorgen Sie dafür, daß das Videogerät weiter aufnimmt!"

Alles war still, als Dr. Elliott und seine Frau den kleinen Raum betraten. Der Arzt zog die Vorhänge vor die Glaswand und trat dann zu dem Patienten. Eine rasche Beurteilung ergab, daß er sich noch im Koma befand und daß sich sein Zustand nach der kurzen Verbesserung wieder verschlechterte. Die Monitore an seinem Bett zeigten eine ernste Verschlechterung seines Zustands an. Karen betete still. Als Elliott sich vorbeugte und ein Augenlid hochzog, verzog sich Kens Gesicht plötzlich zu einem bösen, spöttischen Ausdruck. Gleichzeitig begannen seine Lippen, Worte zu bilden und eine höhnische, kehlige Stimme murmelte: „Nimm deine Hände weg! Er gehört uns!"

Während Karen weiter betete, jetzt hörbar, befahl Dr. Elliott dem Wesen, das gesprochen hatte: „Im Namen Jesu Christi, sage mir, wer du bist!"

Eine bedrohliche Stille war die einzige Antwort. „In der Autorität Jesu Christi...", begann Elliott, als er unterbrochen wurde.

„Er gehört uns!", kam eine spöttische Stimme. Sie unterschied sich eindeutig von der, die zuerst gesprochen hatte, aber wieder kam sie scheinbar aus dem Mund des Patienten. „Du kannst ihn nicht retten!" sagte eine dritte Stimme verächtlich. Kens Gesicht, das noch wenige Augenblicke zuvor leblos ausgesehen hatte, verzerrte sich erneut zu scheußlichen Grimassen. Sein gesunder rechter Arm beugte sich plötzlich heftig in einer drohenden Bewegung gegen Dr. Elliott und fiel dann wieder auf das Bett. Ein Chor von Stimmen vereinte sich zu höhnischem, spottendem Gelächter, das aus Kens jetzt anzüglich grinsendem Mund kam.

„Vater im Himmel", betete Elliott laut, „im Namen Jesu rufe ich zu Dir wegen dieses jungen Mannes. Bitte errette ihn von den Mächten der Finsternis." Dann befahl er erneut sehr bestimmt: „Im Namen Jesu Christi sagt mir, wer ihr seid."

„Das werden wir nicht!" kam die rasche Antwort in trotzig-verächtlichem Ton.

„Im Namen Jesu Christi von Nazareth und in der Kraft seines Blutes, das am Kreuz für die Sünden vergossen wurde — sagt mir jetzt, wer ihr seid!"

Ein höllisches Stöhnen drang aus Kens Kehle. Dann kam das widerwillige Eingeständnis: „Wir sind die Neun... die Herrscher der Finsternis dieser Welt." Kens Körper wurde heftig geschüttelt, als ob in ihm ein Kampf stattfände. Seine Zunge schoß wiederholt hervor – wie die geteilte Zunge einer Schlange. Seine Augen öffneten sich weit und nahmen dann einen Ausdruck verhüllter, reptilienartiger Bosheit an; und sein rechter Arm schlug erneut wild umher. Hal und Karen spürten beide eine schwer lastende, schlangenartige Gegenwart. Es schien die Verkörperung von etwas Bösem zu sein, das älter war als die Pyramiden. „Dieser hier gehört uns", schrie eine neue und gebieterischere Stimme in einem Ausbruch von Wut. „Er gehört uns seit vielen Jahren."

Elliott betete wieder. „Herr Jesus, du bist der Schöpfer dieses Universums, der ein Mensch wurde, um für unsere Sünden zu sterben. Dein Wort sagt, daß du durch deinen Tod am Kreuz den zunichte gemacht hast, ,der die Macht des Todes hat, das ist den Teufel' . . . ,um alle die zu befreien, die durch Todesfurcht das ganze Leben hindurch der Knechtschaft unterworfen waren.' Herr, wir bitten um Barmherzigkeit und Gnade für diesen Mann, der dem Tode nahe und nicht in der Lage ist, gegen den Bösen zu kämpfen, der ihn jetzt in seinem Griff hat."

„Er gehört uns!" schrien die trotzigen Stimmen. „Er ist kein Christ! Er hat Christus abgelehnt! Du kannst ihn uns nicht nehmen!"

„Ihr habt ihn betrogen. Jetzt kommt heraus aus ihm, im Namen Jesu Christi, und geht nicht wieder in ihn hinein." Elliott zog ein Taschentuch heraus und wischte sich den Schweiß von der Stirn.

„Zuerst werden wir ihn töten – und dich auch, und deine Familie. Laß uns in Ruhe, und wir werden ihm nichts tun."

„Ihr lügt, ihr betrügerischen Geister. Eure Drohungen machen uns keine Angst. Ihr habt keine Macht. Satan, euer Herr, wurde am Kreuz von Jesus Christus besiegt. Ihr wißt, daß ihr herauskommen müßt. Also tut es jetzt!"

„Ich gehe", sagte eine schwache Stimme. Ken wurde noch einmal geschüttelt – wie eine Ratte im Maul eines Terriers. Dann lag er reglos da und war wieder von bedrohlicher Stille umgeben.

„Das war ein Trick", sagte Karen. „Kein einziger Dämon kam heraus."

„Ich weiß", erwiderte Hal.

* * *

Der nun folgende Kampf war lang und ermüdend. Hal und Karen hatten schon oft gemeinsam viele ähnliche Kämpfe mit Dämonen durchgestanden. Hals Eltern waren Missionsärzte in Sri Lanka gewesen, als es noch Ceylon hieß. Als junger Mann hatte er Dämonenaustreibungen miterlebt, die von seinem Vater geleitet wurden, einem Arzt, der Hal inspiriert hatte, ebenfalls einen medizinischen Beruf zu ergreifen. Nachdem Hal seinen Doktor gemacht hatte, war er auf das Missionsfeld zurückgekehrt – diesmal nach Ostafrika, wo er Karen kennenlernte und sie heiratete. In ihrem Dienst hatten sie oft Dämonen ausgetrieben. Als sie wieder in die Vereinigten Staaten zurückkehrten, um ihre vier Kinder auf die Universität zu schicken, waren sie erstaunt, in Nordamerika genauso viel Geisterglaube vorzufinden, wie in irgendeinem Land der Dritten Welt. Allerdings nahm die Besessenheit im Westen eine subtilere Form an und wurde mit verschiedenen psychologischen Namen benannt, anstatt als das erkannt zu werden, was sie war.

Die Austreibung der Dämonen aus Ken stellte sich als der schwierigste Befreiungsdienst heraus, den die Elliotts je erlebt hatten. Zeitweise wurde der Körper des Koma-Patienten wild auf dem Bett herumgeschleudert. Die Dämonen beschuldigten Elliott laut, er verstoße gegen das medizinische Berufsethos und warnten ihn, daß man ihn ins Gefängnis werfen würde, weil er Kens Tod verursacht habe. Aber dennoch kamen die Dämonen einer nach dem anderen widerwillig heraus, während Hal und Karen fortfuhren, den Namen und die Autorität Jesu anzurufen.

Als der letzte der „Neun" herauskam, ging eine sofortige Veränderung mit Ken vor. Die Farbe kehrte in seine Wangen zurück und seine Augen öffneten sich kurz. Er sah die beiden, die sich über sein Bett beugten, an, schloß dann seine Augen und fiel in einen tiefen Schlaf.

„Preis sei Gott!" riefen Hal und Karen gleichzeitig aus und neigten gemeinsam ihre Häupter, um Gott zu danken. Dann zog Elliott den Vorhang zurück. Die Stationsschwester, die voll Erstaunen den Befreiungsdienst von ihrem Schwesternzimmer aus mitverfolgt hatte, kam heraus, um vor Inmans Zimmer mit dem Arzt und seiner Frau zu sprechen. Ihr Gesicht war aschfahl. „Unglaublich! Ich kann es nicht glauben!" war alles, was sie sagen konnte.

„Ich glaube, er hat eine bedeutende Heilung erlebt!" sagte Elliott zuversichtlich. „Wenn er sich weiter erholt, wovon ich ausgehe, werde ich ihn in ein normales Zimmer auf die Chirurgie verlegen. Rufen Sie mich, sobald er aufwacht. Ich möchte über alles auf dem laufenden gehalten werden."

Die Schwester war immer noch schwer erschüttert. „Ist diese Sache vorbei?" fragte sie ängstlich. „Ich meine ...?"

„Es ist vorbei – ein für allemal", sagte Elliott. „Sie können sich entspannen. Und ich möchte, daß das chirurgische Komitee das Video sieht. Legen Sie es also bitte auf jeden Fall beiseite, ja?"

„Wollen Sie wirklich, daß sie das sehen?" fragte die Schwester. Sie sah aus, als würde sie gleich in Ohnmacht fallen.

„Natürlich will ich, daß sie das sehen. Warum nicht? Sagen Sie, sind Sie in Ordnung?"

„Ja, es geht mir gut – ich mache mir nur Ihretwegen Sorgen. Sie wissen, wie man Sie kritisiert hat und was für Geschichten in der Kantine der Chirurgie erzählt werden. Dieses Video wird keine große Hilfe sein!"

„Oh doch, ich denke, das wird es", erwiderte Elliott. „Es wird meinen Kollegen guttun, das zu sehen. Vielleicht beendet es sogar einige der Gerüchte und ersetzt sie durch Fakten."

Die Schwester war nicht überzeugt; die Anspannung war noch deutlich in ihrem Gesicht zu sehen, aber sie stimmte zögernd zu. „In Ordnung, Doktor, ich werde das Video beiseite legen. Sie können es jederzeit bekommen."

„Und was den Patienten betrifft", fügte Elliott hinzu, „so glaube ich, daß wir ab jetzt eine *erstaunliche* Genesung miterleben werden."

4. Aus der Dunkelheit zurück

Als Ken gegen acht Uhr am nächsten Morgen erwachte, fühlte er sich, als ob er langsam aus der tiefsten Hölle heraufstiege. Glücklicherweise schienen die höhnenden Stimmen und unheimlichen Bilder mehr eine Erinnerung als Realität zu sein. Sie verblaßten mehr und mehr, während er das Zimmer, in dem er sich wiederfand, immer klarer wahrnahm. Durch ein großes Fenster zu seiner Linken schien die Sonne herein. Ihre freundlichen Strahlen reflektierten auf einem metallenen Gerät, das rechts von ihm dicht am Bett stand. Es fiel ihm schwer, den Kopf weit genug zu drehen, so daß er es deutlich sehen konnte, aber allmählich dämmerte ihm, daß es eine intravenöse Pumpe war — und das *er* an sie angeschlossen war.

Ich bin im Krankenhaus! Es schien ihm unmöglich, diesen Gedanken mit sich selbst in Verbindung zu bringen. *Wie bin ich hierher gekommen? Was ist passiert?* Er konnte sich vage daran erinnern, daß er das Labor verlassen und seinen Wagen *irgend wohin* gefahren hatte. Aber er konnte sich an nichts erinnern, was danach geschehen war, ganz gleich, wie sehr er sich auch anstrengte. Erschöpft lag er einfach da. Er starrte an die Decke und versuchte, wieder in Kontakt mit seinem Körper zu kommen. Ein dumpfer, pochender Schmerz schien ihn einzuhüllen. Er konnte seinen rechten Arm bewegen — den, der mit dem Tropf verbunden war —, aber sein linker Arm und sein rechtes Bein schienen beschwert zu sein. Als er unter großer Anstrengung seinen Kopf ein wenig hob, konnte er sehen, daß diese Glieder einen Gipsverband hatten.

Ken bemerkte jetzt, daß am Kopfende seines Bettes, außerhalb seines Gesichtskreises, irgend jemand hin und her ging. „Ach, Sie sind aufgewacht!" sagte eine angenehme weibliche Stimme. „Wie fühlen Sie sich heute morgen?"

„Ich versuche gerade, das herauszufinden. Ich bin mir nicht sicher, ob ich wirklich ich selbst bin. Wie bin ich hierher gekommen?"

„Ihr Auto stürzte leider einen Abhang hinunter. Sie waren mehr tot als lebendig, als man Sie hierher brachte..." Jetzt kam die Schwester weiter vor, so daß er sie sehen konnte, und betrachtete ihn mit deutlichem Mitleid.

„Einen Abhang? Wirklich? Ich kann mich nicht daran erinnern, in der Nähe irgendwelcher Abhänge gewesen zu sein!" Ken versuchte,

sich etwas zu drehen und stöhnte vor Schmerz. „War irgend jemand bei mir ... wurde noch jemand verletzt?"
„Nein, ich glaube nicht."
„Wann ist es passiert?"
„Sie sind jetzt den vierten Tag hier – und zum ersten Mal bei Bewußtsein. Sie wissen gar nicht, was Sie für ein Glück haben! Ihr Zustand hat sich in den letzten zehn Stunden so sehr verbessert – es ist unglaublich! Ich werde den Tropf langsamer stellen und wir werden versuchen, ob Sie schon etwas klare Flüssigkeit zu sich nehmen können. Der Doktor geht so schnell mit Ihnen voran, wie Sie es verkraften können."
Die Schwester griff nach dem Bedienungsknopf. „Ich werde Ihren Kopf ein wenig höher betten. So. Nun wollen wir mal sehen, wie Ihnen das hier schmeckt."
Zuerst tat das Schlucken weh. Aber nach mehreren Schlucken glitt die angenehme Flüssigkeit, die einen leichten Zitronengeschmack hatte, mühelos seine Kehle hinunter und schien sie zu kühlen. Er schaffte beinahe das ganze Glas und legte sich dann erschöpft zurück. Während er einschlief, hörte er die Stimme der Schwester wie durch einen Nebel: „Ich werde gleich wieder hier sein. Wir werden Sie von der Intensivstation in ein anderes Zimmer verlegen."

* * *

„Was macht unser Wunderpatient denn heute?" Beim Klang der enthusiastischen Stimme wandte Ken unter Schmerzen seinen Kopf und sah einen weißgekleideten Arzt, der übersprudelnd in sein Zimmer stürmte. Der schlanke, energiegeladene Mann, der ganz und gar nicht nach 56 Jahren aussah, schien mit einem Blick Kens gesamte Situation zu erfassen. Und man konnte deutlich sehen, daß er erfreut, ja hocherfreut war über das, was er sah.
„Was ich mache? Ich plane meine Flucht – das mache ich", gab Ken mit einem trockenen Lächeln zurück. Sein Bett war hochgestellt und er trank Wasser aus einem Glas, das er mit seinem gesunden Arm hielt.
„Wann komme ich hier raus? Und was meinen Sie mit *Wunder?*"
„Oho, es geht Ihnen wirklich schon besser! Es gibt keine bessere Medizin als ein Sinn für Humor", sagte der Doktor und ignorierte zunächst seine Frage. „Ich merke schon, wir werden Sie festbinden

müssen!" Elliott stand einen Augenblick still und lächelte seinen Patienten aufmunternd an. Schließlich sagte er leise: „Ein *Wunder*, mein Freund, ist etwas, das nur Gott tun kann — und Sie sind eines!" Die lange, drahtige Gestalt beugte sich über das Krankenhausbett, um sanft eine Hand auf Kens heile Schulter zu legen. „Übrigens, ich bin Dr. Harold Elliott. Sie können mich Hal nennen. Ich bin der Chefarzt der Unfallchirurgie. Mein Assistent und ich haben neulich versucht, Sie wieder zusammenzuflicken."

„Und — haben Sie es geschafft?" fragte Ken und betrachtete voller Interesse das wuschelige schwarze Haar, das von grauen Strähnen durchzogen wurde, und das intensive, freundliche Gesicht dicht vor ihm. Dann sah er auf seinen schmerzenden Körper. „Es sieht so aus, als ob Sie viel zu flicken hatten. Ernsthaft, Doktor — wie sieht die ... ehm ... Prognose aus?"

„Gestern: praktisch hoffnungslos. Heute: ausgezeichnet. Völlige Genesung. Und das, mein Freund, ist eines der größten Wunder, die ich je gesehen habe."

„Mann, Sie sind ganz schön rückständig mit Ihren ‚Wundern'. Ich würde es ‚irisches Glück' nennen."

Elliott lachte kurz und freundlich auf. „Das ‚irische Glück' hätte nicht annähernd gereicht, um Sie zu retten! Und Sie können nicht mit mir darüber diskutieren, denn Sie waren bewußtlos und wissen nicht, was passiert ist. Und genau daran werden wir ein wenig arbeiten müssen. Erzählen Sie mir, woran Sie sich erinnern können. Fangen Sie von diesem Moment an und arbeiten Sie sich rückwärts vor."

„Eins zu null für Sie — Ende der Diskussion. Bing, bing, bing. Sie sind kein Arzt, Sie sind ein Bulldozer." Ken entschied sich, Elliott zu mögen. „Also, woran erinnere ich mich? Nun, es war nicht gerade das, was man eine Party nennen würde — nichts Außergewöhnliches, nur das übliche Krankenhaus-Unterhaltungsprogramm." Er sah Elliott an und beide lachten. Der Schmerz, der daraufhin folgte, ließ Ken laut aufstöhnen. „Die Schwester hat gerade den Tropf abgenommen und hat mich — von wo auch immer — hierher gebracht ... und mir etwas Festeres als das hier zu Mittag versprochen. Sie sagte, ich sei mit meinem Auto einen Abhang hinuntergestürzt ..."

„Können Sie sich daran erinnern?" unterbrach Elliott ihn.

„Ich habe es versucht, aber bisher — nun, ich — ich kann mich an nichts davon erinnern. Habe ich mein Gedächtnis verloren?"

„Kaum. Sie haben der Schwester heute morgen Ihren Namen und Ihre Adresse genannt. Sie haben nur vorübergehend die Erinnerung an eine kleine Zeitspanne verloren. Das ist nichts Besorgniserregendes. Was mit Ihnen und Ihrem Auto geschehen ist, war grauenhaft und nicht wert, daß man sich daran erinnert. Aber das ist nicht das Schlimmste. Was ist das letzte, woran Sie sich vor Ihrer Gedächtnislücke erinnern?"

Ken schüttelte langsam seinen Kopf. „Nun, ich erinnere mich, daß ich irgendwo in den Bergen an der Küste gefahren bin, aber es ist sehr vage. Ich weiß nicht, ob das zu diesem Unfall geführt hat, oder ob ich mich nur an etwas erinnere, was früher geschehen ist. Ich bin sehr oft dort hinaufgefahren."

„Es wird Ihnen helfen, wenn Sie versuchen, sich zu erinnern, wo Sie waren, als sie ins Auto stiegen."

„Ich habe gerade versucht, mich daran zu erinnern, als Sie hereinkamen. Ich glaube, ich war gemeinsam mit meinem Assistenten im Labor. Ich habe kein gutes Gefühl bei dem Gedanken an das, was dort geschah, aber ich weiß nicht mehr, was geschehen ist und warum ich dieses Gefühl habe – und ich bin sicher, daß es unwichtig ist."

„Unwichtig? Meinen Sie?" Elliotts Stimme wurde sehr ernst. „Das ist der Grund, warum Sie hier sind! Wenn Sie sich nicht mit Parapsychologie beschäftigt hätten, lägen Sie nicht in diesem Bett."

„Doktor, bei allem Respekt, aber Sie wissen nicht, wovon Sie reden."

„Oh doch, das weiß ich. Ihr Partner, Frank Leighton, rief gestern in der Klinik an. Er machte sich Sorgen um Sie. Er bestand darauf, mit mir zu sprechen. Sie lagen noch im Koma. Er sagte, er habe mit Ihnen auf dem Gebiet der Parapsychologie geforscht. Als ich ihn nach Kontakt mit Geisteswesen fragte, versuchte er, das Thema zu wechseln."

„Warum haben Sie denn *danach* gefragt?"

„Sie wissen, warum. Jeder, der so sehr in Drogen oder Mystik oder übernatürliche Phänomene verwickelt war wie Sie – und Sie haben sich mit allen dreien beschäftigt –, hat mit Sicherheit Kontakt mit Geisteswesen gehabt."

Ken lächelte schwach, und jetzt lag eine neue Art von Respekt für Dr. Elliott in seiner Stimme. „Sie wissen also tatsächlich ein wenig über mein Fachgebiet."

„Sie haben lange Zeit mit dem Feuer gespielt", sagte Elliott. „Ich habe Ihre Forschungen und Heldentaten in den Zeitungen verfolgt – und schließlich haben Sie sich heftig die Finger verbrannt. Was ich wissen will, ist, wieweit Sie sich daran erinnern können, daß Sie Kontakt mit sogenannten ‚höheren' außerirdischen Intelligenzen aufzunehmen versuchten."

„Ich glaube, Sie spielen mit mir", erwiderte Ken gereizt. Er war plötzlich auf der Hut vor Elliott. „Frank würde nie Informationen über unsere Arbeit herausgeben."

„Ich versuche nicht, in Ihre Geheimnisse einzudringen", sagte Elliott. „Ich versuche nur, Ihnen zu helfen, sich zu erinnern, was geschah, als sie diesen ‚Kontakt' herstellten. Es ist sehr wichtig."

Ken zögerte einen Moment. „Nun gut", sagte er schließlich, „aber dafür werde ich Frank zur Schnecke machen. Ja, wir haben versucht, Kontakt herzustellen. Und alles, woran ich mich erinnern kann, sind ... diese Stimmen in meinem Kopf. Nicht wie meine eigenen Gedanken, sondern von irgendwo außerhalb ... und hörbar! Es ist schwer zu erklären." Er wurde still.

„Leighton hat mir nichts erzählt", sagte Elliott sachlich.

Ken starrte ihn an. „Woher wissen Sie es dann? Und warum haben Sie gesagt, meine Forschungen hätten mich hierher gebracht? Warum?" Seine Augen baten um eine Erklärung.

„DR. ELLIOTT ... DR. ELLIOTT" plärrte die Rufanlage des Krankenhauses. „RUFEN SIE IHRE ZENTRALE AN."

„Bitte entschuldigen Sie mich", sagte Elliott, sah auf seine Uhr und erhob sich, um zu gehen. „Ich muß noch einige andere Patienten besuchen. Und Sie brauchen sowieso ein wenig Ruhe, bevor wir uns weiter unterhalten."

„Ich werde nicht lockerlassen, Doktor. Sie haben da einige ziemlich drastische Behauptungen aufgestellt, für die ich eine Erklärung möchte — okay?"

„Sie können darauf zählen. Ich werde heute nachmittag wiederkommen, und dann werden wir uns weiter unterhalten. In der Zwischenzeit wünsche ich Ihnen einen guten Schlaf!"

5. Ein lebender Beweis

Als Dr. Elliott einige Stunden später zurückkehrte, wurde er von einer Frau begleitet, die offenbar keine Krankenschwester war — zumindest trug sie keine Schwesternkleidung. Der Arzt zog die Tür hinter sich und der Frau zu. Dann zog er zwei Stühle heran, und die beiden setzten sich an Kens Bett.

„Ken", sagte er zu dem Patienten, „ich möchte Ihnen meine Frau Karen vorstellen. Bei Fällen wie dem Ihren unterstützt sie mich und arbeitet mit mir zusammen."

„Dann sind Sie also Krankenschwester?" Ken mochte sie sofort. Sie strahlte dieselbe Wärme und dieselbe stille Zuversicht aus wie Elliott — und ihr Lächeln war ansteckend.

„Ich bin staatlich geprüfte Krankenschwester — aber ich arbeite schon seit langem nicht mehr in dem Beruf", erwiderte sie, „und ich habe schon lange nichts mehr mit Hals medizinischer Arbeit zu tun — außer in besonderen Fällen wie dem Ihren."

Ken sah fragend von einem zum anderen. Dann blickte er auf seinen schmerzenden Körper. „Für mich sieht das ziemlich medizinisch aus."

„Es ist sehr viel *mehr* als nur ein medizinischer Fall, Ken", erklärte Elliott. „Medizinisch gesehen — nun, Sie sollten tot sein. Gott hat seine Hand über Sie gehalten, das steht fest. Andernfalls hätten Sie nicht überlebt."

„Hören Sie, Doc, bei allem Respekt, wie ich schon sagte, wäre es mir doch lieber, wenn Sie nicht ständig *Gott* ins Spiel brächten."

„Sie reden genauso wie Ihre Verlobte."

„Carla! Sie haben Sie getroffen?"

„Einmal — nur kurz", sagte Hal.

„Ich habe die Schwestern gefragt, wo sie ist."

„Sie war einige Male hier, aber Sie lagen noch im Koma. Sie haben den ganzen Tag versucht, sie zu erreichen und ihr mitzuteilen, daß Sie bei Bewußtsein sind, aber sie konnten sie erst vor ein paar Minuten erreichen. Sie ist auf dem Wege hierher."

„Was freue ich mich, sie wiederzusehen! Wir werden nächsten Monat heiraten!" verkündete Ken stolz.

„Meinen Glückwunsch!" sagte Karen.

„Aber — nun hören Sie mal", sagte Ken und wandte sich an Elliott. „Sie scheinen ein paar Dinge zu wissen, die Sie nicht wissen sollten, und Sie sagten, meine parapsychologischen Forschungen hätten mich hierher gebracht."

Dr. Elliott nickte. Er lehnte sich auf seinem Stuhl, auf dem er am Bett saß, vor und legte sanft seine Hand auf Kens Schulter. „Dies wird weder für Sie noch für mich leicht werden, aber Sie sollten es wissen." Als er die Besorgnis in Kens Augen sah, fügte Elliott eilig hinzu: „Das hat nichts mit Ihren Heilungschancen zu tun." Ken wirkte augenblicklich erleichtert, und Elliott fuhr fort: „Die Stationsschwester rief mich gestern nacht. Sie lagen im Koma, und trotzdem gaben Sie seltsame Stimmen von sich und wanden sich auf ihrem Bett. Karen und ich und mehrere Schwestern haben es gesehen und können es bezeugen." Er schwieg einen Moment lang.

„Und was ist nun der Grund dafür? Was ist geschehen?" fragte Ken.

„Es ist unmöglich, Ihnen diese Sache schonend zu erklären", sagte Elliott ernst, „und deshalb werde ich ganz unverblümt sein. Sie waren von Dämonen besessen."

Ken war aufgebracht. „Nur hören Sie mal — ich glaube nicht einmal an Dämonen!"

„Sie müssen auch nicht an Cholera glauben, und sie wird Sie dennoch umbringen", warf Karen rasch ein.

„Der Vergleich hinkt", erwiderte Ken. „Cholera-Erreger lassen sich identifizieren."

„Auch Dämonen kann man identifizieren", gab Hal zurück. „Wir haben keine Zeit, um den heißen Brei herumzureden. Menschen besitzen keine übernatürlichen Kräfte — solche Kräfte sind dämonisch —, und Ihre Beschäftigung damit hat Sie beinahe umgebracht."

„Einen Augenblick!" protestierte Ken. „Ihr Wissen im Bereich der *Medizin* erkenne ich sehr wohl an, aber es gefällt mir nicht, wenn Sie versuchen, mich auch auf dem Gebiet der *Parapsychologie* zu korrigieren. Meinen Sie nicht, daß Sie sich da ein wenig außerhalb Ihres Fachgebietes befinden?"

„Nicht im geringsten", gab Hal rasch zurück. „Ich bin in Ceylon aufgewachsen und habe einen großen Teil meines Lebens in Afrika zugebracht. Ich habe recht viel parapsychologische Forschung betrieben, sowohl in Übersee als auch in Amerika. Und ich kann Ihnen sagen, daß es keinen Unterschied gibt zwischen dem, was westliche Parapsychologen in ihren Laboratorien auf ‚wissenschaftliche Weise' zu kopieren versuchen und dem, was in der Dritten Welt in verdunkelten Séance-Räumen und primitiven Dschungelhütten seit tausenden von Jahren getan wird."

„Das beweist noch nicht, daß dahinter *Dämonen* stecken", sagte Ken sehr bestimmt.

„Das haben wir viele Male bewiesen", unterbrach Karen. „*In jedem Fall* hörten die sogenannten übersinnlichen Fähigkeiten auf, wenn wir die Dämonen austrieben. Und wir haben Zauberern gegenüber gestanden, deren Kräfte westliche Parapsychologen ungeheuer beeindrucken würden."

„Und die sie zu Tode erschrecken würden!" fügte Elliott hinzu.

„Was Sie da austreiben, sind keine *Dämonen*", sagte Ken. „Ihre Art von dogmatischem Fundamentalismus ist einfach dermaßen negativ, daß er die positive Atmosphäre zerstört, die nötig ist, damit sich übersinnliche Kräfte manifestieren können!"

„Aber dann kann es mit den Medien nicht allzuweit her sein", witzelte Karen, „wenn falsche Vermutungen von ‚dogmatischen Fundamentalisten' sie all ihrer Kräfte berauben!"

Ein schwaches Lächeln auf Kens Lippen zeigte, daß das Argument getroffen hatte. „Sie sagten, daß ich von Dämonen besessen war ... und Sie wußten, daß ich versucht hatte, Kontakt mit Außerirdischen aufzunehmen ..."

„In unserem Haus findet eine Gebetsversammlung statt", begann Elliott, „und Sie waren gestern abend mehrere Stunden lang das Hauptanliegen unserer Gebete."

„Sie haben also gebetet", unterbrach Ken ungeduldig, „und ich bin aus dem Koma erwacht, und das nannten Sie ein ‚Wunder' – und als kleines Extra haben Sie noch die ‚Dämonen' ausgetrieben. War es so?"

„Nicht ganz", sagte Elliott. „Die Stationsschwester rief mich mitten in der Gebetsversammlung an und berichtete mir von den Stimmen, die aus Ihnen herauskamen – und daß Sie sich bewegten, während Sie im Koma lagen. Karen und ich kamen sofort hierher, während ungefähr 30 Leute bei uns zu Hause weiter für Sie beteten. Als wir ankamen, behaupteten die Stimmen, daß Sie ihnen gehörten. Sie waren dabei, Sie umzubringen."

„*Sie?*" fragte Ken beunruhigt. „Wer sind *sie?*"

„Sie nannten sich ‚Die Neun'."

„Die *Neun?*" Ken wurde blaß. Er schloß seine Augen und wand sich vor Angst, als die Erinnerungen aufstiegen, ungebeten und schrecklich.

Elliott wartete geduldig. Schließlich sagte Ken schwach: „Reden Sie weiter. Ich werde zuhören."

„Sie haben sich gefragt, woher ich wußte, daß Sie versucht haben, mit ‚höher entwickelten' außerirdischen Wesen Kontakt aufzunehme?" fuhr Elliott fort. „Als ich ‚den Neun' im Namen Jesu Christi befahl, uns zu sagen, wie sie Sie in ihre Gewalt bekommen hatten, bekannten sie, sie hätten sich als außerirdische Wesen ausgegeben ... und daß Sie darauf hereingefallen wären."

„Das haben sie wirklich gesagt?" Er wirkte schwer getroffen, wie jemand, der gerade beraubt worden war oder zusah, wie sein Haus und sein ganzer Besitz von Feuer verzehrt wurde.

Dr. Elliott nickte ernst. „Es ist ein perfekter Betrug, auf den die gesamte Wissenschaft hereinfallen wird. Vielleicht wird Ihre Erfahrung als Warnung dienen."

„Es ist kein Betrug", sagte Ken. „Es ist eine sehr vernünftige Sache. Stellen Sei sich nur einmal vor, was das hieße, wenn solche Wesen ihr unglaubliches technisches Wissen und ihre psychischen Geheimnisse mit uns teilen würden! Jedes menschliche Problem könte gelöst werden!"

„Und Sie haben Kontakt bekommen?" fragte Elliott höflich.

„Ich glaube ja, aber ich kann mich nur vage erinnern. Irgend etwas ging schief, und ich versuchte, mich gegen sie zu wehren. Ich kann mich noch undeutlich daran erinnern, daß Frank mich nicht verstehen konnte und wütend auf mich war. Wahrscheinlich habe ich deshalb das Labor verlassen. Ich hatte das Gefühl, sie versuchten, die Kontrolle über meinen Verstand zu übernehmen."

„Sie haben die Kontrolle übernommen – und versucht, Sie zu töten. Augenzeugen haben berichtet, daß Sie wie ein Wahnsinniger gefahren sind."

Ken schauderte. „Ich wünschte, ich könnte mich erinnern, was geschehen ist." Er lag schweigend da und sah hilflos von Hal zu Karen. „Ihr Name", fragte er schließlich. „Woher kennen Sie ihren Namen?"

„Sie werden sicherlich wissen, daß ‚die Neun' in okkulten Zirkeln sehr bekannt sind." Ken nickte. „Es ist eine Identität, die Dämonen häufig annehmen", fuhr Elliott fort. „‚Die Neun' werden sogar in der Bibel erwähnt. Aber wir sind nicht davon ausgegangen, daß sie ‚die Neun' seien. Ich habe den Lügengeistern, die Sie besetzt hielten, im Namen Jesu befohlen, ihren Namen zu nennen."

„Und sie sagten ‚Wir sind die Neun', einfach so?"

Dr. Elliott schüttelte seinen Kopf. „Sie schrien Obszönitäten und Drohungen – daß sie Sie und uns töten würden. Karen und ich haben so etwas schon häufig erlebt. Die Gruppe hat gebetet, und wir haben nicht nachgegeben."

Hal schwieg einen Augenblick. Ken hörte aufmerksam zu. „Ihr Fall war einzigartig", fuhr er fort. „Und deshalb liefert er auch einen Beweis, wie Sie ihn verlangen. Erinnern Sie sich, Sie befanden sich in einem Koma. Alle Lebenszeichen waren sehr schwach. Trotzdem standen die Venen an Ihrem Hals hervor und laute Stimmen — es war nicht ihre eigene — sprachen durch Sie. Zufälligerweise wurde alles bis ins Kleinste von einer Videokamera aufgenommen, die über Ihrem Bett auf der Intensivstation angebracht ist. Wenn Sie wieder kräftiger sind, werden wir es Ihnen auf Ihrem Fernseher vorführen — falls Sie es sehen wollen."

Ken war vollkommen verblüfft. „Sie treiben keine Scherze mit mir? Sie haben wirklich so ein Video?"

„Ja."

„Ich muß es sehen!"

„Das werden Sie. Es ist alles drauf: die höhnenden Stimmen, die unglaublichen Verdrehungen Ihres Körpers, während Sie im *Koma* lagen. Und nicht zuletzt die gräßlichen, bösartigen Züge, die Ihr Gesicht annahm — sie waren wirklich unbeschreiblich scheußlich!"

„Das könnte ein rein psychologisches Phänomen sein", schlug Ken, der nach einer anderen Erklärung suchte, vor. „Die ‚Stimmen' waren Abspaltungen aus den Tiefenschichten meiner Seele, und das Um-mich-Schlagen war eine unbewußte Entladung psychischer Energie."

„Denken Sie ein wenig mehr darüber nach, Ken", sagte Elliott bestimmt, „und Sie werden erkennen, daß das absurd ist. Warum tut Ihr Unterbewußtsein — und das Unterbewußtsein aller anderen Menschen — nicht ständig solche Dinge? Tatsache ist, als der letzte Dämon herauskam, war Ihr Koma vorüber — einfach so." Elliott schnippte mit dem Finger. „Sie werden jetzt so rasch gesund werden, daß das gesamte Klinikpersonal sprachlos sein wird! Man wird in medizinischen Fachzeitschriften über Sie schreiben — und die Skeptiker werden es dennoch nicht glauben."

Ken schüttelte seinen Kopf. „Ich muß es sehen, bevor ich es glaube!"

„Das werden Sie, aber jetzt brauchen Sie Ruhe."

Ken sah müde aus, aber er wollte unbedingt verstehen. „Sie mögen meine Theorie über das Unterbewußtsein oder Persönlichkeitsspaltungen nicht, aber meinen Sie nicht auch, daß es ein wenig altmodisch ist, von *Dämonen* zu reden?"

„Ist Liebe altmodisch?" fragte Karen. „Oder Gerechtigkeit oder Schönheit oder Wahrheit? Einige Dinge ändern sich nie — und Gut und Böse, Gott und Satan, Engel und Dämonen fallen in diese Kategorie."

„Ich könnte Ihnen viele Gründe dafür geben, warum wir sie *Dämonen* nennen", fügte Hal hinzu. „Aber Sie brauchen unbedingt Schlaf. Zum einen geben sie zu, daß sie Dämonen sind. Und sie schreien vor Wut und dann vor Angst, wenn man sie mit der Autorität Jesu Christi konfrontiert... und schließlich gehorchen sie widerwillig. Sie werden das alles selbst sehen. Und dann können Sie sich entscheiden."

Dr. Elliott und seine Frau standen auf, um sich zu verabschieden. „Wir sind schon zu lange geblieben. Sie müssen schlafen."

„Ja, das werde ich", seufzte Ken erschöpft.

Hal klopfte ihm mitfühlend auf den Arm. „Heute abend kommen wir wieder – mit dem Video."

Ken fielen die Augen zu und blieben geschlossen, als er kämpfte, um wachzubleiben und über die vernichtenden Aussagen dieser beiden offensichtlich intelligenten und ernsthaften Menschen nachzudenken. Hätte er nicht in diesem Krankenhausbett gelegen, hätte er sie als fundamentalistische Fanatiker abgetan. Aber diese Tatsache verlieh dem, was sie sagten, eine unerwünschte Glaubwürdigkeit. Und das Video! *Ich kann es nicht glauben. Es muß eine andere Erklärung geben. Aber was ist, wenn sie recht haben?* Diese unerwünschte Möglichkeit verfolgte ihn bis an den Rand der Bewußtlosigkeit.

6. Veränderungen

Als die Schwester etwa eine Stunde, nachdem die Elliotts gegangen waren, in Kens Zimmer trat und Carla Bertelli hereinführte, fanden sie den erschöpften Patienten noch in tiefem Schlaf vor. „Sie können sich neben ihn setzen und warten", sagte die Schwester leise, „aber geben Sie acht, daß Sie ihn nicht aufwecken. Er braucht soviel Ruhe wie möglich."

„Aber er ist außer Lebensgefahr — und er wird wieder gesund werden?" Eine andere Schwester hatte ihr das bereits versichert, aber Carla mußte es noch einmal hören. Es war beinahe zu schön, um wahr zu sein.

„Oh, mit Sicherheit. Der Arzt ist sehr zufrieden mit ihm."

Carla stieß einen erneuten Seufzer der Erleichterung aus und sank in einen Stuhl, der direkt am Bett stand. Es stand noch ein weiterer Stuhl direkt daneben. Er mußte also schon zwei Besucher gehabt haben! Sie fragte sich, wer es gewesen sein könnte. Ach, egal. Sie war unendlich dankbar, daß sie neben dem Mann, den sie liebte, sitzen und warten konnte, ganz gleich, wie lange. Es hatte so hoffnungslos ausgesehen. Aber jetzt durfte sie sich wieder an der euphorischen Erwartung der Hochzeit berauschen, die sie mit solch glücklicher Aufregung geplant hatten. Der Traum, den sie mit Ken geteilt hatte und der vor nur wenigen Stunden vernichtet gewesen schien, war jetzt wieder lebendig. Ja, es war nicht einmal 24 Stunden her, daß sie ihn zuletzt auf der Intensivstation besucht hatte und die Schwester ihr sagte, es stünde gar nicht gut und sie solle mit dem Krankenhaus in Verbindung bleiben.

Als sie zum Mittagessen nach Hause gekommen war und auf ihrem Anrufbeantworter die Nachricht vorfand, daß sie das Krankenhaus anrufen solle, hatte ihr davor gegraut, den Hörer abzunehmen und zu wählen. Das letzte, was sie erwartet hatte, war die wundervolle Nachricht, daß er außer Lebensgefahr sei und sich auf dem Wege einer äußerst bemerkenswerten Genesung befände. *Es ist Wirklichkeit!* erinnerte sie sich immer wieder, während sie ab und an ihre Augen von Ken abwandten, um den verschwenderisch blühenden Azaleentopf, den sie geschickt hatte, in sich aufzunehmen, den weiten Ausblick über Rasen und Bäume vor dem Fenster und die sachlich moderne Krankenhausausrüstung, die sie daran erinnerte, daß er gut versorgt wurde. *Er ist am Leben und wird gesund! Es ist wirklich wahr!*

Ihre Gedanken wurden von zwei Ärzten unterbrochen, die eine Gruppe von Assistenzärzten führten, alle in der grünen Chirurgenkleidung, die plötzlich hereinmarschierten und sich um das Bett aufstellten, um den Patienten zu betrachten. Eine Karte, die Kens unglaublichen plötzlichen Wandel von einem offensichtlich hoffnungslosen Koma zu normalem Bewußtsein zeigte, wurde herumgereicht. Die Ärzte waren derart vertieft in den Versuch, etwas zu verstehen, was sie offensichtlich für einen einzigartigen Fall hielten, daß sie Carla, die auf dem Stuhl am Bett saß, kaum zu bemerken schienen.

„Ich habe Dr. Elliott assistiert, als der Patient von der Notaufnahme hereingebracht wurde", bemerkte einer der Chirurgen leise. „Ein normales CT-Bild, starre, erweiterte Pupillen, keine spontane Atmung – mehr tot als lebendig." Er zögerte und fügte dann noch hinzu: „Ich kann Ihnen gar nicht sagen, wie erstaunt ich bin ... Es ist einfach unerklärlich!"

„Unglaublich!" sagte einer der Assistenzärzte, als er die Karte betrachtete und stieß dann überrascht einen leisen Pfiff aus.

Nach einer kurzen Stille wandte sich der andere Chirurg an seinen Kollegen und sagte in vertraulichem Ton: „Ich nehme an, Sie haben gehört, daß Hals Gebetsgruppe daran beteiligt war, und man munkelt von einem *Exorzismus!* Mir ist nicht ganz wohl dabei ..."

Carla hing an jedem Wort, aber nach einigen weiteren Ausrufen ehrfürchtiger Scheu, vermischt mit medizinischen Fachausdrücken, gingen die Ärzte.

Das schmucklose Krankenhausbett, die sachliche Möblierung des Raumes und der Desinfektionsgeruch schwanden für einen Augenblick aus Carlas Bewußtsein, als Erinnerungen in ihr aufstiegen – lebhafte Szenen von wunderbaren Augenblicken, die sie gemeinsam erlebt hatten. Sie sah Ken wieder, wie er an jenem Abend, an dem sie sich kennengelernt hatten, an der Universität von Berkeley unterrichtet hatte; sie durchlebte erneut einige ihrer gemeinsamen Wochenenden; sie lächelte glücklich, als sie sich erinnerte, wie nervös er an dem Abend war, als er um ihre Hand anhielt – und wurde dann unvermittelt in die Gegenwart zurückgebracht, als Ken leise stöhnte und sich zu bewegen begann. Plötzlich öffnete er seine Augen und starrte an die Decke. „Liebling!" flüsterte sie, lehnte sich über das Bett und streichelte seine Stirn.

Jetzt sah er sie. „Carla!" Mehr konnte er nicht sagen.

Sie hielt seinen Kopf in ihren Händen und bedeckte sein genähtes

Gesicht mit sanften Küssen. „Ich liebe dich! Oh, ich bin so glücklich, daß du wieder am Leben bist!"

„Ich liebe dich, Carla!" konnte er schließlich sagen und streckte seinen einen gesunden Arm aus, um sie zu umarmen.

„Sie haben mir gesagt, daß du wieder gesund werden wirst!" sprudelte Carla aufgeregt heraus. „Ich habe niemals aufgegeben. Ich wußte, daß du es schaffen würdest! Was für Neuigkeiten hast du vom Arzt?"

„Er sagt, daß ich wieder gesund sein werde." Carla stand jetzt an seiner Seite und hielt seine Hand. Er sah zu ihr auf. „Es ist so gut, dich zu sehen!" Sie sahen einander lächelnd in die Augen; dann beugte sie sich erneut nieder, um ihn zu küssen.

Was, wenn Dr. Elliott und seine Frau recht hatten? Selbst in diesem verzückten Moment konnte er dem beunruhigenden Gedanken, der ihn gequält hatte, nicht entkommen. *Was, wenn sie recht hatten? Wie sollte er das jemals Carla erklären? Was würde sie denken?*

„Haben sie dir gesagt, was passiert ist?" fragte er. „Ich meine... ist es nicht unglaublich?"

„Ich kann es auch nicht glauben. Gestern abend glaubte ich noch, du lägest im Sterben, und sieh dich jetzt an! Du hast Farbe an den Wangen und das alte Funkeln in deinen Augen!"

„Ich bin so froh, daß du nicht im Auto warst! Ich weiß immer noch nicht, wie es passiert ist. Ich liebe dich, Liebling, ich liebe dich so sehr! Es tut mir leid, was du durchmachen mußtest. Es muß die Hölle gewesen sein..."

„Es war unerträglich! Um nicht zusammenzubrechen, habe ich den neugierigen Reporter gespielt — ich mußte einfach herausfinden, was passiert war. Aber es schien alles keinen Sinn zu ergeben." Sie machte eine kurze Pause. „Würdest du lieber nicht daran denken?"

Ken schüttelte den Kopf. „Nein, sprich weiter. Ich möchte es hören."

„Ich habe sogar mit dem Lastwagenfahrer gesprochen. Er sagte, daß du auf seiner Fahrbahn gewesen wärest und daß er sein Möglichstes versucht hätte, um dich nicht zu treffen."

„Ich erinnere mich an nichts. Der Arzt meint, daß die Erinnerung Stück für Stück wiederkommen würde."

„Ich bin zu der Stelle hinuntergewandert und habe das Auto gesehen — das, was von ihm übrig geblieben ist, nachdem sie dich herausgeschnitten haben." Sie wühlte in ihrer Handtasche und holte schließlich eine Musikkassette heraus. „Die war in deinem zerschmetterten Kassettenrekorder – sie ist noch ganz." Sie hielt die Kassette hoch, so daß er sie sehen konnte.

„*Sweet Baby James?* Ja, das paßt."

„Ich habe ausprobiert, ob sie noch funktioniert", sagte Carla, „und sie geht noch. Möchtest du wissen, wo sie stehengeblieben ist?"

„Ich weiß nicht, ob das irgend etwas bedeutet, aber wo ist sie stehengeblieben?"

„Kurz vor dem Ende von ‚Fire and Rain'." Sie legte die Kassette auf den Nachttisch neben die Blumen, die sie gerade mitgebracht hatte. „Wir werden sie hier liegen lassen – bis zu dem glücklichen Tag, wenn ich dich hier herausführe!"

Er sah sie dankbar an. „Ich habe nie gewußt, daß du so sentimental bist. Es ist wunderbar!"

Sie drückte seine Hand. „Liebling, es ist nicht nur sentimental. Wenn du gesehen hättest, was von deinem Jaguar übriggeblieben ist, dann wüßtest du, warum ich etwas brauchte, woran ich mich festhalten konnte, um die Hoffnung nicht aufzugeben. Es war unmöglich, daß du überleben würdest."

Ken sah plötzlich beunruhigt und erstaunt aus.

„Es tut mir leid, Liebling", sagte Carla. „Ich hätte das nicht erwähnen sollen."

„Nein, das ist schon in Ordnung. Es macht mir nur zu schaffen, daß ich mich an nichts mehr erinnern kann. Ich muß wissen, was passiert ist – wie es passiert ist."

„Die Berichte besagen, daß du wie ein Verrückter gefahren bist. Klar, das hast du immer getan, aber du warst zumindest ein sicherer Verrückter." Sie strich ein paar verirrte Haarsträhnen aus seiner Stirn. „Nach dem, was mir die Verkehrspolizei über die Augenzeugenberichte sagte, bist du dieses Mal völlig verrückt gefahren. Ich kann es einfach nicht verstehen."

„Das paßt", seufzte Ken zögernd.

„Wozu paßt es?"

„Zu dem, was Dr. Elliott sagte."

„Und was hat er gesagt?"

„Ich muß noch etwas länger darüber nachdenken."

„Liebling?" Sie runzelte die Stirn. „Das ist dieser betende Chirurg. Es ist so unprofessionell, Medizin mit Religion zu vermischen. Er schien tatsächlich zu glauben, daß Gebet etwas ändern könnte. Er hat sogar mir gesagt, ich solle beten! Am liebsten hätte ich ihm geantwortet: ‚Werden Sie vernünftig, Doktor, wir leben im 20. Jahrhundert!'

Gerade eben, als du geschlafen hast, war eine Gruppe von Ärzten hier im Zimmer, und einige von ihnen mögen seinen Ansatz auch nicht."

„Haben sie das gesagt?"

„Ich habe den Eindruck gewonnen."

„Warum waren sie hier"

„Sie haben dich wie ein ganz seltenes Exemplar untersucht — sie waren absolut sprachlos wegen deiner raschen Genesung. Sie nannten es eine ‚Unmöglichkeit'."

„Also hatte Elliott recht. Er sagte, daß das gesamte Krankenhauspersonal hereinkommen würde, um mich anzusehen, und daß man über mich in medizinischen Fachzeitschriften berichten würde."

Carla runzelte die Stirn. „Sie sagten etwas von einem Exorzismus. Ken, hat dieser Arzt Hokuspokus mit dir veranstaltet?"

„Kursiert diese Geschichte in der Klinik? Das regt mich jetzt aber wirklich auf!" erklärte Ken ärgerlich.

„Nun sieh sich einer das an! Träume ich, oder ist das wirklich das größte elektronische Genie der Welt, das von den Toten zurückgekommen ist?" Es war Professor Leightons dröhnende Stimme, die aus der Richtung der Tür kam.

„Frank!" rief Ken aus. „Komm herein! Jetzt haben wir den Brautführer und die Braut. Alles, was wir noch brauchen, ist ein Pastor."

„Ein Richter", korrigierte Carla. „Es wäre wunderbar, aber ich bin nicht gerade erpicht darauf, meine Flitterwochen mit einem eingegipsten Mann im Streckverband zu verbringen. Ich kann noch ein wenig länger warten. Wie lange wird es dauern?"

„Der Arzt hat nicht gesagt, *wie* lange ... aber er sagte, daß ich sehr viel schneller hier herauskäme, als sich irgend jemand vorstellen könne."

„Hört mal, ich will euch beide nicht stören ..." Leighton begann, sich zurückzuziehen.

„Das ist schon in Ordnung, Frank." Ken sah Carla fragend an, und sie nickte zustimmend.

Leighton war ziemlich aufgeregt, als er ans Bett trat. „Ich muß dir eine Menge erzählen, Ken! Aber ich kann später noch einmal wiederkommen."

Ken sah Carla erneut an. „Nein, es ist schon okay. Schön, dich zu sehen ..."

Leighton zögerte. „In den letzten zwei Tagen sind einige unglaubliche Fortschritte geschehen. Wir haben einen stabilen Kontakt hergestellt."

„*Was* hast du getan?"

„Ich konnte nicht warten, Ken. Du hast im Koma gelegen, und sie hatten keine großen Hoffnungen, was dich betraf..."

„Du hast das alles *allein* getan?"

„Ich habe jemanden in das Projekt hineingenommen — jemanden, von dem ich seit mehreren Jahren wußte."

„*Ich* habe *dich* in das Projekt hineingenommen, und jetzt, ohne mich auch nur einmal zu fragen — "

„Ich konnte dich nicht fragen!"

„Wer ist es?"

„Wenn du dich sorgst, daß er etwas ausplaudert, kannst du dich entspannen. Er ist ein Jesuit. Ein *Priester*. Niemand kann Geheimnisse besser bewahren — du weißt schon, das Beichtgeheimnis und all das. Mach dir also keine Sorgen. Und er ist als Medium das beste Naturtalent, das ich je gesehen habe. Du wirst nicht glauben, was geschehen ist, als ich ihn zum ersten Mal an die ‚Abschußrampe' angeschlossen habe!"

„Frank, darüber muß ich mit dir reden. Es gibt einige Gefahren, die wir meiner Meinung nach untersuchen und für die wir eine Lösung finden müssen, bevor wir irgendwelche weiteren Forschungen betreiben."

„Wir können nicht warten, Ken! Es ist dringend. Jeder Tag zählt! Wir meinen, daß die Russen vielleicht am Rande eines ähnlichen Durchbruchs stehen."

„*Wer?* Was in aller Welt haben die *Russen* mit dieser Sache zu tun? Und woher hast du solch eine Information?"

Man konnte sehen, daß Frank sich unbehaglich fühlte. „Wir müssen uns unterhalten — allein. Ich werde morgen wiederkommen. Du wirst dich dann schon kräftiger fühlen."

„Ja, vielleicht gibt es wirklich etwas, worüber wir reden müssen, nachdem ich ein Video gesehen habe, daß ihr, du und Carla, auch sehen müßt."

„Ein Video?" fragten beide gleichzeitig.

„Es tut mir leid, aber sie müssen jetzt gehen." Eine Krankenschwester betrat den Raum und winkte die beiden Besucher zur Tür. „Ich habe Sie schon viel zu lange bleiben lassen."

Carla gab ihm einen langen Kuß. Während sie sich noch über ihn beugte, flüsterte sie: „Wovon handelt das Video?"

„Ich werde es dir später sagen, Liebling. Es ist zu kompliziert, um jetzt darüber zu reden...", murmelte er und fiel erneut in einen tiefen Schlaf.

* * *

Dr. Elliott und seine Frau kehrten an jenem Abend nach der Besuchszeit zurück. Sie wußten, daß sie dann nicht gestört werden würden. Der Doktor ließ einen Pfleger einen Videorekorder an Kens Fernseher anschließen. Nachdem er die Tür geschlossen hatte, legte er die Kassette ein, die er im Schwesternzimmer abgeholt hatte.

„Ich muß Sie allerdings warnen", sagte Elliott ernst. „Dies könnte mehr sein, als Sie verkraften können. Wenn es Ihnen zuviel wird, werde ich es abstellen. Sind Sie sicher, daß Sie stark genug sind?"

Ken sah ihn anklagend an. „Versuchen Sie etwa, mir die Sache auszureden? Ist irgend etwas faul an dem Video?"

„Sie werden sehen, was ich meine." Dr. Elliott nahm die Fernsteuerung und stellte das Gerät an. Sie sahen sich gemeinsam die ganze Sache an — es war beinahe eine ganze Stunde intensiven und zeitweise sehr beängstigenden geistlichen Kampfes. Elliott mußte mehrere Male abstellen, damit Ken, der *sich selbst* auf dem Bildschirm sah, wie er unglaublich bizarre Dinge sagte und tat, das Ganze verkraften konnte. Aber jedes Mal, wenn sie unterbrachen, bestand Ken darauf, daß das Video wieder angestellt wurde, sobald er wieder Kontrolle über seine Gefühle erlangt hatte.

Als die Befreiung vollendet war und Elliott den Fernseher abstellte, lag Ken eine lange Zeit still da, fassungslos über das, was er gesehen hatte. Elliott hatte recht gehabt, als er ihn gewarnt hatte. Die ganze Sache war zu viel für ihn gewesen — es war, als ob er die Handlung eines Horrorfilmes erlebt hätte. Er hatte *sich selbst* auf diesem Bildschirm gesehen, mit seinen eigenen Augen, er hatte es alles mit seinen eigenen Ohren gehört, und er konnte nicht ableugnen, was ganz offensichtlich nur allzu wahr war. Die Stimmen, die aus seinem eigenen Mund kamen, hatten erschreckend bekannt geklungen und hatten ihn erneut schreckliche Erinnerungen an das Labor und das Auto durchleben lassen. Aber was ihn am meisten erschüttert hatte, war die erstaunliche Vielfalt von scheußlichen Gesichtsausdrücken, die sein Gesicht wiederholte Male angenommen hatte — und all das, während er im Koma lag! In jenen Augenblicken hatte er das überwältigende Gefühl, daß etwas äußerst *Bösartiges* die Kontrolle hatte — etwas Böses, daß so spürbar war, daß es ihn abgestoßen hatte und ihm übel wurde. Und doch hatte diese abscheuliche Boshaftigkeit gleichzeitig etwas Faszinierendes an sich, das ihn sehr stark anzog — eine perverse, aber beinahe unwiderstehliche Anziehungskraft, die ein Gefühl des Unwohlseins in ihm zurückgelassen hatte.

Die Elliotts beteten stumm, während sie geduldig warteten, daß Ken etwas sagte. Er hatte mehrere Male angesetzt, war aber jedes Mal zusammengebrochen. Als er endlich in der Lage war, zu sprechen, war er selbst überrascht über die Sturheit, der er lauten Ausdruck verlieh und die ganz und gar nicht dem entsprach, wie er sich innerlich fühlte.

„Ich habe es mit eigenen Augen gesehen, aber ich glaube es immer noch nicht. Es stellt mein gesamtes Weltbild in Frage – nicht nur meines, sondern das der gesamten Wissenschaft. Es kann nicht wahr sein. Es muß eine andere Erklärung geben."

„Sie wollten einen Beweis?" fragte Dr. Elliott sanft. „Darf ich Sie daran erinnern, daß Sie im Koma waren. Ihre Lebenszeichen waren beinahe null. Nach einer scheinbaren Besserung, die aber nur kurze Zeit dauerte, sanken Sie tiefer ins Koma. Fremde Wesen – es konnte sich unmöglich um Ihr Bewußtsein oder Unterbewußtsein handeln – haben Ihren Körper belebt. Diesen Tatsachen können Sie nicht ausweichen, Ken. Und wenn das bedeutet, daß die Meinung der gesamten Wissenschaft verkehrt ist – nun, dann sollten Sie sich daran erinnern, daß Sie von der Wissenschaft sprachen, die sich mit der *Materie* beschäftigt, und dies hier hat offensichtlich mit etwas zu tun, was außerhalb der physischen Dimension liegt."

Ken schwieg erneut. Er dachte nach, versuchte verzweifelt, eine Verteidigung für die Ansichten zu finden, die ihm so lieb waren, obwohl er in seinem Herzen wußte, daß es keine gab. *Diese Stimmen – was sie sagen – und die Art, wie sie den Namen Jesus Christus hassen und fürchten und sich dann widerstrebend unter seine Autorität beugen – das läßt sich nicht als tiefere Ebenen meiner Psyche oder archetypische Vorstellungen des gesamten Unbewußten oder irgend etwas anderes erklären, das ich gerne glauben würde. Die Elliotts haben recht! Es kann nicht wahr sein! Ich muß wissen, was Frank und Carla darüber denken. Sie müssen das hier sehen. Aber welche andere Erklärung könnte es geben?*

„Kommen Sie, Ken!" rügte ihn Elliott. „Sie sind ein Wissenschaftler. Warum stellen Sie sich nicht den Fakten? Sie haben es mit eigenen Augen gesehen. Die Wesen, mit denen Sie in Ihrem Labor Kontakt aufgenommen haben, haben Sie besessen und versucht, sie zu töten. Warum ist es so schwer zuzugeben, daß es möglicherweise Dämonen waren?"

„Ich weiß nicht", sagte Ken müde. „Es ist nur ... es untergräbt alles ..." Und nach einer langen, schmerzlichen Stille: „Okay, mal angenommen, ich spiele bei Ihrem Drehbuch mit, Doktor. Was wollen diese Wesen erreichen?"

„Betrug, Zerstörung", sagte Karen, „aber alles unter dem Deckmantel, daß sie der Menschheit helfen wollen, ein neues Zeitalter des Friedens, der Liebe und der Brüderlichkeit zu errichten."

„Und der Name Jesus — warum bringt er sie zum Schweigen und zwingt sie, zu gehorchen?"

„Wir sind Rebellen, Ken", sagte Elliott leise. „Wir wollen unser eigener Gott sein, genau wie Satan, und das bringt uns unter seine Macht. Die Strafe ist ewige Trennung von unserem Schöpfer. Aber er liebt uns so sehr, daß er ein Mensch wurde, um die Strafe zu bezahlen, die seine eigene Gerechtigkeit forderte. Indem er für unsere Sünden starb und von den Toten auferstand, setzte Jesus Christus der Macht Satans ein Ende. Vergebung und Befreiung stehen als kostenlose Geschenke von Gottes Gnade jedem zur Verfügung, der bereit ist, Buße zu tun und Jesu Tod am Kreuz als die Strafe für seine eigenen Sünden anzunehmen."

„Ich hätte mir das, was Sie gerade gesagt haben, nicht einmal fünf Sekunden lang angehört, wenn ich nicht durch diese Hölle gegangen wäre und das Video mit meinen eigenen Augen gesehen hätte." Ken schien beinahe überredet zu sein. Er sah Hal und Karen ernst an. „Frank muß es sehen — und Carla. Ich will wissen, was sie denken. Kann ich es mir ausleihen?"

„Natürlich." Hal zog die Schublade neben dem Bett auf und ließ die Kassette hineingleiten. „Ich lege sie hier hinein. Sie gehört der Klinik. Sagen Sie den beiden, sie könnten sich Kopien machen, falls sie möchten, aber ich muß das Original wieder zurückbekommen."

„Sie machen sich Sorgen um Frank und Carla?" sagte Karen ernst. „Aber was ist mit Ihnen? Was werden Sie mit Jesus anfangen? ,Die Neun' werden Sie nicht so einfach gehen lassen. Sie brauchen seinen Schutz."

Ken zögerte. Sie konnten sehen, wie sich sein innerer Konflikt in seinen Augen widerspiegelte. „Ich nehme, daß Sie sehen können, wie sehr Sie mich erschüttert haben, ob ich es nun zugebe oder nicht", bekannte er schließlich. Er schloß müde seine Augen und verfiel erneut in schmerzliches Schweigen.

Ich kann nicht so einfach Ansichten und Überzeugungen über Bord werfen, die ich ein Leben lang aufgebaut habe — und ich werde es auch nicht tun. Ich kann das Video nicht leugnen, und was sie über

Jesus sagen, klingt sehr vernünftig, aber trotzdem ... Mit großer Mühe öffnete Ken seine Augen und drehte sich zu den Elliotts. „Sie können sich nicht vorstellen, wie schwer es ist, auch nur dieses bißchen zuzugeben. Ich muß einige sehr wichtige Entscheidungen treffen, aber ich möchte wissen, was Carla und Frank denken ..." Seine Stimme wurde schwächer.

„Sicher, Ken, sicher", sagte Elliott. „Wir sehen uns morgen wieder."

7. Eine CIA-Operation?

„Ich bin ganz und gar nicht glücklich darüber, Frank. Nicht im geringsten!" sagte Ken zum dritten Mal.

Die Morgensonne strömte durch das offene Fenster. Ken hatte das Gezwitscher der Vögel vor dem Fenster und den Geruch von frisch gemähtem Gras genossen — und er hatte einen Bärenhunger und wartete ungeduldig auf das Frühstück. Plötzlich hatte Frank neben seinem Bett gestanden. Er hatte von der diensthabenden Schwester die Erlaubnis bekommen, ihn noch vor der Besuchszeit in der Frühe zu besuchen. Er hatte ihr gesagt, eine Notsituation gefährde Franks Firma, und er hatte versprochen, nur fünf Minuten zu bleiben — allerhöchstens zehn Minuten.

„Es gibt keinen Grund zu Sorge", erwiderte Frank erneut beruhigend. Er zog einen Stuhl an das Bett und setzte sich. „Ich habe dir doch schon gesagt, daß Del Sasso ein Jesuit ist — ein *Priester* — und du weißt, daß sie gelernt haben, Geheimnisse zu wahren. Ich vertraue ihm völlig."

„Deswegen mache ich mir auch keine Sorgen. Ich will, daß ihr mit den Versuchen aufhört — zumindest vorerst. Sie sind *gefährlich*. Sieh dir an, was mit mir geschehen ist!"

„Du hattest einen Unfall, Ken. Das ist alles. Das hätte jedem passieren können. Vielleicht bist du eingeschlafen."

„Ich schlafe nicht ein, wenn ich hinter dem Steuer sitze — und schon gar nicht um fünf Uhr am Nachmittag. Das glaubst du doch selbst nicht, Frank! Weißt du, was die Augenzeugen über meine Fahrweise gesagt haben?"

„Ich habe noch nichts davon gehört."

„Ich bin wie ein Wahnsinniger gefahren. So etwas tue ich nicht! Ich gehe kein Risiko ein in unübersichtlichen Kurven, ich fahre nicht auf der falschen Straßenseite ... Es gibt einen Zusammenhang mit den Versuchen, aber ich kann es nicht beweisen, weil ich mich nicht erinnern kann, was geschehen ist. In was für einer seelischen Verfassung war ich, als ich an jenem Tag das Labor verlassen habe?"

Die Frage schien Frank verlegen zu machen. Er stand auf und sah einen Augenblick lang aus dem Fenster. Schließlich gab er zu: „Du warst sehr aufgeregt. Du hattest eine schlimme Zeit in der Trance. Ich hätte dich dort behalten sollen, bis du dich beruhigt hättest, aber ich konnte nicht wissen, daß so etwas geschehen würde."

„Ich glaube, wir sollten keine weitere Experimente machen — zumindest nicht jetzt, unter diesen Umständen!"
„Es ist so ganz untypisch für dich, so etwas zu sagen! Diese Sache war deine große Leidenschaft! Ken, Del Sasso hat einen ständigen Kontakt hergestellt. Wir machen Fortschritte. Durch diese Partnerschaft mit ‚den Neun' werden wir alles erreichen, wovon wir geträumt haben, und sogar noch mehr!"
„Partnerschaft? Sie haben versucht, mich umzubringen!"
„Das ist eine wilde Behauptung, Ken. Ich verstehe nicht, warum du auf einmal so negativ bist. Das ist doch sonst nicht deine Art. Auch Del Sasso hatte am Anfang ein paar Probleme. Die Wesen haben uns gesagt, wir sollten die Stromzufuhr unter der Plattform abstellen. Die elektromagnetischen Ausstrahlungen brachte die Harmonie zwischen den Gehirnhälften aus dem Gleichgewicht."
„Das glaube ich nicht. Sie haben versucht, meinen Verstand zu übernehmen."
„Du bist besessen von dieser Täuschung."
„Es ist keine Täuschung. Schau mich doch an. Deshalb liege ich hier!"
Frank begann, in zunehmender Erregung hin und her zu gehen.
„Wir könnten darüber diskutieren, und es würde nichts beweisen. Die schlichte Tatsache ist, daß Del Sasso sofort Kontakt bekam, als wir die Anweisung der Archonten befolgten und die Stromzufuhr unterbrachen. Das war der einzige Fehler in deinem Entwurf."
„Ich habe dieses Gerät gebaut, und ich will nicht, daß es benutzt wird, bis ich hier heraus bin und es selbst geprüft habe und sicher bin, daß es nicht das Eingangstor für — nun, dämonische Besessenheit ist!"
Frank blieb am Bett stehen und starrte erstaunt auf Ken hinunter.
„Bist du verrückt? Wie kommst du auf solch eine lächerliche Idee? Seit wann glaubst du an Dämonen?"
„Ich habe nicht gesagt, daß ich an sie glaube. Es ist eine Hypothese, die ich in den Raum stelle, und wir können es uns nicht leisten, diese Möglichkeit zu übersehen."
Frank versuchte erst gar nicht, seinen Ärger zu verbergen. „Rede weiter so, Ken, und ich muß dich zur Behandlung in die Psychiatrie bringen lassen! Du redest, als ob du da etwas verwechselst — und deine Gedanken nicht beisammen halten kannst!"
Ihre Blicke trafen sich, und was Ken sah, machte ihm Angst. *Ich glaube, er würde es tatsächlich tun.* Der Gedanke war erschreckend. *Ich liege völlig hilflos hier! Ich habe nie gewußt, wie verwundbar*

man sein kann — völlig der Gnade irgendwelcher Psychiater ausgeliefert, die die Kriterien dafür festlegen, was in der Gesellschaft als „geistige Gesundheit" gilt.

Franks Stimme brachte ihn von den theoretischen Möglichkeiten zurück in die gegenwärtige Realität. „Sieh mal, Ken, wir müssen uns irgendwie verständigen. Du hattest nur ein Ziel vor Augen, aber ich habe von Anfang an ein anderes Potential gesehen. Diese Forschung ist lebenswichtig für die Verteidigung der westlichen Welt. Sie zu beenden wäre ein Akt der Sabotage — ein Verrat an unserem Land! Wenn die Russen diese Kraft zuerst bekommen ..."

„Du hast eine krankhafte Angst vor den Russen! Vielleicht solltest du dir wegen der ‚Neun', mit denen du eine Partnerschaft eingegangen bist, Sorgen machen, anstatt wegen der Russen!" *Sollte ich es ihm geben? Wird er dadurch nur noch mehr Grund haben, zu sagen, ich sei verrückt?* Nach einer langen Stille zeigte Ken auf den Nachttisch. „In der Schublade ist eine Videokassette. Ich möchte, daß du sie dir ansiehst und mir sagst, was du davon hältst."

„Es tut mir leid, Dr. Leighton. Sie müssen jetzt gehen. Ich habe Ihnen 11 Minuten gegeben. Der Patient ist erschöpft." Leighton fragte sich, wie lange die Schwester schon hinter ihm gestanden und was sie gehört hatte.

Er öffnete die Schublade des Nachttisches und nahm die Videokassette. „Ich werde es mir ansehen", versprach Leighton und winkte mit der Kassette, als er zur Tür ging. Ken war schon wieder eingeschlafen.

※ ※ ※

„Es tut mir leid, Fräulein Bertelli, er hat gerade zu Mittag gegessen und braucht seine Ruhe. Er schläft gerade." Die diensthabende Schwester hatte gesehen, wie Carla direkt auf Kens Zimmer zusteuerte und war herbeigeeilt, um ihr den Weg abzuschneiden. „Sie werden im Warteraum am anderen Ende des Ganges warten müssen, bis er aufwacht. Ich werde Sie rufen."

„Aber gestern", protestierte Carla, „hat man mich in sein Zimmer gelassen und ich konnte dort sitzen und warten, bis er aufwachte." Der strenge Gesichtsausdruck der Schwester veränderte sich nicht. „Ich werde auch ganz leise sein", bat Carla. „Ich will genauso sehr wie Sie, daß er seinen Schlaf bekommt."

„Ich kann nicht für etwas einstehen, was Ihnen gestern irgend jemand erlaubt hat", sagte die Schwester in sterilem Ton. Sie schien so unbeugsam zu sein wie ihre gestärkte Tracht. „Dr. Inmans Besuchsplan ist völlig außer Kontrolle geraten, und wir müssen wenigstens den Anschein einer Ordnung wiederherstellen. Vor 36 Stunden war der Mann noch praktisch tot, verstehen Sie. Dies ist ein Krankenhaus, und nicht der New Yorker Hauptbahnhof."

„Du hast heute eine echte Meckerziege als Krankenschwester", berichtete Carla Ken, als er aufgewacht war und sie endlich in sein Zimmer gelassen wurde. „Sie sagt, es gehe hier zu wie auf dem New Yorker Hauptbahnhof. Wieso dürfen alle anderen herein, und ich muß warten? Wer ist dagewesen?"

„Ich weiß nur von Frank – und natürlich Dr. Elliott. Vielleicht ist sie ärgerlich, weil Frank sie überredet hat, ihn noch vor dem Frühstück in mein Zimmer zu lassen."

„Warum war Frank so früh da? Gab es etwas Wichtiges?"

„Eigentlich nicht. Er wollte mir berichten, was im Labor gelaufen ist – und ich war nicht gerade glücklich darüber. Ich will nicht, daß noch weitere Versuche gemacht werden, bevor ich wieder hier heraus bin. Er hat eine Art versteckte Drohung gemacht, daß er mich in die Psychiatrie einliefern lassen will."

Carla war wütend. „Das überrascht mich nicht! Ich habe einige Informationen über Frank bekommen, die mich an seinen Motiven zweifeln lassen. Hat er dir jemals erzählt, daß er für den CIA gearbeitet hat?"

„Nein, aber es gibt sicher eine Menge Dinge, die er mir nie über sich erzählt hat. Es muß schon lange her sein. Er ist seit beinahe 20 Jahren in Stanford."

„Wie ich dir gestern bereits gesagt habe, bevor sie mich hinausgeworfen haben, habe ich einige Nachforschungen gemacht", sagte Carla. „Kannst du dir vorstellen, was in mir vorgegangen ist? Ich fragte mich, *warum* du auf der falschen Straßenseite und in den Laster hinein gefahren bist. Frank wollte mir nicht helfen. Er hat mich abblitzen lassen – sehr höflich, aber sehr bestimmt. Es ist klar, daß man geheime Forschungen schützen muß, aber was er da tat, war mehr als das."

„Er hat ein Medium in die Arbeit eingeführt, das mit *meiner Erfindung* arbeitet. Er meint, daß er mit den Russen konkurriert."

„Ich hörte gestern, wie er die Russen erwähnte. Das paßt genau zu dem, was ich herausgefunden habe! Hör dir das mal an! Ich habe mich von Frank nicht einwickeln lassen. Ich mußte einfach wissen, was dort vor sich ging — schließlich lagst du im Krankenhaus. Also habe ich auf einen Verdacht hin eine meiner Verbindungen genutzt und mir eine Liste der Telefongespräche von der Zeit, in der du nicht da warst, besorgt. Um 4.10 Uhr an dem Nachmittag, wo du deinen Unfall hattest — es muß kurz, nachdem du gegangen bist, gewesen sein — wählte er eine Nummer in Langley, Virginia, und seitdem hat es einige Anrufe dorthin gegeben."

„Langley? Das CIA-Hauptquartier?"

„Genau. Also habe ich etwas mehr nachgegraben — mit Hilfe einiger Freunde bei der *Washington Post*. Ich fand heraus, daß er nicht nur flüchtige Verbindungen zum CIA hatte — also vielleicht ein Informant war —, sondern daß er Mitte der fünfziger Jahre eine Ausbildung an der ‚West Point' des CIA in der Nähe von Williamsburg absolviert hat. Auf der sogenannten ‚Farm' werden auch Geheimagenten ausgebildet. Der Mann war jahrelang ernstlich darin verwickelt, Ken — und offensichtlich ist er es immer noch!"

„*Vielleicht*. Aber nicht *offensichtlich*. Gut, er hatte früher, vor vielen Jahren, damit zu tun — aber ein paar Telefonate ... das ist noch kein Beweis. Ich kann mir Frank einfach nicht als CIA-Agenten vorstellen."

„Das sollst du auch nicht. Die besten Agenten sind die, bei denen es niemand vermuten würde."

„Aber Parapsychologie? Das paßt nicht."

„Warum glaubst du, daß das ‚nicht paßt'? Liebling, du weißt, daß der CIA an Parapsychologie interessiert ist."

„Naja, es sind einige Berichte veröffentlicht worden, aber ich war mir nie sicher, in wieweit sie den Tatsachen entsprachen."

„Sei doch nicht so naiv! Frank weiß es — da kannst du sicher sein. Und ich glaube, daß ist der eigentliche Grund, warum er in dein Projekt eingestiegen ist."

„Aber er hat doch die ganze Zeit in Stanford unterrichtet", protestierte Ken. „Und er hat mit mir gearbeitet. Seit ich Frank kenne, habe ich nie irgend etwas gesehen, das darauf hingewiesen hätte, daß er noch eine geheime Nebenbeschäftigung hat."

Carla ließ nicht locker. „Muß ich dich daran erinnern, wo Stanford liegt? Direkt bei Silicon Valley, einem Ort, an dem es so viele ausländische Geheimagenten gibt, wie an kaum einem anderen Ort im Lande. Was auch immer seine Rolle beim CIA ist — ich glaube nicht, daß ihn seine Verpflichtungen in Stanford dabei behindert haben. Eher haben sie ihn noch unterstützt."

„Du hast zu viele Spionageromane gelesen, Liebes", lachte Ken. Aber noch während er das sagte, erinnerte er sich, daß er sich gewundert hatte, warum es so leicht gewesen war, Frank zur Mitarbeit zu überreden. Jetzt, wo er darüber nachdachte, fiel ihm sogar ein, daß Frank den Vorschlag gemacht hatte, mitzuarbeiten. Aber das hatte er damals für nebensächlich gehalten.

* * *

Leighton war früh an jenem Abend wieder da. Eine andere Schwester hatte Dienst, und es war kein Problem, für seine gewohnten „5 Minuten, allerhöchstens zehn" hereinzukommen. Ken war wach. Er fühlte sich etwas kräftiger und versuchte, einige schwierige Entscheidungen zu treffen. Er dachte noch einmal über das nach, was er auf dem erschreckenden Video gesehen hatte. Was hatte Frank davon gehalten? Wie wäre Carlas Reaktion, wenn sie es sähe? Dann kam plötzlich Leighton in das Zimmer geplatzt und unterbrach kurzerhand seine privaten Gedanken, ohne auch nur so viel wie ein besorgtes „Wie geht es dir?" oder ein höfliches „Guten Abend" als Begrüßung.

Leighton schien in Eile zu sein und zog sich nicht wie sonst einen Stuhl an's Bett, um sich zu setzen. „War das hier ein Scherz?" fragte er, fuchtelte mit der Videokassette in Kens Richtung und warf sie dann auf den Nachttisch am Bett.

„Was meinst du damit?"

„Sie ist leer. Nichts."

„Frank, ich weiß nicht, was für ein Spiel du spielst, aber das ist wirklich untragbar."

„Ich sage dir, es war eine leere Kassette."

„Und ich sage dir, daß sie nicht leer war, als du sie mitgenommen hast. Sie gehört der Klinik, und sie war auch für mich sehr wichtig. Ich will sie wiederhaben."

„Ich habe sie dir gerade gegeben. Du kannst sie dir selbst ansehen."

Der Ärger, den Ken so lange unterdrückt hatte, kam jetzt plötzlich in ihm hoch. „Was auch immer du im Schilde führst, du hattest kein Recht, diese Kassette zu löschen!"

„Ich weiß, du hast Schreckliches durchgemacht." Die Antwort kam in einem nüchternen, mitfühlenden Ton. „Du bist irgendwie verändert, Ken. Das ist ganz eindeutig, sonst hätten wir nicht solche Probleme gehabt, miteinander zu reden, seit du aus dem Koma erwacht bist. Ich will nicht zu lange bleiben und dich noch mehr ermüden." Er zog einen Umschlag aus der Innentasche seines Mantels und legte ihn neben die Kassette auf den Tisch. „Du wirst wahrscheinlich wollen, daß dein Anwalt das hier durchsieht. Es ist ein Vertrag für den Verkauf deiner gesamten Laboreinrichtung einschließlich aller Patente und aller Rechte irgendwelcher Art zum Preis von 1,3 Millionen Dollar. Ich halte das für einen fairen Preis. Im Umschlag steckt ein Barscheck über diese Summe. Ich würde den unterschriebenen Vertrag gern morgen abend abholen."

Ken war sprachlos. „Woher hast du soviel Geld? Hat der CIA mit dieser Sache zu tun?"

„Ich habe Glück bei ein paar Investitionen gehabt. Versteh' doch, Ken. Du willst alles stoppen, und ich will weitermachen. Wir sind in einem Stadium, in dem die Zeit drängt und es wichtig ist, ohne irgendwelche Unterbrechungen weiterzumachen. Falls du gerne wieder einsteigen möchtest, wenn du völlig wiederhergestellt und wieder du selbst bist, würden wir uns sehr darüber freuen. Ich habe mir erlaubt, sowohl deinen Steuerberater als auch deinen Anwalt zu informieren. Sie haben beide je eine Kopie des Vertrages und werden gleich morgen früh vorbeikommen. In der Zwischenzeit solltest du dich etwas ausruhen, alter Junge, und zusehen, daß du wieder gesund wirst."

„Es ist also tatsächlich eine CIA-Operation, und wenn ich mit ihren Bedingungen nicht einverstanden bin, werden sie andere Wege finden. Ist das richtig?"

Frank war bereits zur Tür hinaus.

8. An der Weggabelung

„Haben Sie noch eine Kopie von der Kassette?" fragte Ken besorgt, als Dr. Elliott und seine Frau später an jenem Abend sein Zimmer betraten.

„Gibt es ein Problem?" fragte Elliott mit banger Vorahnung.

„Ist das die Kassette, die Sie mir gegeben haben?" Ken machte ein Kopfbewegung zur Seite des Nachttisches.

„Nun, ja", begann Hal, nahm sie auf und untersuchte sie. „Sie sieht genauso aus. Da ist der Aufkleber der Klinik. Warum? Wo liegt das Problem?"

„Leighton sagt, sie sei leer." Kens Blick sagte alles.

„Es gibt eine Möglichkeit, das herauszufinden", sagte Elliott. Er nahm die Kassette und eilte aus dem Raum. Als er wenige Minuten später zurückkehrte, sah er wütend aus. Er reichte Karen die Kassette. „Jemand hat sie gelöscht!" sagte er ärgerlich.

„Ich habe sie Leighton ausgeliehen. Ich hätte nie gedacht ..." Ken wirkte schwer getroffen. „Ich hätte es wissen sollen."

„Machen Sie sich keine Vorwürfe", sagte Hal. „Wir geben niemals ein Original aus der Klinik, ohne eine Kopie zu machen, und ich habe da einen Schnitzer gemacht." Er wandte sich an seine Frau und zuckte hilflos mit den Schultern. „Ich kann es nicht glauben! Wenn es je eine Kassette gab, von der ich wollte, daß das Komitee sie sich ansieht ..."

„Es ist eine weitere von diesen Lektionen, die wir immer wieder lernen", sagte Karen ernst. „Wir befinden uns in einem geistlichen Kampf, und wir haben nicht aufgepaßt."

„Ich wollte, daß *Carla* das Video sieht!" Kens Stimme zitterte. „Wenn sie es selbst hätte sehen können, dann hätte es sie vielleicht überzeugt."

„Heißt das, daß *Sie* überzeugt sind?" fragte Karen hoffnungsvoll.

„Ich bin überzeugt, daß das, was ich auf diesem Video gesehen habe — nun, daß es echt war. Was die Bedeutung dessen, was ich da gesehen habe, angeht — nun, ich denke noch darüber nach. Ich wollte Carlas Reaktion sehen — und Franks."

„Die ganze Gruppe betet für Carla", sagte Hal. „Und auch für Sie. ,Die Neun' werden Sie nicht ohne einen Kampf gehen lassen. Ja, wir vermuten sogar, daß etwas im Gange ist, was viel mehr umfaßt, als nur Sie und ihren mutmaßlichen ‚Unfall'."

„Was meinen Sie damit?"

Hal zog einen Stuhl heran und setzte sich neben Karen. „Sehen Sie, Ken, ich versuche nicht, die Sache aufzubauschen, aber das Neue Testament warnt uns vor zunehmenden dämonischen Aktivitäten in den ‚letzten Tagen', kurz bevor Christus wiederkehrt — das schließt scheinbar übernatürliche Kräfte ein —, um die Welt für den Antichristen vorzubereiten."

Ken rollte mit den Augen. *„Die letzten Tage? Der Antichrist?* Vorgestern hätte ich Sie noch ausgelacht. Ich weiß, ich hätte zu dem Zeitpunkt gar nicht lachen können — und ich wäre gestorben, wenn Sie nicht diese Dämonen aus mir ausgetrieben hätten — ja, ich glaube, daß es Dämonen waren. Aber *der Antichrist?"*

Karen sah ihn mitfühlend an. „Das kann ich verstehen. Aber ist Ihnen noch nie der Gedanke gekommen, daß dieses Gerät, das Sie erfunden haben — das Gerät, das ‚die Neun' benutzt haben, um Sie in ihre Gewalt zu bringen — genau das richtige Instrument für Satan sein könnte, um die ganze Welt zu betrügen?"

„Machen Sie Scherze?" protestierte Ken. „Meinen Sie nicht, Sie werden ein wenig melodramatisch?"

Hal suchte in der Nachttischschublade an Kens Bett herum und holte eine Gideon-Bibel heraus. „Das ist nicht meine eigene Idee oder die Vermutung von sonst irgend jemandem, Ken. Hier steht, was die Bibel die letzten 2000 Jahre gesagt hat. Hören Sie sich das an. ‚Der Geist aber sagt ausdrücklich, daß in späteren Zeiten manche vom Glauben abfallen werden, indem sie auf betrügerische Geister und Lehren von Dämonen achten.' Das steht in 1. Timotheus 4,1." Er zog seinen Stuhl näher ans Bett und hielt die Bibel vor Kens Gesicht, so daß er es selbst sehen konnte.

„Und jetzt hören Sie, was Jesus in Matthäus 24 sagt", fuhr Hal fort, „als seine Jünger fragten, welche ‚Zeichen' die letzten Tage vor Jesu Wiederkehr kennzeichnen würden: ‚Seht zu, daß euch niemand verführe! ... Denn es werden falsche Christi und falsche Propheten aufstehen und werden große Zeichen und Wunder tun, um so, wenn möglich, auch die Auserwählten zu verführen.'" Er blätterte um zu einer anderen Schriftstelle. „Schauen Sie sich das mal an. Hier in 2. Thessalonicher, Kapitel 2, warnte auch der Apostel Paulus vor Verführung in den letzten Tagen. Über den Antichristen schrieb er: ‚Und dann soll der Gesetzlose offenbart werden ... dessen Ankunft gemäß der Wirksamkeit des Satans erfolgt, mit jeder Machttat und mit Zeichen und Wundern der Lüge.'"

Dr. Elliott schloß die Bibel und legte sie oben auf den Nachttisch.

„Das sind nur einige der Prophetien über die ‚letzten Tage'. In Offenbarung 13 warnt der Apostel Johannes sogar, daß schließlich die ganze Welt den Antichristen anbeten wird — und auch Satan, der ihm seine scheinbar übernatürliche Macht gibt."
„Das sind ganz unglaubliche Dinge — sie sind mir absolut fremd", sagte Ken. „Es klingt wie Science fiction. Ich habe nie in meinem Leben die Bibel gelesen."
„Warum erweitern Sie dann nicht einfach ein wenig Ihre Allgemeinbildung?" forderte ihn Karen heraus. „Sie können die Bibel nicht auf der Basis von Gerüchten abtun, ohne sie gelesen zu haben — oder weil sie Ihre ‚wissenschaftlichen' Vorstellungen in Frage stellt."

Ken schwieg. Schließlich sagte er: „Ich fühle mich so hilflos, wenn ich hier herumliege. Leighton hat die Versuche ohne mich fortgeführt — er behauptet, er habe Kontakt mit ‚den Neun' hergestellt und arbeitet in einer Partnerschaft mit ihnen zusammen, um die Welt zu retten. Es klingt beinahe wie das, was Sie gerade vorgelesen haben."

„Ken, vielleicht hat er das Video gar nicht gelöscht", schlug Hal vor. „*Sie* könnten es getan haben. Es wäre möglich, daß er sich völlig in ihrer Gewalt befindet."

„Ich will nichts mit Wesen zu tun haben, die versucht haben, mich umzubringen. Ich habe Frank gesagt, er solle mit den Versuchen aufhören, bis wir uns sicher sind, was da wirklich vor sich geht. Aber er weigert sich, obwohl ich es bin, der das Gerät und das Labor entworfen und gebaut hat. Er sagt, es sei wichtig, weiter zu sein als die Russen." Ken zeigte müde auf den Umschlag, den Leighton auf den Tisch an seinem Bett hatte fallen lassen. „Da drin ist ein Vertrag und ein Barscheck, den Frank hiergelassen hat, um mir das Labor für 1,3 Millionen Dollar abzukaufen. Was soll ich tun?"

Hal und Karen tauschten erstaunte Blicke aus. „Ich werde die Gruppe anrufen, und wir werden speziell wegen dieser Sache beten", sagte Hal. „Hat Leighton so viel Geld zur Verfügung?"

„Nein. Und es ist zu schnell gegangen, um eine Gruppe von Investoren zusammenzubekommen, die das Geld hätten. Carla meint, der CIA würde hinter ihm stehen und daß er schon die ganze Zeit für ihn gearbeitet hat."

„Das klingt logisch", stimmte Hal zu. „Es ist allgemein bekannt, daß sich die Russen mit Parapsychologie beschäftigt haben — angeblich sollen sie uns weit voraus sein. Von daher könnte ich Leightons Eile und die Beteiligung des CIA verstehen."

„Aber wenn alle übernatürlichen Kräfte dämonisch sind, wie Sie sagen", fragte Ken, „ist es dann wirklich noch logisch? Ich meine, würden Dämonen beiden helfen, den Russen und den Amerikanern – gegeneinander?"

„Warum nicht?" erwiderte Hal. Er stand auf und sah aus dem Fenster auf die weite Rasenfläche, die von Büschen und Blumen umsäumt war und von farbigem Flutlicht sanft beleuchtet wurde, dann auf die künstliche Helligkeit des Parkplatzes und die Dunkelheit dahinter. „Dort draußen in der ‚wirklichen' Welt läuft es doch so. Die internationalen Bankiers unterstützen alle Seiten in jedem Krieg. Es ist ihnen egal, wer gewinnt, so lange jeder von ihren Finanzen abhängig bleibt. Warum sollte es in einem ‚psychischen Krieg' anders sein? Es ist Satan völlig egal – solange er die Kontrolle behält."

Auf seine Worte folgte eine lange Stille. Schließlich schlug Ken vor: „Aber selbst die internationalen Bankiers würden nicht die ganze Welt zerstören – das würde ihnen das Geschäft verderben. Ich dachte, sie wollten eine Weltregierung, um ihre selbstsüchtigen Ziele zu fördern."

„Das stimmt", pflichtete Hal ihm bei. „Und das ist es, was der Satan nach den Worten der Bibel durch den Antichristen versuchen will – er will unter einer neuen Weltordnung Frieden und Wohlstand bringen, um zu beweisen, daß es die Menschheit allein schafft. Wenn wir uns wirklich in den letzten Tagen befinden sollten, dann wird es einen Schub hin zu weltweiter Einheit – Frieden, Liebe und Brüderlichkeit – geben. Die Russen und die Amerikaner werden zusammenkommen müssen – und auch alle anderen werden es müssen."

Kens Gesichtsausdruck war jetzt nicht mehr skeptisch, sondern besorgt. Er schüttelte müde seinen Kopf. „Sie haben mich wirklich verwirrt. Ich möchte nichts davon glauben. Es ist wie ein Alptraum." Dan fügte er noch hinzu: „Frank bedeutet mir viel – trotz der Art, wie er es ganz offensichtlich ausnutzt, daß ich im Augenblick nicht da bin. Ich bin mir sicher, daß er das, was er tut, für richtig hält."

„Vielleicht sind Sie zu nachsichtig mit Leighton", sagte Dr. Elliott ernst. „Er macht auf mich den Eindruck eines Mannes, der nach Macht giert, und das macht ihn anfällig für jede Art von Lüge, die ihm das verspricht. Die Wahrheit muß wichtiger sein als alles andere, und wir werden beten, daß Sie sie von ganzem Herzen suchen."

* * *

„Dr. Elliott hat heute physikalische Therapie für Sie angesetzt", sagte die Schwester fröhlich, als sie am nächsten Morgen hereinkam, um als erstes Kens Temperatur zu messen und ihm Blut abzunehmen. „Fühlen Sie sich dem gewachsen?"
„Ob ich mich dem gewachsen fühle? Machen Sie Witze? Ich will hier raus! Das ist natürlich nicht persönlich gemeint. Wann fangen wir an?"
„Sie kommen gegen 9.30 Uhr und holen Sie ab. Möchten Sie heute morgen Ihr übliches, abscheulich gesundes Frühstück haben?"
„Ganz recht. Ich esse das 365 Tage im Jahr. Das hält mich so gut in Form, daß ich ab und zu ein wenig zusammengestaucht werden und dann in ein Krankenhaus gehen muß, um wieder auf ein normales Maß zurechtgestutzt zu werden."

Ken hatte kaum sein Frühstück beendet, als eine Schwester seinen Anwalt, Phil Gold, hereinbrachte. Wenige Augenblicke später kam Gordon Stuart — sein Steuerberater — dazu.

„Wir haben uns beide den Vertrag genau angesehen", versicherte ihm Gold. „Es ist alles legal und in guter Ordnung, falls Sie es annehmen wollen. Die Entscheidung liegt bei Ihnen. Ich habe natürlich keine Ahnung, ob 1,3 Millionen Dollar ein faires Angebot sind, oder ob Sie zu jedem Preis verkaufen wollen."

„Ihr Freibetrag liegt bei knapp unter 100.000", warnte ihn Stuart. „Bei solch einem Profit muß man die Auswirkungen auf die Steuern bedenken. Wenn Sie verkaufen wollen, gäbe es vielleicht bessere Methoden, als alles in bar bezahlen zu lassen."

„Ich weiß noch nicht, was ich tun will. Aber ich will es nicht verkaufen. Vielleicht möchte ich die ganze Anlage zerstören lassen."

Beide sahen sie Ken an, als sei er verrückt.

„Warum übergeben Sie es nicht Leighton und stecken das Geld ein? Dann sind Sie es los", schlug der Anwalt vor. „Wenn Sie nicht wissen, was Sie mit 1,3 Millionen Dollar anfangen sollen", fügte er lachend hinzu, „könnte ich Ihnen einige Vorschläge machen."

„Die Sache ist zu kompliziert, um sie zu erklären."

Sie standen auf, um zu gehen. „Sie müssen wissen, was für Ziele Sie haben und Ihre eigene Entscheidung treffen", sagte sein Steuerberater. „Aber von einem rein juristischen oder steuerlichen Standpunkt aus betrachtet sehen wir, abgesehen von einer Planung hinsichtlich der Steuern, keinen Grund, das Angebot abzulehnen."

* * *

Carla war platt, als sie später an jenem Morgen kam und von Leightons Angebot hörte. „Verkaufe um keinen Preis!" warnte sie Ken. Dann, nachdem sie ein wenig darüber nachgedacht hatte, sagte sie noch rasch: „Da entwickelt sich eine heiße Geschichte!" Sie war offensichtlich sehr aufgeregt. „Ich muß der Sache auf den Grund gehen. Ich rieche förmlich den CIA. Da braut sich etwas Großes zusammen. Ich würde zu gerne wissen, was die Russen vorhaben. Wäre es möglich, daß sie die gleichen Forschungen betreiben?"

„Ich weiß nichts von den Russen, und es interessiert mich auch nicht. Ich weiß nur, daß Frank eine Art von Partnerschaft mit den Wesen eingegangen ist, die versucht haben, mich umzubringen. Deswegen mache ich mir Sorgen."

„Die versucht haben, dich umzubringen?"

„*Liebes,* ich war regelrecht *besessen.* Deshalb bin ich wie ein Verrückter gefahren. Ich erinnere mich jetzt teilweise daran!"

Carla sah ihn mitfühlend an. „Du hast drei Tage im Koma gelegen. Ich würde mich auf mein *Gedächtnis* verlassen, wenn ich verstehen wollte, was zum Zeitpunkt des Unfalls geschehen ist."

„Ich habe mehr als nur mein Gedächtnis, worauf ich mich stützen kann." Ken wandte sich ab. Draußen taten die Spottdrosseln so, als wären sie Kanarienvögel, und eine sanfte Brise trug den Duft eines ganzen Bouquets von Frühlingsblüten durch das offene Fenster. Es war solch ein herrlicher Tag. *Hier liege ich nun, auf wundersame Weise noch am Leben, mit der Frau, die ich bald heiraten werde, an meiner Seite — und anstatt von überschwenglichem Glück erfüllt zu sein, habe ich Angst!*

Er wandte sich wieder um und sah ihr erneut ernst in die Augen. „Carla, kannst du dich erinnern, wie wir ins Kino gegangen sind, um den *Exorzisten* zu sehen? Wir konnten uns nicht vorstellen, daß irgend ein intelligenter Mensch so leichtgläubig sein könnte, daß er William Blattys Behauptung, der Film basiere auf einer wahren Geschichte, glauben schenken könnte. Unser Respekt vor J.B. Rhine, dem ‚Vater der amerikanischen Parapsychologie', litt sehr stark, als wir erfuhren, daß er den Fall untersucht und gesagt hatte, er sei echt. Kannst du dich erinnern?" Er hielt kurz inne, um Atem zu schöpfen und neuen Mut zu fassen.

„Ich kann mich erinnern — und es hat mich zu Tode erschreckt,

obwohl ich wußte, daß es Unsinn war." Sie lachte. „Und du hattest auch Angst! Aber wieso denkst du jetzt daran?"
„Es gibt tatsächlich so etwas wie dämonische Besessenheit. Ich hätte es nicht geglaubt, aber ich habe es selbst erlebt."
„*Dämonische Besessenheit?*" Carlas Augen blitzten plötzlich vor Zorn. „Das haben sie also mit dem *Exorzismus* gemeint! Und du läßt dir das von diesem Dr. Elliott – diesem *betenden* Chirurgen – einreden? Es ist mir vollkommen unverständlich, wie ein intelligenter Mann im einen Moment eine hoch spezialisierte Operation durchführen kann, die seine Hingabe an die Wissenschaft beweist, und sich im nächsten Moment unter mittelalterlichen Hokuspokus beugt!"
„Er hat mir das nicht eingeredet, Carla. Er hat es mir bewiesen – mit einem Video von *meinem Exorzismus.*"
Carla stand jetzt, die Hände in den Hüften, bereit, etwas zu unternehmen. „Das ist also das Video, das du erwähnt hast. Wo ist es?"
„Es liegt dort auf dem Tisch, aber es ist jetzt leer. Ich habe es Frank ausgeliehen, und er hat es gelöscht."
„Elliott hat also einen *Exorzismus* vorgenommen?" Der Blick, mit dem sie ihn ansah, sagte: *Du hast eine totale Gehirnwäsche erhalten!*
„Du meinst, ich sei durchgedreht – Gehirnschaden durch Schläge auf den Kopf, komageschädigt oder irgend so etwas. Liebling, bevor ich das gesagt habe, hast du doch auch nicht geglaubt, daß mit mir irgend etwas nicht in Ordnung ist."
„Wann hat dieser – dieser *Exorzismus* stattgefunden? Es muß hier in der Klinik gewesen sein, und das ist eine Verletzung des Berufsethos!"
„Bitte, Carla, geh jetzt nicht auf den Kriegspfad. Du und dein irisches Temperament!"
„Ja, ich bin wütend – und ich habe guten Grund dafür! Daß ein Arzt so weit geht, daß er den geschwächten Zustand seines Patienten ausnutzt, um ihm seine Religion aufzudrängen, ist kriminell!"
„Liebling, gib mir eine Chance, es dir zu erklären. Es war in jener Nacht, als dich die Schwester anrief und sagte, daß ich vielleicht nicht durchkommen würde. Ich befand mich nicht in einem ‚geschwächten Zustand' – ich lag im Koma und sackte weiter ab. Dr. Elliott und seine Frau kamen zu mir und sprachen zu den – nenne sie *Wesen,* wenn du das Wort ‚Dämonen' nicht magst. Sie befahlen ihnen im Namen Jesu, aus mir herauszukommen. Es wurde alles von einer Videokamera der Klinik über meinem Bett aufgenommen! Ich habe das Ganze gesehen – es ist wirklich passiert. Es war grauenhaft!"
„Also hat dich dieser raffinierte Elliott davon überzeugt", sagte

Carla gelassen. Es kostete sie große Anstrengung, ihren Ärger zu unterdrücken. „Er sollte bei der Chirurgie bleiben und die Finger von der Theologie lassen. Er ist ein Scharlatan. Man sollte ihm seine Lizenz abnehmen!"

„Carla, ich habe es selbst gesehen! Und ihre Stimmen — ich habe sie erkannt. Es waren dieselben, die ich im Labor und in meinem Auto gehört habe. Sie nannten sich ‚Die Neun' — genauso hatten sie sich mir vorgestellt, als wir zum ersten Mal Kontakt hatten. Elliott konnte das nicht wissen. Ich hörte die Stimmen von neun verschiedenen Wesen. Sie waren real!"

„Natürlich waren sie das, aber es waren keine *Dämonen!*" Carla streckte die Hand aus, nahm seine Hand und streichelte seine Stirn. „Komm, Liebling, es gibt *wissenschaftliche* Erklärungen. Und du kennst sie. Als dein Bewußtsein in ein Koma gesunken war, wurden tiefere Ebenen deiner Psyche freigesetzt — Abspaltungen deiner Persönlichkeit oder Archetypen des gesamten Unbewußten. Frank könnte dir Dutzende von psychologischen Erklärungen geben. Als diese Archetypen plötzlich integriert wurden, kamst du wieder auf die Ebene des Bewußtseins."

„Mein Koma war nicht *psychologischer* Natur. Ich hatte einen schrecklichen Unfall, von dem du selbst gesagt hast, daß ich ihn unmöglich hätte überleben können. Dabei habe ich ein physisches Trauma meines Gehirns und meines Körpers erlitten, das mich an den Rand des Todes brachte. Was ich auf dem Video gesehen habe, waren nicht Elliott und seine Frau, die an mir eine Jung'sche Tiefenanalyse durchführten. Sie befahlen diesen *Dämonen* im Namen Jesu, aus mir herauszukommen. Und sie kamen heraus! Das hat mich geheilt."

„Liebling, wenn du das glaubst, mußt du das ganze Paket nehmen — Engel und Gott und *Jesus Christus!*" Carla wandte sich ab und begann, am Bett auf und ab zu gehen. „Du bist ein Wissenschaftler", fuhr sie frustriert fort, „und es gibt *Naturgesetze*, die man nicht durchbrechen kann."

„*Naturgesetze?*" wiederholte er. „Das habe ich tausende Male gesagt, ohne das riesige Echo dahinter zu bemerken. Die Wissenschaft *macht* diese Gesetze nicht — die Wissenschaftler *entdecken* die Gesetze, die Gott aufgestellt hat. Wir können sie nicht brechen, aber er kann es — und das ist dann ein *Wunder.*"

„Du hast also das ganze Paket gekauft!"

„Ich hatte keine andere Wahl. Wenn du nur das Video hättest sehen können!"

„Das hätte nichts geändert, Ken." Sie blieb stehen und stand dicht an dem Bett. Sie sah voll Mitleid auf ihn hinunter. „Es ist solch ein *Unrecht*, was dieser Arzt getan hat – er hat deinen geschwächten Zustand ausgenutzt, um dich völlig *umzudrehen!* Es bringt mich fast um zu sehen, was mit dem Mann geschehen ist, den ich liebe. Ken, Lieber, du weißt, daß es keinen Gott oder Satan oder Dämonen gibt. Die Religion ist ein Ausweichmanöver, das die Leute davon abhält, die Verantwortung für ihr Leben zu übernehmen!"

Ken schüttelte den Kopf. „Das habe ich auch geglaubt, Carla, aber das überzeugt mich nicht mehr. Gestern abend habe ich die Bibel aus der Schublade genommen. Ich habe eine Menge intellektuellen Müll gehört, den die Leute über die Bibel abgelassen haben, aber ich hatte sie nie selbst gelesen. Als ich erst einmal mit Lesen angefangen hatte, konnte ich nicht wieder aufhören, bis ich völlig erschöpft war. Ich habe das ganze Markusevangelium gelesen – alles über Jesus Christus, wer er ist, warum er kam, sein Tod für unsere Sünden und seine Auferstehung. Da steht ein Vers vorne in der Bibel, der in 1100 Sprachen übersetzt worden ist. Es ist Johannes 3,16."

„Meine Mutter hat ihn mir beigebracht, als ich noch kaum sprechen gelernt hatte", warf Carla ein. Einen Moment ließ ihr Ärger nach, als sie sich an die Frau erinnerte, die sie geliebt und fast bis zur Vergötterung bewundert hatte – die eine Person, die ihr das Christentum wirklich vorgelebt hatte. Aber die Scheinheiligkeit ihres Vaters hatte sie dazu gebracht, es abzulehnen.

„Ich habe ihn vorher noch nie gehört", fuhr Ken eifrig fort. „Ich habe ihn gestern nacht auswendig gelernt. Laß mich sehen, ob ich ihn immer noch aufsagen kann: ‚Denn so hat Gott die Welt geliebt, daß er seinen eingeborenen Sohn gab, damit jeder, der an ihn glaubt, nicht verloren gehe, sondern ewiges Leben habe.' Das war die beste Neuigkeit, die ich je gehört habe – und ich habe es geglaubt."

„Das habe ich auch, als ich ein Kind war", sagte Carla. „Aber jetzt glaube ich es nicht mehr."

„Hör mir zu, Carla! Ich kann es nicht erklären, aber irgend etwas passierte. Ich habe Vergebung und Frieden und Freude gefunden, wie ich es nie für möglich gehalten hätte!" In seinen Augen standen Tränen.

Lange Zeit stand Carla an dem Bett und starrte den Mann, den sie leidenschaftlich liebte, in fassungslosem Schweigen an. Schließlich beugte sie sich über ihn und küßte ihn leicht auf die Lippen. „Du siehst schrecklich müde aus, Liebling", sagte sie. „Ruh' dich aus und denke noch einmal über diese Sache nach, wenn du dich besser fühlst." Dann wandte sie sich um und ging. Als sie zur Tür ging, hörte Ken, wie sie leise murmelte: *Ich muß hier raus, bevor ich explodiere. Wenn ich diesen Elliott finde . . .*

9. Die Wege trennen sich

Als Dr. Elliott auf seiner späten Nachmittagsrunde allein hereinschaute, fand er Ken trotz der neuen Sorgen, die schwer auf ihm lasteten, in fröhlicher Stimmung vor. Leighton war während des Nachmittags vorbeigekommen. Er hatte seinen Anwalt und einen Notar als Zeugen für Kens zittrige Unterschrift auf den zwei Ausfertigungen des Vertrags mitgebracht. Ken war erstaunt, daß er nun ein starkes Gefühl der Erleichterung verspürte. Allerdings fühlte er eine drückende Last und Sorge für Leighton. Was Carla betraf, so kannte er sie gut genug, um zu wissen, daß es nur wenig Hoffnung gab, ihre Beziehung zu retten, es sei denn, er sagte seinem neu gefundenen Glauben an Christus ab. Diese Erkenntnis war beinahe mehr, als Ken ertragen konnte. Aber zur gleichen Zeit empfand er eine neue Freude, die unabhängig von den Umständen zu sein schien.

„Ich hatte nicht die Kraft, gegen Frank und den CIA zu kämpfen", berichtete er Hal. „Es hätte auch sowieso nichts genützt. Solange ich hier liege, hätten sie alles, was ich mir erdacht habe, kopieren und ihr eigenes Modell bauen können. Ich hätte keine Möglichkeit gehabt, sie aufzuhalten. So habe ich wenigstens noch etwas Geld bei der Sache herausbekommen."

„Ich wüßte nicht, was Sie sonst hätten tun können", sagte Hal mitfühlend. „Lassen Sie das jetzt einfach hinter sich und legen Sie die Folgen in Gottes Hände."

„Das ist nicht so einfach, wenn man sich verantwortlich fühlt. Wenn meine Erfindung das Mittel ist, um Frank — und wer weiß wie viele andere — unter die Kontrolle von Dämonen zu bringen, wie soll ich mich dann gut fühlen?"

„Das Gerät macht es nicht, Ken. Was auch immer Sie erfunden haben, es ist nicht das, was Sie und Leighton meinen. Es ist nicht die geniale Elektronik, die die Verbindung zu ‚den Neun' herstellt."

„Wie können Sie so etwas sagen?" fragte Ken.

„Zauberer stehen seit tausenden von Jahren in Kontakt mit ‚Geist-Führern' — und das ist im Grunde genommen auch nichts anderes", sagte Elliott trocken. „Dämonen benutzen ein Vielzahl von Masken, damit sie jedem anziehend erscheinen. Die Maske der ‚außerirdischen Intelligenzen' ist etwas für Science fiction-Fans und Wissenschaftler, die sich vorstellen, daß Zeit und Zufall dort draußen auf einem Plane-

ten, Lichtjahre von uns entfernt, gottähnliche Wesen hervorbringen."
Elliott schüttelte verständnislos seinen Kopf.
Ken schwieg eine Weile, um darüber nachzudenken. „Als sie letztens so etwas sagten, mochte ich es nicht, aber jetzt klingt es sehr logisch, daß die heutigen Parapsychologen nichts weiter sind als zivilisierte Zauberer. Ich glaube, Sie haben recht — es ist dieselbe Sache unter einem anderen Namen."

„Genau", antwortete Hal. „Ob sie sich nun ‚die Neun' nennen oder ‚erhabene Meister' oder wie auch immer, Dämonen haben durch ausgewählte Yogis, Zauberer, Medien und Schamanen ständig in Kontakt mit der Menschheit gestanden. Sie sollten sich also nicht schuldig fühlen. Das Gerät, für das Leighton törichterweise 1,3 Millionen Dollar bezahlt hat, ist nicht viel mehr als ein Ouija-Brett oder eine Kristallkugel."

Ken sah Hal an und lachte. „Sie meinen, meine ganze hochentwickelte Elektronik war nur Augenwischerei — und ich habe es nicht gewußt?"

„Richtig. Es gibt Dutzende von Wahrsagegeräten, und mehr haben Sie auch nicht entwickelt — es ist nur ein weiteres Wahrsagegerät. Andererseits könnte es sein, daß ‚die Neun' besondere Pläne mit Ihrer Version haben, weil sie so wissenschaftlich und hochkompliziert zu sein scheint. Es könnte der ideale Katalysator sein, um die Erfüllung einer Prophetie in Gang zu setzen. Sie besagt, daß die ganze Welt so sehr getäuscht werden wird, daß sie dem Antichristen als ihrem Retter zujubeln wird."

Ken wandte seinen Kopf und sah schweigend aus dem Fenster. Schließlich sah er Hal an und sagte: „Es kling wie ein Science fiction-Roman, aber es ist auch sehr logisch. Ich beginne langsam zu verstehen. Es geht nicht darum, daß der Betrug selbst so überzeugend ist, sondern daß der menschliche Stolz so blind ist. Ich verstehe jetzt, warum es solch einen Reiz auf mich ausgeübt hat." Dann fügte er nüchtern hinzu: „Was mir die meisten Probleme bereitet, ist — ach, Sie wissen, was es ist."

„Ja, ich weiß", sagte Elliott traurig. „Carla hat mich heute nachmittag in meinem Büro in die Zange genommen. Sie war äußerst aufgebracht und behauptete, ich hätte Ihnen eine Gehirnwäsche verpaßt. Sie schwor, sie würde mich der Klinikverwaltung melden. Ich hätte ‚statt Chirurgie Theologie' praktiziert."

„Das wird sie auch tun. Das ist typisch Carla — Sie können sich darauf verlassen. Wenn sie sich entschließt, etwas zu tun, gibt es kein Zurück mehr. Ich hoffe, es wird Ihrer Position hier nicht schaden."

Dr. Elliott lächelte. „Sie kann sich so viel beschweren, wie sie möchte. Es wird nichts ausmachen. Ich habe nichts getan, was gegen das Berufsethos verstößt — und auch nichts, was ich nicht noch einmal täte. Machen Sie sich also keine Sorgen." Er streckte seine Hand aus und legte sie auf Kens Schulter. „Sie hat es nicht ausgesprochen, aber ich hatte den Eindruck, daß sie ihre Verlobung lösen wird — und dafür fühle ich mich zumindest teilweise verantwortlich. Ich kann es immer noch nicht glauben, daß ich ein Video — noch dazu ein so wichtiges — aus der Hand gegeben habe, ohne daß eine Kopie gemacht wurde!"

„Wir haben darüber gesprochen. Sie sagte, es hätte sie sowieso nicht überzeugt, und ich bin sicher, daß das stimmt. Sie müssen wissen, woher sie kommt. Sie nennt sich selbst oft spöttisch ein ‚Pastorenkind'. Ihr Vater ist immer noch Pastor einer *riesigen* Gemeinde, aber nach dem, was sie sagt, muß er ein vollendeter Heuchler sein. Sie ist verbittert deswegen. Als sie mich traf — nun, ich war Atheist und hatte all die intellektuellen und vermeintlich wissenschaftlichen Argumente, um ihre Ablehnung gegen all das, was sie als Kind gelehrt worden war, zu stützen."

„Und jetzt haben Sie ihr diese Krücke weggenommen."

„Sie hat niemals irgendwelche Krücken *benötigt*. Sie ist eine sehr starke Persönlichkeit. Carla geht keine Kompromisse ein — und sie weiß, daß ich es auch nicht tun werde."

„Es gibt viele Leute, die für Sie beide beten", sagte Hal. „Begrenzen Sie Gott nicht in dem, was er tun kann."

„Ich versuche zu lernen. Karen kam heute nachmittag vorbei und las mir aus der Bibel vor. Ich habe mich sehr darüber gefreut. Es gibt so viel zu lernen, und mir ist plötzlich, als könne ich gar nicht genug bekommen. Sie las aus, ich glaube, es war Petrus. Etwas darüber, daß der Glaube geprüft wird. Ich hoffe, ich werde die Prüfung bestehen."

„Keiner von uns schafft es allein, ohne Gottes Hilfe", versicherte ihm Dr. Elliott. „Der Glaube ist keine Macht, die wir ausüben, um geistliche Drachen zu erlegen — oder die wir auf Gott richten, um ihn zu manipulieren, damit er unsere Gebete erhört. Der Glaube ist Vertrauen in Gott in Unterordnung unter seinen Willen. Das bedeutet, daß wir ihm erlauben, die Dinge auf seine Weise zu tun!"

„Das habe ich mir auch gedacht, aber es hilft, wenn Sie es erklären. Diese ganze Sache mit dem *Glauben* hat etwas — nun, etwas Aufregendes an sich. Und ich habe immer gemeint, daß er nur etwas für ungebildete Leute wäre, die nicht selber denken können." Ken gingen die

Worte aus, aber in seinen Augen schien ein neues Licht, das Bände sprach.

„Sie sind schon sehr viel weiter gekommen, seit ich Sie das letzte Mal besucht habe!" rief Hal aus. „Es ist immer wieder aufregend, zuzusehen, wie jemand ‚von neuem geboren wird' und anfängt, zu wachsen!" Er konnte vorübergehend nicht sprechen und drückte Kens Arm. Sie sahen sich mit einem neuen Gefühl der Bruderschaft in die Augen.

„Ich bin dankbar, daß Sie und Karen mich nicht aufgegeben haben!"

„Gott gab uns auch nicht auf", erwiderte Hal, als er seine Stimme wiedergefunden hatte. „Es ist so wunderbar zu wissen, daß der Schöpfer des Universums jeden einzelnen von uns persönlich liebt. Ich kann nicht aufhören, darüber zu staunen. Deshalb ist es auch so vernünftig, daß wir unser Leben in seine Hand legen, denn er ist um einiges klüger als wir – und er liebt uns wirklich. Aus dem Grunde ist sein Weg auch immer der beste. Wenn Sie davon erst einmal völlig überzeugt sind, wird sich alles andere von selbst lösen."

Ken nickte. „Davon bin ich überzeugt. Von allem, was ich je entdeckt habe, ist dies das einzig Vernünftige. Und ich habe immer gemeint, ‚Glaube' sei ein unlogischer Sprung ins Dunkle!" Noch während er sprach, empfand er eine innere Freude, die stärker war als das Gefühl eines bevorstehenden Verlustes, das er jetzt so stark verspürte.

* * *

Am nächsten Tag kam Carla am späten Vormittag, um sich zu verabschieden. Obwohl sie mehr Makeup aufgelegt hatte als sonst, waren ihre Augen rot umrändert und geschwollen. Sie war stark, aber auch ihre Liebe zu Ken war stark. Ihm hatte vor diesem Augenblick gegraut, und das hatte ihn dazu getrieben, sich im Gebet zu versuchen. Es war ein recht ungelenker Versuch gewesen, und doch spürte er bereits, daß seine Last leichter wurde und er für die Kämpfe, die vor ihm lagen, gestärkt war.

„Ken, ich möchte nicht, daß dieses Gespräch so abrutscht, daß wir uns emotionell abreagieren", begann Carla. „Wir wissen beide, daß jetzt eine Schranke zwischen uns steht." Sie hatte sich abgewandt, um die Tränen zu verbergen.

„Carla, ich liebe dich so sehr! Ich würde alles tun, was ich ehrlichen Herzens tun könnte."

„Aber nicht deinen neuen Überzeugungen absagen — und ich würde dich auch nicht bitten, das zu tun."

„Ich hoffe, daß du meinen Glauben respektieren kannst."

„Ich respektiere dich und dein Recht zu glauben, was du willst. Aber das, was du jetzt glaubst, kann ich nicht respektieren, weil ich es einmal selbst geglaubt habe — und ich weiß, daß es nicht stimmt."

„Dagegen könnte ich einiges vorbringen", sagte Ken leise, „aber ich glaube, daß würde im Moment keinem von uns beiden helfen."

„Ich liebe dich, Ken — genauso sehr wie bisher. Ich möchte, daß du das weißt." Ihre Blicke trafen sich, und für einen kurzen Moment teilten sie ihren Schmerz miteinander.

„Und ich liebe dich, Carla, sogar noch mehr denn je zuvor. Deshalb schmerzt es jetzt auch so sehr. Unsere Liebe füreinander — wir dürfen nicht zulassen, daß sie zerstört wird." Ihre Blicke trafen sich erneut für einen kurzen Moment in wortlosem Mitgefühl für den Schmerz des anderen.

Carla brach das Schweigen zuerst. „Liebe braucht Unterstützung, braucht Nahrung, Ken. Das weißt du. Selbst in den engsten Beziehungen gibt es Zeiten der Spannung. Es würde nicht gutgehen, wenn wir von Anfang an so weit voneinander entfernt wären — in einer Frage, die uns beiden so wichtig ist." Sie konnte nicht weitersprechen. Sie schwiegen wieder lange Zeit, bevor sie fortfahren konnte. „Es würde einfach nicht gutgehen", wiederholte sie. „Es würde nicht gutgehen."

„Ich wünschte, du würdest uns etwas Zeit lassen." Kens Augen sahen sie bittend an, aber sie wich seinem Blick aus.

„Wir werden viel Zeit haben", sagte sie mit einer Stimme, die weit entfernt klang, „Was auch immer das bewirken soll. Es wäre für uns beide eine Qual, zusammen zu sein. Ich habe mich bereits entschieden. Ich ziehe zurück nach Columbia. Ich habe dort sehr viele Kontakte."

Jetzt konnte Ken nicht mehr sprechen, und es entstand eine weitere traumatische Stille.

„Ich kann es einfach nicht glauben", sagte Carla schließlich. „Du warst ein absoluter Atheist. Was ist mit allen deinen Argumenten geschehen?"

Er holte tief Luft. *Gott, hilf mir!* „Carla, ich glaube, es gibt keinen wirklich überzeugten Atheisten. Ich wußte immer, daß es Gott gab. Man kann nicht ehrlichen Herzens so tun, als sei das Universum durch Zufall entstanden! Ich wollte mich nur nicht den Konsequenzen stellen — daß ich nämlich meinem Schöpfer gegenüber moralisch verantwortlich war."

Carla unterbrach ihn. „Ken, ich bin nicht hergekommen, damit du mich anpredigst. Davon habe ich die meiste Zeit meines Lebens mehr als genug gehabt."

„Du hast mir eine Frage gestellt. Bitte, hör' mir zu! In diesem ganzen Krankenhaus gibt es keinen einzigen Arzt und keine Schwester, die leugnen könnten, daß ich ein lebendes Wunder bin! Du selbst kannst es auch nicht leugnen!"

„Oh, wirklich nicht? Mein Vater hat *Wunder* gepredigt. Und oh, wie hat er gegen die Sünde gewettert." Verächtlich spuckte sie diese beiden verhaßten Worte aus. „Und weißt du, was er tat? Er beging Ehebruch — nicht nur mit einer Frau, sondern mit Gott weiß wie vielen. Schließlich brannte er mit seiner Sekretärin durch und ließ sich von meiner Mutter scheiden. Als sie sich der schrecklichen Wahrheit endlich stellte, brachte es sie um. Sie starb an gebrochenem Herzen."

„Das tut mir leid, das weißt du", sagte Ken, „aber es beweist nicht —"

Carla schnitt ihm erneut das Wort ab. „Beweisen? Ich nenne dir die *Tatsachen!* Heute hat mein Vater eine *riesige* Gemeinde. Sein Lebensstil scheint seinem Erfolg in der selbstgerechten *christlichen* Welt nicht im Wege zu stehen!"

„Aber Carla, es gibt viele Christen, die von der Heuchelei deines Vaters genauso angewidert sind wie du. Und was deine Mutter betrifft — du hast mir erzählt, was für eine *Heilige* sie war — sie war eine Christin. Wie kannst du da wegen deines Vaters Christus verdammen?"

Er hörte auf zu reden. Was konnte er noch sagen? Sie wandte sich ab. Sie konnte die Qual, in seine Augen zu sehen, nicht länger ertragen. Dann zog sie den Riemen ihrer Handtasche über die Schulter und machte sich zum Gehen bereit.

„Ich wünschte, dieses Gespräch wäre anders gelaufen", sagte sie. „Ich kam nicht hierher, um zu diskutieren oder zu argumentieren — ich wollte einfach nur etwas sagen ... und mich verabschieden."

„Wir lieben einander!" bat Ken. „Wir können diese Schranke gemeinsam überwinden." Dann erinnerte er sich an die Kassette, die sie ihm gebracht hatte und versuchte, sie vom Nachttisch zu nehmen, aber sie befand sich außerhalb seiner Reichweite. Aus dem Augenwinkel sah sie, wonach er zu greifen versuchte, aber sie kam ihm nicht zu Hilfe.

„,Fire and Rain'. James Taylor. Du hast sie aus dem Autowrack mitgebracht", erinnerte er sie. „Es sei ,mehr als Gefühlsduselei', hast du mir gesagt — es sei eine Hoffnung, an der du festhieltest. Kannst du dich an diese Worte erinnern?" Sie nickte unmerklich. „Heute morgen habe ich es gesummt", fuhr er eifrig fort, „und ich glaube, es war mehr als nur Zufall, daß der Autorecorder ausgerechnet *dieses* Lied spielte, als ich den Abhang hinabstürzte."

Er begann, leise zu singen: „*Sieh herab auf mich, Jesus. Du mußt mir helfen, Widerstand zu leisten. Du mußt mich durch den nächsten Tag bringen. Mein Körper schmerzt und mein Tod ist nahe. Nur so kann ich es schaffen.*" Er streckte die Hand aus, um sie zu berühren, aber sie zog ihre Hand weg. „Bitte, Carla! Als ich noch behauptete, ein Atheist zu sein, habe ich dieses Lied dutzende Male gespielt und nie darüber nachgedacht, was die Worte bedeuten. Wir haben es uns gemeinsam angehört. Du hast mir nie gesagt, daß dich die Worte störten. Ich glaube einfach nur an Jesus, so, wie es die Worte dieses Liedes sagen. Warum hat das eine Mauer zwischen uns errichtet?"

„Hör auf, Ken! Es hat keinen Sinn, die Qual für uns beide zu verlängern. Du weißt, daß keiner von uns beiden bei Überzeugungen, von denen wir so tief überzeugt sind, Kompromisse eingehen wird. Also sollten wir die Sache hinter uns bringen." Sie stand abrupt auf und ging entschlossen zur Tür.

„Ich liebe dich, Carla!" rief er hinter ihr her. „Ich liebe dich!"

Für einen Augenblick verlor Carla die Selbstbeherrschung, als sie stehenblieb und sich halb umwandte. „Wenn du mich liebst, dann tue mir einen Gefallen: *Verschwende nie deine Zeit damit, für mich zu beten!*"

Durch einen Tränenschleier hindurch sah er hilflos zu, wie sie aus dem Zimmer und aus seinem Leben ging.

10. Die KGB-Verbindung

Eine Zeitlang hatte die Hoffnung auf eine neue Atmosphäre in der Zusammenarbeit zwischen den USA und Rußland das Klima der internationalen Politik durchdrungen. Nachdem *Perestroika* und *Glasnost* im Westen zu einem Begriff geworden waren, hatten sie — einfach, indem sie häufig wiederholt wurden —, solche Hoffnungen als berechtigt erscheinen lassen. In der Zwischenzeit hatte jedoch ein geheimer und verbissener Konkurrenzkampf zwischen dem CIA und dem KGB, über den in der Presse nie berichtet worden war, eine neue Intensität erreicht. Wenn ein außenstehender Beobachter die Möglichkeit gehabt hätte, in einen bestimmten geheimen Stützpunkt der bioenergetischen Kampftruppen hineinzusehen, der sich eine Stunde nördlich von Moskau in den dichten Wäldern verbarg, hätte er gesehen, daß die Aktivitäten und Ziele dort in krassem Gegensatz zu den Friedensinitiativen standen, für die die hochgepriesene Nicht-Angriffs-Politik der Russen warb.

An einem stürmischen Tag Ende April, zwei Jahre nachdem Ken Inman sein geheimes Labor an den CIA verkauft hatte, beobachtete Alexei Chernov, Oberst der Roten Armee und Kommandant des russischen Truppenstützpunktes, einen Zug seiner Elitetruppen. Sie waren auf einem matschigen Feld, das im Schatten einer gut dreieinhalb Meter hohen Mauer immer noch stellenweise von Schnee bedeckt war, und trainierten. Die Mauer markierte die südliche Peripherie der hochgeheimen Einrichtung. Chernov war ein kräftiger, brutaler Kerl mit der Großspurigkeit eines professionellen Kämpfers. Er war in so ausgezeichneter körperlicher Form, daß er viel jünger als 52 Jahre zu sein schien. Er hatte beide Eltern im Kampf um Stalingrad verloren und war sowohl in seinem Privatleben als auch in der Armee auf dem harten Wege nach oben gekommen. Er war in jedem Sinne des Wortes ein Überlebender.

An diesem Tag blieb Chernov, der mit gekreuzten Armen wie eine Statue auf einem Pfad hinter einer Hecke stand, die es ihm erlaubte, unbemerkt seine Truppen zu beobachten, länger als gewöhnlich auf seinem Beobachtungsposten. Auf dem Stützpunkt hatte sich eine häßliche Situation entwickelt, die seine Gedanken gefangennahm und ihn das, was er so lange zu betrachten schien, gar nicht wahrnehmen ließ. Schließlich schien er sich daran zu erinnern, daß er schon an einem anderen Ort sein sollte. Er wirbelte herum, überquerte einen schlammigen Truppenübungsplatz und wandte sich dann auf einen Gehweg, der zwischen zwei langen Backsteingebäuden hindurchführte. Er schien auf das größte Gebäude auf dem Stützpunkt zuzugehen, das direkt vor ihm lag. Zwei Soldaten mit Maschinengewehren, die direkt vor ihm Streife gingen, machten sich fertig zum Salutieren, als der Oberst plötzlich nach rechts auf einen anderen Weg abbog. Der Weg führte zu einem Gebäude, das wie eine Turnhalle aussah.

Ein großes rotes Schild vor dem bewachten Gebäude verkündete in fetten kyrillischen Buchstaben: BEKTEREV FORSCHUNGSINSTITUT − ZUTRITT NUR MIT BESONDERER GENEHMIGUNG. Im Inneren war ein Gewirr von Korridoren, von denen Büros und Laboratorien verschiedener Größe und Wichtigkeit abgingen. In der Mitte lag ein großes, ausgeklügeltes Labor für Parapsychologie. Alle Korridore endeten schließlich dort. Es bestand aus einem Hauptraum, der von mehreren Nebenräumen umgeben war. Jeder der Nebenräume hatte mindestens ein Fenster zum Hauptraum, und alle Fenster hatten ein Spezialglas, das es zwar erlaubte, in den Hauptraum hinein, nicht jedoch von dort nach außen zu sehen. Auf diese Weise war es möglich, die Vorgänge im Labor aus verschiedenen Winkeln zu beobachten, ohne die Konzentration der dort Arbeitenden zu stören − und natürlich auch, ohne daß die Versuchsteilnehmer wußten, daß sie beobachtet wurden.

Die Spezialglasscheibe zwischen dem Labor und dem Hauptkontrollraum reichte vom Boden bis zur Decke, und so hatte man von einer Stelle im Kontrollraum, die überdies zur besseren Beobachtung auch noch etwa drei Meter erhöht war, einen umfassenden Überblick über die Vorgänge im Labor. Auf diesem Beobachtungspunkt befand sich jetzt der leitende Wissenschaftler des Projektes, Viktor Khorev − ein schlanker, frühzeitig ergrauter und gelehrt wirkender Mann von etwa vierzig Jahren − und dirigierte zwei Assistenten durch die letzte Kontrolle einer komplexen Anordnung von Instrumenten. Dr. Khorev war durch sorgfältige, harte Arbeit und eine unübersehbare Brillanz zum Spitzenmann der Russen auf dem Gebiet der Parapsychologie geworden, einem Gebiet, daß so geheim war, daß sogar im Kreml selbst nur eine Handvoll leitender Männer etwas davon wußte. Sein einziger Makel war sein unabhängiges Denken, eine problematische Angewohnheit, die nicht gut in das russische System paßte. Aber bisher hatte man diesen Fehler meistens übersehen, weil Khorev ein überaus nützlicher Mann war, besonders in bezug auf seine gegenwärtige Arbeit. In dem darunter liegenden Labor schlossen zwei andere Wissenschaftler — Pyotr Dobrovsky, der erst vor kurzem dazugekommen war, und Dimitri Petrekov, Viktors engster Mitarbeiter und Vertrauter seit mehreren Jahren — die letzten Drähte an einen Mann an, der sich in einem leichten Winkel in einem speziell gepolsterten Sessel zurücklehnte. Von oben aus gesehen wirkte er zu kurz geraten und verletzlich.

Viktor verfolgte aufmerksam die raschen, sicheren Bewegungen, die er auf der unteren Ebene beobachtete. Die Ruhe, die er zeigte, war von einstudierter Perfektion. Aber unter der Oberfläche war ihm, wie auch jedem anderen der Wissenschaftler, sehr klar, daß das Experiment, das sie gerade einleiteten — ein Experiment, das er nicht hatte durchführen wollen —, wahrscheinlich in einer Katastrophe enden würde, so, wie die beiden vorhergehenden Versuche auch.

„Wir sind bereits hier unten!" kam Dimitris Stimme knisternd durch die Sprechanlage.

„Ich will sofort Bescheid wissen, wenn irgend jemand auch nur die geringste Abnormalität entdeckt — ganz gleich, was!" befahl Viktor über ein Mikrophon, das vor ihm stand. Er saß jetzt vor den Hauptkontrollinstrumenten. „Ist das klar?"

„Ja!" kam Dimitris augenblickliche Reaktion von unten. Die beiden Assistenten, die neben Viktor saßen, nickten, ohne ihre Augen von den Kontrollinstrumenten zu nehmen, vor denen sie saßen. Dort zeichneten die Nadeln auf Dutzenden von Monitoren bereits die Gehirnströme, den Herzschlag, den Blutdruck, den Sauerstoffgehalt im Blut und andere lebenswichtige Werte auf.

„Sie können jetzt in Trance gehen, Yakov", sagte Viktor leise. Obwohl er versuchte, sein Zögern und seine Befürchtungen zu verbergen, wurden sie doch von seiner Stimme widergespiegelt.

Das Medium, das sicher auf dem großen Sessel festgeschnallt war, nickte fast unmerklich. Er befand sich bereits auf einer fortgeschrittenen Ebene seiner Vorbereitungen zum Verlassen seines Körpers. Seine Hände, die die Armlehnen des Spezialsessels umklammert hatten, hingen jetzt kraftlos herunter. Alle sichtbaren Muskeln waren von absoluter Entspannung gekennzeichnet.

„Yakov, hören Sie gut zu." Viktor sprach jetzt langsam und in gleichmäßigem Tonfall. „Bei dem Wort STOP werden Sie sofort zurückkommen! Ist das klar?"

„Ja." Yakovs Stimme war kaum zu hören.

Viktor drückte einen Knopf auf einer besonderen Armatur zu seiner Linken. Ein Dia von einem Gebäudekomplex, der von einer hohen

Mauer umgeben war, wurde direkt vor dem Medium auf eine Leinwand projiziert. Dann veränderte sich die Szene, und das Hauptgebäude des Komplexes wurde gezeigt.

„Das ist Ihr Ziel, Yakov. Es liegt in der Hügelkette an der Küste südlich von San Francisco, etwas 20 Kilometer westlich von Palo Alto, Kalifornien. Die Agenten in der Gegend nehmen an, daß es sich um eine Einrichtung des CIA handelt, die sich mit fortgeschrittener Forschung auf dem Gebiet der Parapsychologie befaßt — eventuell ähnlich wie wir hier." Viktor sprach jetzt bewußt in einem hypnotisierenden Tonfall. „Dringen Sie in das Zielgebäude ein und sammeln Sie in der Zeit, die wir Ihnen geben können, möglichst viele Informationen. Sollten Sie irgendwelche Probleme haben — selbst die geringsten —, teilen Sie es uns sofort mit. Ist das klar?"

Yakov nickte langsam. Seine Augen wurden glasig, und auf ihrer Oberfläche spiegelte sich jetzt schwach das Zielgebäude wieder. Seine schweren Augenlider fielen herunter und schlossen sich.

Viktor drückte einen anderen Knopf, und die Leinwand gab jetzt eine computerverstärkte digitale Übertragung dessen wieder, was Yakov selbst auf seiner Reise außerhalb seines Körpers sah. Die Bilder wurden durch einen genialen elektronischen Verstärkungsprozeß, den Viktor erst kürzlich entwickelt hatte, direkt von seinen Gehirnströmen abgeleitet. Das Bild, das zunächst undeutlich und immer wieder unterbrochen war, wurde allmählich klarer und war besser zu erkennen. Alles wurde direkt von den Instrumenten, die das Bild so projizierten, wie es Yakov in seinem Gehirn sah, auf Video aufgenommen.

Das Bild wurde klarer, als er bei dem Gebäude angekommen war. Man hatte den Eindruck, durch den Raum zu schweben. Es gab einen leichten Ruck und das Bild verdunkelte sich kurz, als Yakov in das Zielgebäude eindrang. Nun sah man das Innere des Gebäudes. Die Innenwände schienen nicht allzu dick zu sein. Yakovs prüfender Geist ging wiederholte Male durch sie hindurch, während er Korridore überquerte und in verschiedene Zimmer eindrang.

Plötzlich näherten sich zwei verschwommene Gestalten aus dem Hintergrund, einer von jeder Seite. Einen kurzen Moment lang war das Gesicht der Gestalt zur Rechten, der eine lange Robe mit Kapuze zu tragen schien, deutlich zu erkennen. Viktor hatte ihn nie zuvor gesehen. Aber als das Gesicht des Mannes zur Linken kurz in Sicht kam, stieß er ein Knurren aus. Seine Züge waren zwar leicht verzerrt, aber er sah eindeutig wie Frank Leighton aus, Professor an der Stanford Universität, der zur Zeit ein aufsteigender Stern am Himmel der internationalen Parapsychologie-Kreise war. Viktor machte rasch eine Notiz auf einem der Computer.

„Ich bin drin. Bisher gibt es nichts Besonderes zu berichten." Yakovs Worte kamen langsam und mit großer Anstrengung. „Ich spüre, daß sich das Hauptlabor zu meiner Rechten befindet." Plötzlich blockierte die Gestalt mit der Kapuze Yakovs Weg und deutete drohend in Richtung auf seine unsichtbare Position. Im nächsten Augenblick wurde das Bild, das aus Yakovs Gehirn projiziert wurde, ein wirbelndes Kaleidoskop von Verzerrungen, eine Phantasmagorie von herumwirbelnden Substanzen und Linien. Die Zeiger, die die lebenswichtigen Funktionen des Mediums überwachten, spielten verrückt.

„Hilfe!" schrie Yakov in Todesangst. „Ich werde hineingezogen! *Sie haben mich!"*

„Stop!" schrie Viktor in sein Mikrophon. „Stop, Yakov! Das ist ein Befehl! STOP!"

Yakovs Gesicht wurde zu einer Totenmaske der Qual. Sein Körper begann sich zu verzerren. Er zurrte verzweifelt an den Gurten, die ihn hielten. Plötzlich gab es einen blendenden Blitz, und Yakovs Körper wurde von einer unglaublichen Kraft losgerissen und durch den Raum geschleudert. Er traf mit erschreckender Wucht auf die gegenüberliegende, 90 Meter entfernte Wand auf. Sein zerschmetterter Körper schien noch einen Augenblick in der Luft zu hängen, bevor er wie ein Stück rohes Fleisch auf den Betonboden fiel.

„Kümmert euch um ihn! Sofort!" schrie Viktor in das Mikrophon. Dann wandte er sich um und rannte zur Treppe, die zum unteren Labor führte.

Dimitri war als erster bei dem zerquetschten Körper und schnellte voll Grausen zurück. *„Moy Bog!"* keuchte er und starrte hilflos nach unten. Viktor, der herbeigeeilt war, um in diesem Notfall das Kommando zu übernehmen, blieb wie angewurzelt neben Dimitri stehen. Die rohe Gewalt, die an Yakov ausgelassen worden war, war eindeutig um einiges schlimmer, als bei den beiden vorhergehenden „Unfällen". Es schien keinen einzigen Knochen in seinem ganzen Körper zu geben, der nicht gebrochen war. Trotzdem umklammerte seine linke Hand einen Filzstift, von dem die Untersuchungskommission später nicht sagen konnte, woher er kam. Weder hatte er Yakov gehört, noch hatte er sich bis zu diesem Zeitpunkt in dem Gebäude befunden.

Während Viktor, Dimitri und Pyotr — die drei Wissenschaftler des Projektes — starr vor Schreck zusahen, begann der leblose Arm, sich zu bewegen. Mit klaren Druckbuchstaben schrieb er einen kurzen Satz in Griechisch auf den blanken Fußboden. Das kratzende Geräusch des Filzstiftes verlieh der makaberen Szene vor ihren Augen noch den letzten unheimlichen Touch. Danach kam die Stille des Todes.

Viktor, der sich noch im Schock befand, versuchte verzweifelt, seine Gedanken zu sammeln. „Besorge eine Computerübersetzung dieser Botschaft", befahl er Pyotr, der einen Block aus seiner Tasche zog und es fertigbrachte — kaum wissend, was er tat —, die seltsame Schrift abzuschreiben. Als er eilig das Labor verließ, blickte er immer wieder ängstlich zurück.

Viktor wandte sich an einen fassungslosen Assistenten. „Yuri! Hole sofort Oberst Chernov hierher."

* * *

In der Turnhalle thronte der Oberst in Yoga-Stellung auf einer erhöhten Plattform. Ihm gegenüber saßen, ebenfalls in der Lotus-Position, etwa 40 frisch einberufene Elite-Soldaten. Er hatte sie gerade in einer 20-minütigen Meditation geleitet. Das letzte „OM" verhallte an den Wänden. Jeder Rekrut trug, genau wie der Oberst, einen schwarzen *gi* mit den Insignien der Roten Armee. Chernov stand plötzlich auf und streckte seinen Arm mit geballter Faust gegen die Männer aus.

„Macht die Augen auf", befahl er und winkte zwei Assistenten, ihm eine schwere Betonplatte zu bringen und sie vor ihn zu halten. „Sie werden jetzt die Ausdehnung von Bio-Energie miterleben", erklärte er. „Man wird Sie lehren, diese Energie über Ihren Körper hinaus zu projizieren. Meditation ist der Schlüssel, um diese Fähigkeit zu entwickeln."

„Hiyah!" Mit einem raschen Karateschlag zerschlug Chernovs Hand die 15 cm dicke Platte, daß die Betonsplitter in alle Richtungen flogen.

„Sie meinen, es sei meine Hand gewesen, die den Beton zerschlagen hat, aber Ihre Augen haben Sie getäuscht." Chernov machte eine rhetorische Pause, damit die Rekruten über das Gehörte nachdenken konnten. „In Wirklichkeit hat meine Hand die Platte nicht berührt. Die unsichtbare Kraft, die von meiner Hand ausging, hat die Platte zerschlagen. Wenn Sie durch Meditation gelernt haben, diese Kraft zu lenken, wird sie ein Schutzschild für Ihren ganzen Körper sein." Ein leises Lächeln zuckte in seinen Mundwinkeln, als er nach einem zerbrechlichen Glasbecher griff und ihn über seine rechte Hand zog. Er bedeutete den beiden Männern, ihm eine andere Betonplatte zu bringen und sie vor ihn zu halten.

„Hiyah!" Die von Glas umgebene Faust des Oberst schoß mit Lichtgeschwindigkeit vor, und wieder zersplitterte die zerschmetterte Betonplatte in hundert Stücke. Triumphierend trat Chernov zurück und ließ den Glasbecher, der noch ganz war, von seiner Hand auf den Boden fallen, wo er beim Aufprall zersprang.

Yuri stand noch unter Schock, als er vom Labor kam und leise die Turnhalle betrat. Er wartete respektvoll am Ende der Halle und versuchte, die Aufmerksamkeit des Oberst auf sich zu lenken. Die Angst stand ihm deutlich im Gesicht geschrieben. Schließlich bemerkte ihn Chernov und winkte ihn nach vorne.

„Yakov ist getötet worden!" flüsterte Yuri atemlos.

Chernovs Augen glühten vor Wut. Ohne weitere Fragen übergab er seinem Assistenten, Major Rusak, die Leitung und eilte sofort aus der Turnhalle, dicht gefolgt von Yuri.

* * *

Als Chernov das Labor betrat, war Viktor hinten im Kontrollraum, ging die Werte durch und schüttelte ungläubig staunend den Kopf. Als er den Oberst sah, kam er herunter und stellte sich zu ihm neben den Leichnam.

„Sie hatten die Verantwortung für diesen Mann, Dr. Khorev!" bellte Chernov.

„Nein!" erwiderte Viktor bestimmt. „Ich wollte kein weiteres Leben riskieren. Das war Ihre Entscheidung."

„Das Komitee hat die Anweisung dazu gegeben."

„Aber weil Sie darauf bestanden haben."

Obwohl er neben dem Oberst beinahe zart wirkte, gab Viktor, der fast Nase an Nase vor seinem kräftig gebauten Vorgesetzten stand, auch nicht einen Zentimeter nach und starrte ihn ohne mit der Wimper zu zucken so lange an, bis dieser wegsah. Der Oberst empfand die Individualität und das unorthodoxe Verhalten dieses Mannes schon seit langem als unerträglich. Dimitri, der aus sicherer Entfernung zusah, während er den Rest der Mannschaft beim Abstellen der Geräte und Einsammeln der zerrissenen Drähte und Trümmer beaufsichtigte, spürte, wie Angst in ihm aufstieg.

Chernov hatte sich entschieden. Er verfolgte nun schon seit Monaten leidenschaftlich ein Ziel: Er wollte Khorevs Skalp an die Wand nageln – und dies hier war mehr als ausreichend, um das zu rechtfertigen. „Yakovs Tod hat das Projekt gefährdet. *Sie* haben ihn sterben lassen! Warum?"

„Er ist nicht *gestorben*", gab Viktor wütend zurück. „Er wurde *umgebracht*, wie die anderen auch – von *etwas*, das außerhalb unserer Kontrolle liegt. Ich habe Ihnen gesagt, daß wir gewarnt worden sind. Aber Sie haben nicht zugelassen, daß ich das dem Komitee berichte."

„Gewarnt? Das ist Phantasterei!"

„Oberst, hören Sie sich dieses Band mit Yakovs letzten Worten an." Viktor ging rasch zu einer Schalttafel in seiner Nähe und drückte einen Knopf.

Yakovs Stimme kam über den Lautsprecher. „Hilfe! Ich werde hineingezogen! *Sie haben mich!*"

Viktor drehte den Ton ab und sagte nachdrücklich: *„Sie haben mich.* Wer sind *sie,* Oberst? Sicherlich niemand hier im Labor. Er befand sich außerhalb seines Körpers in diesem CIA-Laboratorium in Kalifornien. Das ist, wer *sie* sind, Oberst! *Sie* haben ihn erwischt – genauso, wie sie die beiden vor ihm erwischt haben – und deshalb wollte ich nicht das Leben eines weiteren Mannes riskieren, aber Sie haben darauf bestanden!"

„Er war zu dem Zeitpunkt verwirrt", widersprach Chernov und wies auf den Boden. „Sehen Sie sich dieses Kauderwelsch an."

„Yakov war tot, *bevor* er das schrieb!"

„Unmöglich!"

„Wir haben die Werte auf den Monitoren."

„Er war bereits von den Drähten gerissen", sagte Chernov. „Sie haben keine Daten von dem Zeitpunkt, als er hier lag!"

„Sehen Sie sich diesen Körper an – und seinen übel zugerichteten Arm. Selbst wenn er noch am Leben gewesen wäre, hätte er nichts schreiben können!"

In dem Moment kam Pyotr zurück und reichte Viktor ein Blatt Papier. „Hier ist die Übersetzung von dem Kauderwelsch, Oberst. Es war auf griechisch geschrieben." Viktor hielt Chernov das Blatt vor die

Nase und begann dann, laut vorzulesen: „Prometheus muß sterben. Archont."

„Dies ist die *dritte* Warnung, Oberst."

„Prometheus? Archont?" knurrte Chernov. „Wenn das Codenamen für amerikanische Agenten sind, werden wir sie aufspüren — und wenn wir das gesamte weltweite KGB-Netz dafür brauchen!"

„Sie sollten vielleicht als erstes auf dem Berg Olymp nachsehen, dem Hauptquartier der Götter", schlug Viktor zynisch vor. Obwohl er wußte, wie gefährlich es war, Chernov zu reizen, machte er keinen Versuch, den Spott in seiner Stimme zu mildern. „Da Sie ja sehr belesen sind, werden Sie sich sicherlich erinnern, daß in der griechischen Mythologie Prometheus den Göttern das Feuer stahl und daß sie ihn bestraft haben. Es ist ziemlich offensichtlich, daß Archont uns bestraft hat!"

Chernovs Gesicht wurde grau vor Wut. Was ihm an Bildung fehlte, machte er mit angeborener Schlauheit wett. Er würde Viktors beißenden Sarkasmus nicht mit brutaler Stärke heimzahlen, sondern mit einer falschen Anschuldigung, die er nur schwer würde zurückweisen können. „Wollen Sie damit sagen, die *Götter* hätten das hier getan? Doktor, morgen wird das Komitee zusammenkommen, um die beiden vorhergehenden Todesfälle zu untersuchen — und nun haben wir einen *dritten*. Wir werden sehen, wie amüsant *sie* Ihre Märchen finden werden!" Er drehte sich abrupt um und stürmte aus dem Labor.

Aus Dimitris Sorge war Bestürzung geworden. Er hatte Angst um seinen Freund. „Komm doch mal und sieh dir das hier an", sagte er und winkte Viktor zu dem zerschmetterten Sessel. Als sie sich gemeinsam darüber beugten, flüsterte Dimitri: „Er ist ein gefährlicher Mann, Viktor, und er will dich vernichten. Mach es ihm nicht noch leichter!"

Viktor war damit beschäftigt, eine Lösung für das Rätsel zu suchen, das da vor ihren Augen lag. „Der Oberst hat recht", sagte er leise. „Tote schreiben keine Botschaften."

„Aber wir haben alle gesehen, wie es passiert ist!"

„Yakov war tot, Dimitri. Und selbst wenn er lebendig gewesen wäre — in *dem* Zustand hätte der Arm sich nicht bewegen können, auch wenn es ihm das Gehirn befohlen hätte. Das, was passiert ist, kann also nicht Yakovs Unterbewußtsein gewesen sein. Das ist die anerkannte Theorie, an die wir uns geklammert haben. Aber wir können nicht länger vor der Wahrheit weglaufen. Wenn es nicht sein Unterbewußtsein war, als er schon tot war, dann muß es auch nicht sein Unterbewußtsein gewesen sein, als er noch lebte! Irgend etwas anderes hatte die Kontrolle — auch wenn wir nicht erkennen, was es ist!"

„Was meinst du damit?"

„Wir werden von einer höheren Intelligenz beobachtet und manipuliert. Archont, wer oder was auch immer sich dahinter verbirgt, teilt uns mit, daß er den Schlüssel zur bioenergetischen Macht hat und daß er nicht erfreut ist über die Art, wie wir sie gebrauchen."

Dimitri war zu verblüfft über diese revolutionäre Idee, um antworten zu können. „Ich werde dir sagen, was es noch bedeutet", meinte Viktor. „Archont muß außerhalb der materiellen Dimension existieren, aber dennoch die Fähigkeit besitzen, auf Wunsch in sie einzudringen!"

Sofort legte Dimitri warnend die Hand auf die Schulter seines Freundes. „Rede so weiter, und du wirst in einem Arbeitslager enden!" flüsterte er.

Die beiden sahen sich besorgt um und erblickten einen Soldaten, der an der Tür stand und mitzubekommen versuchte, was sie sagten.

„Was tun Sie hier?" wollte Viktor wissen.

„Wir sind gekommen, um den Leichnam zu holen."

„Nun, dann nehmen Sie ihn", bellte er und sagte dann zu Dimitri: „Ich brauche etwas frische Luft."

Viktor wandte sich an die anderen Mitarbeiter, die noch sehr schokkiert zu sein schienen. „Ich glaube, es würde uns allen guttun, hier herauszukommen. Ruht euch aus. Morgen ist die Zeugenvernehmung, und ihr sollt alle bereit sein, einen klaren Bericht von dem zu geben, was ihr gesehen habt."

* * *

Draußen fanden die beiden Freunde eine Bank, die ein wenig abseits stand. Sie setzten sich so, daß ihre Gesichter von den Gebäuden abgewandt waren, denn dort hätten sich Abhöranlagen befinden können, die man auf sie gerichtet hatte. Viktor versuchte ernstlich, seinen Freund zu überreden. „Hör zu, Dimitri! Jeder gibt zu, daß, wenn es auf der Erde begonnen hat, es auch auf anderen Planeten begonnen haben könnte. Es muß da draußen intelligentes Leben geben, und für uns und für die Amerikaner ist es ein wichtiger Teil des Raumfahrtprogramms, es zu finden. Ist es nicht so?"

„Natürlich", gab Dimitri zu und fragte sich, was das mit Viktors unvorstellbarer Szene mit Chernov zu tun hatte.

„Wir hatten Kontakt mit intelligentem Leben von außerhalb der Erde! Kannst du das nicht sehen? Aber es ist nicht die Art von Leben, die wir erwartet haben, und wir haben sie nicht gefunden, indem wir im Weltall gesucht haben. Sie sind zu uns gekommen — *auf die Erde*. Wir haben ihre Leiber nicht gesehen, weil sie, wie ich glaube, keine haben!"

„Paß auf, was du tust!" erwiderte Dimitri. „*Denke* es, wenn du willst, aber *sage* es nie — nicht einmal mir gegenüber. Wenn das Komitee jemals den Verdacht schöpft, daß du an die Existenz von nichtphysischen Intelligenzen glaubst — nun, erwarte nicht von mir, daß ich dich in Sibirien besuchen komme!"

„Vergiß das Komitee und höre mir zu, Freund. Du bist der einzige, mit dem ich reden kann. Nun nimm einmal an, diese Wesen existieren ..."

„Was für Wesen? Deine These ist pure Phantasie. Wir haben auf dem Video zwei Gestalten gesehen. Meinst du, sie hätten *keinen Körper* gehabt?"

„Dr. Leighton, — ich bin sicher, du hast ihn auch erkannt — war natürlich physisch. Er könnte vielleicht die Leitung des Labors haben. Aber die andere Gestalt — der mit der Kapuze — die Kraft ging von ihm aus. Dessen bin ich mir sicher! Seit wann trägt das CIA solche Roben? Das war ein *Archont* — gekleidet wie der *Tod!*"

Dimitri sah sich besorgt um. „Halte den Kopf nach unten, wenn du redest", flüsterte er. „Du wirst sorglos. Sie haben Abhöreinrichtungen."

„Ich kenne die Anlagen. Wir sind zu weit weg — so lange wir die Gesichter von den Gebäuden weg halten." Aber er lehnte sich enger an Dimitri, als er fortfuhr: „Nun höre mir mal zu. Ich glaube nicht, daß die Amerikaner die Fähigkeit besitzen, das zu tun, was wir heute gesehen haben! *Archont* hat Yakov und die anderen getötet. *Archont* ist kein Codename für den CIA! Ich glaube nicht, daß *Archont* einen eigenen Leib besitzt; er benutzt die Körper anderer. Vielleicht tötet er auch CIA-Agenten. Er muß sein eigenes Ziel verfolgen. Wer ist *Archont* — und was hat er vor? Ich muß es herausfinden!"

Von dem Platz aus, wo sie saßen, konnten die beiden Freunde sehen, wie ein Militärtransporter vor die Haupteingangstür des Laborkomplexes fuhr. Sie fühlten sich seltsam losgelöst von dem Grauen, das sie gerade erst erlebt hatten, während sie beobachteten, wie zwei Soldaten, die Yakovs zerschmetterte Überreste trugen, aus dem Gebäude kamen. Sie schoben den Leichnam in das Fahrzeug, kletterten hinein und fuhren davon.

Dimitri redete ernstlich auf Viktor ein: „Du kannst Yakov und die anderen nicht zurückbringen, indem du dich selbst opferst! Wozu ärgerst du Chernov? Tue es nicht! Und wenn du überleben willst, um deine Forschungen fortzuführen, dann versuche nicht, ein Held zu sein. Erzähle dem Komitee einfach, was es hören will!"

„Ich habe einen Plan", sagte Viktor hintergründig. Und als Dimitris Augen fragten, was es sei, schüttelte Viktor nur seinen Kopf.

11. Für das Protokoll

Das Komitee zur Überwachung der Forschungen für psychische Kriegsführung hatte bereits einen Termin für eine umfassende Zeugenvernehmung angesetzt, um die Gründe für den vorangegangenen Tod von zwei Medien zu untersuchen. Nun mußten sie sich mit einem dritten Todesfall beschäftigen. Verständlicherweise war die Atmosphäre äußerst angespannt. Als Viktor endlich in den kleinen Konferenzraum gerufen wurde, der am anderen Ende des Ganges gegenüber dem Labor lag, tat er sein Bestes, um beherrscht zu wirken (obwohl ein gewisses Maß an Nervosität als Ausdruck von Respekt erwartet wurde). Die Zeugenvernehmung fand unter Ausschluß der Öffentlichkeit statt. Nur die vier Offiziere der Armee – zwei Generäle und zwei Obersten – waren als Richter und Jury anwesend. Die Angelegenheit war so geheim, daß nicht einmal ein Stenograph dabei war. Die Offiziere machten sich im Verlauf der Zeugenvernehmung selbst Notizen, und natürlich wurde alles auf Kassette aufgenommen.

Obwohl Viktor bei der Zusammenstellung von Oberst Chernovs schriftlichem Bericht nicht mitgewirkt hatte, wußte er doch genau, was darin stand, denn er hatte am Vorabend eine Kopie davon erhalten. Es war der übliche materialistische Kopf-in-den-Sand-Unsinn, der die Linie der Partei wiedergab und der Viktor ärgerte. Er würde all seine Selbstbeherrschung brauchen, um damit übereinzustimmen. *Glasnost* und *Perestroika* hatten auf dieser Einsatzebene nichts geändert.

Er und Dmitri hatten bis spät in die Nacht miteinander geredet, und er wußte, daß sein Freund recht hatte. Der Versuch, dem Komitee zu erklären, was er vermutete, wäre reiner Selbstmord. Der einzig vernünftige Kurs war, Chernovs Bericht und seine vermeintlichen „Ergebnisse" nachzuplappern – vermeintlich, weil Chernov nur das sagte, was seine Vorgesetzten hören wollten. Dialektischer Materialismus war immer noch in – trotz all der übertriebenen Berichte vom Gegenteil. Es war weit wichtiger, anerkannte Lehrsätze zu verteidigen, als die Wahrheit zu finden, obwohl dieser Zustand jetzt offiziell geleugnet und in die Vergangenheit verbannt wurde. Einige Dinge waren einfach Teil der menschlichen Natur, ganz gleich, welches Regime an der Macht war und für welche Ideale es eintreten mochte.

Sein ganzes Leben lang hatte Viktor einen bitteren Haß gehegt und gleichzeitig unterdrückt – den Haß auf die Notwendigkeit, um des bloßen Überlebens willen niemals das zu sagen, was man wirklich meinte. Er wurde ständig zwischen Heuchelei und dem Gefängnis hin und her gerissen, und am Ende hatte er immer seinen Stolz hinuntergeschluckt und das erstere gewählt — wenn auch manchmal nur um Haaresbreite. Tief in seinem Herzen behielt er seine Integrität. Und er wußte, einmal würde der Tag kommen, an dem der Damm brechen und all seine liebevoll gehegten Überzeugungen hervorsprudeln würden — Überzeugungen, für die er mit hocherhobenem Kopf ins Gefängnis gehen würde — falls nicht noch Schlimmeres käme. Aber bei dieser Gelegenheit hatte Viktor einen überaus wichtigen Grund, seine Zunge im Zaum zu halten. Sein Plan basierte darauf, daß er diese Zeugenvernehmung überlebte. Es war ein Plan, den er niemandem mitzuteilen wagte, jedenfalls jetzt noch nicht. Selbst Dmitri, der einzige Mann auf dem Stützpunkt, dem er vertraute, durfte noch nichts erfahren.

Es war üblich, daß immer nur ein Zeuge hereingerufen wurde, und es war den Zeugen nicht erlaubt, außerhalb der Anhörung miteinander zu reden. Keiner von denen, die im Labor arbeiteten, durfte wissen, was irgendein anderer gesagt hatte. Viktor wartete über zwei Stunden im Gang, während Chernov seinen Vortrag vor dem Komitee hielt. Als der Oberst herauskam und Viktor hineinging, sah keiner der Männer den anderen an. Das war so üblich — ein Anzeichen dafür, daß sie sich nicht abgesprochen hatten. Schon die geringste Veränderung des Gesichtsausdrucks oder ein Blickwechsel könnte Mißtrauen wecken.

Viktor nahm vor General Nikolai Gorky, dem Vorsitzenden mit den stählernen Augen, Haltung an. Zu seiner Rechten, am selben leicht erhöhten Tisch, saß General Aliyev. Zur Linken Gorkys saßen die beiden Obersten — Ostapenko und Lutsky. Niemand machte den Versuch, ihm ein wenig von seiner Anspannung zu nehmen. Auf den Schultern dieser Männer lag die Verantwortung, Rußland auf den tödlichsten Krieg vorzubereiten, den es je gegeben hatte, eine Verantwortung, die sie mit äußerstem Ernst trugen. Der einzige Mann im Kreml, der genau wußte, womit sie sich beschäftigten, war der Leiter des KGB. Es war nicht erlaubt, Fehler zu machen, und man kümmerte sich um alles auf dem geheimen Stützpunkt, was auch nur im geringsten von der Parteilinie abwich, sofort und mit großer Strenge.

Viktor wußte aus Erfahrung, daß er auf diesem Schachbrett nur ein Bauer war. Wie alle anderen, Oberst Chernov eingeschlossen, war er ein Mann, der viel zu viel wußte. Sein Überleben hing einzig davon ab, daß er weiterhin in der Lage war, Leistungen zu bringen, die für das Programm von entscheidender Bedeutung waren. Sollte er das irgendwann einmal nicht mehr schaffen, würde er irgendwo im Gulag enden — falls sie ihn überhaupt am Leben ließen. Er wußte auch, daß die unbeugsamen Vorgesetzten, denen er gegenüberstand, auf der Basis von Chernovs starrsinnigem Bericht bereits ihre Schlüsse gezogen hatten und daß er nichts sagen durfte, was ihre Meinung erschüttern könnte. Er hatte diese Tortur bereits viermal überlebt, und er war entschlossen, es wieder zu schaffen.

General Gorky blätterte in einigen Unterlagen herum und nahm kaum Notiz von Viktors Anwesenheit, als dieser eintrat. Schließlich fand er, was er suchte, und sah auf, um Viktor kalt in die Augen zu starren. „Dr. Khorev, die Autopsie besagt, daß in beiden Fällen die Todesursache ein Herzstillstand war — und daß es auch im dritten Fall so war. Wir wissen alle, daß die Experimente, mit denen diese Männer zu tun hatten — sogenannte Reisen ‚außerhalb des Körpers' mit dem Ziel, geheime Informationen zu gewinnen —, eine große Belastung für das Herz sind. Gab es irgendwelche Anzeichen, die Sie im voraus gewarnt haben? Wenn nicht, warum nicht? Und wenn ja, warum haben Sie den Versuch nicht rechtzeitig abgebrochen?"

„Wie Sie wissen, General", begann Viktor und wählte seine Worte sehr sorgfältig, „wurde mein medizinischer Assistent, Dr. Chevchenko, der bei all unseren Versuchen anwesend ist, vor zwei Jahren wegen seiner langjährigen Erfahrung als Herzspezialist und Chirurg in das Programm eingeführt. In keinem der Fälle entdeckte er ein Anzeichen für einen bevorstehenden Herzinfarkt, und auch, als er die Kurven zusammen mit mir mehrere Male sorgfältig durchsah, konnte er kein Anzeichen dafür finden. Es gab einfach nichts, was uns im voraus gewarnt hätte. Und deshalb hatten wir keine Möglichkeit, den Versuch rechtzeitig genug abzubrechen, um das Leben dieser Männer zu retten — Männer, die mir sehr nahe standen und die für das Erreichen des Zieles, dem wir uns alle verschrieben haben, sehr wichtig waren."

„Wie erklären Sie dann, was geschehen ist?"

„Ich habe Dr. Chevchenko gefragt, und er hat keine Erklärung dafür. Er hat es sich zur obersten Priorität gemacht, zusätzliche Sicherheiten einzubauen, aber bisher hat er noch keine Lösung. Wir werden weiter daran arbeiten, aber ich glaube, inzwischen ist uns allen klar, daß diese Experimente äußerst gefährlich sind."

Gorky wandte sich an seine Kollegen. „Hat noch irgend jemand weitere Fragen zu den medizinischen Abläufen und Sicherheitsmaßnahmen?" Die drei Offiziere schüttelten ihre Köpfe.

„Dann kommen wir jetzt zu etwas weitaus Wichtigerem, was in dem offiziellen Bericht, der Ihnen gestern abend von Oberst Chernov übergeben wurde, nicht erwähnt wird. Er hat diesem Komitee berichtet, daß Sie ‚Götter' erwähnt hätten. Wir gehen davon aus, daß das ein Scherz war, daß Sie jedoch nicht gescherzt haben, als Sie ihm sagten, wir seien *gewarnt worden, mit diesem Programm nicht fortzufahren.* Ich betrachte diese Aussage mit großer Sorge. Was haben Sie zu Ihrer Verteidigung zu sagen?"

Viktor holte tief Luft. „Natürlich war die Bemerkung mit den ‚Göttern' nicht ernst gemeint. Ich ging zwar davon aus, daß Oberst Chernov das erkannte, gebe jedoch zu, daß es eine unkluge Bemerkung war. Ich fürchte, daß auch meine anderen Aussagen gegenüber dem Oberst übereilt gewesen sein könnten."

„Übereilt in welcher Hinsicht?"

„Nun, es — ähm — könnte auch andere Erklärungen geben. Ich habe vielleicht unter dem Druck der Situation überreagiert. Ich kann Ihnen versichern, daß das, was wir gestern miterlebt haben, nicht nur erschreckend, sondern fürchterlich war. Ich denke, die anderen, die anwesend waren, werden dasselbe aussagen."

„Sie haben meine Frage nicht beantwortet. Übereilt in welcher Hinsicht?"

„Ich habe eine Meinung bezüglich der Bedeutung der Botschaft geäußert, die unter dem Druck des Augenblicks entstand und nicht sorgfältig bis zum Schluß durchdacht war."

„Und sind Sie inzwischen zu einem Schluß gekommen?"

„Nein, General, das bin ich nicht. ‚Prometheus muß sterben' scheint eine Warnung zu sein. Aber die genaue Bedeutung dieser Worte bleibt ein Geheimnis — was vielleicht sogar beabsichtigt wurde."

General Aliyev war ruhelos in seinem Sessel hin und her gerutscht und hatte mit den Fingern auf dem Tisch getrommelt, als wolle er seine Ungeduld wegen des mangelnden Fortschrittes zeigen. An diesem Punkt unterbrach er Viktor. „Diese sogenannten Botschaften hatten alle ein durchgehendes Muster. Ist es nicht so? Zum einen sind sie alle von ‚Archont' unterzeichnet. Dr. Khorev, Sie sind dafür verantwortlich, die Quelle dieser Botschaften — und auch ihre Bedeutung — zu finden. Dieses Komitee will etwas Substantielles von Ihnen hören. Statt dessen haben Sie uns nichts als vage Entschuldigungen geliefert."

„Wenn Sie eine Umfrage unter den führenden russischen Psychologen machen würden", erwiderte Viktor rasch, „so würden sie meiner Meinung nach mit Sicherheit übereinstimmend sagen, daß der Ursprung dieser Botschaften das tiefe Unbewußte eines jeden Mediums sein müsse. Die drei Männer haben uns in ihrem Tod Botschaften gegeben, die in ihrem Inhalt so übereinstimmen, daß man sie dem kollektiven Unbewußten zuschreiben muß, das alle Angehörigen einer Rasse miteinander teilen. Die Einheitlichkeit in der Präsentation der Botschaft kann auf derselben Basis erklärt werden, weshalb ich persönlich dies für die einzig mögliche Theorie halte."

Oberst Lutsky durchwühlte laut einige Papiere, um seinem Unmut Ausdruck zu verleihen, und Oberst Ostapenko hatte sich geräuspert, seinen Stuhl zurückgeschoben und mehrmals zu General Gorky geschaut. Was Gorky betraf, so starrte er Viktor intensiv und ohne zu blinzeln mit stählernem Blick in die Augen.

Entschlossen, seinen Gedankengang weiter zu verfolgen und sich nicht nervös machen zu lassen, fuhr Viktor mit seiner Erklärung fort. „In dem veränderten Bewußtseinszustand, der, wie Sie wissen, zumindest im Augenblick die einzige uns bekannte Methode ist, um diese Experimente durchzuführen, kontrolliert das Unterbewußtsein die motorischen Muskeln. Dies führt häufig zu einem Phänomen, das als ‚automatisches Schreiben' bezeichnet wird. In jedem dieser Fälle –"

„Diese Mechanismen sind uns bekannt", unterbrach General Aliyev ungeduldig. „Was wir brauchen, ist die Interpretation der Botschaften."

„Ich werde gleich auf diesen Punkt zu sprechen kommen, General", antwortete Viktor respektvoll. „Um zu einer Deutung zu kommen, ist es wichtig, die Quelle zu bedenken, und deshalb gab ich eine so lange Erklärung ab, um meine Überzeugung zu untermauern, daß das Unbewußte der Schuldige ist. Zumindest weisen alle Anzeichen darauf hin."

„Was für Anzeichen?" fragte Aliyev.

Viktor war beunruhigt. Er war überzeugt gewesen, daß der General genau diese Erklärung hören wollte, und nun sträubte er sich gegen eben diese Erklärung. Es war unmöglich zu wissen, was Aliyev oder die anderen im Sinn hatten, wenn es etwas anderes als die materialistische Parteilinie war, und Viktor wagte es nicht, seine geplanten Antworten zu ändern. Dies könnte eine Falle sein – ein Versuch, ihn dazu zu bringen, sich selbst zu verraten.

„Nun, zum einen haben wir in jedem der Fälle einen Hinweis auf die griechische Mythologie." Viktor tat sein Bestes, um entspannt und aufrichtig zu wirken. Er durfte nicht zeigen, daß ihm die Frage zu schaffen machte. „Gestern war es zum Beispiel Prometheus – eine Gestalt, die eine unbewußte Angst Yakovs, sich auf gefährlichem Boden zu bewegen, anzeigen könnte. Viele russische Psychologen stimmen mit C.G. Jungs Theorie überein, das kollektive Unbewußte sei reich an primitiven Erinnerungen, die von Archetypen verkörpert werden, und einige dieser Archetypen seien zum Stoff der Mythologie geworden. Es stünde völlig im Einklang mit dieser Theorie, wenn man Botschaften von der Art, wie wir sie erhalten haben, erwarten würde. Demnach wäre die Auslegung –"

Gorky unterbrach ihn. „Doktor, anscheinend verstehen Sie nicht, was uns beunruhigt. Was General Aliyev sagt, ist dies: Wir haben aus irgend einer Quelle ,Botschaften' erhalten, die uns sagen, wir sollten nicht mit den Versuchen weitermachen. Ist es nicht so?"

„Ja, General."

„Und wer würde am meisten davon profitieren, wenn wir mit unseren Forschungen aufhörten?"

Viktor war verblüfft darüber, welche Richtung die Befragung genommen hatte, tat jedoch sein Bestes, seine Gefühle nicht zu verraten. „Ich nehme an, die Amerikaner", erwiderte er vorsichtig. „Aber ich verstehe nicht –"

Gorky unterbrach ihn erneut, und sein Tonfall wurde härter. „Drei unserer besten Medien sterben, während Sie etwas untersuchen, was unserer Meinung nach eine Einrichtung des amerikanischen Geheimdienstes ist und ähnlichen fortgeschrittenen Forschungen dient, wie die unsere. Sagt Ihnen das nichts, Doktor?"

„Ich glaube nicht, daß die Amerikaner die Fähigkeit haben –"

„Ich glaube nicht – *ich glaube nicht!* Meinungen sind nutzlos. Wir brauchen Fakten. Sie haben die Aufgabe, herauszufinden, wie sie es tun und sie daran zu hindern!"

„Wir haben unser Bestes getan, General, um ihre Methoden durch psychische Versuche zu entdecken, aber ich sehe keine Möglichkeit, auf diese Weise weiterzumachen. Haben wir denn keine Agenten im Ausland, die in ihre Organisation eindringen können?"

„Das hat nichts mit dieser Befragung zu tun", erinnerte ihn Gorky kühl. „Ihr Labor existiert aus anderen Gründen, und es hat seine eigenen besonderen Aufgaben. Wollen Sie sagen, es habe keine Aufgabe, die sich von der Arbeit unserer Agenten im Ausland unterscheidet, und daß wir es schließen sollten?"

„Nein, General, das will ich nicht sagen. Ich verstehe, was Sie sagen wollen, und wir tun unser Bestes, um unsere Aufgaben auszuführen. Aber anscheinend stehen wir jetzt einer feindlichen Kraft gegenüber, die unsere gegenwärtigen Fähigkeiten übersteigt."

„Ganz recht!" erwiderte Gorky. „Und genau das ist der unannehmbare Zustand, um den es in dieser Anhörung geht – und der geändert werden soll!" Der General zögerte einen Moment, als sei er sich nicht sicher, ob er noch etwas erwähnen sollte, und fuhr dann fort: „Der Filzstift, mit dem Yakov die Botschaft schrieb, ist in Amerika hergestellt worden. Solch einen Stift gibt es in Rußland nicht. Woher hat Yakov ihn bekommen?"

„Ich habe ihn vorher noch nie gesehen – und auch kein anderer aus dem Labor. Ich könnte schwören, daß er vor dem Vorfall nicht da gewesen ist."

Gorky hielt den fraglichen Stift hoch. „Sie, Dimitri und Pyotr haben persönlich gesehen, wie Yakov mit diesem Stift geschrieben hat?"

„Ja, General, und zwar mit seiner linken Hand. Aber er ist ein Rechtshänder, und meines Wissens hat er niemals auch nur versucht, mit links zu schreiben. Mir ist dabei natürlich klar, daß in einer Trance alles möglich ist."

„Ich denke, daß niemand dieser Tatsache große Bedeutung beimißt, Doktor. Es ist der Stift, über den wir Klarheit brauchen."

„Es ist ein *amerikanischer* Stift!" warf General Aliyev ein. „Kein deutscher oder französischer oder englischer, nein, ein *amerikanischer*."

„Natürlich", sagte Viktor nachdenklich und spann den Faden weiter, „als der Vorfall geschah, befand er sich psychisch *in Amerika*. Wir wissen noch nicht einmal, was solche Astralprojektionen mit sich bringen. Es ist durchaus denkbar, daß etwas aus Amerika physisch an ihm haften blieb und in dem Augenblick im Labor erschien, als er plötzlich in seinen Körper zurückkehrte."

„Können wir mit Sicherheit sagen, daß er zurückkehrte?" fragte Gorky scharf. „Was sagt Dr. Chevchenko?"

„Er weiß es nicht, General. Ich fürchte, wenn es um Reisen außerhalb des Körpers geht, gibt es mehr Unbekanntes als Bekanntes."

Gorky wandte sich an Aliyev. „Möchten Sie noch etwas sagen, General?"

„Wir haben es hier mit einer Kraft zu tun, die die Atombombe primitiv erscheinen lassen könnte. Wenn die Amerikaner das Rennen um die Kontrolle psychischer Kraft gewinnen, ist das das Ende! Seit Jahren wurde uns versichert, daß die amerikanischen Wissenschaftler sich über psychische Kraft lustig machen, daß ihre Regierung sehr wenig für diese Art der Forschung ausgibt und daß wir in diesem Rennen weit vorne liegen – so weit vorn, daß sie uns niemals einholen könnten. Das scheint nicht länger der Fall zu sein. Und Sie, Khorev, werden die Schuld dafür auf sich nehmen müssen!"

„Das ist eine plötzliche Veränderung, die erst in den letzten paar Wochen eingetreten ist." Viktor schwankte jetzt. Er war so zuversichtlich gewesen, daß er diese Prozedur überstehen würde. „Ich hätte Yakovs Leben nicht riskiert, glauben Sie mir, aber ich war der Meinung, das Komitee bestünde darauf."

„Hatten Sie etwas anderes vor?" fragte Aliyev verächtlich. „Warum haben Sie uns nichts davon gesagt?"

Natürlich konnte er dem Komitee nicht sagen, daß sie ein Haufen störrischer, starrsinniger Narren seien, die jeden echten Gedankenaustausch unterdrückten. Aber er hätte es gern getan. Oh, wie gerne er genau das getan hätte! „Im Augenblick habe ich keinen Plan, und bis wir einen Plan haben, halte ich es nicht für weise, einen weiteren Versuch dieser Art zu unternehmen."

„Wir haben einen Plan", unterbrach ihn General Gorky. „Morgen, wenn Sie zur Eröffnung des ‚Ersten internationalen Kongresses der Parapsychologie' fliegen, werden Sie einige weitere Delegationsmitglieder bei sich haben. Jeder – *Sie eingeschlossen* – wird unter Oberst Chernovs Kommando stehen, der als Ihr Assistent auftreten wird. Bei Ihren gemeinsamen öffentlichen Auftritten darf es keinen Hinweis darauf geben, daß sie die Delegation nicht wirklich leiten. Ist das klar?"

„Ja, General!" erwiderte Viktor rasch. Er war erleichtert, daß er Rußland noch verlassen durfte. Das war eine grundlegende Voraussetzung für seinen Plan – oder war es ein Traum? –, den er seit mehreren Monaten immer wieder sorgfältig durchdacht hatte.

„Ich habe eine Erklärung entworfen, die Sie in Ihre Rede vor dem Kongreß einfügen werden", fuhr Gorky fort. „Sie fordert strikte Kontrollen für den Gebrauch psychischer Kraft und den freien Austausch von Forschungsergebnissen. Es ist Ihre Aufgabe, dafür zu sorgen, daß diese Resolution übernommen wird. Und ich erwarte, daß Sie, wenn Sie zurückkommen, eine Einladung für Sie und zwei ihrer ‚Assistenten' haben, die CIA–Einrichtung in Kalifornien zu besuchen. Im Gegenzug werden Sie Dr. Frank Leighton einladen, uns hier zu besuchen."

Gorky wandte sich an die anderen. „Falls noch jemand irgend etwas sagen möchte ..."

„Der medizinische Bericht, General", erinnerte ihn Oberst Lutsky.

„Ja, richtig. Noch eine Frage, Khorev." Zu Viktors Erleichterung war sein Ton nicht mehr drohend. „Ihr Bericht schien anzudeuten, daß Yakov starb, bevor er die Botschaft schrieb. Das ist doch wohl unmöglich, oder?"

„Das war ein Versehen, General. Oberst Chernov hatte mich bereits auf die offensichtliche Tatsache hingewiesen, daß die Monitore versagt haben müssen, bevor Yakov von den Kontrollgeräten gerissen wurde. Und natürlich hatten wir, als die Drähte einmal abgerissen waren, keine Möglichkeit mehr festzustellen, wann genau er starb. In diesem Fall können wir uns nur an den gesunden Menschenverstand halten, und ich stimme da völlig mit Ihnen überein. Der Bericht wird neu geschrieben, und die Aufzeichnungen werden korrigiert."

12. Eine tollkühne Entscheidung

Nach Viktors Einwilligung, den medizinischen Bericht zu „korrigieren", war alles weitere eine Formsache. Das Komitee benötigte sehr wenig Zeit, um Dr. Chevchenko, Dimitri und die anderen zu befragen, und deren Zeugenaussagen erbrachten auch nichts anderes als die vorhergegangenen. Als Oberst Chernov zurückkam, um über die offiziellen Ergebnisses des Komitees unterrichtet zu werden, brachte er noch einmal deutlich dieselben Vermutungen zum Ausdruck, die er in der Vergangenheit immer wieder vorgebracht hatte.

„Ich habe zwar noch keinen Beweis", erklärte Chernov, „aber ich bin davon überzeugt, daß Dr. Khorev das Hauptverbindungsglied in allen drei Todesfällen ist. Weiter vermute ich, daß er überhaupt kein Marxist ist. Bisher haben wir zwar nichts Derartiges mit den Abhöranlagen in seinem Büro oder Labor oder Appartement aufgefangen, aber mir wurde von wenig schmeichelhaften Bemerkungen berichtet, die er über Lenin gemacht hat. Ich ersuche Sie dringend, ihn nicht nach Paris zu schicken. Außerhalb unserer Grenzen stellt er ein großes Risiko dar."

„Wir verstehen Ihre Gefühle und haben auch selbst unsere Vermutungen", erwiderte Gorky. „Aber ohne Khorev als Leiter würde unsere Delegation nicht ernstgenommen werden, und das würde unsere gesamte Mission gefährden. Oder wollen Sie das leugnen?"

„Ich denke daran, was für ein Risiko es ist, einen illoyalen Mann im Team zu haben, General."

„Sie tragen die Verantwortung, Oberst", erinnerte ihn Gorky eisig. „Wollen Sie andeuten, daß Sie nicht fähig sind, mit der Situation fertig zu werden? Das Komitee hat Sie für kompetent gehalten — trotz der Tatsache, daß wir Sie mit der Untersuchung dieser Todesfälle betraut haben und Ihr Bericht keine neuen Erkenntnisse gebracht hat."

„Ich entschuldige mich für den mangelnden Fortschritt, General."

„Wir wollen Resultate, keine Entschuldigungen, Oberst. Sie kennen Ihre Aufgabe. Haben Sie noch irgendwelche Fragen?"

„Nein, General."

* * *

Als Dimitri am späten Nachmittag, nachdem er seine Aussage vor dem Komitee gemacht hatte, ins Labor zurückkehrte, gab es keine Gelegenheit, Viktor zu fragen, wie es ihm vor dem Komitee ergangen sei. Dr. Chevchenko war da und sah erneut alle Kurven und Aufzeichnungen durch. Er suchte nach einem Hinweis, den er bisher nicht hatte finden können. Yuri half Pyotr, die Kabel zu reparieren, die herausgerissen worden waren, und die anderen Mitarbeiter des Laborteams kontrollierten die Elektronik in jedem Kontroll— und Aufnahmegerät, um sicherzustellen, daß es keinen verborgenen Schaden gegeben hatte. Die Befragung vor dem Komitee hatte sie alle frisch motiviert, Überstunden zu machen, um die Fehler der Vergangenheit wettzumachen. Diese Last trugen sie alle gemeinsam. Sie fühlten sich alle schuldig an den drei Todesfällen, deren Erinnerung sie quälte und einen düsteren Schatten auf die Zukunft warf.

Im Laufe des Abends wurde dann einer nach dem anderen von Erschöpfung übermannt. Schließlich, als die Zeiger der großen Uhr an der Wand des Labors schon über Mitternacht hinaus waren, blieben nur Dimitri und Viktor übrig. Viktor befand sich gerade am anderen Ende des Ganges in seinem Büro, als Dimitri geeilt kam und sich zu ihm gesellte. Als er eintrat, sah sein Freund Schubladen mit Akten durch, als hinge sein Leben davon ab.

„Diese Akten werden auch noch da sein, wenn du zurückkommst", meinte Dimitri. „Du solltest längst zu Hause sein und packen und dich ausschlafen!"

„Ich packe gerade", sagte Viktor und fuhr mit seiner Arbeit fort, ohne aufzusehen. „Ich lege einige Unterlagen zusammen, die ich auf der Reise brauchen werde."

„Was, so viele?" fragte Dimitri und zeigte auf die sehr große, bereits überfüllte Aktentasche.

Viktor wischte sich über die Augen und setzte sich mit einem müden Seufzer hinter seinen Schreibtisch. „Ich werde im Flugzeug Zeit zum Schlafen haben. Dies hier ist sehr wichtig."

„Nun erzähle, guter Freund, wie ist es dir heute ergangen? Ich bin fast gestorben vor Neugier!"

„Ich glaube, es lief gut, Dimitri. Es gab einige bange Augenblicke, wo ich meinte, meine Reise sei erledigt, aber ich glaube, am Ende waren sie zufrieden. Ich habe bei ihrer völlig verrückten Idee mitgespielt, die Amerikaner hätten unseren besten Mann umgebracht. Das hat sie glücklich gemacht."

Dimitri legte rasch warnend einen Finger auf seine Lippen und schüttelte heftig mit dem Kopf. Er war entsetzt, daß Viktor in seinem Büro so sorglos redete.

„Mach dir keine Sorgen, alter Freund", erwiderte Viktor und lachte über Dimitris Gesichtsausdruck. „Glaubst du, sie könnten vor *mir* eine Wanze verstecken? Ich habe mein eigenes Wanzen-Suchgerät gebaut und säubere damit jeden Morgen mein Büro. So schnell, wie sie ihre Wanzen hineinbringen, hole ich sie wieder heraus."

„Wirklich?" Dimitri staunte über Viktors Kühnheit.

„Ja. Es hat sie ein Vermögen gekostet. Diese Dinger sind teuer. Schließlich haben sie aufgegeben. Seit Wochen habe ich keine mehr gefunden — und erst heute morgen habe ich wieder gesucht. Mach dir also keine Gedanken."

Dimitri sah zwar erleichtert, aber immer noch ängstlich aus.

„Mach dir keine Sorgen", versicherte ihm Viktor erneut und griff in seine Hemdtasche, um ein Stück Papier herauszuholen. Dimitri konnte erkennen, daß es dasselbe Papier war, auf dem Pyotr die Botschaft von Archont abgeschrieben hatte. „Ich habe sehr viel hierüber nachgedacht."

„Du solltest das vernichten, bevor es dich vernichtet!" rief Dimitri erschreckt aus.

„Ich kann nicht. Der Gedanke daran verfolgt mich. Es muß eine außerirdische Intelligenz geben, die hinter diesen Botschaften steckt."

„Wenn du überleben willst", erwiderte Dimitri rasch, „solltest du dich besser Gorkys Meinung anpassen. Wir haben bei den Amerikanern geschnüffelt. Das hat ihnen nicht gefallen, und sie haben sich gerächt. So einfach ist das. Es klingt absolut logisch. Warum willst du dagegen vorgehen?"

„Sicher, sicher." Viktors Stimme troff von Sarkasmus. „Wenn sie wollen, können die Amerikaner jeden von uns aus mehreren tausend Kilometern Entfernung töten! Willst du dich als erster ergeben, oder soll ich es tun? Ich habe nicht bemerkt, daß Gorky mit einer weißen Fahne gewinkt hätte — sie ist immer noch blutrot!"

Viktor wartete einen Augenblick, um seine Worte wirken zu lassen, und fuhr dann fort: „Es gibt nur eine Erklärung, die zu den Tatsachen paßt, Dimitri. Ich habe dagegen gekämpft, aber man kommt nicht daran vorbei. Wir haben es mit Intelligenzen zu tun, die weitaus höher entwickelt sind als irgendein Amerikaner. Ich bin davon überzeugt, daß sie keine Körper haben, aber sie haben einen unglaublichen Verstand. Sie müssen die Herren der psychischen Kraft sein, die wir gesucht haben. Und sie sind mit dem, was wir tun, nicht einverstanden."

„Bitte, Viktor. Laß die Finger von solchen Gedanken."

„Weil ich Angst vor Chernov oder Gorky habe? Was ist mit den Tatsachen? Als Wissenschaftler will ich die *Wahrheit* wissen!"

„Es gibt auch so etwas wie Pragmatismus", argumentierte Dimitri leidenschaftlich. „Es wird der Wahrheit nicht dienen, wenn du dich in ein Arbeitslager in Sibirien schicken läßt! Da kannst du dann deine ‚Wahrheit' so laut brüllen, wie du willst, und sehen, was du damit ausrichtest. Vielleicht überzeugst du die Wölfe, aber sonst wird dich niemand hören!" Er stand auf, legte beide Hände vorne auf Viktors Schreibtisch und beugte sich vor, bis sein Gesicht nur noch etwa 30 Zentimeter von Viktors entfernt war. „Du wirst das nicht gerne hören, Viktor, aber ich glaube nicht, daß deine Theorie sinnvoller ist als die von Gorky. Nimm zum Beispiel die Motive. Die Amerikaner haben ein gutes Motiv. Aber höherentwickelte Wesen? Was sollten solche Wesen mit den Menschen anfangen können? Wir haben nichts, was wir ihnen bieten könnten — falls sie tatsächlich existieren sollten. Und warum sollten sie sich einmischen, wenn wir versuchen, die Amerikaner auszuspionieren, uns aber mit all unseren anderen Experimenten weitermachen lassen? Ich sage dir, es ergibt keinen Sinn! Gorky hat die besseren Argumente, selbst wenn er im Unrecht sein sollte."

Der Ausbruch endete, und Dimitri sank zurück in seinen Stuhl. Dann sagte er in versöhnlicherem Ton: „Und außerdem glaube ich, daß ihr beide falsch liegt."

„Wirklich?" fragte Viktor überrascht. „Dann sage mir: Was für eine Theorie hast du?"

„Ich kann es noch nicht gut genug erklären. Aber sobald ich es kann, werde ich es dir sagen."

„Jetzt hast du mich neugierig gemacht, Dimitri! Aber ich kann nicht warten. Diese Sache verfolgt mich Tag und Nacht. Ich muß die Lösung dieses Rätsels finden!"

Viktor suchte herum und grub ein paar Kopien von Zeitungsartikeln aus einer Schublade, wedelte damit vor Dimitri herum und ließ sie dann auf den Stapel fallen, der seine Aktentasche zum Überlaufen brachte. „Ich habe einige Referate gelesen — so, wie diese hier — von einem amerikanischen Parapsychologen namens Ken Inman. Er argumentiert sehr überzeugend, daß hinter jeder psychischen Kraft nichtphysische Intelligenzen stehen. Er hat einige revolutionäre Ideen, die recht überzeugend sind, aber ich kann nichts Neueres mehr von ihm bekommen. Es ist alles mindestens zwei Jahre alt. Nimm einmal an, er hat Kontakt mit irgendwelchen Wesen bekommen – wie zum Beispiel Archont – und daß er deswegen plötzlich nichts mehr sagt. Das könnte das Geheimnis hinter der neuen Macht der Amerikaner sein. Denn noch vor kurzem hatten sie mit Sicherheit nicht solche Fähigkeiten."

„Es sieht dir gar nicht ähnlich, Viktor, daß du Theorien der Amerikaner akzeptierst. Es könnte sich um bewußte Fehlinformationen handeln."

„Aber es ergibt einen Sinn, Dimitri! Mehr als der sture Materialismus, mit dem wir hier dasitzen. Du hast gesehen, was mit Yakov passiert ist. Das war keine Fehlinformation! Ich bin beeindruckt von solch einer Macht. Es ist eine Art mentaler Energie, und es ist weitaus mehr als das, wozu wir oder die Amerikaner allein fähig sind."

„Ich stimme dir zu, aber du kämpfst gegen eine steigende Flutwelle der öffentlichen Meinung an, die du nicht aufhalten kannst. Du kennst die Amerikaner – einige von den Motivierungsexperten, die der Kreml geholt hat, um uns bei der Einführung eines modifizierten Kapitalismus zu helfen – nun, sie reden von einem ‚unbegrenzten' menschlichen Potential."

Viktor lächelte verächtlich. „Jedes Kind weiß es besser! Es gibt ganz *offensichtliche* Begrenzungen, Dimitri, und was wir da mit unseren eigenen Augen gesehen haben, übersteigt alles mit der Vernunft Nachvollziehbare um Lichtjahre."

Beide Freunde verfielen in nachdenkliches Schweigen, und Viktor begann wieder, die Schubladen seines Schreibtisches nach Unterlagen zu durchsuchen, die er mitnehmen wollte. Schließlich unterbrach er seine Arbeit und nahm die Unterhaltung wieder auf. „Ich habe jede Enzyklopädie durchsucht, die wir haben, und versucht, mich an alles zu erinnern, was ich aus der Geschichte oder der Mythologie weiß, um einen Hinweis darauf zu finden, wer Archont ist."

„Ja? Erzähl mir!" erwiderte Dimitri eifrig.

„Ich dachte, dieses Thema wäre tabu. Bist du sicher, wir sollten nicht einfach über etwas anderes reden?"

„Es ist zu spät, um Spielchen zu spielen", sagte Dimitri ernst. „Scherze nicht über etwas so Wichtiges. Nun sag schon, was du weißt."

„*Archont* ist das griechische Wort für ‚Herrscher'. Die Archonten waren eine Gruppe *von neun obersten Staatsbeamten*, die das alte

Griechenland regierten. Ich nehme an, daß diese Wesen den Namen ‚Archont' benutzen, um zu sagen, daß sie eine Hierarchie von Wesen sind — sehr wahrscheinlich eine Gruppe von neun hochentwickelten Intelligenzen —, die im psychischen Bereich regieren und psychische Kraft kontrollieren. Sie haben wahrscheinlich solch unglaubliche Kräfte, daß sie, verglichen mit unserer Entwicklungsstufe, wie Götter erscheinen müssen. Das paßt gut zu dem Hinweis auf Prometheus."

„Ich dachte, du hast dich über Chernov lustig gemacht — aber du scheinst ja tatsächlich zu glauben, daß es da draußen gott-ähnliche Wesen ohne einen Körper gibt, die sich dafür interessieren, was wir und die Amerikaner in unseren Laboratorien tun. Erzähle das irgend einem anderen als mir, und du *wirst* mit Sicherheit in einem Arbeitslager enden — oder in der Psychiatrie!"

„Ich rede nicht von Göttern im mythologischen oder religiösen Sinn — obgleich sie in verschiedenen Religionen die Basis für solche Ideen sein könnten —, sondern von hochentwickelten Wesen, die unsere Vorfahren irrtümlicherweise für Götter gehalten haben."

„Ich wußte gar nicht, daß du ein religiöser Mensch bist, Viktor."

„Das bin ich nicht."

„Für mich klingt das wie eine religiöse Idee. Unterscheiden sich deine ‚gottähnlichen Wesen' in irgendeiner Weise von den Göttern der alten Griechen oder denen der heutigen Schamanen in Sibirien?"

„Dies ist eine *wissenschaftliche* Theorie!" gab Viktor unwirsch zurück. Er verlor allmählich die Geduld mit seinem Freund. „Diese Wesen sind durch eine *Entwicklung* auf ihr gegenwärtiges Niveau gekommen!"

Dimitri blieb bei seiner Meinung. „Nenne es wissenschaftlich, wenn du möchtest. Es bleibt trotzdem religiös. Ich glaube nicht, daß eine *wissenschaftliche Religion* logischer ist als irgendeine andere. Wenn deine ‚Götter' von der Evolution geschaffen worden sind, dann sind sie um nichts besser als die Götter der meisten primitiven und abergläubischen Völker. Sie können mit Sicherheit nicht das Universum geschaffen haben."

Viktor lehnte sich in seinem Stuhl zurück und warf Dimitri einen langen, neugierigen Blick zu. „Ich wußte nicht, daß du dich auf irgendeine Weise für *Religion* interessierst! Das ist ein Zug, mein Freund, den ich nie an dir vermutet habe. Bist du in letzter Zeit religiös geworden?"

„Wir reden gerade über *Wahrheit* und *Tatsachen* und darüber, was einen *Sinn* ergibt", erwiderte Dimitri und ging bewußt nicht auf die Frage ein. „Alles, was ich sage, ist, daß der einzige Gott, der sinnvoll wäre, das Universum geschaffen hätte und daß wir uns alle ihm gegenüber zu verantworten hätten. Es könnte Wesen geben, die er mit mehr Macht geschaffen hat als uns — *Engel* oder *Dämonen* —, aber es gibt da draußen keine ‚Götter', zu denen die Atheisten emporschauen könnten."

„Du erstaunst mich, Dimitri. Hat das irgendeinen Bezug zu deiner Theorie, was hinter psychischer Kraft steht?"

Dimitri nickte. „Ich hatte gehofft, wir könnten darüber sprechen — vielleicht, wenn du wiederkommst. Jetzt haben wir nicht genug Zeit."

Viktor warf ihm wieder einen langen Blick zu. „Und wir müssen immer so vorsichtig sein, nicht wahr, was wir sagen und wem wir es sagen — immer mit der Drohung über unseren Köpfen, daß uns jemand meldet." Viktors Stimme wurde vor Ärger lauter. „Die Partei-Ideologie hängt uns wie ein Mühlstein am Halse! Sie behindert unsere Forschung — und sie macht mich krank! Die ganze Menschheit könnte in Gefahr sein, und wir dürfen bestimmte Möglichkeiten nicht verfolgen, weil Marx und Lenin beleidigt sein könnten! Sie regieren uns noch vom Grabe aus!"

Angesichts der Hoffnungslosigkeit dieser Erkenntnis verfielen beide Freunde in Schweigen, während Viktor weiter Unterlagen aus den Schubladen des Schreibtisches zog. Schließlich entschied er, daß er Dimitri in das Geheimnis, daß er so lange so gut gehütet hatte, einweihen müsse.

Viktor unterbrach seine Arbeit, richtete sich auf und lehnte sich über den Tisch, um Dimitri anzusehen. „Ich habe eine wichtige Entscheidung getroffen, alter Freund. Was hier unmöglich ist, ist im Westen möglich. Sie sind bereit, über eine nicht-physische Ausdehnung des Universums und des intelligenten Lebens nachzudenken."

Dimitri blickte von den geöffneten Schubladen zu der überfüllten Aktentasche. Allmählich dämmerte ihm die Wahrheit. „Viktor! Du wirst doch nicht ...?!"

„Ich muß mit den Amerikanern reden. Ich will Dr. Inman finden. Wir müssen unsere Informationen vergleichen."

„Du kannst das in Paris während des Kongresses tun!" rief Dimitri hoffnungsvoll aus.

„Mit Chernovs Atem im Genick? Selbst wenn ich in Paris völlige Freiheit hätte, sind wir doch nur eine Woche dort. Das reicht nicht einmal aus, um die Oberfläche anzukratzen, und vielleicht ist Inman gar nicht da. Dimitri, alter Freund, wir sind eine lange Zeit zusammen gewesen, aber ich glaube, wir müssen uns jetzt verabschieden."

Sie sahen einander schweigend in die Augen. Worte hätten nicht ausdrücken können, wovon der Blick, den sie austauschten, redete: was es bedeutete, in einer Gesellschaft zu leben, die alles Vertrauen zerstört, wo der beste Freund oder sogar der Liebste ein Informant sein könnte, oder, falls er es noch nicht war, um eines Vorteils willen dazu werden könnte oder mit irgendeiner der vielen Hundert erprobten Methoden gegen seinen Willen dazu gezwungen werden könnte. Solch ein Leben würde man niemals jemandem erklären können, der nicht selbst den Alptraum der Angst und die Qual, sich tausende Male am Tag auf die Zunge zu beißen, erlebt hatte.

Es war wie eine Ironie des Schicksals: Ausgerechnet hier, auf diesem hochgeheimen Stützpunkt, wo die 24-stündige Überwachung jedes einzelnen in ihrer äußersten Perfektion praktiziert wurde, hatten sie einander gefunden. Es war nicht einfach gewesen. Wochenlang hatten sie vorsichtige Blicke ausgetauscht — zunächst verstohlen, vorsichtig, fragend. Keine Worte. Nur ein gelegentlicher, flüchtiger Hinweis mit den Augen, bis jeder meinte, er wisse es jetzt. Dann hatte einer von ihnen — es war Dimitri gewesen — die erste vorsichtige Bemerkung gemacht und Viktor mitten in einem Satz mit einer geflüsterten sarkastischen Bemerkung über versteckte Abhöranlagen getestet. Viktor hatte keine hörbare Antwort gegeben, aber seine Augen hatten Dimitri gesagt, was er seit einiger Zeit gespürt hatte. Als sie später an jenem Tag gemeinsam ihre Brote aßen, allein auf einer abgelegenen Bank im Freien, hatten sie eine Flut von aufgestautem Ärger über das Regime aufeinander losgelassen und dann beinahe hysterisch über die Intensität der Sublimierung ihres vorsichtigen Verhaltens gelacht.

Heimlich und mit großer Vorsicht, um den anderen auf dem Stützpunkt keine äußeren Anzeichen davon zu geben, war ihre Freundschaft tief und fest geworden — und jetzt sollte sie auf einmal nicht mehr sein. Plötzlich standen sie beide auf, und Viktor kam hinter dem Schreibtisch hervor. Sie umarmten sich kurz und heftig.

Einen Augenblick lang hielten sie einander auf Armeslänge fest. „Du weißt, was es bedeutet, wenn du den Versuch unternimmst und es geht schief." Dimitri war niedergedrückt. „Ich werde für dich beten, Viktor."

Viktor sah seinen Freund erstaunt an. „Du *betest?*"
Dimitri nickte.

„Das ist es also, was du mir sagen wolltest — du bist ein *Gläubiger?*"
Wieder nickte Dimitri. „Es ist sehr neu für mich, und ich frage mich

allmählich, ob ich diese Art von Arbeit weitermachen kann. Natürlich, sobald sie herausfinden —"

„Ich bin kein Gläubiger", erwiderte Viktor bestimmt, „und ich werde es niemals sein. Du kannst beten, wenn du willst, aber ich glaube nicht, daß die ‚Götter' hören werden. Warum sollten sie auch? Wie du schon sagtest, was können wir ihnen bieten? Das ganze Universum ist ein Dschungel- die Tüchtigsten überleben. Ich versuche nur, zu überleben."

„Ich werde beten, daß du überlebst! Und daß du schon bald an den einzig wahren Gott glaubst. Natürlich haben wir ihm nichts zu geben — außer uns selbst. Und deshalb ist die Vergebung, die er uns anbietet, auch ein Geschenk seiner Gnade. Er ist liebevoll und freundlich und gnädig. Du brauchst ihn, Viktor — und er wird dich nicht abweisen, wenn du ihn anrufst. Vergiß das bitte nicht!"

„Und paß du auch gut auf dich auf", brachte Viktor mühsam heraus und legte eine Hand auf Dimitris Schulter. „Ich werde mir Sorgen um dich machen!"

Sie umarmten sich wieder kurz, Tränen stiegen ihnen in die Augen und verschleierten ihren Blick.

Dimitri rannte fast aus dem Raum. An der Tür drehte er sich um und machte ein letzte schwache Geste zum Abschied, aber Viktor war schon wieder damit beschäftigt, fieberhaft die Akten auszuräumen. Dimitri verstand. Er eilte den Korridor hinunter. Mit jedem Schritt wurde die Leere größer und schmerzhafter. Das Schweigen hatte wieder begonnen.

13. Paris!

Früh am nächsten Morgen fuhren sie in einem kleinen Bus zum internationalen Flughafen Sheremetyevo. Während ihrer einstündigen Fahrt hatte Oberst Chernov allen anderen eine Menge zu sagen. Aber er richtete kein einziges Wort an Viktor, der dadurch das unangenehme Gefühl bekam, ein Außenseiter zu sein. Und das war er in der Tat. Angeblich waren sie eine Delegation führender russischer Parapsychologen, die von dem international bekannten Dr. Viktor Khorev geleitet wurde. In Wirklichkeit hatte Chernov die Leitung, und von den sechs „Delegierten" vom geheimen Stützpunkt waren nur Viktor und Pyotr Parapsychologen. Die anderen waren entweder Militärs oder KGB-Offiziere. Und Viktor mißtraute Pyotr.

Er hatte darum gebeten, daß Dimitri, der der stellvertretende Leiter des Labors war, als sein Assistent mitkommen sollte. Aber Dimitri war abgelehnt worden und statt dessen wurde Pyotr, der noch recht neu im Programm war, mitgeschickt. Warum? Diese Frage hatte Viktor einige Zeit beunruhigt. Hatte man vielleicht doch seine zu enge Freundschaft mit Dimitri bemerkt? Aber es war zwecklos, sich jetzt Gedanken darüber zu machen. Er würde jede Minute bewacht werden und es würde niemanden geben, von dem er bei seiner Flucht Hilfe erwarten könnte. Es würde nicht einfach sein. Nichts würde Chernov lieber tun, als ihn auf frischer Tat zu ertappen und als Kriminellen zurück nach Moskau zu bringen.

„Bleiben Sie bei mir", befahl Chernov, als sie vor dem Flughafen aus ihrem Fahrzeug kletterten. „Ich habe Ihren Paß und Ihre Flugkarten." Diese Ermahnung war ziemlich überflüssig. Kein Mitglied der Gruppe würde seinen Paß wiedersehen, bevor sie wieder in der Sowjetunion wären.

Es war ein großer Schock für Viktor, als sich ihnen auf dem Flughafen acht weitere „Delegierte" anschlossen – KGB-Agenten, die sich als „Sekretärinnen, Labor-Assistenten und Forscher" ausgeben würden. Einige von ihnen würden nach dem Kongreß noch im Westen bleiben, um ihren Auftrag auszuführen. „Sie werden auf anderem Wege erledigen, was Sie nicht fertiggebracht haben!" sagte Chernov in beißendem Ton zu Viktor. Dies war für Viktor ein schrecklicher Schlag in allerletzter Minute. Es war schon ein unmöglicher Traum gewesen, die kleinere Gruppe unbemerkt zu verlassen – aber wie sollte es jetzt möglich sein, wo sich dreizehn von ihnen die Aufgabe teilten, ihn rund um die Uhr zu bewachen? Wie sollte er es tun? Irgendwie, irgendwie ...

Während sie sich durch den Flughafen bewegten, tat Viktor sein Bestes, um seine Aufregung zu unterdrücken und seine Angst zu ersticken, er könnte im letzten Augenblick wegen einer unvorhergesehenen Kleinigkeit zurückgehalten werden. Daß er das Land verlassen konnte, obwohl er kein Mitglied der kommunistischen Partei war, schien zu schön um wahr zu sein. Er brauchte all seine Willenskraft, um äußerlich ruhig zu wirken. Er riß sich zusammen, um die mißtrauischen Blicke zu ignorieren, die Chernov immer wieder auf seine überfüllte und sehr schwere Aktentasche warf.

„Öffnen Sie alles!" Der Befehl wurde von einem grimmig blickenden Zollbeamten gegeben, sobald Viktor sein Gepäck auf den langen Tresen gehoben hatte. Er hatte gehofft, daß eine offizielle Gruppe nicht so genau kontrolliert werden würde. Es gab nichts in seinem Koffer, worum er sich Sorgen machen müßte, aber als er seine Aktentasche öffnete, konnte er das Zittern seiner Hände kaum kontrollieren.

Der Zollbeamte wühlte mit geübten Fingern herum und warf absichtlich wertvolle Unterlagen auf den Tresen. Ein Hauptziel aller Zollkontrollen an der Grenze war es, zu verhindern, daß Informationen außer Landes geschmuggelt wurden. Dabei ging es ihnen nicht nur um *Samizdat* Veröffentlichungen, sondern um jede Art von Informationen, die die Sache der Russen schwächen oder schädigen könnten. Und auf Grund einer neurotischen Geheimniskrämerei wurde letzteres so breit interpretiert, daß selbst die banalsten Fakten und Zahlen dazu gehörten. Der Beamte richtete sich auf und sah Viktor anschuldigend an.

„Was sind das für Unterlagen?" Die Frage, vor der er sich gefürchtet hatte, nahm ihm beinahe den Atem. Verzweifelt kämpfte er gegen ein aufsteigendes Schwindelgefühl an. *Reiß dich zusammen, Viktor!*

„Ich gehöre zu einer offiziellen Delegation, die zu einem Kongreß reist." Viktor wies auf die anderen Mitglieder der Gruppe, die vor und hinter ihm waren. „Ich muß einige Reden halten. Dies ist meine — äh, Dokumentation." Der Beamte starrte ihn noch einen Augenblick lang kühl an und winkte ihn dann weiter. Viktor hatte das Gefühl, er würde es niemals schaffen, die Unterlagen zurück in die Tasche zu stopfen, aber beim dritten Versuch konnte er mit knapper Mühe und Not die Aktentasche zudrücken. Die Tatsache, daß Chernov in seiner Nähe stand und ihn aufmerksam beobachtete, machte es nicht gerade leichter.

„Sie hätten einen Koffer für Ihre Unterlagen nehmen sollen!" zischte Chernov leise. Er ging neben Viktor, als die Delegation durch die schiebende Menge zu ihrem Flugsteig ging. „Haben Sie Ihr ganzes Büro mitgebracht? Sie müssen da jede Menge geheime Unterlagen haben!"
Viktor umklammerte seine Aktentasche und ging weiter. Jedes Zögern oder eine Andeutung von Angst würde als Schuldbekenntnis ausgelegt werden. „Ich habe Statistiken, um meine Aussagen zu stützen, falls irgend etwas, was ich in meinen beiden Reden sagen werde, angezweifelt werden sollte", erwiderte er bestimmt. „Und ich habe sehr viel Arbeit aufzuholen. Ich habe nicht die Absicht, irgendwelche freie Zeit ungenutzt verstreichen zu lassen!"
Der Blick, mit dem Chernov ihn ansah, sagte: *Ich glaube dir nicht, aber das macht nichts. Wir haben dich unter dem Mikroskop!*
Zumindest war seine Entscheidung richtig gewesen, das kostbare Video von der Katastrophe mit Yakov in die Innentasche seines schweren Mantels zu stecken. In der Aktentasche wäre es sicher entdeckt worden. Und mehr als alles andere wollte er den Amerikanern zeigen, was Yakov in der CIA-Einrichtung „gesehen" hatte – und auch seinen brutalen Tod. Er mußte einfach wissen, wie das alles zu dem paßte, was in der parapsychologischen Forschung der Amerikaner tatsächlich geschah. Gehörte Leighton wirklich zum CIA? War diese Organisation genauso eng mit der amerikanischen Parapsychologie verbunden, wie der KGB in der UdSSR? Warum hörte man in den Medien nichts mehr von Inman? Und was war mit der Gestalt mit der Kapuze? Sie schien das Zentrum der Macht zu sein! Würde er die Antwort auf seine Fragen bekommen? Würde er es tatsächlich schaffen, in den Westen zu entkommen? Er *mußte* es einfach – er durfte nicht versagen.

* * *

Erst als die Ilyuschin 62 der Aeroflot die lange Landebahn hinunter ratterte, sich wie ein riesiger Vogel schüttelte und in die Luft erhob, um dann in südwestlicher Richtung aufzusteigen, lehnte sich Viktor endlich mit einem zufriedenen Seufzer in seinem Sitz zurück und begann, freier zu atmen. Der Flug bot ihm eine Gelegenheit, sich zu entspannen, und er hatte Zeit, über ein ernsthaftes Problem nachzudenken, das ihm Sorgen bereitete. Ursprünglich hatte er geplant, sich der amerikanischen Delegation bei der ersten sich bietenden Gelegenheit anzuvertrauen und ihnen mitzuteilen, daß er überlaufen wolle. Man konnte sich sicherlich darauf verlassen, daß sie die amerikanische Botschaft benachrichtigen würden, die sich wiederum an eine Abteilung des Geheimdienstes wenden würden, um ihm die Hilfe — und, was noch wichtiger war, den Schutz — zu geben, den er brauchen würde.

Viktor war immer davon ausgegangen, daß die Amerikaner ihn als einen Gewinn betrachten und deshalb bereitwillig alles Nötige tun würden, um ihm bei seiner Flucht zu helfen. Aber nach Yakovs Tod war er sich dessen nicht mehr so sicher. Es erschien jetzt zweifelhaft, ob er irgendwelche Kenntnisse bieten konnte, die sie brauchten oder haben wollten. Jahrelang war es allgemein bekannt gewesen, daß die Russen auf dem Gebiet der Parapsychologie allen Konkurrenten um Längen voraus waren. Das schien nicht länger der Fall zu sein. Irgend etwas war geschehen, was die Amerikaner überlegen gemacht hatte. Immerhin war es eine CIA-Einrichtung gewesen, die sie ausspioniert hatten, als die drei Medien getötet worden waren. War es möglich, daß „Archont", von dem er schon lange annahm, daß er die eigentliche Kraft hinter psychischen Phänomenen war, durch den Mann mit der Kapuze repräsentiert wurde? Und hieß das, daß „Archont" eine Art Partnerschaft mit den Amerikanern eingegangen war? Man mußte bedenken, daß in dem Bild, das kurz vor Yakovs Tod von seinem Gehirn auf die Leinwand projiziert worden war, Dr. Frank Leighton dicht bei dem Mann mit der Kapuze gestanden hatte.

Die Auswirkungen dieser Tatsache — sowohl für ihn persönlich als auch für die geplante Flucht — wurden um so beunruhigender, je länger er darüber nachdachte. Leighton hatte anscheinend direkt in Yakovs Richtung gesehen. Hieß das, er hatte gewußt, daß Yakov psychisch in ihre geheime Einrichtung eingedrungen war? Mußte er dann nicht auch die Pläne und Fähigkeiten der Russen kennen und auch Viktors Rolle in dem Programm? Würde der Mann mit der Kapuze, der die drohende Bewegung gemacht hatte und offensichtlich für Yakovs Tod verantwortlich war, auf dem Kongreß in Paris sein? Es war seltsam, daß der russische Geheimdienst niemals auch nur angedeutet hatte, daß es unter den amerikanischen Parapsychologen solch eine außergewöhnliche Gestalt gab. Leighton würde sich natürlich auf dem Kongreß befinden. Er war als Leiter der amerikanischen Delegation und als einer der Hauptredner aufgeführt.

Wenn ich Leighton mitteile, daß ich überlaufen will, wird er mich dann abweisen — möglicherweise sogar verraten? Das wäre eine Möglichkeit, das Programm der Sowjetunion um einige Jahre zurückzuwerfen. Es gibt niemanden, der mich ersetzen könnte. Was kann ich den Amerikanern im Tausch für meine Sicherheit anbieten? Wenn nicht Einblick in psychische Kraft, dann doch sicherlich eine Aktentasche, vollgestopft mit Informationen über streng geheime russische Forschung. Das ist mein Trumpf — oder vielleicht doch nicht? Brauchen sie wirklich irgend etwas von dem, was ich habe?

Das waren wenig trostreiche Gedanken, die Viktor sehr beunruhigten. Aber unter dem hypnotisierenden Effekt der dröhnenden Maschinen schlief er dennoch ein, aus schierer Erschöpfung und trotz der Befürchtungen, die ihn aufwühlten. Wenige Augenblicke später — zumindest kam es ihm so vor — rüttelte ihn jemand an der Schulter. Mit großer Anstrengung suchte er seinen Weg aus dem Labyrinth des Schlafes zurück in die Gegenwart. Schließlich nahmen seine erstaunten Augen die unwillkommene Gestalt Oberst Chernovs wahr, der jetzt auf dem Sitz neben ihm saß.

„Ich habe Ihre Reden gelesen. Einiges muß geändert werden." Der Oberst wies anklagend auf ein Wort, daß er gleich im ersten Absatz rot eingekreist hatte. „*Telepathie.*" Er spuckte das Wort verächtlich aus. „Das ist ein *mystischer* Ausdruck und unvereinbar mit dem Marxismus."

„Das ist kein *mystischer* Ausdruck, sondern der übliche Begriff im Westen, und meine Zuhörerschaft wird zum größten Teil aus dem Westen kommen."

„Ändern Sie das und schreiben Sie *biologischer Funk.*" Das war ein Befehl.

Viktor schnaubte verächtlich. Um seines eigenen Überlebens willen mußte er den starken Mann markieren. „Die westlichen Wissenschaftler werden darüber lachen. *Biologischer Funk!* Die stärksten Gehirnwellen kommen kaum weiter als einen Meter, und die Gegenstände in diesem Experiment waren beinahe 2000 Kilometer auseinander!"

Der Blick aus Chernovs stahlgrauen Augen bohrte sich in Viktors Seele. „Lassen Sie uns etwas klarstellen, Dr. Khorev, damit es keine weiteren Mißverständnisse gibt. *Ich habe das Kommando. Sie führen meine Befehle aus. Ist das jetzt klar?*"

Wenn ich zulasse, daß er mich schikaniert, könnte diese ganze Reise zu einer einzigen Katastrophe werden! Er wird alles, was ich sage und tue, kontrollieren, und ich werde wie ein dämlicher Lakai des Marxismus dastehen, dem niemand helfen würde! Sie würden mich nicht

wollen! Aber was kann ich tun? Viktor kämpfte darum, die Panik, die in ihm aufstieg, unter Kontrolle zu behalten und jedes äußere Anzeichen der Angst und Verwirrung zu verbergen, obwohl er sich fast krank fühlte. *Bleib hartnäckig, Viktor, bleib hartnäckig – du überlebst sonst nicht! Du bist schon so weit gekommen. Verdirb jetzt nicht alles!*
Viktor riß sich zusammen und erwiderte Chernovs eisigen Blick, ohne mit der Wimper zu zucken. „Und ich halte es für meine Pflicht, Ihnen fundierten fachlichen Rat zu erteilen." Es kostete ihn große Anstrengung, seine Stimme gleichmäßig zu halten. „Wenn Sie sich weigern, ihn anzunehmen, werden Sie dafür verantwortlich sein, die russische Parapsychologie vor den Augen der ganzen Welt der Lächerlichkeit preisgegeben zu haben!"

„Spielen Sie keine Spielchen mit mir. Ich weiß, daß Sie kein Marxist sind!" Chernovs ärgerliche Stimme übertönte das Brummen der Motoren, und einige andere Mitglieder der Delegation warfen neugierige Blicke in ihre Richtung. „Wenn Sie auch nur einen Zentimeter aus der Reihe tanzen, schicke ich Sie sofort zurück nach Moskau!"

Viktors blitzende Augen sahen ihn herausfordernd an. „Glauben Sie vielleicht, Pyotr könnte meinen Platz einnehmen? Ohne mich haben Sie keine Delegation. Schicken Sie mich nach Hause, und Sie haben jegliche Glaubwürdigkeit verloren – Sie könnten auch gleich einpakken. Ich glaube nicht, daß das Komitee darüber glücklich wäre!"

Chernovs Gesicht war rot vor unterdrückter Wut. Er hielt das fragliche Blatt unter Viktors Nase und drückte den Stift in seine Hand. „Jetzt tun Sie es endlich!"

Langsam und bedächtig strich Viktor „Telepathie" durch und schrieb „biologischer Funk". Dann reichte er dem Oberst den Stift, der mit kaltem Schweiß bedeckt war, zurück. Der Oberst war jetzt wie ein siedender Vulkan kurz vor dem Ausbrechen.

„Nicht so eilig, Kamerad. Sie müssen noch eine Menge andere Änderungen vornehmen!" Chernov blätterte durch die Seiten und wies Viktor auf weitere Abweichungen von der materialistischen Orthodoxie hin, die er alle bereits rot angestrichen hatte.

Er klatschte den Stift wieder in Viktors Hand und drehte sich herum, bis sie beinahe Nase an Nase saßen. „Versuchen Sie nicht, mich hereinzulegen", zischte er. „Ich werde Sie kriegen, und wenn ich dabei draufgehe!"

Die Worte verfolgten Viktor während des gesamten weiteren Fluges. Was sollte werden, falls Chernov ihn zurückschickte? Der Mann war wahnsinnig und würde es tatsächlich fertig bringen. Und dann würde er ihn, Viktor, beschuldigen, die russische Mission sabotiert zu haben. Die Reise, auf die er solche Hoffnungen gesetzt hatte, verwandelte sich schon jetzt in einen Alptraum. Um seine Chancen für eine Flucht zu verbessern, könnte er einfach bei Chernovs dummen Forderungen mitspielen und sogar so tun, als stimme er mit ihnen überein. Aber da gab es noch so etwas wie beruflichen Stolz auf die eigene Arbeit. Es war eine Sache, Chernov friedlich zu stimmen, indem er auf dem Papier seine lächerlichen Änderungen ausführte. Aber es war etwas ganz anderes, vor einer internationalen Versammlung von Wissenschaftlern gedemütigt zu werden, indem man in einer Rede törichte Aussagen machte. Es war ein schreckliches Dilemma, für das er noch eine Lösung finden mußte, wenn es soweit sein würde.

* * *

Auf der Fahrt in der langen schwarzen Limousine vom Charles de Gaulle-Flughafen durch die Vororte von Paris, dann über die Seine über Pont de Neully und die breite und prunkvolle Avenue Charles de Gaulle hinunter sah Viktor staunend aus dem Fenster. Moskau und Leningrad hatten auch ihre breiten Prachtstraßen, aber es ließ sich nicht leugnen, daß sie trist waren im Vergleich mit der anmutigen Eleganz vor seinen Augen. Alles hier war heller: die prunkvollen Fassaden der Geschäfte und die teuren Schaufensterauslagen, die Sonnenschirme, die sich in allen Farben des Regenbogens über den gut gekleideten Parisern entfalteten, welche in den unzähligen Straßencafés Wein oder Tee tranken. Die große Auswahl an Obst und Gemüse, die, Laden um Laden, in den Schaufenstern ausgestellt war, war einfach atemberaubend — und niemand stand irgendwo für irgend etwas in langen Schlangen an. Es war kaum zu glauben. Und die Bäume! Überall standen an den Straßenrändern Bäume, anmutig und gepflegt, und verliehen dem Grau der Steine und der Weite des Boulevards eine beinahe feminine Zartheit.

Er erblickte eine Eleganz und einen offensichtlichen Wohlstand, der ihm völlig fremd war. Der dichte Verkehr mit so vielen luxuriösen Wagen, die er nie zuvor gesehen hatte, nahm ihm den Atem, und neugierig strengte er seine Augen an, um die Namen zu lesen — Mercedes, BMW, Citroen, Renault, Alfa Romeo ... Dies war der Westen, von dem er gehört hatte und den zu besuchen er sich so sehr gewünscht hatte! Er war hier — endlich! Er war in einem Kaleidoskop wunderbarer Bilder gefangen und vergaß für einen Moment sogar Chernov, der in einer anderen Limousine der russischen Botschaft hinter ihm fuhr. Als sie in den riesigen Kreisverkehr einbogen, der neun vor dem Palais des Congres zusammenlaufende Boulevards miteinander verband, lag der großartige Arc de Triomphe direkt vor ihnen. Man konnte ihn in der Ferne, am Ende der Avenue de La Grande Armee, gerade noch erkennen. Dahinter erstreckten sich die berühmten Champs Elysees. Zur Rechten ragte der Eiffelturm in den blauen Himmel. Die wenigen Bilder, die er gesehen hatte, waren schon verlockend gewesen, aber das wirkliche Paris überstieg all seine Träume.

Während Chernov die Delegation in das Gästebuch des Hotels eintrug, nahm Viktor die überwältigende Umgebung in sich auf. Er sah sich eine Farbbroschüre an, die einige der riesigen Konferenzräume und Ausstellungshallen zeigte, das Auditorium mit seinen 3700 Sitzplätzen, luxuriöse Geschäfte und Restaurants und das Hochhaus des 1000 Betten-Hotels, die den gewaltigen Komplex des Palais des Congres bildeten. Auch Moskau besaß stolze Hotels. Aus der Ferne sahen sie großartig aus, aber bei näherer Betrachtung entdeckte man unweigerlich, wie schlampig dort gearbeitet worden war. Der krasse Gegensatz zu der sauberen Arbeitsweise, die er hier erblickte, war nicht zu übersehen. Es war sein erster flüchtiger Blick auf die „bösen Früchte des Kapitalismus", die des öfteren angeprangert worden waren.

Chernov trieb die russische Delegation zum Aufzug und hinauf in den 12. Stock, wo die Botschaft einige nebeneinanderliegende Zimmer reserviert hatte. Bevor er jedem seinen Zimmerschlüssel aushändigte, hielt der Oberst ein kurzes Treffen in seiner eigenen großen, luxuriösen Suite ab, an dem jeder teilnehmen mußte. Viktor war sich sicher, daß niemand sonst in der Gruppe solch eine Unterkunft haben würde!

„Pro Zimmer zwei Leute", leierte Chernov, als habe er früher schon ähnliche Reden gehalten, „und ein Schlüssel, den der ranghöhere Offizier behält. Wir bleiben zusammen. Niemand geht allein *irgendwo hin*." Er sah Viktor direkt an. „Und jeder Kontakt mit jemandem, der nicht zu dieser Delegation gehört, muß täglich gemeldet werden. Sie kennen Ihre Aufgaben."

Viktors Zimmergenosse, Fyodr, war ein recht weltmännischer junger Mann von ungefähr 30 Jahren. Fyodr hatte schon im Moskauer Flughafen, als sie auf das Flugzeug gewartet hatten, versucht, eine Unterhaltung mit ihm anzufangen, und auf der Autofahrt zum Palais hatte er neben ihm gesessen. Es war ziemlich offensichtlich, daß er die

Aufgabe hatte, Viktors Vertrauen zu gewinnen, um ihn bei irgend einem belastenden Ausrutscher zu erwischen. Es war ein Spiel, das Viktor sein ganzes Leben lang gespielt hatte, ein Spiel, in dem er sich zutraute, jeden Informanten auszuspielen – und eines, das er manchmal sogar genoß. Aber nicht in Paris. Hier würde es seine Probleme nur vergrößern und ihm im Wege stehen.

Viktor, Pyotr, Fyodr und Chernov – er gab sich als einen Parapsychologen namens Dr. Alexander Pavlov aus und war angeblich Viktors Assistent – gingen gemeinsam zu dem großartigen Abendessen und Empfang für alle Delegierten, die später an jenem Abend stattfanden. Es sollte eine Gelegenheit bieten, die anderen Teilnehmer kennenzulernen, bevor am nächsten Morgen die Eröffnungsversammlung des Ersten Internationalen Kongresses der Parapsychologie stattfand. Als Viktor sich unter die vielen Westler mischte, die seine Veröffentlichungen kannten und begierig waren, ihn endlich persönlich zu treffen, wich der Oberst nie von seiner Seite.

Plötzlich erstarrte Chernov und griff nach Viktors Arm. „Da ist er! Direkt aus Yakovs Video! Es waren also *tatsächlich* die Amerikaner!" Aus dem Augenwinkel konnte Viktor Dr. Frank Leighton sehen, der sich langsam in seine Richtung bewegte. Schließlich standen sie sich gegenüber.

„Dr. Khorev, was für ein Vorrecht, Sie zu treffen!" Leighton schüttelte kräftig Viktors ausgestreckte Hand. „Sind Sie zum ersten Mal in Paris?" Viktor nickte. „Wir sind so froh, Sie und Ihre werten Kollegen bei diesem historischen Ereignis begrüßen zu können!" Er nahm Chernovs Hand und schüttelte sie ebenfalls.

„Dies ist mein Assistent, Dr. Alexander Pavlov", sagte Viktor. „Wir sind sehr froh, hier zu sein. Ich freue mich darauf, Ideen und Informationen auszutauschen."

Leighton betrachtete „Pavlov" neugierig und mit einem unverhohlenen Ausdruck der Belustigung. „Sind Sie vielleicht irgendwie mit dem berühmten Verhaltensforscher verwandt?" fragte er mit übertrieben unschuldigem Interesse.

„Er war in der Tat ein Großonkel", erwiderte „Pavlov" aalglatt.

Leighton setzte seine Musterung eine kurzen Moment weiter fort und fügte dann in lässigem, entwaffnendem Ton hinzu: „Mir fiel gerade auf, daß sie eine erstaunliche Ähnlichkeit mit Oberst Alexei Chernov haben. Sie kennen ihn sicherlich – er ist Kommandeur einer russischen Eliteeinheit von psychischen Kampftruppen. Sie haben einen Stützpunkt nördlich von Moskau."

Es war sehr klar, zumindest für Viktor, was Leighton tat. *Er versucht, uns zu erschüttern . . . zeigt uns, wie weit uns die Amerikaner voraus sind . . . was für unglaubliche Macht sie haben . . . daß wir ein offenes Buch für sie sind. Wenn er weiß, wer Chernov ist — nicht durch normale Spionagemethoden, sondern durch psychische — dann weiß er alles, was wir gemacht haben und auch alles über mich. Warum sollte er mir also helfen zu fliehen, oder mich überhaupt im Westen haben wollen?*

„Ich wußte gar nicht, daß es solch eine Truppe gibt", erwiderte „Pavlov" in vorgetäuschtem Erstaunen. Er blickte zu Viktor hinüber, der seinen Kopf schüttelte um zu bestätigen, daß es keine solche Truppe gäbe. „Wie kommen Sie auf diesen faszinierenden Gedanken?" fragte Viktor, der nicht wußte, was er sonst sagen sollte.

Leighton warf den Kopf zurück und lachte. Er klopfte „Pavlov" freundlich auf den Arm. „Ist es nicht immer so? Man erfährt erst, was sich im eigenen Hinterhof abspielt, wenn man Tausende von Kilometern weit weg ist."

Er wandte seine Aufmerksamkeit erneut Viktor zu. „Ich würde mich sehr freuen, wenn Sie kommen und genau sehen könnten, was wir tun. Wir haben einige bemerkenswerte Fortschritte gemacht, die zum internationalen Frieden beitragen werden. Sie werden durch die offiziellen Kanäle eine formelle Einladung erhalten, unser Land zu besuchen."

„Ich würde mich sehr freuen, wenn sich das arrangieren ließe", erwiderte Viktor, der sich jetzt fragte, ob der Mann das ernst meinte, aber einen leisen Hoffnungsschimmer sah. „Ich habe das Vorrecht, auch Ihnen eine solche Einladung zu überreichen." *Wenn nur Chernov nicht an jedem seiner Worte hängen würde!* „Wir sollten uns vor Ende der Konferenz treffen, um über die Einzelheiten zu sprechen." *Wenn ich ihn doch nur allein treffen könnte!*

„Wir sollten zusammen zu Mittag essen", schlug Leighton begeistert vor, „in einem kleinen versteckten Restaurant, wo wir nicht von Ihren vielen westlichen Fans gestört und unterbrochen werden. Wie wäre es morgen? Ich kenne da ein Restaurant — *sehr französisch* — mit dem leckersten Essen, das sie je gekostet haben. Es ist keine fünf Minuten zu Fuß von hier, dicht am Boulevard Victor Hugo."

„Das würde mir gut passen", sagte Viktor sehnsüchtig. „Also dann bis morgen."

Viktor spürte Chernovs stählernen Griff um seinen Arm. „Mein Assistent begleitet mich natürlich immer", fügte er gehorsam hinzu.

„Ich hoffe, Sie sind damit einverstanden."

„Natürlich", erwiderte Leighton und warf Chernov einen durchdringenden Blick zu. Er wandte sich an Viktor. „Ich verstehe das vollkommen. Sie werden morgen nach der Vormittagsversammlung beide meine Gäste sein. Ich freue mich darauf, Sie zu sehen."

* * *

„Das nächste Mal werden Sie nicht vergessen, Ihren westlichen Freunden zu sagen, daß Sie nirgends hingehen ohne Ihren Assistenten, verstanden!" flüsterte Chernov drohend, als sie nach Beendigung des Gala-Empfangs spät am Abend mit dem Fahrstuhl zu ihren Zimmern fuhren. „Ich bin sicher, das werden sie alle verstehen."

„Leighton scheint nur zu gut zu verstehen", erwiderte Viktor bissig. „Zum Beispiel, wer Sie *wirklich* sind — und wahrscheinlich alles, was wir tun."

„Und es ist *unsere* Aufgabe herauszufinden, *wie* sie an diese Information kommen, und es in Zukunft zu verhindern!"

Viktor empfand das Wort *unsere* als ziemlich tröstlich. Endlich begann Chernov einzusehen, wie wichtig er war und würde ihn kaum ohne ausreichenden Grund zurück nach Moskau schicken. Aber wie sollte er diesen Blutegel lange genug loswerden, um um Asyl zu bitten? Das würde weit schwieriger werden, als er erwartet hatte! Vielleicht könnte er Leighton irgendwie eine Nachricht zustecken. Nein, es gab zuviel, was erklärt werden mußte. Die Gefahr, mißverstanden zu werden, war zu groß. Es mußte einen anderen Weg geben.

14. Entdeckt!

Als eine der führenden Journalistinnen auf dem Gebiet der Parapsychologie hatte sich Carla Bertelli natürlich seit Monaten auf den Kongreß gefreut. Sie hatte früher anreisen wollen, um sich noch ein paar Tage in Paris zu entspannen, aber eine Entwicklung in letzter Minute hatte sie gezwungen, ihre Reiseroute so zu ändern, daß sie erst am Morgen der Eröffnungsveranstaltung in Paris eintraf. Da sie unbedingt noch wenigstens die letzten paar Minuten der Eröffnungsversammlung des ersten Tages mitbekommen wollte, war Carla im strömenden Regen so schnell wie möglich vom Flughafen Orly zum Palais des Congres gefahren. Um wertvolle Zeit zu gewinnen, entschied sie sich, noch nicht zum Hotel zu fahren, um sich anzumelden, was bedeutete, daß ihr der Hotelparkplatz noch nicht zur Verfügung stand. Statt dessen ließ sie ihren gemieteten Peugeot 205 Cabrio vor dem Palais im Parkverbot stehen. Sie hoffte, daß die offiziellen „Presse"-Unterlagen, die sie rechts und links unter die Windschutzscheibe steckte, die örtliche Gendarmerie bis zur Mittagspause zwischen den Versammlungen fernhalten würde, öffnete ihren Regenschirm und rannte die breiten Stufen zum Haupteingang empor.

Carla ging zur Anmeldung, um sich einzutragen, und erhielt ihren offiziellen Presseausweis. Dann eilte sie in den überfüllten Konferenzsaal. Als sie so unauffällig wie möglich einen Seitengang hinunterging, beendete Dr. Viktor Khorev, der zweite und letzte Sprecher dieses Morgens, gerade sein Referat. Danach wollte er Fragen und Reaktionen aus der Zuhörerschaft beantworten. Sie rutschte auf den ihr zugewiesenen Platz in dem für die Presse reservierten Abschnitt nahe der Bühne und lehnte sich zurück, um zuzuhören. Carla hatte Khorevs Forschung seit Jahren verfolgt – den Teil davon, der veröffentlicht worden oder in den Westen durchgesickert war – und versucht, zwischen den Zeilen zu lesen, um eventuell Hinweise auf die wirklichen Daten zu erhaschen, die er nicht mitteilte. Diese Konferenz würde ihr endlich die Gelegenheit für ein persönliches Interview mit diesem gefeierten russischen Parapsychologen geben, der sich auf seiner ersten Reise in den Westen befand. Und sie hatte einige unverblümte Fragen, die sie ihm stellen wollte.

Khorev wirkte jünger, als sie erwartet hatte. Er hatte ein ehrliches, offenes Gesicht, so daß man das, was er sagte, glauben mochte. Er schien entspannt, aber auch ernst zu sein, als er den Höhepunkt seiner

Rede erreichte. „...Auf diesem Kongreß — und bei der zukünftigen internationalen Zusammenarbeit, die daraus resultieren muß — geht es also um das höchste Ziel, um das Überleben der Zivilisation. Zusammenfassend möchte ich Sie an folgendes erinnern:

1. Trotz des jahrelangen, weitverbreiteten Gebrauchs der Hypnose — und der beinahe uneingeschränkten Akzeptanz, die sie in der Medizin, der Psychologie, der Erziehung und der Aufklärung von Verbrechen genossen hat — kann Hypnose als ein mächtiges Mittel zur Kontrolle der Gedanken benutzt werden. Niemand weiß, wie sie funktioniert und welche Kraft dahinter steckt. Bei dieser Art der Forschung brauchen wir nicht nur internationale Kooperation, sondern wir müssen auch einen Weg der Kontrolle finden, um einen Mißbrauch dieser Macht zu verhindern.

2. Entgegen der allgemein verbreiteten Auffassung kann ein Mensch sehr wohl ohne seine Einwilligung und sein Wissen hypnotisiert und dazu gebracht werden, gegen seinen Willen zu handeln. Ich habe Ihnen mehrere Beispiele gegeben, in denen wir das über Entfernungen von bis zu 2000 Kilometern hinweg getan haben.

3. Die Möglichkeit, aus der Ferne einen geistigen Einfluß auf die gesamte Welt auszuüben, gehört nicht mehr in das Reich der Science fiction. Es könnte tatsächlich geschehen! Daher muß es eines der Hauptziele dieser Konferenz sein, solch eine Möglichkeit zu verhindern.

4. Hypnose ist nur ein Beispiel. Psychische Kraft kann auf viele andere, sogar noch gefährlichere Weisen ausgeübt werden. Es ist die äußerste Form der Macht und es ist durchaus möglich, daß sie alle anderen konventionellen Waffen veraltet erscheinen lassen wird — möglicherweise innerhalb eines Zeitraumes von nur zehn Jahren. Es müssen internationale Kontrollen entwickelt werden, bevor es zu spät ist. Dafür benötigen wir die Mitarbeit aller Nationen. Wir haben nicht mehr viel Zeit!"

Khorev hielt inne und suchte etwas in seinen Unterlagen. „Ich habe Anweisung von meiner Regierung, hier bei der Eröffnungsveranstaltung dieser Konferenz eine Erklärung abzugeben." Als er fand, was er suchte, begann er, wörtlich abzulesen: „Im Namen der friedliebenden Völker der russischen Nation appelliere ich an die Teilnehmer dieses Ersten Internationalen Kongresses der Parapsychologie, ein Abkommen über die strenge internationale Kontrolle der weiteren Erforschung und Anwendung psychischer Kraft und den freien Austausch aller Daten zu formulieren. Nirgends sonst wird Glasnost, oder Offenheit, wie Sie es im Westen nennen, so dringend gebraucht, wie auf dem Gebiet der psychischen Entwicklung. Rußland ist bereit zu einer umfassenden Zusammenarbeit mit den anderen Nationen, um sicherzustellen, daß die psychischen Kräfte nur für friedliche Zwecke genutzt werden. Vielen Dank."

Es war ein donnernder Applaus — nicht so sehr, weil Khorev irgend etwas gesagt hätte, was neu für die anderen Delegierten gewesen wäre, sondern wegen des gefühlsbetonten Aufrufs in seiner Schlußerklärung. Ein Zuhörer nach dem anderen stand auf, während das Klatschen weiterging. Schließlich schaffte es der Vorsitzende dieses Tages — der große, schlanke und angenehme Dr. Hans Erickson aus Oslo, Norwegen, der Dr. Khorevs Platz am Mikrofon eingenommen hatte —, sich Gehör zu verschaffen.

„Bitte setzen Sie sich. Wir hinken ein wenig hinter unserem Zeitplan her, aber ich möchte die Zeit für Fragen und Antworten nicht kürzen, so daß wir etwa 15 Minuten überziehen und später in unsere Mittagspause gehen werden. Wenn ich Ihnen das Wort erteile, richten Sie Ihre Fragen bitte direkt an Dr. Khorev — und beschränken Sie sich auf das Thema, über das er gerade gesprochen hat."

„Ja, Dr. Jacques Rouzier, Frankreich. Ihre Frage?" Der Vorsitzende trat beiseite, und Viktor kehrte ans Mikrofon zurück.

Der französische Wissenschaftler war offensichtlich erregt. „Dr. Khorev, wollen Sie damit sagen, daß sich Gehirnwellen 2000 Kilometer weit fortpflanzen können — also die Entfernung, die Sie in ihrem Hypnoseexperiment überbrückt haben?"

„Natürlich nicht. Gehirnwellen können sich nur einige Zentimeter weit ausbreiten."

„Warum benutzen Sie dann den Ausdruck ‚biologisches Radio'?"

Viktor umklammerte das Pult und räusperte sich. Er unterdrückte mühsam seinen Ärger, den er am liebsten über Chernov ergossen hätte, der nahe beim Tisch der russischen Delegation saß. „Das ist nur eine Frage der Formulierung. In der Sowjetunion benutzen wir diesen Terminus. Im Westen nennen Sie es natürlich ‚Telepathie'."

Rouzier war damit nicht zufrieden. Es war deutlich, daß er darauf herumreiten wollte. „Es gibt nachweislich Experimente mit mentaler Telepathie um den halben Erdball herum. Es ist nachgewiesen worden, daß sie außerhalb der Begrenzungen durch Raum, Zeit und Materie funktioniert. Würden Sie das bestätigen?"

Viktor schluckte hart und räumte ein: „Ich kann Beweise nicht wegdiskutieren, aber die genaue Definition ist natürlich eine Frage der Auslegung."

„Aber es ist doch offensichtlich, daß es nicht eine Art ‚biologisches Radio' ist — und daß der Gebrauch dieses Termini äußerst irreführend ist." Rouzier wartete auf Khorevs Zustimmung, erhielt aber keine Reaktion und fuhr daher fort: „Was ist mit der Beteiligung von Intelligenzen, die möglicherweise so hoch entwickelt sind, daß sie eine physische Existenz hinter sich gelassen haben und als reines Bewußtsein existieren? Könnte es nicht sein, daß sie — möglicherweise ohne, daß wir das wahrnehmen — als Kuriere oder Übermittler telepathischer Kommunikation fungieren und somit außerhalb der Begrenzungen unserer physischen Dimension operieren?"

Viktor starrte Chernov wütend an, und in seinem Blick lag ein anklagendes „Ich habe es Ihnen ja gesagt!" Er hörte kaum, was Rouzier sagte. Nur mit größter Anstrengung konnte er seinen Blick von „Pavlov" abwenden und sich auf die Frage konzentrieren, die sehr lang — und peinlich — wurde.

„Dies ist im Westen eine der Haupttheorien geworden", sagte Rouzier. „Erkennen die Russen das als eine brauchbare Hypothese an? Ich stelle diese Frage aus folgendem Grund: Um Vereinbarungen über die Kontrolle psychischer Kräfte zu treffen — und auch ich meine, daß das getan werden sollte —, ist es doch wohl unumgänglich, daß man sich zunächst darüber einig wird, um was für eine Art von Kraft es sich handelt. Und falls tatsächlich andere Wesen damit zu tun haben, dann sind wir möglicherweise nicht einmal in der Lage, ohne ihre Erlaubnis und Kooperation Kontrolle darüber auszuüben. Hat man diese Möglichkeiten in der Sowjetunion überhaupt erwogen?"

Wenn ich zustimme, wird Chernov mich als Verräter der materialistischen Sache zurückschicken! Wenn ich nicht zustimme, wird das zu einer weiteren Diskussion über das Thema führen, und das wäre eine Katastrophe! Es gab nur eine Möglichkeit für Viktor, aus dem Dilemma zu entkommen. Er wandte sich an Hans Erickson und erhob mit Nachdruck Einspruch. „Herr Vorsitzender, ich glaube, wir weichen vom Thema meines Vortrages ab."

„Nicht im geringsten", protestierte Rouzier rasch. „Wenn menschliche Gehirnwellen nur einige Zentimeter weit reichen, es jedoch bewiesen ist, daß Telepathie Kontinente überquert, dann wäre die Beteiligung höherer Intelligenzen doch eine gute Hypothese, oder?" Als Khorev wieder nichts erwiderte, setzte Rouzier nach: „Gab es in Ihren Experimenten irgendwelche Anzeichen davon?"

Viktor, der Chernovs mörderischen Blick spürte, hörte sich selbst sagen: „Ich glaube, Sie haben da einige wichtige Fragen gestellt, aber wie ich bereits sagte, würde die russische Interpretation von der, die zur Zeit im Westen üblich ist, abweichen — und das könnte in der Tat zu Problemen führen. Es ist auch meine Meinung, daß das untersucht werden sollte."

Rasch wandte er sich wieder an den Vorsitzenden. „Ich sehe noch weitere Hände dort unten."

„Ja, dort drüben", sagte Erickson und wies auf jemanden hinter dem Presseabschnitt, der die Hand gehoben hatte. „Nein, nicht Sie. Die Presse wird zu einem späteren Zeitpunkt Gelegenheit haben, Fragen zu stellen. Direkt hinter Ihnen — ich glaube, es ist Dr. Mitsuo Nakamoto aus Japan."

* * *

Zum gleichen Zeitpunkt stand auf dem geheimen Stützpunkt nördlich von Moskau auch Dimitri jemandem gegenüber — aber nicht einer begeisterten Zuhörerschaft von Parapsychologen, sondern dem gefürchteten Komitee zur Überwachung der Forschung für psychische Kriegsführung. Dies war keine allgemeine Untersuchung, sondern eine persönliche, in der es ausschließlich um ihn ging, und aus unerforschlichen Gründen wurde sie in Viktors Büro abgehalten. Die Zeit war zu kurz gewesen, um das ganze Komitee zusammenzurufen. Nur zwei der Mitglieder waren zugegen.

General Nikolai Gorky, dessen Gesicht dunkelrot war vor unterdrücktem Zorn, saß hinter Viktors Schreibtisch, und Oberst Lutsky saß grimmig neben ihm. Dimitri, der zart und zerbrechlich wirkte, aber seinen Kopf hoch erhoben hielt, stand vor ihnen. Zwei Soldaten bewachten die Tür.

Die anklagenden Augen des Generals waren unverwandt auf Dimitri gerichtet, als er wütend einige Knöpfe drückte, um den Kassettenrekorder, der vor ihm auf dem Tisch stand, anzustellen.

„Nun erzähle, guter Freund, wie ist es dir heute ergangen? Ich bin fast gestorben vor Neugier!" Dimitri blieb beinahe das Herz stehen, als er seine Stimme aus dem Gerät hörte.

„Ich glaube, es lief gut, Dimitri. Es gab einige bange Augenblicke, wo ich meinte, meine Reise sei erledigt, aber ich glaube, am Ende waren sie zufrieden. Ich habe bei ihrer völlig verrückten Idee mitgespielt, die

Amerikaner hätten unseren besten Mann umgebracht. Das hat sie glücklich gemacht."

General Gorky hielt den Kassettenrekorder einen Moment an. „Geben Sie zu, am Abend vor zwei Tagen gemeinsam mit Dr. Khorev in diesem Zimmer gewesen zu sein?" Dimitri nickte. „Und geben Sie zu, daß wir gerade Ihre und Khorevs Stimme gehört haben?" Wieder nickte Dimitri. Gorky stellte das Gerät wieder an.

„Mach dir keine Sorgen, alter Freund. Glaubst du, sie könnten vor mir eine Wanze verstecken? Ich habe mein eigenes Wanzen-Suchgerät gebaut und säubere damit jeden Morgen mein Büro. So schnell, wie sie ihre Wanzen hineinbringen, hole ich sie wieder heraus."

„Wirklich?"

„Ja. Es hat sie ein Vermögen gekostet. Diese Dinger sind teuer. Schließlich haben sie aufgegeben. Seit Wochen habe ich keine mehr gefunden – und erst heute morgen habe ich wieder gesucht. Mach dir also keine Gedanken."

Gorky drückte den Pausenknopf. „Soweit zur Kompetenz Ihres großspurigen Freundes! Unglücklicherweise haben wir das Band erst heute morgen kontrolliert, sonst wäre er jetzt nicht in Paris – aber Sie können sicher sein, daß er sich in Kürze auf dem Rückweg befinden wird."

Der General drückte kurz den schnellen Vorlauf. Als der Kassettenrekorder wieder lief, hörte Dimitri jene schockierenden Worte aus Viktors Mund, die ihn seitdem verfolgt hatten. Dann kam sein erstes, aber erfolgloses Plädoyer.

„Die Partei-Ideologie hängt uns wie ein Mühlstein am Halse! Sie hindert unsere Forschung – und sie macht mich krank! Die ganze Menschheit könnte in Gefahr sein, und wir dürfen bestimmte Möglichkeiten nicht verfolgen, weil Marx und Lenin beleidigt sein könnten! Sie regieren uns noch vom Grabe aus!"

Es folgte eine lange Stille auf dem Band, und dann kam wieder Viktors Stimme: „Ich habe eine wichtige Entscheidung getroffen, alter Freund. Was hier unmöglich ist, ist im Westen möglich. Sie sind bereit, über eine nicht-physische Ausdehnung des Universums und des intelligenten Lebens nachzudenken."

„Viktor! Du wirst doch nicht ...?!"

„Ich muß mit den Amerikanern reden. Ich will Dr. Inman finden. Wir müssen unsere Informationen vergleichen."

„Du kannst das in Paris während des Kongresses tun!"

„Mit Chernovs Atem im Genick? Selbst wenn ich in Paris völlige

Freiheit hätte, sind wir doch nur eine Woche dort. Das reicht nicht einmal aus, um die Oberfläche anzukratzen, und vielleicht ist Inman gar nicht da. Dimitri, alter Freund, wir sind eine lange Zeit zusammen gewesen, aber ich glaube, wir müssen uns jetzt verabschieden."

Der General hielt das Gerät an und trommelte wütend auf den Schreibtisch. „Sie, Dimitri Petrekov, wußten, daß Khorev plante, in Paris überzulaufen! Leugnen Sie das?"

„Ich wußte es", sagte Dimitri leise, aber ohne sich zu schämen. „Ich habe versucht, es ihm auszureden."

„Sie haben sein Geheimnis für sich behalten!" Gorky tobte. „Ein Verräter ist Ihnen wichtiger gewesen als Ihr eigenes Land! Sie sind auch ein Verräter! Und nicht nur das —" Gorky hielt inne, als sei daß, was er sagen wollte, zu widerlich, um es auch nur zu sagen. Er schien eine Ewigkeit voller Verachtung in Dimitris unbußfertige Augen zu starren. „Sagen Sie uns noch einmal", sagte er schließlich, „was genau sie gesucht haben, als man sie heute früh in diesem Büro entdeckt hat."

Dimitri erwiderte den Blick des Generals — nicht trotzig, aber furchtlos. „Ich habe nach einem Abhörgerät gesucht. Ich befürchtete, es könnte eines hier sein."

„Und warum sollten Sie sich wegen solch eines Gerätes Sorgen machen?" fragte Gorky kühl.

„Ich wollte meinen Freund schützen", kam die ehrliche Antwort.

„Sie wollten Ihre eigene Haut retten!"

„Sie können denken, was Sie wollen, General, aber ich habe mich nicht um mich selbst gesorgt."

„Jeder denkt zuerst an sich!" unterbrach Oberst Lutsky ihn.

„Vor zwei Monaten", fuhr Dimitri mutig fort, „habe ich mein Leben in die Hand Gottes gelegt — jenes Gottes, von dem mir mein Leben lang gesagt wurde, es gäbe ihn nicht. Ganz gleich, was jetzt mit mir geschieht, ich werde es als seinen Willen annehmen. Was ich getan habe, habe ich guten Gewissens getan. Viktor Khorev hat seinem Land loyal und gewissenhaft gedient. Aber er konnte dem Komitee nicht sagen, was er wirklich glaubte — daß nichtphysische Wesen mit der Ermordung unserer Medien zu tun haben —, weil Sie auf nichts gehört hätten, das nicht mit dem marxistischen Materialismus übereinstimmt."

Der General hob seine Hand. „Halt!" befahl er. „Wir brauchen keinen weiteren Beweis für Ihre Schuld — und erst recht keinen *religiösen* Vortrag." Er mußte sich offensichtlich anstrengen, seine Wut unter Kontrolle zu halten. „Sie werden natürlich verstehen", sagte er mit ruhiger Stimme, „daß Sie kein Recht auf eine öffentliche Verhandlung haben — was eine Schande ist. Ich würde zu gerne an Ihnen und Khorev ein Exempel statuieren. Aber diese Arbeit muß geheim bleiben." Gorky wandte sich an Oberst Lutsky. „Ich werde Petrekov mit mir zurück nach Moskau nehmen. Ich habe bereits ein Telegramm an die Botschaft geschickt. Khorev wird mit dem nächsten Flugzeug Paris verlassen. Ich freue mich schon darauf, ihn persönlich am Moskauer Flughafen in Empfang zu nehmen!"

* * *

Beim Ersten Internationalen Kongreß für Parapsychologie erteilte der Vorsitzende Erickson gerade dem vierten Fragesteller das Wort. „Ja, Dr. Derek Balfour von der britischen Delegation." Viktor trat nervös zurück ans Mikrophon. Seine Fragesteller waren höflich, aber sie versuchten offensichtlich, vor der ganzen Welt den engstirnigen Materialismus des orthodoxen Marxismus in Mißkredit zu bringen. Chernov wurde immer erregter.

Als Balfour das Zuhörermikrophon erhielt, wurde Viktors Aufmerksamkeit durch das plötzliche Eintreten von zwei kräftigen Männern abgelenkt, die rasch zu Chernov gingen. Einer von den beiden beugte sich vor und sprach leise mit ihm. Was konnte so dringend sein, daß sie nicht noch die wenigen Minuten abwarten konnten, bis die Versammlung zu Ende war? Die drei sahen immer wieder zu Dr. Khorev, der hinter dem Rednerpult stand, und hielten eine eilige Besprechung ab. Der Oberst schien mit jedem Wort wütender zu werden. Viktor hatte plötzlich das überwältigende Gefühl, daß Unheil drohte.

Obwohl die beiden Männer schon bald mit dem Überbringen ihrer Botschaft an Chernov fertig waren, blieben sie in der Nähe des Oberst in der Reihe hocken. Viktor mußte sich sehr zusammenreißen, um sich auf Balfours Frage zu konzentrieren — die seine bangen Vorahnungen nur noch verstärkte.

„Bei Erlebnissen, bei denen jemand seinen Körper verläßt — zum Beispiel klinisch Tote, die von oben auf ihren Körper heruntersehen und alles hören und sehen", Balfours Ton war ein klein wenig herablassend, „würden Sie als *Marxist* da glauben, daß etwas *Physisches* außerhalb des Körpers ist und darauf zurücksieht?"

Viktor mied Chernovs entnervenden Blick und erwiderte: „Der russische Standpunkt wäre, daß es sich um eine Projektion des Bewußtseins handelt."

„Eine *physische* Projektion des Bewußtseins, Dr. Khorev?" drängte Balfour. „Sicherlich würde doch selbst ein Marxist einsehen..."

Chernov sprang verärgert auf und unterbrach ihn mit einem wütenden Brüllen. „Ist es das Ziel dieses Kongresses, den Marxismus zu verhöhnen?"

Verblüfft über diesen unzivilisierten Ausbruch blickte der britische Wissenschaftler den Vorsitzenden hilfesuchend an.

Erickson trat rasch an Viktors Seite und sprach ruhig in das Mikrophon. „Dieser Herr ist Alexander Pavlov von der russischen Delegation. Ich denke, sein Einspruch ist berechtigt."

„Worum es mir geht", beharrte Balfour, der sich nicht unterkriegen ließ, „ist folgendes: Man sollte nicht zulassen, daß der engstirnige Materialismus von Karl Marx die möglichen Erklärungen für psychische Ereignisse begrenzt."

„Und dieser Kongreß", schrie „Pavlov", „sollte keine Entschuldigung dafür sein, daß man politische Meinungen angreift! Ich verlange eine Entschuldigung!"

„Ich habe nichts gesagt, wofür man sich entschuldigen müßte. Meine Bemerkungen waren an Dr. Khorev gerichtet, und ich würde gerne seine Antwort hören."

„Pavlov" ließ sich nicht beirren. „Herr Vorsitzender, ich gebe der britischen Delegation und dem Leitungsgremium dieses Kongresses drei Stunden Zeit, um eine Entschuldigung abzugeben. Falls das nicht geschieht, wird die russische Delegation den Kongreß verlassen!"

Damit hatte Chernov gezeigt, daß er die Leitung der russischen Delegation hatte. *Das konnte nur eines bedeuten!* Viktor spürte, wie Mutlosigkeit in ihm aufstieg. Er mußte sich am Pult festhalten, weil ihm einen Moment lang schwindelig wurde. Bestürzt sah er zu, wie alle Russen unter Chernovs Führung aufstanden und auf den nächsten Ausgang zugingen. Viktor war wie betäubt. Hastig steckte er seine Unterlagen in die Aktentasche, schloß sie und stand einfach da – zu schockiert, um irgend etwas zu denken. Er blickte verzweifelt und sehnsüchtig zu Dr. Leighton hinüber, der sich auch im Schock zu befinden schien. Sollte er jetzt sofort zu den Amerikanern laufen und um politisches Asyl bitten? Bevor Viktor diesen verzweifelten Gedanken durchspielen konnte, ergriff Chernov ihn beim Arm und steuerte mit ihm auf die Tür zu. Die beiden Neuankömmlinge folgten dicht hinter ihnen.

Die Versammlung verwandelte sich in ein Chaos. Das immer lauter werdende Stimmengewirr wurde zu einem Gebrüll, als sich die Abgeordneten zu ernsten Unterredungen zusammensetzten und versuchten, diese erstaunliche Entwicklung zu verstehen und eine Lösung zu finden. Carla sprang auf und versuchte, die davoneilenden Russen einzuholen. *Ich dachte, Khorev würde ihre Delegation leiten. Wer ist dieser Pavlov? Er muß bluffen. Sie werden die Konferenz nicht verlassen. Was, wenn doch? Ich kann Khorev nicht ohne ein Interview gehen lassen!*

Was Carla nun sah, machte die Sache nur noch unverständlicher. Während der Rest der russischen Delegation auf die Aufzüge zu den Zimmern zusteuerte, schoben und zogen „Pavlov" und die beiden Männer, die sich so ernsthaft mit ihm unterhalten hatten, einen offensichtlich widerstrebenden Dr. Khorev aus der Vorhalle und die Stufen des Haupteinganges hinunter. Carla stürzte direkt hinter ihnen aus der Drehtür des Einganges. Der Regen hatte aufgehört und die Sonne versuchte, durch die dünner werdenden Wolken zu scheinen. Die Russen schienen auf eine Limousine zuzusteuern, die direkt vor dem Hotel parkte.

Carla eilte in wilder Verfolgung die Stufen hinunter und bahnte sich einen Weg durch die Menge, die sich auf dem Bürgersteig angesammelt hatte. Sie kam gerade noch rechtzeitig um zu sehen, wie „Pavlov" Khorev grob auf den Rücksitz des wartenden Wagens stieß.

„Dr. Pavlov!" rief sie und rannte atemlos zu ihm. Chernov, der gerade neben Khorev einsteigen wollte, drehte sich um. Carla wies auf ihr Kongreß-Presseabzeichen. „Ich gehöre zum offiziellen Pressecorps hier."

Chernov unterbrach sie mit einem ärgerlichen „Nyet!" Der gnadenlose, kaltblütige Blick, der in seinen Augen stand, ließ sie plötzlich für Dr. Khorev fürchten. Einige andere Reporter hatten sich einen Weg durch die Menge gebahnt und näherten sich jetzt „Pavlov" und Carla. Ihre Kassettenrekorder, Kameras und Schreibblocks waren bereit. „Le Dr. Khorev, s'il vous plaît!" Die beiden Männer, die die Limousine gebracht hatten, begannen, die Journalisten zurückzuschieben.

Carla versuchte, sich zwischen „Pavlov" und die offene Wagentür zu stellen, nur um mit solcher Kraft beiseite geschoben zu werden, daß sie beinahe auf das Pflaster gefallen wäre. „Ich bin den ganzen Weg von Washington D.C. gekommen", protestierte sie laut, „um Dr. Khorev zu interviewen!"

„Nyet!"
Viktor Khorev war völlig deprimiert und verwirrt auf dem Rücksitz zusammengesunken und versuchte, diese plötzliche Wende zu verstehen. Warum waren all die anderen Mitglieder der russischen Delegation anscheinend in ihre Zimmer gegangen, und nur er war in dieses Auto gedrängt worden? Er hatte zwar gesprochen, aber Chernov würde ihn doch sicher nicht für Dinge anklagen, die seine Zuhörer so beharrlich gesagt hatten. *War das, was Dimitri und er miteinander besprochen hatten, möglicherweise doch abgehört worden? Ich habe zwar an jenem Morgen alles kontrolliert. Aber ich habe nicht nachgesehen, nachdem ich meine Aussage vor dem Komitee gemacht hatte! Oder ist Dimitri zusammengebrochen und hat unsere Freundschaft verraten? Irgendwie müssen sie von meinem Fluchtplan erfahren haben!*

Mit erschreckender Gewißheit wurde ihm klar, daß es keine andere Erklärung für das gab, was geschah. Er konnte bestenfalls auf ein sibirisches Arbeitslager hoffen — falls er irgendwie der Todesstrafe entkommen sollte. Seine unerfreulichen Gedankengänge wurden von einem lauten Aufruhr auf dem Bürgersteig unterbrochen. Als er durch die offene Tür lugte, konnte er sehen, daß Chernov und die beiden Leibwächter der russischen Botschaft ihm den Rücken zuwandten und brutal einige Westler zurückstießen. Sie brüllten sie auf Russisch an, während die Westler wütend auf Englisch und Französisch zurückbrüllten. In dem Augenblick traf er eine verzweifelte Entscheidung. *Selbst ein vergeblicher Fluchtversuch war immer noch besser, als einfach hier sitzen zu bleiben!*

Viktor umklammerte seine kostbare Aktentasche, schob die Tür zur Straßenseite auf und sprang aus dem Wagen. Rücksichtslos begann er, sich so schnell wie möglich seinen Weg durch den dichten vier- oder fünfspurigen Verkehr an der Einmündung der Boulevards Bouvion und Pereire zu bahnen. Da er Paris überhaupt nicht kannte, wußte er nicht, welchen Weg er am besten nehmen sollte, und so lief er auf eine kleine Straße zu, die er gerade noch hinter der wirbelnden Masse eiliger Autos erblicken konnte. Wenn er nur dort hinein käme, bevor Chernov ihn sah! Reifen quietschten und Hupen ertönten, als schleudernde Autos um den Porte de Maillot rasten und versuchten, einem verrückten Fußgänger auszuweichen, der sich ihnen mitten auf dem großen Kreisverkehr in den Weg stellte. Ein kleiner Renault, der von einer älteren Frau gefahren wurde, versuchte, Viktor auszuweichen und wechselte direkt vor einem Taxi die Spur. Die beiden Wagen stießen zusammen. In rascher Folge fuhren drei weitere Wagen auf sie auf. Innerhalb von wenigen Augenblicken war der riesige Kreisverkehr mit dicht hintereinander stehenden Wagen und frustrierten, ärgerlichen Fahrern verstopft.

Als Chernov das Geräusch quietschender Bremsen hörte, dem in rascher Folge das Krachen von aufeinanderknallendem und knirschendem Metall folgte, wirbelte er herum. Über die Dächer einer großen Ansammlung von Autos konnte er Viktor sehen, der sich gerade aus dem Stau befreite und in die Rue Debarcadere einbog. Endlich erreichte der Möchtegern-Überläufer den Bürgersteig und rannte, so schnell es ihm die schwere Tasche erlaubte.

Carla, die „Pavlovs" Blick folgte, erhaschte einen flüchtigen Blick auf den Mann, den sie interviewen wollte, als er gerade in Richtung Place Ferdinand verschwand. Dann erinnerte sie sich, daß ihr Auto günstigerweise nur wenige Meter entfernt geparkt war. Sie schob sich durch die wachsende Menschenansammlung und rannte eilig zu ihrem Peugeot.

15. Untergetaucht

Chernov schrie auf russisch ein Kommando und rannte auf die Straße. Weil der Verkehr jetzt stand, konnte er sehr viel schneller vorwärtskommen als Viktor und war seinem Opfer beträchtlich nähergekommen, als er in die Rue Debarcadere einbog. Die beiden KGB-Offiziere sprangen in die Limousine und fuhren mit quietschenden Reifen los, mußten jedoch beinahe sofort wieder auf die Bremse treten. Als sie nach links in die Port de Maillot einbogen, um den Kreisverkehr zu verlassen, wurden sie durch die Masse von Autos und Lastern behindert, die hinter den fünf Unfallwagen standen.

Carla traf rasch eine Entscheidung. Sie drückte einen Knopf, um ihr aufklappbares Verdeck zu öffnen, und fuhr rückwärts aus der Einfahrt zum Palais heraus, genau entgegensetzt zu der Richtung, in die die Russen gefahren waren. Dann drehte sie ihren Wagen herum und lenkte ihn durch den Gegenverkehr auf die andere Seite des riesigen Kreises von sich kaum bewegenden Limousinen, die jetzt aus ihrem Blickwinkel verschwunden waren. Autofahrer fluchten und drohten ihr mit der Faust, aber wegen der Blockade durch den Unfall kamen nur sehr wenige Autos in ihre Richtung durch. Nachdem sie einige Male um Haaresbreite einem Unfall entgangen war, war sie sicher durch den Gegenverkehr gekommen und konnte jetzt mit dem Peugeot in die kleine Straße einbiegen, in die Dr. Khorev und sein Verfolger gelaufen waren.

Viktor war inzwischen völlig außer Atem und seine Beine ließen sich nur noch mit großer Mühe bewegen. Er schien losgelöst von sich selbst zu sein, so, als beobachte er aus der Ferne seine eigene, qualvolle Leistung in Zeitlupe. Die Aktentasche war jetzt eine unglaublich schwere Last, eine unzumutbare Behinderung seiner Flucht. Aber jedesmal, wenn ihm dieser Gedanke kam, umklammerte er die kostbare Tasche nur um so fester und rannte weiter. Immer, wenn er den Kopf wandte, um sich umzusehen, mußte er mit wachsender Panik feststellen, daß Chernov mächtig aufholte. Sollte er in einem der Läden oder Cafés, an denen er vorbeilief, Zuflucht suchen? Nein, Chernov würde sie völlig auf den Kopf stellen. Wenn er doch nur einen Gendarmen sehen würde, aber dies war eine kleine Straße, und es war unwahrscheinlich, daß sie hier patrouillieren würden. Was sollte er bloß tun?

Die Rue Debarcadere war zu schmal, als daß Carla andere Autos hätte überholen können. Aber zum Glück bewegte sich der geringe Verkehr ziemlich rasch vorwärts. Knappe 50 Meter vor sich sah sie auf der rechten Seite „Dr. Pavlov", der wie ein wilder Bulle den Bürgersteig entlangstürmte und in seinem wilden Versuch, den Flüchtling einzuholen, Fußgänger über den Haufen warf. Dr. Khorev befand sich jetzt beinahe in seiner Reichweite. Sie überholte „Pavlov" und fuhr neben Dr. Khorev, der beinahe völlig ausgepumpt war. Sein Gesicht war von Angst und der Qual völliger Erschöpfung verzerrt. Er hatte kaum noch die Kraft, die schwere Aktentasche zu tragen. Dennoch umklammerte er sie immer noch verzweifelt, als wolle er lieber sterben als sie loslassen.

Carla hupte, winkte ihm durch das geöffnete Dach ihres Wagens zu und rief: „Dr. Khorev! Dr. Khorev!" Sie fuhr jetzt direkt neben ihm und verlangsamte ihre Fahrt, um sich seinem ermatteten Lauf anzupassen. „Steigen Sie ein! Rasch!"

Viktor hatte keine Ahnung, wer diese junge Frau sein könnte, aber sie war seine einzige Hoffnung. Er stolperte auf die Straße und warf seine kostbare Last in das offene Auto. Dann sprang er selbst mit seiner letzten Kraft, Kopf voraus, hinterher. Chernov war nur noch wenige Schritte hinter ihm. Gerade, als Carla das Gaspedal durchtrat, machte der Oberst einen übermenschlichen Satz, ergriff den Rücksitz und hängte sich mit stählernem Griff daran. Seine Beine schlugen in der Luft herum und er versuchte verzweifelt, die Stoßstange zu finden, um sich abstützen zu können. Chernov kämpfte gegen die Beschleunigung des Autos an und versuchte, sich hereinzuziehen. Viktor unternahm einen kurzen, wilden Versuch, mit der Aktentasche auf seinen Verfolger einzuschlagen, aber er hatte keine Kraft mehr.

„Lassen Sie sich auf den Boden fallen!" schrie Carla. Sie beschleunigte immer noch, bog mit mehr als 70 Stundenkilometern in den engen Kreisverkehr des Place Ferdinand ein und machte eine scharfe Drehung nach links in die Rue Brunel. Das Auto schleuderte wie wild, das Heck wurde herumgeworfen und das rechte Rad krachte gegen den Bürgersteig. Die Wucht des Aufpralls und die Fliehkraft waren selbst für Oberst Chernovs rohe Kraft zu viel. Er verlor seinen unsicheren Halt und flog durch die Luft. Der Oberst prallte von der Platte eines Straßencafétisches ab und krachte durch ein Spiegelglas-Fenster. Der Wagen fuhr jetzt stark zur Seite geneigt auf zwei Rädern, überschlug sich beinahe und richtete sich dann wieder auf. Carla bekam den Wagen wieder unter Kontrolle und raste davon.

Durch den Rückspiegel sah sie die russische Limousine in den Place

Ferdinand einbiegen und an der Bordsteinkante halten, wo sie Khorevs Verfolger abgeschüttelt hatte. Der Fahrer und sein Begleiter sprangen heraus. Sie kamen mit einem schwankenden, heftig blutenden „Dr. Pavlov", den sie halb tragen mußten, zurück, als Carla sie aus dem Blick verlor, weil sie scharf nach rechts in den Boulevard Pereire einbog. Gleich danach bog sie wieder nach rechts ab, diesmal in die genauso breite Avenue des Ternes. Schließlich seufzte sie erleichtert auf.

„Wir werden es schaffen! Wir werden es schaffen!" rief sie glücklich aus.

Viktor befand sich in einem Schock. Er kauerte vor dem Rücksitz auf dem Boden und umklammerte immer noch die Aktentasche. Seine Brust hob und senkte sich, und das Atmen bereitete ihm ziemliche Schmerzen.

„Die amerikanische Botschaft!" keuchte er mühsam.

„Dort fahren wir hin. Machen Sie sich keine Sorgen. Sie liegt gerade vor uns — und es ist nicht mehr weit."

Carla kannte Paris beinahe genauso gut wie Washington. Gleich hinter dem Place Des Ternes wurde die Allee enger und hieß jetzt Rue du Faubourg St. Honore. Sie folgte der leicht gekrümmten Straße bis zum Ende. Viktor zog sich auf den Rücksitz hoch und sank darauf zusammen. Er rang immer noch nach Luft. Alle paar Minuten sah er ängstlich zurück, um den Verkehr nach Anzeichen ihrer russischen Verfolger abzusuchen. Sie waren nirgends zu sehen.

Als sie schließlich rechts in die Rue Royale einbogen, rief Carla übersprudelnd aus: „Wir haben es geschafft — jetzt können Sie uns nicht mehr kriegen!"

Für Viktor hatte sich der schreckliche Alptraum zur unwirklichen Benommenheit eines Traumes gewandelt. Direkt vor ihnen, mitten auf dem Place de la Concorde, richteten sich seine erstaunten Augen auf einen riesigen ägyptischen Obelisken, der über den Verkehr emporragte. Es erschien alles so unwirklich — als blättere er durch die Seiten eines Schulbuches und sähe noch einmal das Bild dieses 3000 Jahre alten Schatzes von Ramses II, den sie aus dem alten Tempel in Luxor gebracht hatten und der rasch immer größer wurde. War dies alles Wirklichkeit?

„Die Botschaft?" Er mußte all seine Konzentration zusammennehmen, um diese Worte zu formulieren.

„Sehen Sie nach rechts!" rief Carla triumphierend. Sie bog unvermittelt in die Avenue Gabriel ein und hielt dann am Straßenrand. Über die Krone einer hohen Steinmauer hinweg konnte man ein großes Gebäude sehen, das etwas abseits der Straße lag und ganz von der Mauer umgeben wurde. Es gab eine Einfahrt für Autos, die auf eine kreisförmige Auffahrt zu dem Gebäude führte, aber das schwere Stahltor war geschlossen. Auf jeder Seite des Tores schritt ein französischer Gendarme auf und ab, der eine Maschinenpistole trug. Auf einem Messingschild an der Mauer stand: „No. 4, Avenue Gabriel, Amerikanische Botschaft." Der russische Überläufer konnte einen erleichterten Schluchzer nicht unterdrücken.

Als Carla und Viktor die Wagentüren öffneten, um auszusteigen, kam der Polizist, der ihnen am nächsten stand, rasch herbei, wedelte mit seinem Gewehr und rief: „Parking interdit!"

Viktor schreckte ins Auto zurück, aber Carla ging weiter und winkte ihm, zu folgen. „Bitte helfen Sie uns! Es ist ein Notfall!" rief sie auf französisch zurück. „Er ist ein russischer Überläufer! Wir werden verfolgt."

„D'accord!" Rasch winkte sie der Polizist zu einem niedrigen, schmalen Gebäude, das rechts von dem Stahltor in die Mauer eingefügt war und ging mit entsichertem Gewehr zurück, um nach ihren Verfolgern Ausschau zu halten. Als sie eilig eintraten, standen ihnen zwei junge amerikanische Marine-Infanteristen in voller Uniform gegenüber.

„Er ist ein russischer Überläufer!" erklärte Carla erneut. „Wir müssen rasch hinein!"

„Jawohl, gnädige Frau", kam die Antwort mit einem vertrauten Südstaatenakzent. Der Gesichtsausdruck der Marine-Infanteristen veränderten sich kaum. „Geben Sie uns Ihre Handtasche und die Aktentasche. Gehen Sie bitte durch diesen Metalldetektor."

Beide sahen mehrmals über die Schulter zurück zur Straße, als sie schnellen Schrittes den Hof überquerten und die Stufen zum Botschafts-Hauptgebäude hinaufstiegen. Über das Stahltor hinweg war immer noch kein Anzeichen von ihren Verfolgern zu sehen.

„Wir haben es geschafft!" rief Carla aus und hielt Viktor triumphierend ihre beiden erhobenen Daumen als Siegeszeichen entgegen, als sie durch die breite Tür eintraten. Endlich waren sie in Sicherheit. Ein anderer junger Soldat winkte sie zum Empfang auf der rechten Seite, gleich hinter einer Gruppe von Sofas und Stühlen. Dort vertraute Carla der Angestellten leise an: „Dies ist Dr. Viktor Khorev aus der Sowjetunion — ein sehr wichtiger Wissenschaftler. *Er bittet um politisches Asyl!*"

Die Augen der jungen Frau weiteten sich. „Bitte nehmen Sie dort drüben Platz. Es wird sich sofort jemand um Sie kümmern."
Carla warf ihr langes, rotbraunes Haar zurück und freute sich, endlich tief durchatmen zu können. Dann sagte sie mit einem warmen Lächeln: „Jetzt, wo wir uns endlich entspannen können, wird es wohl Zeit, daß ich mich vorstelle. Ich bin Carla Bertelli."
„Carla Bertelli – die amerikanische Journalistin?" fragte Dr. Khorev zögernd. „Wollen Sie sagen, daß man mich in Rußland kennt? Ich fasse es nicht!"
„Ich habe einige Ihrer Artikel gelesen. Ausgezeichnet!" Er sah sie bewundernd an und platzte dann heraus: „Ich dachte immer, Sie wären – nun, viel älter."
Beide lachten. Die Anspannung fiel langsam von ihnen ab. Es gab eine kurze, herzliche Umarmung. In Viktors Augen standen wieder Tränen. „Sie haben mir das Leben gerettet! Wissen Sie das?"
Carla nickte. „Ich glaube schon. Ich habe nicht verstanden, was geschah. Ich glaube, ich habe einfach aus einem Impuls heraus gehandelt."
Ermüdet sanken beide auf ein langes Sofa, das gegenüber dem Empfang stand. Viktor schüttelte erleichtert den Kopf. „Ich kann es gar nicht glauben! Ich bin frei! Ich habe nicht geglaubt, daß ich das einmal erleben würde. Wie soll ich das je wiedergutmachen? Ich verdanke Ihnen alles!"
„Nun, ich hatte ein selbstsüchtiges Motiv", sagte Carla und wandte sich ihm mit einem schelmischen Grinsen zu. „Seit Monaten habe ich mich darauf gefreut, Sie zu interviewen – und ich konnte nicht zulassen, daß *das* durch irgend etwas verhindert wurde."
Sie zögerte einen Moment und wurde dann wieder ernst. „Ich kann Ihnen sagen, was Sie für mich tun können, Dr. Khorev – es ist ein sehr, sehr großer Gefallen."
„Ja, sagen Sie es!" sagte Viktor eifrig.
„Wie wäre es mit einem *exklusiven* Interview?"
„Sie meinen, ich spreche mit keinem anderen Journalisten – Sie bekommen die ganze Geschichte?"
Carla nickte. „Ist das zuviel verlangt?"
„Zuviel?" rief Viktor aus. „Ich verdanke Ihnen mein Leben. Wie sagen Sie doch gleich in Amerika? – Abgemacht? Abgemacht!"
„Dr. Khorev?" Ein etwa 45jähriger Mann mit schütterem Haar, einem ziemlich eulenähnlichen Aussehen und einem tadellosen Stra-

ßenanzug hatte eine Privattür zu ihrer Linken geöffnet und sah fragend zu ihnen hinüber.

„Ja, ich bin Khorev", erwiderte Viktor eifrig.

Der Mann marschierte etwas wichtigtuerisch zu ihnen hinüber, beinahe wie eine Ein-Mann-Parade, verbeugte sich leicht und schüttelte herzlich Viktors Hand. „Ich bin Karl Jorgensen. Können Sie sich irgendwie ausweisen?"

„Ja, das kann ich." Viktor hob seine Aktentasche auf und streichelte sie liebevoll. „Und hier drin habe ich mehr Informationen, als Sie sich vorstellen können!"

Jorgensens Augenbrauen hoben sich kaum merklich, und ein leichtes Lächeln erschien auf seinen Lippen. „Wenn Sie bitte mitkommen würden."

„Und Fräulein Bertelli?" Viktor wies auf Carla. „Sie hat mich hier hergebracht — und mich gerettet, mein Leben gerettet."

„Zunächst einmal müssen wir allein mit Ihnen reden." Er wandte sich an Carla. „Wenn Sie hier nur ein paar Minuten warten würden, wir müssen ein paar Formalitäten erledigen." Er lächelte beruhigend.

„Ja, natürlich." An der Tür zögerte Viktor und drehte sich um. Carla winkte. „Ich werde hier warten", rief sie.

* * *

Als an jenem Nachmittag der Erste Internationale Kongreß der Parapsychologie erneut zusammentraf, war es nicht zu übersehen, daß die russische Delegation fehlte. Gerüchte von einem Streit zwischen Khorev und Pavlov schwirrten durch den Konferenzsaal. Zuletzt habe man Khorev gesehen, wie er, verfolgt von Pavlov, über den Boulevard Pereire in die Rue Debarcadere gerannt sei. Dr. Erickson, der Vorsitzende des Kongresses, brauchte diesmal länger als gewöhnlich, um die Konferenzteilnehmer zur Ruhe zu bringen und ihre ungeteilte Aufmerksamkeit zu bekommen.

„Es war mir leider nicht möglich, Dr. Khorev oder Dr. Pavlov zu erreichen", begann Erickson. „Keiner der Russen ist abgereist. Dennoch konnte ich keinen von ihnen erreichen. Allerdings habe ich vor wenigen Minuten die russische Botschaft erreicht. Sie konnten mir zwar nicht helfen, Dr. Khorev oder Dr. Pavlov zu erreichen, haben mir jedoch versichert, daß sich ihre Delegation nicht vom Kongreß zurückgezogen hat und daß sie die formelle Entschuldigung, die ihnen von der britischen Delegation überreicht wurde, annähmen. Auch die Amerikaner und eine Anzahl anderer Delegierter", fuhr Erickson fort, „haben ihren Goodwill zum Ausdruck gebracht, sowie ihre tiefe Besorgnis darüber, daß die Russen den Kongreß verlassen wollten. Wir haben sie daran erinnert, daß ihr weiteres Mitwirken an den wichtigen Entscheidungen, die auf dieser Konferenz noch getroffen werden sollen, von größter Bedeutung sei. Ich bin sicher, daß alles zu einem guten Ende kommen wird. Aber in der Zwischenzeit müssen wir unser Programm einhalten.

Ich möchte Ihnen jetzt den ersten Sprecher des Nachmittags ankündigen, den bekannten Philosophen und Mathematiker Dr. Bernard Rogers aus Kanada, der auch einer der bekanntesten Parapsychologen der Welt ist."

Der kurze Applaus wurde rasch von der besorgten Stille überdeckt, die immer noch wie eine Dunstglocke über der Versammlung hing. Trotz Ericksons beruhigender Worte waren die russischen Plätze leer, und das sprach lauter als die Worte des Vorsitzenden. Als Rogers von seinen Notizen aufsah und sich räusperte, um mit seiner Rede zu beginnen, war die allgemeine Stimmung so niedergedrückt, daß er sich fragte, ob seine Zuhörerschaft wohl die gegenwärtige Krise vergessen und die wichtigen Feststellungen, die er zu treffen hatte, auch wirklich aufnehmen könne.

„Der Titel meines Referates lautet ‚Psychische Methoden bei der Suche nach außerirdischen Intelligenzen'", begann er. „Wie wir alle wissen, wird die Existenz von außerirdischen Intelligenzen irgendwo – und wahrscheinlich an Millionen von Orten im gesamten Universum – von den meisten Weltraumforschern nicht länger bezweifelt. Es bleibt nur noch die Frage, wie man Kontakt mit ihnen aufnehmen kann. Dabei sind offensichtlich die riesigen Entfernungen, über die hinweg der Kontakt geknüpft werden müßte, das grundlegende Problem."

An diesem Punkt wurden Dr. Frank Leightons Gedanken, der begonnen hatte, mit großem Interesse zuzuhören, von einem Boten unterbrochen, der ihm einen Umschlag der amerikanischen Botschaft und ein Quittungsformular zur Unterschrift reichte. Neugierig, was denn so wichtig sein könne, riß er hastig den Umschlag auf und las die Mitteilung, die er enthielt. Als ihm die Bedeutung der Nachricht klar wurde, stieß er einen leisen Pfiff aus.

Während Leightons Aufmerksamkeit auf die Nachricht gerichtet war, die er las, hörte er die Rede des Kanadiers nur noch gedämpft, als käme sie aus einer anderen Dimension. „Das nächste Sonnensystem ist 4,5 Lichtjahre von uns entfernt. Wenn man mit 1 Million Meilen pro Stunde reisen würde — 40 mal schneller, als wir zur Zeit reisen können, aber vielleicht in nicht allzu ferner Zukunft denkbar —, brauchten Besucher von diesem Sonnensystem 30.000 Jahre, um die Erde zu erreichen. Unsere Galaxie hat einen Durchmesser von 100.000 Lichtjahren, und die nächste Galaxie ist 15 mal so weit entfernt.

Offensichtlich ist die Wahrscheinlichkeit, direkten physischen Kontakt mit Wesen von anderen Planeten zu bekommen, zu gering, um sie ernsthaft in Erwägung zu ziehen. Ich würde mit Sicherheit nicht nächtelang wachliegen und darüber nachdenken, was ich in diesem Fall tun sollte. Selbst Radiokontakt würde zum nächsten Sonnensystem hin und zurück neun Jahre benötigen, und zu irgendeinem Punkt in unserer eigenen Galaxie, an dem mit einiger Wahrscheinlichkeit intelligentes Leben existieren könnte, Hunderte oder Tausende von Jahren — ganz zu schweigen von den Millionen von Jahren, die man für Radiokontakt mit solchen Punkten in anderen Galaxien brauchen würde.

Ich habe nicht die Absicht, Carl Sagan und das gesamt SETI-Programm — in das Regierungen in der ganzen Welt Millionen von Dollar investiert haben — der Lächerlichkeit preiszugeben, aber Sie werden einsehen, daß man einen anderen Ansatz benötigt. Und ich brauche Ihnen, glaube ich, nicht zu sagen, was die einzige Möglichkeit ist, um die Probleme, die diese riesigen Entfernungen aufwerfen, zu lösen. Ich meine den *psychischen* Kontakt.

Es gibt sogar eine weitere, noch interessantere Möglichkeit: Es könnte dort draußen nicht nur außer*irdische*, sondern auch außer*dimensionale* Intelligenzen geben. Was genau das in technischen Begriffen bedeutet, braucht uns im Augenblick nicht zu kümmern, solange wir davon überzeugt sind, daß dies eine brauchbare wissenschaftliche Hypothese ist — was ich nicht bezweifle. Daß dieses Thema von äußerster Wichtigkeit und Dringlichkeit ist ..."

Leighton brachte den stellvertretenden Leiter der amerikanischen Delegation, der neben ihm saß, dazu, zu ihm herüberzusehen, beugte sich hinüber und flüsterte in sein Ohr. „Es gibt einen Notfall. Ich muß sofort nach Washington D.C. fliegen. Würden Sie mich bitte vertreten? Ich muß meine Rede zum Glück erst am Freitag halten und bin bis dahin hoffentlich zurück. Falls nicht — ich hasse es, Sie damit zu belasten, aber würde es Ihnen etwas ausmachen, sie an meiner Stelle zu halten?"

„Ich werde mein Bestes tun", kam die geflüsterte Antwort.
Leighton zog eine Aktenmappe aus seiner Tasche und reichte sie seinem zuvorkommenden Kollegen. „Es ist alles in endgültiger Reihenfolge getippt, keine handschriftlichen Notizen." Er schloß seine Aktentasche, flüsterte einem anderen Kollegen ein kurzes Wort zu und verließ rasch den Konferenzsaal.

* * *

Carla sah — mindestens zum zehnten Mal in den letzten fünf Minuten — ungeduldig auf ihre Uhr. Dr. Khorev war nun seit mehr als zwei Stunden hinter dieser geschlossenen Tür. *War irgend etwas schief gegangen?*
Sie ging hinüber zum Empfang. Die beiden jungen Frauen, die dort gewesen waren, als sie und Khorev ankamen, waren von zwei anderen abgelöst worden. Eine der beiden sah auf und lächelte freundlich, als Carla nähertrat. „Kann ich Ihnen helfen?"
„Nun, das hoffe ich. Ich habe vor beinahe zweieinhalb Stunden jemanden hier hereingebracht und seitdem gewartet. Mir wurde gesagt, es würde nur ein paar Minuten dauern."
„Nun, lassen Sie mich nachfragen. In welcher Angelegenheit kam diese Person, oder wen wollte sie sprechen?"
„Er war ein sehr wichtiger russischer Wissenschaftler — ein Überläufer. Er bat um politisches Asyl."
„Ich kann mich an keine solche Person erinnern."
„Sie waren nicht hier, als er hereinkam. Wie dem auch sei, ein Mr. Jorgensen — ich glaube, er hieß Karl Jorgensen — nahm ihn durch die Tür dort drüben mit. Er sagte, es würde nur wenige Minuten dauern und bat mich, zu warten. Ich habe gewartet und gewartet. Könnten Sie bitte nachfragen, was mit Dr. Viktor Khorev geschieht — das ist sein Name — und wie lange es noch dauern wird?"
„Sicherlich." Sie nahm den Telefonhörer ab und wählte. „Hier ist Arlene vom Empfang. Ich habe hier eine Dame, die sagt, sie hätte vor ein paar Stunden einen russischen Überläufer hierher gebracht — einen Dr. Viktor Khorev. Haben Sie eine Information, die ich ihr weitergeben kann? Ja, sie wartet hier."
Die Empfangsdame legte den Hörer auf. „Er wird nachfragen und mich wieder anrufen. Es könnte ein paar Minuten dauern. Wollen Sie sich solange setzen?"

„Nein, danke, ich möchte lieber stehen." Carla ging auf und ab, und in ihr wuchs das Gefühl, daß irgend etwas schrecklich falsch gelaufen war.

Das Telefon klingelte, und sie wandte sich erwartungsvoll zum Empfangstisch. Arlene nahm den Hörer ab und hörte einige Augenblicke zu. Dann legte sie auf. „Es ist kein russischer Überläufer registriert, der heute hereingekommen wäre. Und wir haben seit einigen Jahren keinen Überläufer mehr gehabt. Sind Sie sicher?"

„Was soll das heißen, ob ich *sicher* bin! Ich habe ihn selbst hierhergebracht!"

Arlene sah sie freundlich und ehrlich verblüfft an. „Das war die Sekretärin des Botschafters. Glauben Sie mir, wenn heute irgendein russischer Überläufer hereingekommen wäre, wüßte sie davon."

„Es ist mir egal, was sie sagt", erwiderte Carla ruhig und lehnte sich über den Empfangstisch. „Sie lügt. Ich habe Dr. Khorev selbst hier hereingebracht!"

„Glauben Sie mir, niemand hier lügt — und schon gar nicht die Sekretärin des Botschafters!"

„Das ist unglaublich! Ich will mit Karl Jorgensen sprechen! Holen Sie ihn heraus!"

„Ich glaube nicht, daß Dr. Jorgensen heute hier gewesen ist. Er kommt am Donnerstag normalerweise nicht."

„Holen Sie ihn hier heraus — sofort!"

Zitternd griff Arlene erneut zum Telefon und wählte. Nach einer kurzen Unterredung hielt sie den Hörer von ihrem Ohr weg und sagte zu Carla: „Wie ich Ihnen bereits sagte, Karl Jorgensen ist heute nicht hier gewesen. Er ist sogar zurück nach Washington geflogen."

„Jetzt hören Sie mal zu! Jorgensen oder nicht Jorgensen, es ist mir gleich. Sorgen Sie dafür, daß jemand hier heraus kommt, der etwas zu sagen hat. Ich will mit ihm reden!"

Arlene sagte ein paar leise Worte in den Hörer. Etwa zwei Minuten später öffnete sich dieselbe private Tür, und ein anderer gutgekleideter und eleganter Herr, der wie ein Botschaftsangehöriger aussah, rief ihren Namen. „Fräulein Bertelli?"

„Ja!" Carla eilte zu ihm hinüber. „Was haben Sie mit Dr. Khorev gemacht?"

Er hatte die Tür hinter sich geschlossen und stellte sich mit dem Rücken davor. „Ich glaube, die Empfangsdame hat Ihnen bereits gesagt, daß wir noch nie von einem Dr. Viktor Khorev gehört haben, oder?"

„Und wir wissen beide, daß das eine unverfrorene Lüge ist."

Sein Gesicht lief rot an. „Das sind harte Worte, Fräulein Bertelli. Ich könnte Sie auch eine Lügnerin nennen."

„Also mein Wort gegen ihr Wort – ist das das Spiel?" Carlas Augen funkelten. „Woher kennen Sie meinen Namen?"

Er zögerte. „Sie haben ihn der Empfangsdame genannt."

„Das habe ich nicht – und sie hat am Telefon keinen Namen erwähnt." Carla holte tief Luft. Sie starrte ihn verächtlich an. „Hören Sie zu, ich bin kein Niemand. Zufällig bin ich eine sehr bekannte Journalistin mit einem photographischen und unauslöschlichen Gedächtnis, das alles aufgezeichnet hat."

„Seien Sie kein Narr! Rußland wird offiziell leugnen, daß er vermißt wird. Sie haben keine Story."

„Ja, Sie haben recht. Ich werde nichts veröffentlichen – nicht, bis ich die *ganze* Story habe. Und ich werde sie bekommen!"

„Viel Glück!"

„Ich habe Dr. Khorev das Leben gerettet. Ich bin sicher, daß Sie das wissen. Er hat mir ein *exklusives* Interview versprochen, und ich bestehe darauf, daß er Wort hält – und *Sie* ebenfalls! Vergessen Sie das nicht! Und noch etwas sollten Sie nicht vergessen: Ich weiß, wohin Sie Dr. Khorev bringen – und sollte er nicht fair behandelt werden, dann verspreche ich Ihnen, daß es die ganze Welt erfahren wird!"

16. Das Projekt Archont

„Man kann nicht unbedingt sagen, daß ich völlig fertig bin. Dafür bin ich zu zynisch. Aber es ist desillusionierend, wenn deine eigene Regierung — oder zumindest ihre Repräsentanten — dich *anlügen!* So etwas erwarten wir von den Russen, aber nicht von unseren eigenen Leuten!"

Wütend und frustriert telefonierte Carla mit einem guten Freund in New York, einem der leitenden Redakteure des *Time* Magazins. Während sie sprach, ging sie ruhelos in ihrem Zimmer im vierzehnten Stock des Palais des Congres auf und ab, soweit es die kurze Schnur des Telefons zuließ. Perfekt von ihrem Fenster eingerahmt sah sie am anderen Ende der Avenue Raymond Poincare das majestätische Monument vom Place Victor Hugo und das weitläufige Palais de Chaillot, hinter dem sich die filigrane Silhouette des Eiffelturmes erhob. Sie richtete ihren Blick auf seine vertraute und schwerfällige Schönheit — in einer Welt, die auf häßliche Weise aus dem Lot geraten war, war er ein fester Bezugspunkt.

„Warum sollte dich das schockieren?" kam die gleichmütige Stimme vom anderen Ende. „Eisenhower hat im Fall von Gary Powers und dem U-2 Spionageflugzeug, das die Russen 1960 abgeschossen haben, die ganze Welt angelogen; John Kennedy hat 1961 in bezug auf die Schweinebucht gelogen; Nixon hat 1970 gelogen, als es um den CIA-Versuch ging, die chilenischen Wahlen zu regeln, und auch in bezug auf seine Tonbänder — und so weiter, und so weiter. Es ist doch nicht das erste Mal, daß etwas abgeleugnet wird — es ist eine ehrbare Tradition, und sie ist immer noch in Mode. Du erwartest doch nicht etwa, daß die Jungs von der Botschaft sagen: ,Ja, Fräulein Bertelli, wir haben Dr. Khorev für unsere eigenen ruchlosen Ziele an einen geheimen Ort gebracht, und wir werden das niemandem mitteilen, ehe wir nicht fertig und vorbereitet sind, also erzählen Sie bitte niemandem davon.'"

„Ich weiß, George, ich weiß. Aber es ist schrecklich beleidigend und erniedrigend, wenn dir ins Angesicht gelogen wird! Ich darf meine persönlichen Gefühle nicht mit hineinbringen, aber trotzdem macht es mich immer noch fuchsteufelswild!"

„Sieh mal, Carla, ich weiß, du meinst, daß du hinter etwas noch größerem hinterher bist als Watergate. Aber du kennst auch die allgemeine Einstellung unter Verlegern zur *Parapsychologie*. Das ist etwas für die Sensationspresse. Eine seriöse Zeitung oder Zeitschrift würde dieses Thema nicht einmal mit einem ferngesteuerten Roboter anfassen. Wenn Khorev ein Physiker oder ein Romanschriftsteller oder vom Militär oder ein Sportler oder beinahe alles andere wäre — aber ein *Parapsychologe!* Das ist das Todesurteil für deine Story. Die meisten Verleger würden sagen: ‚Oh, ein weiterer Uri Geller, was? Nun, diese Modewelle ist zum Glück vorüber. Vielen Dank, aber wir sind nicht interessiert.'"

„Er ist kein Medium, zum Donnerwetter. Er ist ein Wissenschaftler, der Nachforschungen über Medien anstellt — und er ist einer der brillantesten in der ganzen Welt!"

„Die meisten, wenn nicht sogar alle Medien, sind Schwindler. Warum muß er da so brillant sein, um sie zu überprüfen?"

„George, der CIA ist bis über beide Ohren in die Sache verwickelt."

„Woher weißt du das?"

„Ich darf noch nichts darüber sagen, aber ich weiß es seit einigen Jahren. Jedenfalls ist bekannt, daß der CIA zu einem gewissen Grade mit Parapsychologie zu tun hat. Wenn *die* es ernstnehmen, dann sollte das der Sache einiges an Glaubwürdigkeit geben."

„Oh, jetzt hast du mich aber wirklich überzeugt. Soll ich dich an einige von den absolut verrückten Sachen erinnern, bei denen der CIA mitgemischt hat, die Böcke, die er geschossen hat, die stümperhaften, behämmerten Attentatspläne auf Castro, Lumumba und andere — daß sie mit Leuten wie Noriega zusammengearbeitet haben, die endlose Liste der Lügen und Falschinformationen?"

„Vergiß es. Ich habe Woodward, Agee, Marchetti, Stockwell und Snepp gelesen — all die Exposés von ehemaligen Agenten." Sie schwieg und sah mißmutig den Eiffelturm an. „Na gut, wenn ich einen alten Freund wie dich nicht interessieren kann —"

„Ich bin interessiert. Das weißt du. Ich erinnere dich bloß daran, wogegen du ankämpfst."

„Tu's bitte nicht. Das höre ich schon seit Jahren. Aber ich sage dir, da geht *etwas* vor sich, was völlig außerhalb des Üblichen ist."

„Überzeuge mich."

„Nun, du weißt doch, warum ich hier bin. Dies ist der erste Internationale Kongreß der Parapsychologie. Auf der ganzen Welt hat es noch nie zuvor einen gegeben. Und das hier ist auch kein Haufen abgehobener Professoren, die in ihren Elfenbeintürmen sitzen und Theorien diskutieren. Die Teilnehmer sind offizielle Regierungsvertreter, die über konkrete Anwendungen psychischer Kraft sprechen und die sehr besorgt sind."

„Was für Anwendungen zum Beispiel?"
„Schau, ich habe nicht die Zeit, dir das zu erklären."
„Da liegt das Problem, Carla. Es ist immer so vage."
„George, es ist nicht vage — das kannst du glauben. Aber hab doch ein bißchen Erbarmen mit mir — ich muß dieses Gespräch bezahlen. Die Russen sind so besorgt, daß Khorev in seiner Rede heute morgen, die an den gesamten Kongreß gerichtet war, internationale Kontrollen gefordert hat und freien Austausch von Informationen — und er war todernst, als er vor den Gefahren psychischer Kraft gewarnt hat!"
„Aber du meinst, daß man ihn in aller Eile zum Flughafen bringen wollte, um ihn zurück nach Moskau zu schicken?"
„Es gibt keine andere Erklärung für das, was ich persönlich gesehen und erlebt habe. Wir hätten beide getötet werden können!"
„Dann waren die Russen offensichtlich nicht glücklich über seine Rede."
„Ich spreche nicht von seinem Vortrag. Das war eine vorbereitete Erklärung, die er auf Anweisung seiner Regierung hin verlesen hat."
„Glaubst du, er hat sie abgeändert?"
„Nein, es steckt noch irgend etwas anderes dahinter. Allerdings kann mir mein Freund im Polizeihauptquartier hier in Paris auch nicht weiterhelfen. Ein russischer Spitzenwissenschaftler läuft über, und einer von ihrer Delegation muß irgendwo halbtot im Krankenhaus liegen, und man hört keinen Piep."
„Hast du die Krankenhäuser kontrolliert?"
„Jedes einzelne. Sie haben wirklich den Deckel drauf! Die amerikanische Botschaft geht sogar soweit, mir — *mir, der Person, die ihn hereingebracht hat* — zu sagen, es gäbe überhaupt keinen Khorev. Einen Überläufer zu verstecken, das ist die übliche Prozedur. Aber man sagt der Welt, daß man ihn hat, und die andere Seite stimmt ein lautes Geschrei an, man solle ihn freigeben. Warum sagt niemand auch nur ein Wort? Da gibt es etwas, was ich nicht verstehe. Und was es auch ist — es muß eine große Sache sein, eine sehr große Sache!"
„Nun, ich gebe zu, es stinkt schlimmer als gewöhnlich. Soweit stimme ich dir zu."
„Und um dem Ganzen die Krone aufzusetzen, ist auch Dr. Frank Leighton, der Leiter der amerikanischen Delegation, verschwunden. Ich gehe mit dir jede Wette ein, daß er im Moment in derselben Maschine sitzt wie Khorev und mit ihm in die USA fliegt. Ach, und da ist noch etwas: Leighton hat seit Jahren für den CIA gearbeitet!"
„Das haben auch eine Menge anderer Leute."

„Er ist nicht bloß ein bezahlter Informant — er beschäftigt sich mit geheimer Forschung, die einfach unglaublich ist. Aber selbst darüber kann ich noch nicht schreiben. Ich habe es die ganze Zeit zurückgehalten, weil es mir im Vertrauen mitgeteilt wurde."

„Gut, was soll ich für dich tun?"

„Denk einfach an das, was ich dir erzählt habe und informiere mich über alles, was über den Draht hereinkommt und auch nur im entferntesten mit dieser Story zu tun haben könnte."

„In Ordnung. Ich kann dich unter dieser Nummer in Paris erreichen, oder? Und danach in Washington?"

„Nein, wenn dieser Kongreß am Samstag endet, werde ich nur kurz in Washington haltmachen, um ein paar Dinge mitzunehmen. Danach werde ich nach Kalifornien gehen. Ich werde dich anrufen, wenn ich da bin."

„Kalifornien?"

„Ich gehe nur ungern. Es wird schmerzvoll sein."

„Ken?"

„Ich glaube, ich habe keine andere Möglichkeit. Er steht immer noch in loser Verbindung mit Leighton, und auf diese Weise werde ich Khorev finden." Ihr Blick war weitergewandert. Sie sah auf die Rue Debarcadere und den Place Ferdinand herunter. Einen Moment lang hatte sie ein schreckliches Bild durch einen Rückspiegel vor Augen, wie „Pavlov" von dem Tisch abprallte und durch das Glasfenster flog. Sie schauderte — und dann breitete sich ein Lächeln auf ihrem Gesicht aus. *Das geschieht dir recht, du mieser Gorilla! Ich wüßte zu gerne, was du gerade denkst.*

„Bist du noch dran, Carla? Hallo?"

„Tschuldigung — ich habe gerade an etwas denken müssen. Eines Tages werde ich dir eine unglaubliche Story geben, George! Das verspreche ich dir. Wir sprechen uns später wieder."

Sie legte auf und stand eine Weile am Fenster, von wo aus sie hinunter auf den Place Ferdinand sah und in Erinnerungen schwelgte. Dann kam es ihr plötzlich. *Oh mein Gott, warum habe ich nicht schon eher daran gedacht? Sie werden mich suchen! Sie kennen mich zwar nicht, aber sie kennen mein Auto!*

Sie kramte in ihrer Handtasche herum, fand ihre Mietpapiere und wählte hastig eine Nummer. Als jemand antwortete, begann sie, rasch französisch zu sprechen. „Carla Bertelli hier. Ich habe heute morgen am Flughafen Orly ein blaues Peugeot 205 Cabrio abgeholt. Ja, ich weiß, es war für eine Woche, aber ich kann es nicht mehr fahren. Nein, mit dem Auto ist alles in Ordnung, nur mit mir nicht. Ich bin im Moment nicht fähig, zu fahren. Es wird jemand kommen müssen, um es abzuholen. Ich bin im Palais des Congres. Stornierungsgebühren, Abholgebühr oder was sonst noch anfällt, sind mir gleichgültig. Es ist mir egal, was es kostet. Und wenn jemand innerhalb der nächsten Stunde hier sein kann, wird es noch 100 Franc *pour boire* geben. Ich werde in der Eingangshalle beim Haupteingang warten."

* * *

Viktor hatte heftig protestiert, als man ihn plötzlich aus einem Hintereingang der Botschaft hinaus und zu einer dort wartenden Limousine führte, ohne daß er Carla Bertelli noch einmal dafür danken konnte, daß sie ihm das Leben gerettet hatte. „Es ist äußerst wichtig, sie aus Frankreich heraus und sicher in die Vereinigten Staaten zu bekommen", hatte Jorgensen gedrängt, „bevor die Russen einen internationalen Protest anzetteln."

„Aber was ist mit Fräulein Bertelli?" hatte er gefragt. „Sie wartet auf mich, wissen Sie."

„Einer meiner Assistenten wird ihr alles erklären. Sie wird es verstehen."

Nun wurde ein Gefühl der Euphorie immer stärker, bis er meinte, er müsse vor Freude und Erleichterung platzen. Auf dem Weg zum Flughafen fuhr Viktor ständig mit seiner Hand über die Aktentasche, die er auf seinem Schoß umklammert hielt, um sicherzugehen, daß sie noch da war. Es schien alles so unwirklich zu sein, besonders, als er, ohne durch die Paß- oder Zollkontrolle zu gehen, an Bord eines großen, schnittigen Düsenjets eskortiert wurde, der offenbar irgendeiner Behörde der Regierung der Vereinigten Staaten gehörte. Er wurde mit ausgesuchter Höflichkeit und Aufmerksamkeit behandelt, als sei der Flug und jeder an Bord nur für sein Wohl da. Es dauerte nicht lange, bis er erkannte, daß es in der Tat so war.

Sobald das Flugzeug seine Reiseflughöhe erreicht hatte, wurde Viktor zum Zentrum der Aufmerksamkeit — einer Aufmerksamkeit, die zunächst mit Fragen begann, die ernsthaftes Interesse an ihm als Person zu zeigen schienen, die sich aber bald in ein intensives und schließlich äußerst strapaziöses Verhör verwandelten. Etwa eine Stunde lang schien es ihm nichts auszumachen. Es war alles so wunderbar und erstaunlich, daß er beinahe zu berauscht war, um die Fragen zu beantworten, die in rascher Folge auf ihn abgefeuert wurden. Aber schließlich verschwand das Surrealistische, und die Wahrheit wurde zur kalten Realität. Er befand sich hoch über dem Atlantischen Ozean und bewegte sich mit rasender Geschwindigkeit auf Washington D.C. zu, und irgendwann dämmerte ihm, daß seine Mitpassagiere alle entweder zum Botschaftspersonal gehörten oder CIA-Agenten waren. Er war sich inzwischen sicher, daß die Leute, die ihn vernahmen, zum CIA gehörten.

„Doktor, es tut uns leid, daß wir Ihnen so viele Fragen stellen, aber Sie werden sicher verstehen, warum wir so gründlich wie möglich vorgehen müssen. Es ist sowohl zu Ihrem als auch zu unserem Schutz." Jorgensen hatte das mindestens fünfmal gesagt, aber es klang ehrlich, und Viktor schätzte seine Besorgtheit, auch wenn sie übertrieben zu sein schien. Schließlich lehnte sich Viktor völlig erschöpft von der Anstrengung in seinem Sitz zurück.

Die Sitze waren so angeordnet, daß sich die Passagiere auf beiden Seiten des Flugzeugs gegenübersaßen. Viktor befand sich in der Mitte der rechten Reihe mit dem Gesicht zum hinteren Teil des Flugzeugs, und fünf andere Männer saßen um ihn herum. Drei von ihnen waren offensichtlich Vernehmungsbeamte. Dann waren da noch Jorgensen und ein Berater. Es gab mindestens noch ein Dutzend weitere Männer an Bord des Flugzeugs, aber bisher hatte er noch keinen Kontakt mit ihnen gehabt, obwohl sie anscheinend zu seiner Eskorte gehörten. Als er sich umsah, bemerkte er mehrere Männer, die mit Telephonaten beschäftigt waren. Es war eine eindrucksvolle Operation.

„Falls es Ihnen nichts ausmacht, berichten Sie uns doch noch einmal der Reihe nach, warum sie überlaufen wollten, Doktor." Warum sagte er das immer wieder? Wenn es ihm etwas ausmachte — und das tat es —, konnte er es nicht sagen. Diese Höflichkeit schien so überflüssig zu sein, und verglichen mit der Art, wie zum Beispiel das Komitee daheim auf dem Stützpunkt arbeitete, erschien sie ihm wirklich seltsam.

„Nun, wie ich bereits gesagt habe", begann Viktor wieder müde, „die Tatsachen und Hinweise, die ich in den letzten fünf Jahren gesammelt habe — und ich habe so viel davon, wie ich tragen konnte, in meiner Aktentasche — haben mich in Richtungen geführt, die ich in einer marxistischen Gesellschaft, in der der Materialismus die Heilige Kuh ist, nicht weiterverfolgen konnte. Ich muß Ihnen sicherlich nicht erzählen, daß man in Rußland wenig Freiheit für selbständiges Denken hat, und ich hungere nach Freiheit. Ich brauche Freiheit für meine Forschung, die mein ganzes Leben ist — und persönliche Freiheit, um einfach Mensch zu sein." Er hielt inne und zuckte die Schultern. „Und das ist eigentlich schon alles."

„Und der Kongreß in Paris war Ihre erste Gelegenheit zur Flucht?"

„Ich bin kein Mitglied der kommunistischen Partei, und bin es nie gewesen, und ohne diese Mitgliedschaft kann man das Land nicht verlassen — selbst von den Parteimitgliedern dürfen nur sehr wenige jemals in den Westen. Und es gibt einfach keine Möglichkeit, über die Grenze nach Finnland oder in die Türkei zu fliehen — zumindest keine, die auszuprobieren ich gewagt hätte. Sie hätten mich nicht zu dem Kongreß geschickt, wenn es nicht nötig gewesen wäre, um der Delegation eine gewisse Glaubwürdigkeit zu verleihen. Abgesehen von mir hat jeder der sogenannten ‚Delegierten' für den KGB gearbeitet."

* * *

In einem durch Vorhänge abgeteilten Abschnitt des Flugzeugs weiter vorne saß Frank Leighton mit gelöstem Schlips, müde, aber auch deutlich nervös. Neben ihm saßen zwei andere Männer: der beste Sowjet-Experte der Botschaft und der Leiter der Abteilung Westeuropa beim CIA. Sie verfolgten aufmerksam Khorevs Verhör über die interne Fernsehanlage.

„Ich glaube nicht, daß er ein Spitzel ist", sagte der Botschaftsbeamte etwa zum sechsten Mal. Er selbst war vor 20 Jahren aus Rußland geflohen. Alles an Khorev wirkte echt. Das sagte ihm nicht nur seine genaue Kenntnis des russischen Systems, sondern auch sein Instinkt.

„Ich *weiß*, daß er kein Spitzel ist", beharrte Leighton. „Er ist zu wichtig für sie, um ihn zu riskieren — und ich brauche ihn sofort in Kalifornien!"

„Es ist völlig unmöglich, daß Sie ihn jetzt schon arbeiten lassen", protestierte der Abteilungsleiter des CIA. „Das können Sie vergessen." Und dann fügte er noch warnend hinzu: „Er wäre nicht der erste große Fisch, den sie uns vor die Nase geworfen haben."

„Er ist kein großer Fisch", gab Leighton zurück. „Er ist ihr Spitzenmann in der Parapsychologie! Sie können es sich unmöglich leisten, ihn für solche Zwecke einzusetzen. Können Sie sich vorstellen, wie weit es sie zurückwerfen wird, wenn sie ihn verloren haben?"

„Ich meine immer noch, daß er ein Spitzel sein könnte", warnte der Wachhund vom CIA. „Wir müssen ihn auf Eis legen, bis wir ihn gründlich durchleuchten können."

„Was wollen Sie mit ihm machen?" wollte der Sowjet-Experte wissen. „Wollen Sie ihn so behandeln wie Yuri Nossenko, den Sie drei Jahre lang in einen winzigen Raum eingesperrt haben? Sie haben die Daumenschrauben immer enger gedreht und versucht, ihn zu brechen, nur weil irgend jemand Angst hatte, er sei ein Doppelagent."

„Fangen Sie nicht immer wieder damit an", gab der CIA-Mann zurück. „Ich weiß, Yuri war ihr Freund, aber das ist ein Einzelfall, ein schlimmer Fehler – und es sind auch jede Menge Fehler in der anderen Richtung gemacht worden. Vergessen Sie Fedora und Tophat nicht. Ihre Fehlinformationen über die russischen Interkontinentalraketen haben uns jahrelang in die Irre geführt. Und was ist mit Oberst Penkovsky? Der erklärte Liebling des britischen Geheimdienstes, und auch unseres Geheimdienstes – angeblich der größte Coup der westlichen Geheimdienste in diesem Jahrhundert. Und Sie wissen, was für Zweifel an seiner Person heute bestehen. Ich will einfach sicher sein."

„Man kann nicht *sicher* sein. Lügen werden Wahrheit, Überläufer entpuppen sich als Spitzel, einige unserer eigenen Agenten arbeiten für die andere Seite. Überall sind Maulwürfe, und sehr bald traut man nicht einmal mehr seinem eigenen Urteil oder einem Beweis, den man schwarz auf weiß vor sich liegen hat." Er warf die Hände nach oben. „Alles ist ein kalkuliertes Risiko."

Leighton hatte sich absichtlich aus ihrer Diskussion zurückgezogen. Was ihn anging, so war es sowieso irrelevant. Er hatte bereits ein Telephonat mit dem Leiter der Hauptzentrale des CIA angemeldet und würde sich mit seiner Bitte direkt an ihn wenden. Als die beiden anderen bemerkten, daß Leighton kein Interesse an ihrer Diskussion hatte, lehnten auch sie sich zurück und betrachteten schweigend den Bildschirm. Khorev ging jetzt mehr ins Detail als zuvor und berichtete über das letzte Experiment.

„Dies war das dritte Medium, das wir verloren. Er hatte seinen Körper verlassen – das ist zumindest mein augenblickliches Verständnis – und erkundete ein Ziel, von dem der KGB uns mehrere Bilder gegeben hatte ... ein ziemlich großer Komplex, der angeblich bei Palo Alto liegt. Man sagte uns, daß es sich um ein Labor des CIA für Parapsychologie handele."

Die Männer, die um Khorev herum saßen und ihn befragten, tauschten skeptische Blicke aus. Im vorderen Teil des Flugzeugs setzte sich Leighton plötzlich kerzengerade auf und beugte sich dann auf der Vorderkante seines Sitzes vor.

„Hat er beschrieben, was er sah — irgendwelche interessanten Details?"

Viktor nickte. „Ja, aber es war mehr als eine bloße Beschreibung. Ich habe ein Gerät entwickelt, mit dessen Hilfe man das Bild in einem menschlichen Gehirn auf einen Videofilm übertragen kann. Meine Aktentasche — jemand hat sie mir abgenommen, als ich an Bord kam ..." Viktor sah sich fragend um, und sein Gesichtsausdruck zeigte einen leichten Anflug von Besorgnis.

„Wir können sie holen, falls Sie sie brauchen."

„Sie enthält einige Dinge, die ich wirklich erklären muß", sagte Viktor eilig.

„Sie werden später genügend Zeit dafür haben. Was wollten Sie gerade sagen?"

„Ich habe darin eine Videokassette von dem, was unser Medium sah. Ich nehme an, Sie haben von Dr. Frank Leighton gehört — er ist einer Ihrer besten Parapsychologen. Sie werden ihn flüchtig auf dem Video sehen."

Hinter dem Vorhang sahen der Sowjet-Experte und der leitende CIA-Mann Leighton fragend an. Er stand unvermittelt auf. „Das geht jetzt zu weit. Ich will, daß das Verhör beendet wird — *sofort*. Ich werde die volle Verantwortung dafür übernehmen." Er zog den Vorhang zur Seite, und alle drei eilten den Gang hinunter.

„Er war zweifellos tot", sagte Khorev gerade, als sie hinter ihm ankamen. „Und dieser mehrfach gebrochene, leblose Arm — der einen Filzschreiber hielt, den keiner von uns je zuvor gesehen hatte — schrieb in griechischen Buchstaben die Botschaft: ‚Prometheus muß sterben. Archont.'"

Als Viktor dem Blick der Männer folgte, die ihm gegenübersaßen, und sich umdrehte, war er erstaunt zu sehen, wer dort stand und zuhörte. Leighton beugte sich vor und klopfte Viktor auf die Schulter. Überrascht und überwältigt vor Freude streckte Viktor seine Hand empor, und die beiden Männer begrüßten sich mit einem warmen Händedruck.

„Ich habe Sie heute beim Mittagessen vermißt", witzelte Leighton,

„aber ein Abendessen wäre auch nicht schlecht. Und ich glaube, wir sind beide gleichermaßen erfreut darüber, daß Ihr ‚Assistent' nicht mithören wird."

Viktor brachte ein schwaches Lächeln zustande. „Sie müssen mir noch sagen, woher Sie wußten, wer er war."

„Oh, ich werde Ihnen das und eine ganze Menge anderer Dinge noch rechtzeitig erklären. Chernov ist ein übler Bursche — er füllt eine unserer dicksten russischen Akten. Aber Sie brauchen sich seinetwegen nicht mehr zu sorgen."

„Das ist wahr!" rief Viktor aus, und dann wiederholte er die Worte, als ob er gerade erst begann, seine neue Freiheit zu verstehen. „Sie haben recht — kein Chernov mehr! Sie können sich nicht vorstellen, was das bedeutet!" Die Anspannung löste sich, und er brach gemeinsam mit Leighton in ein erfrischendes Lachen aus.

„Ich hatte mich darauf gefreut, Ihnen die Sehenswürdigkeiten von Paris zu zeigen", ergänzte Leighton ein wenig wehmütig. „Aber wie wäre es statt dessen mit Washington D.C.? Und danach San Francisco?"

„Es ist einfach zu schön, um wahr zu sein." Viktors Stimme klang erstickt. „Bin ich wirklich hier? Geschieht das wirklich alles mit *mir?*"

„Sicherlich. Wir freuen uns für Sie. Und Sie können auf uns zählen. Wir werden Ihnen in jeder Weise behilflich sein. Ich glaube, es ist an der Zeit, daß wir alle etwas trinken und uns bis zum Abendessen etwas entspannen."

※ ※ ※

Mitten beim Abendessen wurde Leighton ans Telefon gerufen. Es war der Leiter der Hauptzentrale des CIA, der zurückrief.

„Wenn ich richtig verstehe, haben Sie Khorev", sagte der Direktor.

„Richtig. Deshalb habe ich angerufen."

„Herzlichen Glückwunsch! Ich werde später hören, wie es passiert ist. Was für einen Eindruck macht er?"

„Absolut sauber. Ich meine, dies ist *Viktor Khorev* — der Viktor Khorev. Es gibt gar keinen Zweifel. Und er macht keine Spielchen."

„Ich neige dazu, dem zuzustimmen, einfach aufgrund dessen, wer er ist."

„Wir haben seine gesamte Aktentasche inspiziert. So etwas haben Sie noch nicht gesehen. Er hat uns einen wahren Schatz an Unterlagen mitgebracht. Ich garantiere Ihnen, er hat nichts zurückgehalten."

„Das ist ein gutes Zeichen. Und?"

„Ich muß ihn sofort draußen in Kalifornien haben."

„Das ist nicht der übliche Weg."

„Ich weiß, daß es ungewöhnlich ist, aber dies ist eine einmalige Situation."

„Sie wissen, daß ich von einigen von der alten Garde Druck bekommen werde."

„Ich weiß, aber sehen Sie denn nicht, daß Khorev eine Schlüsselrolle dabei spielen könnte, die Zustimmung der gesamten Welt für den Plan zu bekommen? Das sollten Sie bedenken!"

Am anderen Ende der Leitung war es lange Zeit still. Als der Direktor endlich sprach, lag unterdrückte Erregung in seiner Stimme — Erregung, die er sonst in seinem Berufsleben niemals an die Oberfläche ließ, die er jedoch jetzt, als er die Bedeutung von Leightons Worten erfaßte, kaum noch unterdrücken konnte. „Sie haben ihn. Unter einer Bedingung: Er darf das Gelände nicht verlassen. Er muß dort rund um die Uhr bewacht werden — zu seinem und zu unserem Schutz."

„Ich werde dafür sorgen!" erwiderte Leighton.

„Und hören Sie: Dieses Projekt ist so geheim, daß Khorev ein toter Mann ist, falls er je einen Zentimeter aus der Reihe tanzt!"

„Wollen Sie, daß ich ihn auf der Durchreise nach Langley bringe, damit er Sie kennenlernt?"

„Ich reise morgen in den Mittleren Osten. Ich werde vorbeikommen, wenn ich das nächste Mal an der Westküste bin. Dies ist ein großer Durchbruch — nochmals meinen Glückwunsch!"

* * *

Als das Abendessen beendet war, winkte Leighton Viktor, ihm zu folgen. Gemeinsam gingen sie ins Heck der Maschine, wo die anderen sie nicht hören konnten.

„Das, worüber ich jetzt sprechen will, ist so geheim", sagte Leighton in vertraulichem Ton, legte eine Hand auf Viktors Schulter und lehnte sich dicht an ihn, „daß außer mir — und gleich auch Ihnen — niemand an Bord dieses Flugzeuges davon weiß. Erwähnen Sie es also niemandem gegenüber — und sprechen Sie nicht über Ihr Video oder Ihre

Arbeit, ganz gleich, wer fragt. Ich habe Anweisung gegeben, daß Sie niemand mehr verhören soll. Sollte also jemand versuchen, das zu tun, rufen Sie mich einfach." Er machte eine kurze Pause und lächelte Viktor freundlich an.

„Ich bin wirklich sehr freundlich behandelt worden."

„Und das wird auch immer so bleiben", sagte Leighton ernst. „Nun weiß ich leider nicht, was für Erwartungen Sie haben. Ich meine, was wollten Sie in Amerika tun?"

„Ich möchte natürlich meine Forschungen hier fortsetzen — wenn es einen Platz gibt, wo ich hineinpasse." Er sah Leighton fragend an. Ihm war klar, daß das, was er im Sinn hatte, zuviel verlangt wäre — zumindest in diesem frühen Stadium. „Ich hatte gehofft, daß ich etwas über Ihre Forschungen erfahren könnte, aber ich weiß, daß das wahrscheinlich sehr geheim ist."

„Das ist kein Problem. Ich würde Ihnen gerne alles zeigen."

„Das würden Sie tun? Es wäre wundervoll!" Viktor bekam das Gefühl, daß er und Leighton gute Freunde werden würden. „Ich hoffe, ich kann Sie manchmal sehen — ich meine, ich weiß ja nicht, wohin man mich bringen wird."

„Das ist eigentlich Ihre Entscheidung."

„Wirklich?" Viktor wollte seinen Ohren nicht trauen. Aber andererseits war dies der Westen, und er war auf dem Wege nach Amerika, dem Land der Freiheit. Das gab ihm den Mut, noch eine Bitte zu äußern. „Es gibt jemanden, den ich seit Jahren kennenlernen möchte."

„Und wer ist das?"

„Dr. Ken Inman. Ich habe einige seiner Abhandlungen gelesen und halte seine Theorien für besonders herausfordernd. Aber er scheint verschwunden zu sein. Ich habe in letzter Zeit nichts mehr von ihm gesehen." Irgend etwas in Leightons Augen, das Viktor sich nicht erklären konnte, veränderte sich leicht. Jetzt befürchtete er, daß er seine Grenzen überschritten hatte. „Es tut mir leid — ich sollte nicht ganz so freimütig sein. Schließlich kennen wir uns kaum."

„Nein, das ist schon ganz in Ordnung. Sie möchten also Inman kennenlernen. Wissen Sie, er hat seit etwa zwei Jahren auf diesem Gebiet nichts mehr getan."

„Ist er in den Ruhestand getreten? Ich hatte gemeint, er sei recht jung gewesen."

Leighton dachte an eine Möglichkeit, die recht vielversprechend aussah. „Ich bin sicher, ich kann ein Treffen mit ihm arrangieren. Das wäre kein großes Problem. Aber ob er bereit sein wird, über seine parapsychologischen Forschungen zu sprechen — das ist eine andere Frage. Aber was Sie angeht — ja, ich glaube, Sie könnten vielleicht in der Lage sein, etwas zu tun, was wir anderen erfolglos versucht haben: Sie könnten sein Interesse wieder wecken."

Viktor verstand nicht, was Leighton meinte und wußte nicht, wie er reagieren sollte. Sie sahen einander schweigend an. Schließlich legte Leighton seine Hand erneut auf Viktors Schulter, und sein Ton wurde wieder vertraulich.

„Sie haben vielleicht auf einen kleinen Urlaub gehofft, und ich kann das wahrscheinlich später arrangieren. Aber es gibt da eine ziemlich dringende Angelegenheit, und ich habe mich gefragt, ob Sie vielleicht bereit wären, sich mir und meinen Mitarbeitern in jener besonderen Forschungseinrichtung in Kalifornien anzuschließen?"

Viktors Augen leuchteten auf, und ein Lächeln begann, sich auf seinem Gesicht auszubreiten. „Meinen Sie das ernst? Ist das möglich?"

„Ich muß erst noch von den Sicherheitsorganen die Unbedenklichkeitserklärung für Sie bekommen, was normalerweise in diesem Stadium nicht getan wird. Aber ich setze großes Vertrauen in Sie." Er blickte prüfend in Viktors Augen. „Sie werden mich nicht im Stich lassen, oder?"

„Niemals!" sagte Viktor ernsthaft. „Dies ist solch eine Ehre. Ich habe nie gewagt, von so etwas zu träumen!"

Leighton nahm seinen Arm. „Sie werden fasziniert sein von dem, was wir dort tun. Und vergessen Sie nicht: Niemand sonst in diesem Flugzeug weiß von diesem Projekt. Also sagen Sie kein Wort davon."

Leighton winkte Viktor zu einem Sitz hinüber. Sie setzten sich und Leighton beugte sich zu ihm hinüber. „Das, womit wir uns dort draußen beschäftigen, ist die aufregendste Herausforderung, die mir je begegnet ist. Lassen Sie mich ein wenig davon erzählen. Der Deckname ist ‚Projekt Archont'."

17. Ein überraschender Vorschlag

Carla verlangsamte ihren Mietwagen und fuhr im Schneckentempo weiter. Nostalgische Erinnerungen stiegen auf und spülten wie Wellen über sie hinweg. Die sich windende Straße, die eleganten neuen Häuser, die weit weg von der Straße auf großen Grundstücken standen, das hügelige Vorland der Berge und — schließlich — das Haus, das sie nicht mehr gesehen hatte, seit es sich im Rohbau befunden hatte — all das schien sie an einen Traum zu erinnern, den sie seit langem vergessen hatte. *Es ist wunderschön, aber ich kann nicht glauben, daß er zwei Jahre lang allein in diesem riesigen Haus gewohnt hat! Ich bin sicher, daß er nicht geheiratet hat — zumindest habe ich nichts gehört. Es gibt bestimmt eine Menge Frauen, die an ihm interessiert wären! Wahrscheinlich hat er schon eine im Visier, wenn er nicht sogar inzwischen verlobt ist.*

Das Haus, das auf einem steil ansteigenden, von Efeu eingerahmten Rasengrundstück am Ende der Sackgasse lag, verkörperte alles, was sie sich erträumt und erhofft hatte — in einer anderen Zeit, die ihr jetzt unwirklich erschien. Die niedrige, sich ausbreitende Silhouette des überstehenden Daches aus beigen Schindeln fügte sich gut in die üppig gestaltete Landschaft aus majestätischen Nadelbäumen, blühenden Azaleen und Rhododendren ein. Die prachtvollen Lebenseichen, die man hatte stehen lassen, vollendeten die geschmackvolle, künstlerische Gestaltung, die so gut zu dem Hintergrund aus bewaldeten Hügeln gleich hinter dem Grundstück paßte. Als Carla es zuletzt gesehen hatte, war es kaum mehr als ein Stück unbebautes Land gewesen.

Sie war direkt vom Flughafen gekommen und war noch nicht einmal in ihrem Hotel gewesen. Zunächst hatte sie überlegt, ob sie von dort aus anrufen sollte, aber das hätte es nur noch schmerzvoller gemacht. Es mußte eine Überraschung für ihn sein — und sie wußte, daß sie es sofort hinter sich bringen mußte, denn später würde sie vielleicht nicht mehr den Mut aufbringen, ihm gegenüberzutreten. Mut? Sie schien keinen mehr zu besitzen. Statt dessen wuchsen ihre Verlegenheit und ihre Befürchtungen. Sie mußte sich zwingen, jene wohlbekannten breiten Stufen zum Vorbau emporzusteigen und zu klingeln. *Vielleicht ist er nicht einmal zu Hause. Ist irgendwo auf Reisen — oder wer weiß was. Ich hätte erst anrufen sollen. Es ist verrückt, was ich hier mache!* Einige lange, angstvolle Momente vergingen, ehe sie die vertrauten Schritte hinter der Tür hörte. Dann schwang sie auf und da stand er, mit einem schockierten und ungläubigen Staunen auf dem Gesicht.

„Carla!?"

„Erinnerst du dich an den Cartoon, wo der Mann erst das Flugzeug nahm, dann das Kanu und schließlich mit einem Hundeschlitten reiste, um eine Hütte tief in der Antarktis zu erreichen, und dann sagte: ‚Ich war gerade in der Gegend und wollte mal vorbeischauen?' Nun, ich war gerade in *dieser* Gegend. Ich mußte nur von D.C. bis hierher fliegen — keine Kanus oder Hundeschlitten."

Er lachte nicht über ihren kleinen Witz — er lächelte nicht einmal. Er schien so perplex zu sein, daß er nicht einmal daran dachte, sie hereinzubitten. Es war schließlich eine ungeheure Überraschung.

„Eigentlich", fuhr Carla fort, „bin ich hinter einer Story her. Und ich brauche unbedingt deine Hilfe, sonst wäre ich nicht hier." Ihre Stimme zitterte etwas, als sie versuchte, die sorgfältig überlegten Worte mit einem auf einmal sehr trockenen Mund hervorzubringen.

Das ist typisch Carla — sie hat sich nicht verändert. Schroff, aufrichtig, ohne Fassade. Und das ist einer der vielen Gründe, warum ich sie so sehr liebe. Ken stand einfach da — es kam ihm und auch ihr wie eine Ewigkeit vor — und versuchte, sich klarzumachen, daß seine Augen und Ohren ihn nicht täuschten, daß es Wirklichkeit war. Carla stand tatsächlich da, schöner denn je, vor ihm auf der vorderen Veranda des Hauses, von dem sie geträumt und das sie gemeinsam geplant hatten.

„Nun, komm herein", brachte er schließlich hervor, öffnete die Tür und trat zur Seite. „Du weißt, ich werde tun, was ich kann, um dir zu helfen."

„Ich weiß. Deshalb bin ich gekommen." Sie trat herein. Ihr weiter Rock streifte ihn, als sie vorbeiging. Jetzt nahm er ihr Parfüm wahr. Es war seine Lieblingssorte. Er hatte versucht, sie zu vergessen und geglaubt, daß er es recht gut geschafft hatte. Er wußte, daß es das Beste so war. Er war mit mehreren anderen Mädchen ausgegangen, aber keine von ihnen schien die Richtige zu sein. Und jetzt, plötzlich, gegen seinen Willen, fühlte er wieder diese überwältigende Anziehungskraft. *Reiß dich zusammen, Inman! Es ist vorbei.*

Sie standen im Eingang und sahen einander wortlos an. Sie suchte in seinem Gesicht nach Narben, fand aber keine. „Es ist schön zu sehen, wie unglaublich gut du dich von dem Unfall erholt hast. Geht es dir so gut, wie du aussiehst?"

Er nickte. „Vollkommen in Ordnung, wie der Arzt sagt. Und deine Arbeit? Ich gebe zu, daß ich nicht viele von deinen Artikeln gesehen

habe – ich lese wohl nicht mehr die richtigen Zeitschriften."
„Du brauchst dich deswegen nicht zu entschuldigen. Ich hätte auch nichts anderes erwartet." Sie betrachtete das schlicht, aber gemütlich möblierte Wohnzimmer gleich hinter der Eingangshalle. Seine großen Fenster reichten vom Boden bis zur hohen Balkendecke und gewährten einen atemberaubenden Blick hinunter auf die ferne Stadt. Die große, gemauerte Feuerstelle mit dem erhöhten Kamin, der in die Ecke am anderen Ende des Raumes eingebaut war und sie mit einer eleganten Rundung ausfüllte, war eine ihrer vielen kreativen Ideen gewesen. Die Pläne, an denen sie gemeinsam gearbeitet hatten, hatten sehr viel mehr von ihrem Geschmack verkörpert als von seinem. *Er hat es genau so gebaut – und wohnt trotzdem darin!*

Einen Augenblick lang sah sie wieder, wie sie beide Hand in Hand über das unbebaute Land geschlendert waren, und dann, wie sie fröhlich auf dem Fundament des Hauses herumwanderten, auf dem die Raumaufteilung bereits aufgezeichnet worden war – und dann schließlich das letzte Mal, kurz nachdem der Rohbau fertiggestellt war, kurz vor dem Unfall, wie sie wie spielende Kinder waren und gemeinsam durch „ihr Heim" gingen, aufgeregt, weil sie zum ersten Mal einen Eindruck von der wirklichen Größe und Anordnung der Räume bekamen. Sie legte rasch eine Hand auf ihren Mund, um ihre zitternden Lippen vor Ken zu verbergen. Die überraschende Woge von Gefühlen – Gefühlen, die sie für längst erstorben gehalten hatte – kam völlig unerwartet für sie. Sie war überrascht über ihre Intensität.

Er führte sie ins Wohnzimmer, zog für sie einen Sessel an den Kamin und setzte sich neben sie. Eine Weile saßen sie dort in verlegenem Schweigen.

„Hast du schon zu Abend gegessen?" fragte Ken schließlich. „Mama bereitet es gerade zu." Als er ihren erstaunten Blick sah, erklärte er: „Mein Vater ist kurz vor Weihnachten gestorben. Und ich habe hier dieses große Haus, weißt du, das wir..." Seine Stimme stockte und er wandte sich kurz ab. Dann schaffte er es, weiterzusprechen: „Nun, sie ist jetzt hier und wohnt bei mir. Die Winter sind ziemlich streng in Maine. Sie behält das Haus in Maine für die Enkelkinder, für den Sommer. Es liegt direkt an der Bucht – nun, du erinnerst dich bestimmt daran."

Carla hatte plötzlich das dringende Verlangen, an seiner Schulter zu weinen. Schuldgefühle stiegen wieder in ihr auf. Ihn einfach zu verlassen, wo er noch im Krankenhaus lag und dem Tode so nahe war. Es erschien ihr so herzlos. Aber statt dessen warf sie den Kopf zurück und lachte jenes ausgelassene, beschwingte Lachen, das er so gut kannte.

„Was ist denn daran so komisch?" fragte er und spielte den Gekränkten.

„Du! Du siehst aus, als hättest du gerade ein Gespenst gesehen."

„Na, habe ich das vielleicht nicht?" Beide lachten nervös.

„Abendessen kommt nicht in Frage", sagte Carla bestimmt. „Ich bleibe nicht lange. Ich bin direkt vom Flughafen hierher gekommen. Es ist recht dringend." Sie sah sich erneut in dem Raum um und betrachtete alles mit deutlichem Wohlgefallen. „Das hast du wunderbar gemacht, Ken. Es sieht sehr gut aus."

„Würdest du gerne den Rest des Hauses sehen?" fragte er eifrig und sprang auf. Sie rührte sich nicht, so, als habe sie nicht gehört. Er zögerte, wirkte verlegen und setzte sich dann wieder. „Nun, warum sagst du mir nicht, was ich für dich tun kann?"

„Hast du noch Kontakt zu Dr. Leighton?"

„Du meinst Frank? Eigentlich nicht. Warum?"

„Aber du könntest dich mit ihm in Verbindung setzen?"

„Ich nehme an, ja, aber ich habe eigentlich keinen Grund dazu. Seit er die Firma aufgekauft hat, haben wir kaum noch miteinander zu tun gehabt. Das muß inzwischen mehr als zwei Jahre her sein."

„Und er hat deine Geräte und die gesamte Ausrüstung — die du erfunden und entwickelt hast — weggebracht. Weißt du, wohin?"

Ken nickte. „Ich bin einmal dort gewesen — vor etwa einem Jahr. Er brauchte technischen Rat, als es wieder aufgebaut wurde. Aber ich bin aus dieser Art von Arbeit völlig ausgestiegen. Und Frank ist jetzt sehr geheimnistuerisch. Du könntest recht gehabt haben mit dem CIA."

„Ich hatte recht — damit und auch mit einigen anderen Dingen." Sie sah nachdenklich und schweigend in das Feuer. „Er hätte dich zu gerne wieder dabei, nicht wahr?"

„Das hat er mir einige Male gesagt." Man sah Ken an, daß ihm dieses Thema unangenehm war. „Woher kommt dieses plötzliche Interesse an Frank? Ich habe gehört, daß du ihn von deiner Liste gestrichen hast — was mich wirklich überrascht hat. Er hätte eine großartige Quelle sein können."

„Es beruhte auf Gegenseitigkeit. Aber *du* stehst dich noch gut mit ihm, oder?"

„Soweit ich weiß, ja. Aber wie ich schon sagte, wir haben schon ziemlich lange keinen wirklichen Kontakt mehr gehabt — aus Gründen, an die du dich sicher erinnern wirst."

Einen Augenblick lang wirkte sie peinlich berührt, entschied sich jedoch, die Herausforderung nicht anzunehmen, falls das seine Absicht gewesen sein sollte. Statt dessen überraschte sie ihn. „Hör mal: angenommen, ich stimme dir zu — daß Leighton in etwas *Böses* verwickelt ist?" Auf Kens hoffnungsvollen Blick hin hob Carla warnend die Hand und schüttelte ihren Kopf. „Ziehe bitte keine voreiligen Schlüsse. Ich sage das natürlich aus anderen Gründen als du, aber ich mag das, was meiner Meinung nach dort vor sich geht, nicht." Sie überlegte und wählte ihre Worte sehr sorgfältig. „Weißt du, ich habe da ganz bestimmte Vermutungen, ja, die ich irgendwie überprüfen muß."

Ken stand auf und warf ein weiteres Holzscheit ins Feuer. Er stand mit dem Rücken zum Feuer und sah sie fragend an. „Warum sagst du mir nicht genauer, was für eine Vermutung du hast?"

„Ich weiß nichts *Genaues*. Das ist ja das Problem. Ich habe nur ein schlechtes Gefühl bei einer bestimmten Sache." Sie zögerte, zuckte dann mit den Schultern und fuhr fort: „Es ist wirklich zu viel, um es alles genauer zu erklären. Aber es geht um eine heiße Story, wie du wohl bereits vermutest. Es ist alles dabei — CIA, KGB, ein sowjetischer Überläufer — und ich nehme an, daß Frank mittendrin steckt."

„Die große Geschichte, die einem nur einmal im Leben über den Weg läuft?" unterbrach Ken. „Pulitzer-Preis?"

„Vergiß den Preis. Dies hier ist viel wichtiger. Ich habe in Paris jemandem das Leben gerettet. Du müßtest seinen Namen kennen — Viktor Khorev."

„Du machst Witze! Wie hast du das gemacht?"

„Nun, ich war zufällig zur rechten Zeit am rechten Ort. Ich habe Khorev gerettet, als er floh und sie ihn beinahe wieder gefangen hätten. Ich habe ihn in die amerikanische Botschaft in Paris gebracht. Sie haben ihn zu einem Gespräch in ein Büro gebracht, und dann haben sie geleugnet, daß ich ihn jemals in die Botschaft gebracht hätte — sie haben ernsthaft versucht mir zu erzählen, sie hätten ihn noch nie gesehen!"

„Du hast sicher einfach einen schlechten Traum gehabt", unterbrach Ken sie skeptisch. „Willst du sagen, sie hätten dich glatt *angelogen* — sie waren wirklich so unverfroren?" Sie nickte, und Ken lachte. „Das Außenministerium weiß nicht, was für einen Riesenfehler es gemacht hat. Jetzt haben sie einen Tiger auf den Fersen. Und du wirst es ihnen mit Sicherheit heimzahlen."

Carla lächelte und hob beide Hände in gespielter Demut. „Okay, okay — damit hat es auch zu tun. Aber du kannst mir glauben, daß ich auch ein Herz besitze. Ich mache mir ernsthafte Sorgen um Khorev. Ich will nicht, daß er ausgenutzt wird! Das ist bei Überläufern einfach schon zu oft der Fall gewesen, als daß ich jetzt ruhig sein könnte. Er muß sich irgendwo in diesem Land befinden, das ist klar, und ich glaube, daß Frank ihn hat."

„Und natürlich", witzelte Ken, „hat es rein zufällig tatsächlich mit einer Story zu tun — und es klingt wie eine wichtige. Und die würdest du nicht an dir vorbeigehen lassen."

„Ich habe nicht nur ein Herz. Schließlich verdankt Khorev mir sein Leben — und er hat mir ein Exklusiv-Interview von seiner Geschichte *versprochen*. Aber ich glaube, er ist jetzt in etwas weitaus Größeres als seine Flucht verwickelt, und er wird meine Eintrittskarte dafür sein."

„Ich glaube, du hast wahrscheinlich recht damit, daß er bei Frank ist — irgendwann einmal. Aber ich bezweifle, daß er jetzt schon dort draußen mitarbeitet."

„Ich glaube doch, daß er es tut, und ich habe meine Gründe dafür. Aber auch das ist eigentlich zu viel, um genaueres darüber zu erzählen."

„Und du möchtest, daß ich, wenn möglich, herausbekomme, ob Khorev tatsächlich da ist und was überhaupt dort vor sich geht. Stimmt's?"

„Ich möchte mehr als das. Ich möchte selbst in diese Einrichtung hineinkommen und selbst sehen, was geschieht!"

„Warum gehst du nicht einfach direkt zu Frank? Du könntest ihn in Stanford erreichen. Ich müßte auch dort anrufen. Er unterrichtet da immer noch ein oder zwei Kurse. Wußtest du schon, daß er jetzt sogar Fachbereichsleiter geworden ist? Er würde sich freuen, wieder von dir zu hören — wahrscheinlich würde er dich sogar selbst einladen, hinauszukommen, wenn er der Meinung wäre, daß du einen guten Bericht darüber schreibst. Er wäre natürlich nicht damit einverstanden, daß du irgend etwas von seiner geheimen Arbeit erwähnst. Du weißt, wie paranoid Frank in dieser Beziehung ist — seine Angst vor den Russen und all das."

Carla schüttelte den Kopf. „Keine Chance! Du weißt ja nicht, wie ich ihn angeschnauzt habe, als wir uns zuletzt gesehen haben — weil er dich ausgenutzt hat, als du im Krankenhaus lagst, und dir dein Lebenswerk gestohlen hat — für einen Bruchteil dessen, was es wert ist — und noch wegen einiger anderer Sachen. Ich glaube nicht, daß er mir auch nur eine Minute opfern würde." Sie stand auf. „Verlange ich zuviel?"

„Ken, das Abendessen ist in etwa zehn Minuten fertig. Hast du

157

gehört? Wo bist du?" Die Stimme seiner Mutter kam näher. Die alte Dame trat aus der Küche. Bevor Ken antworten konnte, stand sie schon im Wohnzimmer. „Oh, ich wußte nicht, daß du Besuch hast." Dann sah sie, wer es war, und legte vor Erstaunen beide Hände vor den Mund.

„Carla — ich — nun, ich freue mich wirklich sehr, dich zu sehen!" Sie eilte herbei und umarmte Carla. „Würdest du zum Abendessen bleiben?"

„Vielen Dank für die Einladung, aber ich habe Ken schon gesagt, daß ich nicht bleiben kann."

„Oh, ich bin viel besser im Überreden als er. Es wäre so schön! Könntest du nicht doch bleiben?"

„Ich kann nicht." Carla ging auf die Eingangshalle zu. Sie wollte der Situation, die zunehmend gefühlsbetont und peinlich wurde, entkommen. Ken eilte ihr nach. Er öffnete die Eingangstür. „Ich werde sehen, was sich machen läßt. Wo kann ich dich erreichen?"

„Im Hilton. Aber nur, wenn du mich in Franks Einrichtung bringen kannst — oder Khorev gefunden hast."

Sie ging die Stufen hinab, und er folgte ihr zum Wagen. „Hotels sind furchtbar teuer. Du weißt doch, wir haben eine Einliegerwohnung am anderen Ende des Hauses, mit einem eigenen Schlafzimmer, Studierzimmer und Bad — und einem eigenen Eingang."

„Ich weiß. Das war meine Idee — kannst du dich erinnern?"

„Dieses Haus ist voll von deinen brillanten Ideen, und sie haben alle wunderbar funktioniert — nur der Luftschutzkeller unter der Garage nicht. In knapp zwei Metern Tiefe beginnt massiver Granit."

„Das war dein Einfall."

„Na, du hast es auch für eine gute Idee gehalten." Er sah sie sehnsüchtig an. „Du solltest dir wirklich ansehen, wie es alles geworden ist."

Sie legte eine Hand auf seinen Arm. „Deine Mutter ist so lieb wie eh und je. Richte ihr bitte aus, es täte mir leid, daß ich nicht bleiben kann. Und du solltest Frank gegenüber vielleicht noch nicht erwähnen, daß ich hier bin."

* * *

Sobald das Abendessen vorüber war, ging Ken zum Telefon und rief die Elliotts an. Karen nahm den Hörer ab.

„Ist alles in Ordnung?" fragte sie. „Wir haben dich am Donnerstag vermißt. Hal wollte dich noch anrufen."

„Ich wäre gern dagewesen. Hatte einen leichten Anflug von Grippe. Aber jetzt geht es mir wieder gut. Ist Hal da? Ich würde ihn gern sprechen."

„Nein. Er hat eine Notoperation. Was ist los?"

„Carla ist wieder in der Stadt! Sie ist erst vor wenigen Minuten hier weggefahren!"

„Preis dem Herrn!"

„Nun, ja — aber ich bin sicher, sie ist noch genauso weit vom Herrn entfernt wie früher. Es gab überhaupt keine Gelegenheit, das Thema anzuschneiden."

„Daran würde ich auch noch gar nicht denken, Ken!" sagte Karen sanft. „Es ist nicht deine Aufgabe, ihr ‚Zeugnis' zu geben. Das hast du doch schon versucht. Sie weiß, was richtig ist — jetzt ist sie dran. Wenn der Herr eine Tür öffnet und sie etwas Interesse zeigt... okay. Bis dahin solltest du einfach ihr Freund sein, wenn sie das zuläßt. Laß sie die Liebe und Vergebung Christi in deinem Leben sehen."

„Ich glaube, es war ziemlich deutlich, daß sie mir keinerlei Chance geben wollte, das zu tun. Sie wollte, daß ich ihr einen Gefallen tue, was ich auch gern täte, wenn es sich um irgend etwas anderes handeln würde." Ken zögerte. Schließlich sagte er: „Ich fühle mich nicht wohl dabei, aber ich habe ihr versprochen..."

„Was hast du ihr versprochen?"

„Sie will, daß ich wieder Kontakt mit Leighton aufnehme."

„Ken!"

„Mach dir keine Sorgen. Du weißt, es ist für mich völlig indiskutabel, auch nur im Geringsten wieder mitzumachen. Aber ich habe versprochen, Kontakt mit ihm aufzunehmen, um für sie etwas herauszufinden. Sie arbeitet an einer wichtigen Story."

An beiden Enden der Leitung gab es eine lange, nachdenkliche Stille.

„Es war großartig, sie wiederzusehen, und ich empfinde immer noch eine Menge für sie, das steht fest. Das hat mich wirklich überrascht — und auch überzeugt. Ich muß zugeben, ich habe so sehr versucht, Carla zu vergessen, daß ich in der letzten Zeit nicht so für sie gebetet habe, wie ich sollte. Aber ab jetzt werde ich es wieder tun."

„Ich habe niemals damit aufgehört — Tag und Nacht. Gott hat mir eine echte Liebe und Sorge um Carla gegeben, und Hal empfindet dasselbe. Hm, das ist ja wirklich interessant! Du wirst also nach all dieser Zeit Kontakt mit Leighton aufnehmen. Und du hast auch endlich wieder Kontakt zu Carla. Ich werde sofort die Gebetsgruppe informieren."

„Ja, deshalb habe ich angerufen."

„Sie arbeitet also an einer wichtigen Story, die mit Leighton zu tun hat — das ist interessant! Kannst du mir noch irgend etwas sagen, was ich der Gebetsgruppe weitergeben kann, damit wir gezielt beten können?"

„Noch nicht. Es ist ihr Geheimnis. Sie glaubt, es sei die wichtigste Story, die ihr je über den Weg gelaufen ist. Wenn es das ist, was ich glaube — du weißt schon, wenn Archont jetzt das tut, was wir erwartet haben — dann sollten wir lieber anfangen, rund um die Uhr zu beten und noch jede Menge Freunde mitbeten lassen!"

* * *

Ken rief gleich am nächsten Morgen Franks Büro in Stanford an. „Du hast mich gerade noch erwischt!" rief Leighton aus. Er klang überrascht und erfreut. „Wir haben lange nichts mehr voneinander gehört."

„Ich wollte mich immer mal bei dir melden, aber du weißt ja, wie die Zeit vergeht. Wie läuft es so?"

„Meinst du an der Universität oder im Labor?"

„Oh, ich habe von dir in der Ehemaligen-Zeitung gelesen. Es tut mir leid, daß ich nicht schon eher angerufen und gratuliert habe — wegen der Ernennung zum Fachbereichsleiter und so. Aber eigentlich wollte ich wissen, wie das Projekt läuft."

„Hast du immer noch Angst, daß ich mit Dämonen Geschäfte mache?"

„Frank, ich habe nicht angerufen, um dir meine Überzeugungen aufzudrängen, es sei denn, *du* willst darüber reden. Eigentlich möchte ich wissen, was sich in der Zwischenzeit ereignet hat."

„Ken, ich würde es dir liebend gern zeigen." Leighton sprudelte jetzt über vor Begeisterung. „Wenn du erst siehst, was wir tun und wo es hinführt — nun, du würdest all dieses Zeug von ‚finsteren Kräften' vergessen. Ich kann am Telefon nicht darüber reden. Es ist zu wichtig."

„Und natürlich auch zu geheim. Ich verstehe schon."

„Ja, das stimmt. Aber eigentlich wollen wir es nicht mehr allzu lange geheimhalten. Zumindest nicht völlig. Wir müssen es ganz allmählich an die Presse durchsickern lassen. Die Öffentlichkeit muß informiert werden."

„Wirklich? Ihr seid schon so weit?"
„Du kannst dir nicht vorstellen, was passiert ist! Es ist interessant, daß du angerufen hast. Ich habe erst gestern abend an dich gedacht – *und* an deine frühere Verlobte. Ich habe sie letzte Woche auf dem Kongreß in Paris flüchtig gesehen. Sie wäre eigentlich diejenige, die ein paar einführende Artikel über unsere Forschungsarbeit schreiben sollte."
„Frank, das ist absolut erstaunlich. Ich habe nichts von Carla gesehen oder gehört, seit wir unsere Verlobung gelöst haben. Aber sie ist gestern abend in der Stadt angekommen, und wir haben über dich und das Projekt gesprochen. Sie hat großes Interesse gezeigt."
„Wirklich? Hör zu. Was hältst du von folgendem: Del Sasso – du erinnerst dich an Del Sasso?"
„Ich habe ihn nie gesehen, aber du hast von ihm gesprochen."
„Richtig. Nun, Del Sasso wird morgen in unserem Hauptlabor arbeiten. Wie wäre es, wenn ihr vorbeikommt – du und Carla? Das würde euch beiden einen guten Eindruck davon vermitteln, wie weit wir gekommen sind. Weißt du noch, wo das Labor ist?"
„Ich werde es finden. Um wieviel Uhr?"
„Es wird morgens um 10 Uhr stattfinden. Ihr solltet also um 9.30 Uhr hier sein. Eigentlich tun wir das für jemanden, der gerade angekommen ist. Er ist aus – nun, du wirst ihn morgen sehen. Ich wollte dich sogar anrufen, weil er dich unbedingt kennenlernen will. Er scheint ein großer Verehrer von dir zu sein."
„Ich kann mir nicht vorstellen, von wem du redest. Trotzdem, wir sehen uns morgen. Bis dann – 9.30 Uhr."
„Noch eins, Ken. Wir haben eine ganze Menge Wachpersonal hier. Nur ein paar Vorsichtsmaßnahmen. Ich werde sie benachrichtigen, damit sie dich hereinlassen."

* * *

Carla war nicht im Hotel, als Ken anrief. Ihr Rückruf kam kurz nach dem Mittagessen.
„Hättest du Lust, dich morgen mit deinem sowjetischen Freund zu treffen?" fragte er.
„Hör zu, du Witzbold, die Sache ist zu ernst, um damit Scherze zu treiben."
„Ich scherze nicht." Er hörte, wie sie am anderen Ende der Leitung nach Luft schnappte.

„Wirklich nicht?"
„Nein. Wie wäre es, wenn ich dich morgen früh um neun Uhr im Hotel abholen würde? Ich verspreche dir, daß ich keinen Abhang hinunterfahren werde."
Sie zögerte einen Augenblick. Dann sagte sie: „Ich könnte doch auch zu deinem Haus kommen. Von dort würde ich dir dann mit meinem Wagen folgen. Ich würde mich dabei erheblich wohler fühlen. Und du spielst mir wirklich keinen Streich?"
„Aber Carla! Wofür hältst du mich? Wo ist dein Vertrauen? Wenn du Superspürhund Inman auf eine Fährte ansetzt — nun, du solltest eigentlich wissen, daß die Sache schon so gut wie erledigt ist! Morgen wirst du herausfinden, was vor sich geht. Wir haben beide eine Einladung, Del Sasso zuzusehen, wie er im Labor seine Sachen macht — du weißt, er ist Franks Parade-Medium. Und du hast wieder einmal recht gehabt. Ich bin mir fast sicher, daß dein sowjetischer Freund dort sein wird."
Sie war völlig aus dem Häuschen. „Das ist phantastisch, Ken!"
„Oh, das ist noch nicht alles", setzte er sachlich nach. „Kannst du noch mehr gute Neuigkeiten verkraften?"
„Wenn du versuchst, mir etwas noch Besseres zu erzählen, bin ich mir sicher, daß du mich auf den Arm nimmst. Was sollte es sonst noch geben?"
„Frank sagt, daß sie beginnen werden, Informationen an die Medien durchsickern zu lassen, und er hätte dich gerne für einige einführende Artikel. Na, was sagst du dazu?"
„Du hast gerade die Grenzen der Glaubwürdigkeit durchbrochen. Ich glaube dir kein Wort mehr."
„Carla, es ist alles wahr — jedes einzelne Wort."
„Also hatte ich auch damit recht. Ich habe dir doch gesagt, daß Frank dich zu gerne wieder dabei hätte. Deshalb ist es so gelaufen."
„Aber wir beide wissen, daß das nicht geschehen wird. Und ich möchte ihm keinen falschen Eindruck vermitteln. Ich werde dich einfach dort hineinbringen, und danach bist du völlig auf dich selbst gestellt. Das war es doch, was du wolltest — oder?"
„Richtig."
„Gut. Dann sehe ich dich also morgen um 9.15 Uhr hier draußen. Von mir bis zum Labor sind es etwa 10 Minuten, und wir sollen um 9.30 Uhr dort sein."
„Ich bin pünktlich. Und danke, Ken. Ich bin dir wirklich dankbar für das, was du getan hast."

* * *

General Gorkys Büro befand sich im dritten Stock des modernen Hochhauses, in das der KGB im Sommer 1972 umgezogen war. Der riesige, halbmondförmige Gebäudekomplex lag versteckt hinter einem dichten Wald, gleich an dem Autobahnring um Moskau. Es erinnerte sehr an das abgeschiedene Hauptquartier des CIA vor Washington, D.C. Selbst die Architektur schien dem Design des CIA nachempfunden zu sein. Gorky war einer der wenigen Leute in diesem neuen Komplex, der seine Karriere noch in dem alten Gebäude der russischen Generalversicherungsagentur am Moskauer Dzerzhinsky Platz gemacht hatte. Die berüchtigte Tscheka, der Vorläufer des KGB, hatte das Gebäude 1918 besetzt. Er war sehr froh darüber, nicht mehr in dem uralten Gemäuer zu sein. Viele KGB-Büros waren immer noch dort, zusammen mit dem verrufenen Lubyanka-Gefängnis, wo Gorky einst als Wärter begonnen hatte, und wo er die auserlesene Kunst erlernt hatte, durch Folter jedes Geständnis, das die Regierung wünschte, aus einem Gefangenen herauszupressen. Dabei war es völlig gleichgültig, ob das Geständnis noch etwas mit dem zu tun hatte, was der Gefangene wirklich getan hatte, oder nicht. Er hatte seit damals eine beachtliche Karriere gemacht. Er war für eine Eliteeinheit von Truppen verantwortlich, die in psychischer Kampfführung ausgebildet waren und von deren Existenz nicht einmal die obersten Führungskräfte Rußlands wußten — abgesehen vom Direktor des KGB selbst, dem Ersten Vorsitzenden der Kommunistischen Partei und einigen wenigen engen Beratern.

Gorky hatte in seinen regelmäßigen Berichten an seine Vorgesetzten immer ein selbstgefälliges und scheinbar berechtigtes Vertrauen ausgestrahlt. Aber an diesem Tag leckte er sich noch seine Wunden von einem demütigenden Treffen mit den beiden mächtigsten Männern im Kreml — einem Treffen, das bis in die frühen Morgenstunden gedauert hatte. Er hatte zugeben müssen, daß die Amerikaner offensichtlich ihre drei talentiertesten Medien getötet hatten. Und um dem Ganzen noch die Spitze aufzusetzen, war der brillanteste und produktivste sowjetische Forscher auf dem Gebiet der Parapsychologie direkt unter den Augen des Obersten der psychischen Kampftruppen und zwei ihrer besten KGB-Agenten zu den Amerikanern übergelaufen und arbeitete jetzt für sie.

Gorky war nicht in der Stimmung, irgend jemanden zu sehen, aber die Sache war dringend und es war von entscheidender Bedeutung, keine Zeit zu verlieren. Und auch Oberst Alexei Chernov war an diesem Tage nicht dazu geneigt, geduldig und freundlich zu sein. Erst an jenem Morgen waren ihm die Fäden gezogen worden. Die zwei langen Narben, immer noch häßlich und rot, waren viel zu auffällig für einen Mann, der in der Lage sein mußte, sich unauffällig unter die Menge zu mischen. Eine Narbe verlief in einem Winkel über seine Nase und dann seine linke Wange hinunter, und die andere zog sich unterhalb des Kinns quer über seinen Hals. Ein paar Millimeter tiefer, und seine Halsschlagader wäre verletzt worden. Diese beiden stolzen, aber nun gedemütigten Männer standen einander in Gorkys Büro gegenüber. Beide wußten sie, daß irgend etwas in ihrem Unternehmen schrecklich schief gelaufen war, aber keiner von beiden war bereit, das zuzugeben, und erst recht nicht die Verantwortung dafür zu übernehmen.

„Sie hatten Ihre Anweisungen in Paris — und Sie haben versagt." Die Worte kamen schmerzlich aus Gorkys Mund. Er wußte, daß es schließlich auf ihn zurückfallen würde, wenn seine Untergebenen versagten.

Chernov stand kerzengerade da. „Es wird keine weiteren Fehler geben, abgesehen von Fehlern der Amerikaner. Ich bin nie für Khorevs Methode gewesen, durch eine Bewußtseinsprojektion in den CIA einzudringen. Wenn wir vor Ort sind, werden wir unseren Auftrag erfüllen. Daran habe ich keinen Zweifel."

„Seien Sie nicht so großspurig", warnte Gorky. „Sie wissen doch, daß in jedem Konflikt eine überlegene Macht unterliegen kann, wenn sie zu selbstsicher ist."

Chernov nickte grimmig und trat unruhig von einem Bein aufs andere. „Ich werde nicht *zu* selbstsicher sein, nur selbstsicher — und das mit gutem Grund. Ich nehme meine beiden besten Männer mit. Gemeinsam können wir das Unmögliche vollbringen."

„Haben Sie den Mann mit der Kapuze vergessen? Unsere neuesten Informationen besagen, daß er extrem gefährlich ist!"

„Wir werden ihn vernichten."

„Ich will Khorev *lebend* — vergessen Sie das nicht. Wir wissen jetzt sicher, daß er mit Leighton zusammenarbeitet und auf dem Laborgelände bei Palo Alto wohnt. Es ist eine Festung."

„Ich will ihn *tot* sehen — ihn und auch das Mädchen. Aber Sie wissen ja, daß ich Befehle befolge."

„Sie haben freie Hand, was die Frau betrifft, die ihm bei der Flucht geholfen hat. Tun Sie, was Sie möchten, um Ihren Rachedurst zu befriedigen. Ihr Name ist Carla Bertelli. Sie muß eine CIA-Agentin sein. Ihre Karriere als Journalistin ist nur eine Fassade. Sie ist bereits in Palo Alto."

Der General stand auf. „Vergessen Sie nicht: Ich will Khorev *lebend* haben! Er soll hier vor mir stehen, und ich will *persönlich* sein volles Geständnis aus ihm herausschwitzen und herausbluten."

Gorky nahm einen großen, dicken Umschlag von seinem Schreibtisch und reichte ihn dem Oberst. „Das sind Ihre neuen Identitäten, Pässe und Anweisungen für Sie und Ihre Männer. Sie werden im Konsulat in San Francisco erwartet, aber man weiß dort nichts. Oberst Lutsky ist der dortigen Botschaft als Berater zugewiesen worden. Sie erstatten nur ihm oder mir Bericht. Versagen Sie dieses Mal nicht, Genosse!"

18. Endlich!

Der dichte Nebel, der während der Nacht von der Küste her über die Berge gekommen war, verzog sich allmählich unter den warmen Strahlen der Morgensonne. Die wenigen noch verbliebenen Nebelschleier ließen die Luft lichtdurchlässiger erscheinen, was den Blättern und Blüten an Bäumen und Sträuchern einen zarten, schimmernden Glanz verlieh. Es war ein Morgen von seltener Schönheit – was die bittersüße Stimmung, die Ken ergriffen hatte, nur noch zu verstärken schien. Obwohl er schon seit langem jeden Gedanken an ein Wiederaufleben seiner Beziehung zu Carla aufgegeben hatte, hatte ihr kurzes Treffen am Vorabend Gefühle für sie geweckt, die er für längst erstorben gehalten hatte und die zu hegen er jetzt nicht wagte.

Ken fuhr rückwärts aus der Garage und lenkte gerade seinen Jeep Cherokee die steile Auffahrt hinunter, als Carla mit ihrem gemieteten Chrysler um die Kurve kam und in der Sackgasse hielt, um auf ihn zu warten.

„Gut abgepaßt!" rief Ken, als er neben ihr hielt. „Fahr hinter mir her. Wir werden in ein paar Minuten dort sein."

Sie fuhren durch die hügelige Wohngegend mit einer Unmenge von kurvenreichen Straßen und erreichten schließlich die Landstraße. Hier bog Ken links ab und fuhr in die Hügelkette hinauf, die an der Küste lag. Als sie in die Berge hineinfuhren, überflutete ihn eine Woge von Erinnerungen. Deshalb hätte er diese Strecke auch lieber gemieden. Sechzehn Kilometer vor ihnen lag der Abhang, den er hinabgestürzt war. Seit jenem schicksalhaften Tag war er nur einmal dort gewesen. Als er von der Straße aus in den Abgrund hinuntergesehen hatte, war er überwältigt gewesen von einer Mischung aus Staunen und Dankbarkeit über das Wunder seines Überlebens. Als Resultat dieses schrecklichen Sturzes, der ihm den Tod hätte bringen sollen, hatte er ein neues Leben gefunden, völlig anders als das, was er zuvor gekannt hatte.

Nachdem sie etwa zwei Kilometer auf der kurvenreichen Straße gefahren waren, bogen die beiden Wagen nach rechts in eine frisch geteerte Straße ein. Ein Schild warnte: „Privat. Zutritt verboten." Nachdem sich die Straße weitere ein bis zwei Kilometer durch einen dichten jungen Kiefernwald geschlängelt hatte, führte sie in einen Bestand von ausgewachsenen Redwood-Bäumen. Es war einer der wenigen Haine, die auf Grund des – viel zu späten – Eingreifens der

Regierung überlebt hatten, als diese uralten Riesen um das Jahr 1800 herum unüberlegt in Massen gefällt worden waren. Bald darauf warnte ein anderes, viel größeres und offensichtlich neueres Schild: „Sperrgebiet — Eigentum der Regierung — Betreten verboten!" Kurz danach fuhren sie über einen steilen Hügel, und die Bäume öffneten sich zu einer breiten Wiese. Hier wurde die gewundene Straße gerade und verlief am Fuße einer dreieinhalb Meter hohen Mauer, die noch nicht dagewesen war, als Ken die geheime Einrichtung das letzte Mal besucht hatte. Wenn man von dem gewundenen Stacheldraht auf der Mauer einmal absah, hatte das Ganze eine entfernte Ähnlichkeit mit einem mittelalterlichen Schloß — Burggraben inklusive.

Ken bog in eine schmale Zufahrt ein. Es gab keinerlei Hinweis darauf, um was für eine Unternehmung der Regierung es sich handeln könnte. Das schwere, massive Stahltor war beinahe so hoch wie die Mauer und ließ außer ein paar verstreuten Baumwipfeln nichts von dem, was dahinter lag, erkennen. Gleich am Tor war eine befestigte Wachstation in die Mauer eingebaut. Sie war mit zwei Männern besetzt, die Maschinenpistolen hielten und über ihrer Privatkleidung kugelsichere Westen trugen. Einer von ihnen trat an Kens Wagen, während der andere im Inneren blieb und sie aufmerksam beobachtete.

„Dr. Inman?" fragte die Wache.

„Richtig."

„Ihren Ausweis, bitte." Er beugte sich herunter, sah durchs Fenster und untersuchte das Wageninnere. „Ist das Fräulein Bertelli hinter Ihnen?" Ken nickte. „Würden Sie bitte den Kofferraum öffnen?" fragte die Wache. Es folgte eine kurze Durchsuchung und dann die sachliche Aufforderung, ihn zu schließen. Erst als Carlas Wagen durch dieselbe Prozedur gegangen war, öffneten sich langsam die schweren Torflügel. Als die beiden Wagen hereingefahren waren, schloß sich das Tor im gleichen Moment mit schwerfälliger Präzision.

Direkt vor ihnen, knappe fünfzig Meter entfernt, lag am Ende einer breiten, von Blumen und exotischen Büschen gesäumten Auffahrt, das Hauptgebäude — ein breites, zwei Stock hohes Gebäude in massiver Bauweise, mit wenigen Fenstern und einer massiven Eingangstür, die im Schutz einer etwa schulterhohen Steinmauer lag. Andere Gebäude, niedrig und weitläufig, lagen am Rande der ausgedehnten Rasenfläche, die sich auf beiden Seiten nach rechts und links erstreckte. Die Anlage war seit Kens letztem Besuch sehr erweitert worden und bildete jetzt ein riesiges U, dessen Öffnung zu dem anscheinend einzigen Tor in der soliden, hohen Mauer wies, die das Grundstück umgab.

Vor dem Hauptgebäude wurde die Auffahrt breiter, so daß genügend Platz für etwa ein Dutzend „Besucher"-Parkplätze auf jeder Seite entstand. Ken und Carla stellten ihre Autos dort ab und legten die kurze Entfernung zum Eingang zu Fuß zurück. Dabei wurden sie aufmerksam von zwei weiteren Wachen beobachtet, die kugelsichere Westen trugen und Maschinenpistolen über ihre Schultern gehängt hatten.

„Nur ein ganz normales Labor für Parapsychologie", flüsterte Ken mit gespielter Unbefangenheit. „Es gibt überhaupt keinen Grund anzunehmen, daß der CIA irgend etwas mit dieser freundlichen kleinen Operation zu tun haben könnte!"

„Ich wußte, daß *irgend etwas* am Kochen ist", erwiderte Carla leise, „aber das hier ist *ehrfurchtgebietend* – das ist völlig anders als irgendein Parapsychologielabor, das ich je besichtigt habe!"

„Könnte ich bitte Ihre Handtasche sehen, Fräulein Bertelli?" fragte eine der Wachen halb entschuldigend, als sie sich der Eingangstür näherten. „Nur eine Formalität." Während er die Tasche inspizierte, untersuchte sein Gefährte sie mit einem Metalldetektor. „In Ordnung. Gehen Sie hinein. Dr. Leighton erwartet Sie."

Leighton wartete in der kleine Vorhalle direkt hinter der schweren Eingangstür aus geschnitztem Eichenholz. Ken vermutete, daß sie einen Kern aus Stahl hatte. Als sie eintraten, eilte Leighton mit ausgestreckten Armen herbei, um sie überschwenglich zu begrüßen. Er schüttelte heftig Kens Hand und rief aus: „Du weißt ja gar nicht, wieviel dein Anruf mir bedeutet hat, Ken! Es ist so gut, wieder Kontakt miteinander zu haben und zu wissen, daß du wieder Interesse an der Sache hast. Wir könnten deine Sachkenntnis sehr gut gebrauchen!"

„Und Carla – was für eine herrliche Überraschung das ist!" begann Leighton und wandte sich ihr zu. Sie gab ihm zögernd die Hand. Er schüttelte sie behutsam und hielt sie einen Augenblick mit beiden Händen fest. „Ich hatte eigentlich vor, in Paris mit Ihnen zu sprechen. Aber dann mußte ich plötzlich fort. Und nun sind Sie hier!"

Dann wandte sich Leighton an sie beide und erklärte entschuldigend: „Ich hoffe, die strengen Sicherheitsmaßnahmen waren nicht zu unangenehm. Es ist nur eine Vorsichtsmaßnahme."

„Entdecke ich da vielleicht etwas von deinem alten Verfolgungswahn wegen der Russen, Frank?" Ken schüttelte milde tadelnd seinen Kopf. „Ich dachte, wir hätten jetzt *Glasnost* – mit Frieden, Liebe, Brüderlichkeit und Reduzierung der Waffenarsenale."

„Das stimmt!" erwiderte Leighton und blinzelte Carla zu. „Dennoch haben wir einige zögernde Zugeständnisse an die normale Welt der Bomben und Geschosse gemacht — aber nicht für lange. Was wir hier entwickeln, wird der Welt *echten und bleibenden* Frieden bringen, nicht nur einen Slogan. Und ich meine nicht in Jahrzehnten oder auch nur in einigen Jahren — es ist eine Angelegenheit von *Monaten!*"

„Wenn du das tun kannst, Frank", sagte Ken ernsthaft, „dann hast du mich und jeden anderen auf deiner Seite. Ich möchte wirklich gerne wissen, *wie* du das tun wirst. Ich nehme an, wir sind hergekommen, um genau das herauszufinden."

„Ja! Und ihr könnt euch auf etwas gefaßt machen!" Franks Augen leuchteten. „Legt eure Sicherheitsgurte an. Gleich geht's los!"

Er winkte ihnen, ihm zu folgen, und führte sie einen langen Gang hinunter. Vor der ersten Tür rechts blieb er stehen. „Wir werden kurz in mein Büro gehen." Er legte seine Hand auf den Türgriff und drehte sich zu Carla um. „Machen Sie sich auf eine Überraschung gefaßt. Da drinnen kann es jemand kaum erwarten, Sie wiederzusehen. Können Sie raten, wer?" Sie sah verblüfft aus und schüttelte den Kopf. Er sollte nicht wissen, daß sie vermutet hatte, Khorev hier zu finden und eigentlich gekommen war, um ihn zu suchen.

Leighton öffnete die Tür und führte sie hinein. Ein zierlicher, mittelgroßer Mann mit dunklem, vorzeitig ergrauendem Haar, Bürstenschnitt und slawischen Gesichtszügen sprang von der Couch auf, die vor einem hohen Schreibtisch stand, und eilte mit ausgestreckten Armen auf Carla zu.

„Fräulein Bertelli!"

„Dr. Khorev!" Es gab eine rasche, herzliche Umarmung und danach ein kurzes, verlegenes Schweigen.

„Sie ließen nicht zu, daß ich mich von Ihnen verabschiedete", begann Viktor schließlich. „Es tut mir leid. Aber sie haben es Ihnen ja gewiß erklärt."

Carla wollte gerade sagen: „Nein, das haben sie nicht". Aber dann warf sie einen kurzen Blick auf Leighton, und eine plötzliche, instinktive Eingebung veranlaßte sie, diese Worte hinunterzuschlucken. „Es ist so schön, Sie hier sicher und gesund zu sehen!" rief sie aus. „Das ist doch die Hauptsache."

Viktor legte erneut einen Arm um Carla und wandte sich an Leighton. „Sie können sich nicht vorstellen, wie mutig sie war! Wenn Fräulein Bertelli nicht gewesen wäre, wäre ich jetzt nicht hier!"

Frank wies auf Ken. „Viktor, das ist Ken Inman — der Mann, den Sie sehen wollten. Er ist das Genie, der das Psitron erfunden hat."

„Es ist mir eine große Ehre, Sie kennenzulernen, Dr. Inman. Dr. Leighton hat mir über Ihre Forschungsarbeit berichtet — und über Ihren schrecklichen Unfall. Ich bin erst gestern abend angekommen, und ich freue mich schon darauf —"

„Lassen Sie doch diesen Unsinn mit dem Doktor, Viktor", unterbrach Leighton gutmütig. Viktor reagierte mit einem Nicken auf diesen Verweis und erwiderte Leightons Lächeln. Offensichtlich hatten sie bereits darüber gesprochen.

„Noch ungefähr fünf Minuten, Frank!" Die durchdringende, leicht harte Stimme gehörte einer großen, schlanken und recht attraktiven Frau um die Vierzig, die einen weißen Laborkittel trug, kurz in der Tür erschienen war und wieder im Gang verschwand.

Leighton rief hinter ihr her: „Komm doch noch einmal zurück, Kay!" Sie erschien mit einem Lächeln und machte zwei kurze Schritte in den Raum hinein.

„Dies ist Kay Morris", sagte Leighton. „Sie ist verantwortlich für unsere Labors — und was sie sagt, wird gemacht."

„Das sollten wir schriftlich festhalten!" erwiderte die Frau mit einem kurzen Lachen. „Darauf habe ich schon lange gewartet!"

„Kay hat einige phantastische Beiträge zu unserer Arbeit geleistet", erwiderte Leighton und klang dabei fast ein wenig zu überschwenglich. Carlas journalistischer Spürsinn wurde plötzlich erregt. Leighton war ein Junggeselle, und obendrein nicht einmal ein gutaussehender, und er hatte in Stanford immer den Ruf gehabt, ein kalter Fisch zu sein. Dennoch gab es zwischen ihm und Kay eine völlig untypische Wärme — eine faszinierende Anziehungskraft, die offensichtlich mehr war als eine sehr gute Chef-Angestellten-Beziehung. Das allein wäre noch nicht genug gewesen, um Carlas Interesse zu wecken, wenn da nicht noch etwas anderes gewesen wäre, das sie spürte, als Leighton mit seinen eiligen Vorstellungen fortfuhr.

„Kay, du hast Viktor Khorev noch nicht kennengelernt. Er ist gerade aus der Sowjetunion eingetroffen, um in unserem Team mitzuarbeiten." Viktor machte eine angedeutete Verbeugung, und Kays Lächeln erfror plötzlich, als sie ihn anscheinend zum ersten Mal wahrnahm. Sie fing sich rasch wieder.

„Doch nicht der weltberühmte Parapsychologe!" rief sie aalglatt aus.

„Richtig!" fuhr Leighton mit großer Begeisterung fort. „Dies ist *der* Viktor Khorev — frisch von jenem Stützpunkt nördlich von Moskau, den wir so gut kennen. Er wird eine echte Bereicherung für unser

Team sein, und ich weiß, daß er sehr viel zu unserer Arbeit beitragen wird."

„Ich bin sicher, daß er das wird", erwiderte Kay. Sie wandte sich an Viktor und sagte mit ziemlich schwacher Begeisterung: „Ich freue mich schon darauf, mit Ihnen zusammenzuarbeiten, Dr. Khorev."

Irgend etwas war nicht in Ordnung, aber Carla konnte es nicht in Worte fassen. *Hat sie vielleicht krankhafte Angst vor den Russen? Oder fühlt sie sich bedroht, weil ein männlicher Parapsychologe von Weltrang auftaucht? Oder sind meine journalistischen Instinkte außer Kontrolle? Ich weiß nicht, aber da ist etwas ...*

„Dies ist Carla Bertelli, die Journalistin", sagte Leighton gerade. „Ich bin sicher, du hast schon einige ihrer Artikel gelesen."

Kay brachte ein etwas überzeugenderes Lächeln zustande als bei Viktor und schien fast erleichtert zu sein, daß sie ihre Aufmerksamkeit von ihm abwenden konnte. „Ja, das habe ich tatsächlich. Sehr lehrreich. Es ist mir eine Freude, Sie kennenzulernen, Fräulein Bertelli."

„Und als letzten, aber bei weitem nicht geringsten", fuhr Leighton jetzt eilig mit einem Blick auf seine Uhr fort, „möchte ich dir Ken Inman vorstellen, der vor einigen Jahren das Psitron erfunden hat und gern sehen würde, was wir jetzt machen."

Kay streckte ihre Hand aus. „Ich glaube, Sie werden staunen", erklärte sie mit deutlicher und echter Begeisterung, „wenn Sie sehen, wie weit wir mit ihrem unglaublichen elektronischen Gerät gekommen sind — und mit einigen der Erfindungen, mit denen wir es ergänzt haben."

„Ich freue mich schon darauf", erwiderte Ken.

Kay nickte erneut jedem einzelnen zu. „Es ist mir eine Ehre, Sie alle kennenzulernen", sagte sie herzlich. Dann, mit einem Blick auf ihre Uhr, fügte sie noch hinzu: „Es tut mir leid, aber ich muß sofort zurück ins Labor. Wir werden uns dort noch sehen. In etwa zwei Minuten", setzte sie betont in Leightons Richtung hinzu, wandte sich dann um und eilte aus dem Raum.

„Sie hat einen Doktor der Robotertechnik von MIT", sagte Leighton mit deutlichem Stolz. „Brillant und effektiv. Das klügste, was ich je tat, war, sie vor drei Wochen einzustellen. Sie hat uns wirklich durchorganisiert." Er zögerte, als spürte er, daß er ein wenig zu begeistert geklungen haben könnte. „Ich muß Ihnen nicht sagen, wie gut Kays Fachwissen über künstliche Intelligenz mit dem zusammenpaßt, was wir hier tun."

Er ging zur Tür und winkte ihnen, zu folgen. „Wir können uns später noch weiter unterhalten. Der Mann, den ich Ihnen allen vorstellen möchte, ist Antonio Del Sasso, das bemerkenswerteste Medium der Welt. Er ist bereits im Labor und bereitet sich vor — und Antonio achtet peinlich genau auf Pünktlichkeit. Wir sollten also besser gehen."

Leighton führte sie wieder in den Gang hinaus und um eine Ecke nach rechts. Carla war immer noch in Gedanken. Angenommen, es gab tatsächlich eine Romanze zwischen Frank und Kay. Es ging sie zwar nichts an, aber dennoch hoffte sie, daß ihn diese Beziehung wirklich glücklich machen würde. Denn das hatte Frank, seit sie ihn kannte, schon immer dringend gefehlt. Wenn man die Spannung bedachte, die solch eine Beziehung mit dem eigenen Chef immer mit sich brachte, und dazu noch den beträchtlichen Leistungsdruck, unter dem Kay stand, dann war ihre Reaktion auf Viktor, dessen Auftauchen ein unbekanntes Element ins Spiel brachte, vielleicht nur natürlich. Carla legte ihre Eindrücke bis auf weiteres beiseite und entschied sich, ihr Verhalten dieser recht ungewöhnlichen Frau gegenüber nicht darunter leiden zu lassen.

Leightons überschwengliche Stimme forderte wieder Carlas Aufmerksamkeit. „Antonio ist der erste, der auf dem Psitron voll entwickelt worden ist. Er ist seit zwei Jahren unter der Leitung der Archonten. Sie haben ein Programm, um andere Medien zu entwickeln — es ist eigentlich ein Plan für die ganze Welt."

„Sie stehen in Kontakt mit *Archonten?*" fragte Viktor und sah Leighton mit jäher Bestürzung an.

„Ich dachte, ich hätte das erklärt."

„Sie haben mich eingeladen, mich dem ‚Projekt Archont' anzuschließen, aber ich hatte keine Ahnung ..." Viktor machte einen fast ängstlichen Eindruck.

Leighton blieb vor einer Tür stehen, auf der „Labor 1" stand. Über der Tür blinkte ein großes rotes Licht, das warnte: „Versuch läuft". Er blickte Khorev besorgt an. „Würde Sie ein ständiger Kontakt mit Archonten und ihre Leitung beunruhigen?"

Viktor zögerte. „Sie haben Ihnen keinen Schaden zugefügt?"

„Schaden?" erwiderte Leighton lachend. „Natürlich nicht! Sie sind unsere Ratgeber. Das ist der Kern unseres ganzen Projektes. Vergessen Sie jeden Kontakt, den Sie vielleicht in Rußland mit ihnen hatten. Sie sind jetzt auf unserer Seite und haben nichts zu befürchten."

Viktor schien erleichtert zu sein. „Das erklärt einiges. Ich glaube, ich fange an, einige Dinge zu verstehen, wegen der ich eigentlich in den

Westen gekommen bin und von denen ich hoffte, sie hier herauszufinden."

Leighton legte seine Hand auf Viktors Schulter und wies auf Ken. „Mein guter Freund hier hat einmal gemeint, die Archonten seien *Dämonen*, die irgendeine Teufelei vorhätten. Aber das, was wir gleich sehen werden, wird deutlich zeigen, daß sie in der Tat hochentwickelte Intelligenzen sind, die die Menschheit vor der Selbstzerstörung retten wollen."

„Ich werde es glauben, wenn ich es sehe", sagte Ken mit einem freundlichen Grinsen. „Kommt, laßt uns sehen, was dieser Del Sasso tun kann. Deshalb sind wir doch hier, oder?"

„Das stimmt!" Leighton strahlte wieder. Er legte einen Finger auf seine Lippen, um zu zeigen, daß sie leise sein sollten, und öffnete die Tür.

19. Antonio Del Sasso

Carla konnte ihre Aufregung kaum noch verbergen, als Leighton sie leise in einen großen, hohen Raum führte. Es schien fast zu schön, um wahr zu sein. Sie hatte Viktor Khorev entdeckt, und obendrein war sie ohne weiteres in diese hochgeheime Einrichtung für Parapsychologie eingeladen worden, die, dessen war sie sich sicher, bis auf den letzten Pfennig vom CIA finanziert wurde – und sehr wahrscheinlich völlig von ihm kontrolliert wurde! Waren ihre Hoffnungen zu hoch geschraubt und ihre Phantasien zu erhitzt, oder hatte sie wirklich Recht damit gehabt, daß das, was sie verfolgte, die Pulitzer-Preis-Story war? Als was auch immer sich die Sache entpuppen sollte – sie mußte ihre Objektivität bewahren, um der Öffentlichkeit die Fakten zu präsentieren, und durfte sich nicht von Franks Überzeugungskraft einwickeln lassen. Es war ein schwieriges Geschäft, übernatürliche Phänomene zu bewerten, und das war ihr sehr wohl bewußt. Es war niemals leicht, den kleinen Prozentsatz von echten Phänomenen von der riesigen Menge der Betrügereien zu unterscheiden.

Als sie in dem riesigen Labor waren, suchte Ken vergeblich nach der „Abschußrampe für Reisen in den Inneren Raum", die er erfunden hatte und die Frank jetzt Psitron nannte. Sie war nirgends zu sehen.

Frank bemerkte seinen suchenden Blick und flüsterte: „Das Psitron ist in einem anderen Labor. Del Sasso braucht es nicht mehr. Er geht sofort in den Omega-Zustand. Wir haben angefangen, zwei andere darauf zu trainieren. Sie sind nur der Anfang. Eines Tages wird es Tausende und schließlich Millionen von Menschen in jedem Land der Erde geben, die Del Sassos Fähigkeiten haben. Es ist phantastisch, Ken, phantastisch!"

Mitten vor der Wand gegenüber der Eingangstür war eine erhöhte Plattform, auf der nur ein überdimensionaler Polstersessel mit breiten Armlehnen und hoher Rückenlehne stand. Es wirkte beinahe wie ein Thron und schien in einem experimentellen Labor recht fehl am Platze zu sein. Auf diesem erhabenen Hochsitz saß ein Mann in Yoga-Position, der auf Grund seiner Größe und seiner beherrschenden Haltung selbst in der Passivität tiefer Meditation eine einschüchternde Gestalt war. Die bodenlange Mönchsrobe, die er trug und deren Kapuze zurückgeschlagen war, hatte eine tiefschwarze Farbe, so, wie auch seine dicken Augenbrauen und sein dichter, stark gestutzter Bart. Leighton

mußte ihnen nicht erst sagen, daß diese bezwingende Gestalt der hochgepriesene Antonio Del Sasso war.
Der Mann mit der Kapuze! Viktor war verblüfft. Yakov war also in dieser Einrichtung gewesen! *War es Del Sasso gewesen, der Yakov getötet hatte, oder hatten es die Archonten getan? Vielleicht konnte man das nicht wirklich voneinander trennen.* Viktor spürte, daß Leighton ihn beobachtete und tat sein Bestes, um seine Empfindungen zu kontrollieren.

Kay Morris nickte Leighton kaum merklich zu und dirigierte dann wieder ihre zwei Assistenten. Ein Laborarbeiter bereitete eine Videokamera auf Rädern vor, die Fernsehqualität hatte und per Fernsteuerung dirigiert wurde; der andere machte einen Computer bereit, der neben einer Reihe von Kontrollinstrumenten mit Zeigern und Kurvenschreibern stand. Ken bemerkte, daß Del Sasso nicht an Drähte angeschlossen war und fragte sich, was da gemessen werden sollte.

Wieder spürte Leighton die unausgesprochene Frage und flüsterte: „Antonio stellt ein unglaubliches elektromagnetisches Feld und eine Anti-Gravitationskraft her – und noch einige andere seltsame Kräfte, die wir noch nicht analysieren konnten. Ich werde das später näher erläutern."

Dann flüsterte er allen Dreien zu: „Sie werden es kaum glauben können!"

Die zwei Assistenten begannen, mit Hilfe eines kleinen Gabelstaplers einige schwere Gegenstände aus einem durch eine Mauer abgetrennten Lagerraum am anderen Ende der Halle zu holen. Diese wurden sorgfältig etwa fünf Meter von Del Sasso entfernt vor ihm aufgestellt. Da war ein leerer 250 l-Öltank aus Stahl, ein moderner Benzinmotor von einem Auto, der auf hölzerne Gleitkufen montiert war, ein großer Elektromotor mit einem ähnlichen Unterbau und eine Hantel mit zahlreichen Gewichten, die, wie Leighton flüsterte, „über 450 Kilo!" wog.

Als die Gegenstände zu Kay Morris' Zufriedenheit plaziert waren, winkte sie ihren Assistenten, zu ihr hinter einen schweren Metallschild zu kommen, der die Überwachungs- und Kontrollgeräte abschirmte. Dann sagte sie leise zu dem bereits meditierenden Medium: „Wir sind bereit, Vater Del Sasso."

Eine lange und beinahe greifbare Stille folgte. Carla und Viktor sahen besorgt zu Leighton hinüber. Er warf ihnen ein rasches, zuversichtliches Lächeln zu. Plötzlich wurde der Öltank von einer unsichtbaren Kraft geradewegs emporgehoben. Er blieb eine volle Minute lang bewegungslos in etwa dreieinhalb Metern Höhe stehen. Dann, mit einem Knall, der klang, als habe jemand die Schallmauer durchbrochen, wurde er zu einem Ball zusammengedrückt und fiel zurück auf den Boden.

Viktor und Carla waren sprachlos. Sie sahen erst einander und dann Leighton an. Er lächelte und nickte ihnen erneut zu. Kens Gesichtsausdruck hatte sich nicht verändert. Ernst und nachdenklich vermied er es, die anderen anzusehen.

Nun heulte der Automotor auf und ging in einen raschen, gleichmäßigen Leerlauf über. Dann sprang auch der Elektromotor an. Keine Schnur und kein Kabel verbanden ihn mit irgend einer Quelle elektrischer Kraft. Die Hantel erhob sich vom Boden und begann, langsam zu steigen. Mit einem triumphierenden Lächeln warf Leighton einen raschen Blick auf Viktor und Carla. Sie waren völlig gebannt.

Ken hatte, genau wie Del Sasso, die Augen geschlossen. „Vater im Himmel", betete er wortlos, „im Namen Jesu Christi und durch sein Blut, das am Kreuz für unsere Sünden vergossen wurde, bitte ich dich, die Dämonen zu binden, die Del Sasso diese Macht geben, und daß dadurch der Böse, der hinter ihm steht, und die wahre Kraft seiner Macht offenbar werden."

Plötzlich zögerte die Hantel in ihrem schwerfälligen freien Schweben und begann zu zittern. Irgend etwas schien schiefzulaufen. Viktor und Carla sahen erstaunt zu Leighton hinüber. Sein Gesicht zeigte verblüffte Skepsis.

Del Sasso rutschte unbehaglich in seinem Sessel hin und her und wurde immer erregter. Die schwebende Hantel zuckte und sprang wie verrückt herum. Selbst der fahrerlose Gabelstapler fing an, hin und her zu schaukeln, als würde er von einer unsichtbaren, riesigen Hand geschüttelt. Die beiden Motoren spuckten und hüpften krampfartig, fielen dann um und gingen aus. Im gleichen Augenblick schlug die schwere Hantel auf dem Schild auf, der das Kontrollzentrum abschirmte, prallte ab und fiel mit einem lauten Knall auf den Boden. Dann war alles still.

Dr. Morris und ihre beiden Assistenten kontrollierten hektisch die Kurvenschreiber und die computergesteuerten Monitore. Leighton schien wie gelähmt. Del Sasso öffnete seine Augen wie ein Mann, der von einem Alptraum erwacht. Eine kurze Zeit saß er in drohendem Schweigen da und starrte Ken an. Dann kam ein schrecklicher Schrei — erst der Qual und dann der Wut — aus Del Sassos Kehle. Er sprang mit funkelnden Augen auf, richtete anklagend den Finger auf Ken und schrie: „*Er* hat es getan! Werft ihn raus!"

Völlig gelassen und ruhig erwiderte Ken seinen Blick. Viktor schaute voll Verwirrung und Sorge von einem dieser beiden offensichtlichen Kontrahenten zum anderen.

„Du solltest besser gehen", drängte Frank leise. „Er ist schrecklich jähzornig."

„Ich habe keine Angst vor ihm. Du etwa?" Kens Herausforderung war deutlich.

„Ken, ich möchte keine Konfrontation."

„Schmeißt ihn *sofort* raus!" donnerte Del Sasso.

„Laßt uns alle gehen", flüsterte Frank bestürzt. Ken ging bereitwillig mit, als Frank eilig vor ihm herging, dicht gefolgt von Viktor und Carla.

Draußen im Gang lehnte sich Frank an die geschlossene Tür und wandte sich wieder an Ken. „Was ist da drinnen los gewesen? Was hat er damit gemeint, daß *du* es getan hättest? *Was* hast du getan?"

„Könnte es sein, daß er eifersüchtig auf Ken ist?" schlug Carla zögernd vor. „Ken hat das Psitron erfunden und als erster Kontakt hergestellt. Medien können sehr launisch sein."

„Er ist wirklich eine Primadonna", räumte Leighton ein. „Und er kann aufbrausen. Aber so hat er sich noch nie verhalten. Andererseits habe ich auch noch nie erlebt, daß er versagt hätte." Er wischte sich mit einem Taschentuch den Schweiß von der Stirn und wandte sich an Viktor. „Was meinen Sie?"

Viktor war überwältigt. „Ich weiß nicht, was passiert ist. Aber ich habe noch nie so etwas gesehen! Del Sassos Kräfte sind ... sind ..." Er gab es auf, nach dem passenden englischen Superlativ zu suchen und zuckte hilflos mit den Schultern.

„Wenn er über so großartige Kräfte verfügte, frage ich mich, warum er sie nicht auf *mich* anwendet? Warum hat er *dich* gebeten, mich hinauszubegleiten?" Wieder lag eine deutliche Herausforderung in Kens Stimme.

Leighton sah Ken erstaunt an. „Worauf willst du hinaus?"

„Er hat Angst vor mir, und ich weiß auch, warum."

„Du bist verrückt. Er fürchtet sich vor nichts und niemandem, das kann ich dir garantieren. Und ich habe dir schon gesagt, daß ich keine Konfrontation will. Eine Vorführung *dieser* Art will ich nicht haben. Also, was hat er damit gemeint, daß *du* es getan hättest?"

„Ich weiß, was er gemeint hat, und er weiß, daß ich es weiß. Aber das soll er dir selbst erzählen. Meine Erklärung würde dir nicht gefallen."

„Irgendwie hat Ken seine Konzentration unterbrochen", schlug Carla vor.

„Konzentration hatte nichts damit zu tun", gab Ken zurück. „Das ist ein Ammenmärchen."

„Was war es dann?" wollte Leighton wissen.

„Frank, ich sagte bereits, daß du *ihn* fragen sollst."

„Ich frage dich. Hast du absichtlich etwas getan?"

Ken wandte sich ohne eine Antwort ab und begann, zurück zur Vorhalle zu gehen. Frank und die anderen folgten ihm.

„Ken, ich will es wissen — und zwar von *dir!*" forderte Frank.

Ken wandte sich langsam um und sah sie an. „Del Sasso hat keinerlei psychischen Kräfte", sagte er leise und sah Frank direkt in die Augen. „Du wirst betrogen — und zwar auf übelste Weise."

Frank wandte sich frustriert an Viktor und Carla. „Keine psychischen Kräfte?" erwiderte er verächtlich. „Ist dieser Mann verrückt? Ihr habt es selbst gesehen."

„Oh, wir alle sahen Kraft", gab Ken zurück. „Viel Kraft. Aber Del Sasso hatte keine Kontrolle darüber. Das habe ich gerade bewiesen. Menschen sind nicht in der Lage, psychische Kraft auszuüben. Sie haben keine Möglichkeit, solche Kräfte zu entwickeln. Das ist ein Teil des Betruges. Die Archonten benutzen Del Sasso — und dich. Dieser Mann ist *besessen* — so, wie ich es war."

„Jetzt hör auf mit diesem Zeug, Ken! Ich dachte, du hättest diese fixe Idee überwunden."

„Ich sollte dir sagen, was ich getan habe", sagte Ken gelassen. „Gut, ich werde es dir sagen. Ich habe einfach ganz leise im Namen Jesu Christi den einzig wahren Gott gebetet, die Dämonen zu binden, die diese Show abgezogen haben. Und du hast gesehen, was daraufhin passiert ist."

Leightons Kinn fiel herunter, und einen kurzen Moment lang schien er erschüttert und unsicher zu sein. Dann wurde sein Gesicht rot vor Ärger. „Das ist ein Zufall", gab er wütend zurück. „Antonio ist eine sehr sensible Person. Er hat deine Feindseligkeit gespürt, und das hat seine Konzentration gestört. Dies ist ein sehr sensibler Vorgang."

„Ken, ich halte deine Erklärung für kindisch und egoistisch!" Carla wollte sich augenblicklich von seinem religiösen Fanatismus distanzieren. Eine weltbekannte Journalistin mußte schließlich ihren Ruf wahren.

Viktor beobachtete die Szene und hörte in verblüfftem Staunen zu. Solche eine Unterhaltung hätte in seinem Labor in der UdSSR niemals stattfinden können! Was meinte Ken mit besessen? Bezog er sich auf *Dämonen*, und war er dann, so wie Dimitri, ein „*Gläubiger?*"

In diesem Augenblick sprang die Tür zum Labor auf und Del Sasso platzte in den Korridor. Er erblickte Ken sofort und bekam erneut einen Wutanfall. „Ich habe dir gesagt, du solltest ihn rausschmeißen!" bellte er. „Wenn ich ihn jemals wiedersehen sollte, werde ich ihn umbringen!"

„Warum?" fragte Ken leise und mit sehr ruhiger Stimme. „Warum?"

„Raus hier!" Del Sasso ging auf ihn zu.

Ken gab nicht nach und sah furchtlos in Antonios haßerfüllte Augen. „Ich habe keine Angst vor dir. Der in mir ist, ist größer als die *Dämonen*, die in dir sind."

Del Sasso stieß einen wütenden, frustrierten Schrei aus. Leighton nahm Kens Ellbogen, drehte ihn herum und begann, ihn eiligst zur Vorhalle zu schieben. Ken ging widerstandslos mit. Als sie um die Ecke des Ganges bogen, rief Leighton über seine Schulter zurück: „Ich sorge dafür, daß er geht, Antonio. Ich bringe ihn sofort hinaus."

„Wartet in meinem Büro auf mich", sagte er dann noch zu den anderen.

Als er in die Vorhalle trat, immer noch von Frank geschoben, hörte Ken, wie Carla zu Viktor sagte: „Ich bin froh, daß wir in getrennten Autos gekommen sind!" Die Worten stachen wie ein Messer in seinen Rücken.

Draußen gingen sie in hartnäckigem Schweigen nebeneinander her. Als sie beim Auto ankamen, legte Frank seine Hand auf Kens Arm. „Ich kann es nicht fassen, daß du mir das angetan hast!"

„Was habe ich dir angetan?"

„Du hast mich getäuscht! Ich habe geglaubt, du seist ernstlich interessiert. Sonst hätte ich dich gar nicht eingeladen."

„Das war ich auch – und ich bin es noch, Frank. Aber ich mache mir Sorgen um dich."

„Ich glaube, du bist nur gekommen, um das Programm absichtlich zu stören. Du hast Del Sasso wütend gemacht. Du bist ärgerlich, weil ich dich aufgekauft habe, obwohl ich immer das Angebot aufrecht gehalten habe, daß du wieder einsteigen könntest."

„Ich will nicht wieder einsteigen. Aber ich bin aufrichtig interessiert hergekommen und wollte sehen, was ihr macht. Und ich bin froh, daß ich das getan habe. Ich habe Del Sasso jetzt kennengelernt, und er hat

nur bestätigt, was ich bereits wußte. Ich warne dich, Frank: Du steuerst auf eine Katastrophe zu!"
„Ich weiß nicht, wie du dazu kommst, so etwas zu sagen, Ken! Wenn du nur wüßtest, was für Möglichkeiten der Menschheit zur Verfügung stehen, und zwar nicht nur Del Sasso — er ist lediglich der erste —, sondern uns allen!"
„Ich kenne den vollen Betrug hinter diesem falschen Versprechen, Frank. Und ich weiß, wer dahinter steckt. Sie haben versucht, mich umzubringen, und sie werden auch dich umbringen, wenn du deinen Zweck erfüllt hast und sie dich nicht länger brauchen."
„Ken, ich habe dir doch schon gesagt, daß es einen Fehler in deinem ursprünglichen Entwurf gab. Es war ein kleiner Fehler, der jedem passieren könnte, aber er war entscheidend. Und deshalb bist du ausgerastet und den Abhang hinuntergefahren. Die Archonten haben den Fehler entdeckt, uns gesagt, wie er zu beheben ist, und wir haben es getan. Das ist nicht nur Theorie. Wir haben *bewiesen*, daß das, was sie sagten, stimmt. Nachdem wir diese Änderung vorgenommen hatten, hatte Antonio keine Probleme mehr — nicht die geringsten."
„Er ist vollkommen besessen!"
„Ich will das nicht noch einmal hören!"
„Ob du es hören willst oder nicht, es ist die Wahrheit."
„Ken, hör auf mich. Wenn du doch nur deine fixe Idee von Dämonen sein ließest und die Sache aufgeschlossen ansehen könntest."
„Ich habe es mir angesehen."
„Aber mit denselben alten abergläubischen Vorurteilen. Ken, wir stehen kurz davor, alle Probleme der Menschheit zu lösen! Wir werden eine neue Welt haben, ohne Armut oder Krankheit oder Krieg!"
„Und die Archonten werden alles unter Kontrolle haben, richtig?"
„Na und?" räumte Frank ein. „Ich nehme an, daß du daran jetzt auch wieder etwas Unheilvolles entdecken wirst! Wie sollte es denn sonst sein? Es ist ihr Plan, und sie haben die Kenntnisse und die Macht. Sie müssen die Leitung haben, aber nur, bis wir die Kraft haben, es selbst zu tun."
„Ein Mangel an *Kraft* ist nicht das Problem, Frank. Das sollte dir eigentlich klar sein. Du weißt, wie man diese Generation genannt hat: ‚nukleare Riesen, aber moralische Zwerge'. Kannst du dich erinnern? Und das ist gefährlich!"
Frank wurde still. Ken kletterte in seinen Wagen und ließ das Fenster herunter. „Wer sind die Archonten?"

„Sie sind hochentwickelte, nicht-physische Intelligenzen, die unsere Evolution gesteuert haben."

„Sie haben miserable Arbeit geleistet!"

„Deswegen greifen sie jetzt ein — um einen ökologischen oder nuklearen Holocaust zu verhindern. Wenn wir uns selbst zerstören, würde dadurch das Karma der gesamten Galaxis zurückgeworfen werden."

„Was du mir da erzählst, ist blanker Hinduismus, Frank. Warum kannst du *das* akzeptieren, während das Christentum undenkbar ist?"

„Es ist kein Hinduismus. Es ist *Wissenschaft.*"

„Du weißt genau, daß das nicht stimmt. Karma, hochentwickelte Meister, magische Kräfte durch Yoga-Trance — das soll Wissenschaft sein?"

Frank antwortete nicht. Er drehte sich rasch um und begann, wegzugehen.

Ken lehnte sich aus dem Fenster und rief hinter ihm her: „Muß ich mich ab jetzt hier als *Persona non grata* betrachten?"

Frank blieb stehen, drehte sich um und sah ihn wieder an. „Ich wünschte, es wäre nicht so, aber wozu sollte das gut sein? Willst du noch einen Wutausbruch von Del Sasso provozieren?"

„Du solltest dir ein paar ernste Fragen stellen, Frank. Was ist zum Beispiel vorhin mit Del Sassos großartigen Fähigkeiten geschehen? Und wer sind die Archonten? Sind sie so schwach? Sie hätten mich einst beinahe umgebracht, aber jetzt habe ich keine Angst mehr vor ihnen. Sieh dir die Tatsachen an und verschließe nicht länger die Augen davor! Ich habe dir die Wahrheit gesagt — was ich tatsächlich im Labor getan habe. Ich habe Del Sassos Show mit einem einfachen Gebet beendet!"

Leighton sah ihn zunächst erstaunt und dann verächtlich an. „Du bist ein brillanter Kopf, der zu Grunde gerichtet worden ist. Seit diesem Unfall hast du unter religiösen Wahnvorstellungen gelitten. Du brauchst fachärztliche Hilfe, Ken. Ich könnte dafür sorgen, daß du die beste psychiatrische Diagnose und Behandlung bekommst."

„Hör auf, mich zu ‚analysieren', und analysiere deine eigene Situation. Du bist dabei, dich in größte Schwierigkeiten zu manövrieren. Du solltest dich Tag und Nacht fragen, woher du weißt, daß die Archonten dir die Wahrheit sagen! Warum vertraust du ihnen? Angenommen, sie sind nicht das, was sie vorgeben, und ich habe doch recht?"

Frank starrte Ken schweigend an. Dann drehte er sich wieder um und eilte ohne ein weiteres Wort auf die Eingangstür zu.

Ken fuhr rückwärts aus der Parklücke heraus und lenkte seinen Wagen langsam zum Eingangstor. Er empfand tiefes Mitleid für Frank und auch für Khorev – und ein überwältigendes Gefühl banger Vorahnung für Carla. Was Del Sasso betraf – der Mann war das personifizierte Böse und beinahe zu allem fähig. Die Archonten hatten ihr Werkzeug gut gewählt.

20. Der Plan

Als Leighton in sein Büro zurückkam, fand er Del Sasso in entspannter und leutseliger Stimmung vor. Er saß in einem Sessel und war in ein Gespräch mit Carla und Viktor vertieft. Sie hatten ihm gezielte, prüfende Fragen über die Gefahren der unglaublichen psychischen Kraft, die er ihnen gerade vorgeführt hatte, gestellt. Was wäre, wenn diese Kraft in die falschen Hände geriete? Und wie könnte man so etwas überhaupt verhindern, wenn psychische Kraft einfach nur eine normale menschliche Fähigkeit war und daher jedem gleichermaßen zur Verfügung stand? Was für eine schreckliche Welt würde das sein, wenn jeder solch gefährliche Fähigkeiten hätte – eine Welt von Zauberern, die einander mit den unbegrenzten Kräften der menschlichen Psyche zerstörten!

Del Sasso hatte über ihre Befürchtungen gelacht und ihnen versichert, daß die weit verbreiteten Annahmen über das unbegrenzte Potential des Menschen falsch seien. Psychische Kräfte seien ein Geschenk, das die Menschheit von höher entwickelten Intelligenzen – den Archonten – bekäme. Ja, der Grund dafür, daß die Parapsychologie weltweit seit ihren Anfängen am Ende des neunzehnten Jahrhunderts so geringe Fortschritte gemacht habe und so viele Rückschläge erlitten habe, sei, daß man die wahre Quelle dieser Kraft nicht erkannt und nicht geehrt habe. Der Durchbruch sei dagewesen, als dieses geheime Forschungszentrum unter der Leitung von Frank Leighton bereit gewesen sei, eine Übereinkunft mit den Archonten zu treffen: Sie sollten, unter der Leitung und Kontrolle der Archonten, diese Kräfte in der ganzen Welt verbreiten. Diese Partnerschaft hatte die Amerikaner nach vorne katapultiert, so daß sie den Russen und allen anderen nun um Lichtjahre voraus waren.

All das klang logisch für Viktor. Ja, die entscheidenden Fragen, die sich so bedrohlich vor ihm aufgetürmt hatten, schienen beantwortet zu werden, ohne daß er sie überhaupt gestellt hatte. Del Sassos Erklärung über die Rolle, die die Archonten spielten, paßte perfekt zu den Schlußfolgerungen, zu denen Viktor in Rußland gekommen war, und füllte fast alle Lücken, die noch in seiner Theorie geklafft hatten, aus. Die Gründe für die wiederholten Warnungen und die schrecklichen Ereignisse in seinem Labor nördlich von Moskau, als sie darauf bestanden hatten, ihre Forschungen auf verbotene Art fortzuführen, schienen jetzt klar zu sein.

Aber für Carla, die nichts von all dem wußte, was in Viktors Labor geschehen war, waren Del Sassos Behauptungen zu revolutionär, um sie ohne weitere Prüfung anzunehmen. Natürlich hatte sie kaum Zweifel an der erstaunlichen Macht, die er ihnen vorgeführt hatte. Aber daß er sie mysteriösen geistigen Intelligenzen zuschrieb, schien mehr Fragen aufzuwerfen, als es beantwortete. Wer waren diese *Archonten*, mit denen Leighton und Del Sasso auf so vertrautem Fuße zu stehen schienen – und die Viktor anscheinend kannte und fürchtete? Was war ihre Absicht und ihr Motiv? Die ganze Sache erinnerte sie auf unangenehme Weise an einiges, was Ken im Krankenhaus gesagt hatte. Sie konnte zwar nicht mehr an *Dämonen* glauben, aber wenn es irgendwo dort draußen hochentwickelte geistige Wesen gab, war es dann nicht durchaus möglich, daß einige von ihnen *böse* waren? Sie entschloß sich, unvoreingenommen zu bleiben, aber nicht die Skepsis aufzugeben, die jeder Journalist bei jeder Story, für die er Nachforschungen anstellte, haben mußte.

„Wie ist dieser Verrückte hier herein gekommen?" wollte Del Sasso wissen, sobald Frank zur Tür herein kam.

Leighton schüttelte verlegen und ungläubig seinen Kopf. „Es ist mein Fehler, daß ich ihn eingeladen habe. Es tut mir leid, Antonio. Ich hatte keine Ahnung, was daraus entstehen würde."

„Du solltest dir deswegen keine Gedanken machen", erwiderte Del Sasso verächtlich. „Er ist ein fundamentalistischer Fanatiker mit einer krankhaften Angst vor Dämonen. Ich habe Dutzende von ihnen getroffen, als ich für die Jesuiten auf einer Vortragsreise war. Sie haben mir bei meinen Vorträgen widersprochen und Bibelverse zitiert, die ‚bewiesen', daß der Papst der Antichrist sei. Wenn ich zustimmte und sagte, ‚Das wäre möglich', waren sie sprachlos. Ihr müßt dazu wissen", setzte er in verschwörerischem Ton hinzu, „daß die Jesuiten seit Jahren kein allzu gutes Verhältnis zum Papst hatten." Dann wurden seine Augen schmal. „Sorge dafür, daß ich diesen Irren hier nie wieder sehe!"

„Ich gebe dir mein Wort darauf", sagte Leighton mit Nachdruck und setzte sich leger auf die Vorderkante seines riesigen Schreibtisches. „Aber jetzt sag mir doch bitte, was ist denn nun *tatsächlich* im Labor passiert?"

Del Sasso lehnte sich entspannt zurück und lachte, während er seine Bewunderer einen nach dem anderen ansah. Er genoß ganz offensichtlich seinen Status als Berühmtheit, aber er strahlte auch eine gewinnende Offenheit aus. Sein Charme schien beinahe übernatürlich zu sein, wenn er ihn spielen lassen wollte. *Bleib auf dem Teppich und behalte einen klaren Kopf!* ermahnte Carla sich selbst.

„Ich befand mich am Omega-Punkt", sagte Del Sasso, „hatte die Augen geschlossen und wartete auf das Startsignal von Kay. Dann kamt ihr alle herein. In dem Augenblick, als *er* das Labor betrat, *wußte* ich, daß er da war, obwohl ich ihn noch nie getroffen habe. Die Archonten haben erkannt, daß er ein *Feind* ist."

Del Sasso ließ seine Worte einen Moment lang wirken und fuhr dann fort: „Ich habe versucht, ihn nicht zu beachten und um ihretwillen weiterzumachen." Er wies auf Carla und Viktor. „Aber ich war so sehr auf das allgemeine Unbewußte eingestellt, daß seine negativen Gedanken wie eine atmosphärische Störung wirkten und die Wellenlänge blockierten, auf der ich die Energie empfing. Es machte mich wütend. Schließlich mußte ich alles stoppen und ihn hinauswerfen."

„Er sagte uns, er hätte die Vorführung beendet", sagte Carla. Sie wollte eine direkte Reaktion von Del Sasso hören, die Kens fundamentalistische Phantasien ein für allemal aus der Welt räumte.

Del Sassos warme braune Augen entflammten augenblicklich in einem Wutausbruch. Carla empfand diesen Gefühlsumschwung als zu plötzlich, um daraus Trost zu ziehen. Aber was er sagte, klang sehr überzeugend. „Was bringt einen Mann bloß dazu, derart zu lügen? Ich wußte alles, was er dachte — erbärmlicher, altmodischer Aberglaube an *Dämonen.*" Er rollte seine großen Augen verächtlich und wandte sich dann an Viktor. „Wie war das wenige, was Sie gesehen haben — bevor ich es unterbrach — im Vergleich zu dem Niveau, das Sie in der Sowjetunion erreicht haben?"

„Man kann es nicht miteinander vergleichen. Sie sind um ein Vielfaches weiter als wir — nun, es ist offensichtlich, daß Ihre Erklärung über die Archonten korrekt ist." Viktor beugte sich vor und nickte langsam und ergriffen mit dem Kopf, um seine Zustimmung zum Ausdruck zu bringen. „Es bestätigt meine eigenen Forschungen voll und ganz und erklärt einige seltsame Ereignisse in meinem Labor, über die Sie vermutlich voll informiert sind."

Solch eine Bestätigung von Viktor machte großen Eindruck auf Carla, aber sie wußte immer noch nicht, wovon sie sprachen.

Auf Leightons Gesicht erschien ein selbstgefälliger Ausdruck, den er nicht unterdrücken konnte. „Antonio hat also bereits erklärt, wer die Archonten sind, ja?" Als er Carlas fragenden Gesichtsausdruck wahrnahm, machte er Viktor den Vorschlag: „Jetzt, wo sie unter, nun, sagen wir, entspannteren Bedingungen als in Paris wieder vereint sind, wäre es eine gute Idee, wenn Sie Carla etwas von Ihren vergangenen Erfahrungen mit den Archonten erzählen würden, wenn Sie ein wenig Zeit haben."

„Sie hatten auch Kontakt mit Ihnen?" fragte Carla und wandte sich überrascht an Viktor.

„Wir sind von ihnen *gezüchtigt* worden — sehr hart gezüchtigt worden", erwiderte er ernst. „Ich würde natürlich gerne weitere Beweise sehen. Aber alles, was Dr. Del Sasso bisher — "

„*Antonio*, bitte, oder *Vater* Del Sasso, falls Sie das vorziehen", warf das Medium gnädig ein.

„ — Antonio bisher gesagt hat, klingt wahr", fuhr Viktor fort. Er wandte sich an Leighton. „Vielleicht könnte ich Fräulein Bertelli — Carla — " Seine Wangen röteten sich leicht, als er sich korrigierte. „Vielleicht könnte ich ihr mein Video zeigen."

„Ein großartiger Gedanke!" erwiderte Leighton. Er machte plötzlich den Eindruck eines Mannes, dem plötzlich wieder einfiel, daß er noch eine ganz besondere Überraschung in petto hatte. „Das würde ihr einigen Einblick vermitteln. Und es ist wichtig, denn schließlich muß die Kraft, für deren Gebrauch uns die Archonten trainieren, mit der ganzen Welt geteilt werden." Er wandte sich an Carla. „Und das wäre die Aufgabe, für die wir Sie brauchen — natürlich nur, wenn Sie wollen. Wir werden später noch darüber sprechen. Es muß sehr sorgfältig geplant werden."

Leighton sah fragend zu Del Sasso hinüber und meinte: „Ich glaube nicht, daß Antonio nach dieser rüden Unterbrechung zurück ins Labor möchte."

Antonio sah auf seine Uhr und schüttelte den Kopf. „Ich muß zum Labor Nr. 4 gehen. Es ist schon fast Zeit für die tägliche Übertragung, und ich muß noch verkabelt werden." Er stand auf und schüttelte Carla und Viktor zum Abschied die Hand. „Es war mir eine Freude, Sie kennenzulernen. Ich freue mich darauf, mit Ihnen beiden zusammenzuarbeiten."

„Es wird uns eine große Ehre sein", sagte Viktor überschwenglich.

„Nun, Sie haben mich wirklich beeindruckt", fügte Carla hinzu. „Gehe ich recht in der Annahme, daß Sie mir völlige Freiheit für meine journalistischen Nachforschungen geben?"

„Das wäre ganz in meinem Sinne", versicherte ihr Del Sasso sofort und sah ihr mit einem Ausdruck kindlicher Unschuld in die Augen, der vollkommenes Vertrauen weckte.

Als Del Sasso den Raum verließ, kam Leighton herüber und setzte sich in den übergroßen Chefsessel hinter seinem riesigen Schreibtisch. Die wenigen Unterlagen, die sich darauf befanden, waren sehr ordentlich abgelegt worden. Er hatte offenbar alles bestens unter Kontrolle und war selbst ein sehr systematischer Mensch. Er verschränkte die Arme hinter dem Kopf und lehnte sich mit deutlicher und begründeter Zufriedenheit zurück. „Nun, jetzt wissen Sie es aus erster Hand. Antonio ist schon etwas Besonderes, nicht wahr? Falls Sie sich wundern sollten: Er ist noch ein aktiver Jesuitenpriester, aber absolut kein engstirniger Anhänger der christlichen Dogmen, wie Sie wahrscheinlich schon bemerkt haben. Er hat seinen Doktor in orientalischen Sprachen gemacht. Als ich ihm das erste Mal begegnete, war er bereits eines der besten Medien — er hat seine Fähigkeiten kurz nach dem Korea—Krieg entwickelt, als er in Japan den Buddhismus studierte. Ich habe sofort gewußt, daß ihm die Arbeit mit dem Psitron wie auf den Leib geschrieben war. Deshalb habe ich Antonio in das Programm eingeführt, als Ken seinen Unfall hatte und ausfiel. Er hat beinahe sofort Kontakt mit ‚den Neun' aufgenommen, und seitdem ist es ein unglaubliches Abenteuer gewesen."

Leighton machte eine rhetorische Pause und fuhr dann fort: „Statt nur darüber zu reden — Sie sind ja um die Möglichkeit zu sehen, was Antonio *wirklich* tun kann, betrogen worden — sollte ich Ihnen noch ein wenig zeigen, bevor wir unsere Mittagspause machen. In Ordnung? Sie werden frappiert sein."

„Frappiert sein?" fragte Viktor.

„Staunen, sich wundern, verblüfft sein", erklärte Carla. „Klingt gut. Fangen Sie an." Dann beugte sie sich vor und klopfte Viktor auf den Arm. „Das ist ein sehr hochgestochenes Wort. Ich würde mir deswegen keine Gedanken machen. Ihr Englisch ist viel besser, als mein Französisch oder Deutsch. Und was mein *Russisch* angeht – alles, was ich sagen kann, ist ‚Guten Morgen', ‚Wie geht es Ihnen?' und ‚Auf Wiedersehen'."

Leighton drückte einen Knopf und sprach über die Gegensprechanlage mit seiner Sekretärin im Zimmer nebenan. „Bitte stellen Sie keine Gespräche durch — ich werde erst nach dem Mittagessen wieder erreichbar sein."

Aus dem säuberlich geschichteten Stapel von Videokassetten auf der einen Ecke seines Schreibtisches suchte er ein Band heraus, ging hinüber zu einem Rekorder, der nicht weit von einem riesigen Bildschirm stand, und legte die Kassette ein. Dann nahm er eine Fernbedienung, ging hinüber zu seinen beiden Gästen und setzte sich zu ihnen auf das

lange Sofa. Als er das Video anstellte, erinnerte er sie: „Falls Sie irgend welche Fragen haben, sagen sie es mir. Dann halte ich das Video an."
Zu Beginn des Videos war zu sehen, wie Del Sasso in einem Büro saß. Er hatte die Augen geschlossen und hielt einen dünnen Draht in der Hand, den er waagerecht in ungefähr fünfzehn Zentimeter Abstand kreisförmig über eine Landkarte mit sehr großem Maßstab bewegte, die vor ihm auf dem Schreibtisch lag. Plötzlich tanzte der Draht in seinen Fingern und wies direkt auf die Karte. Im gleichen Moment — immer noch mit geschlossenen Augen — hielten seine Hände in der Bewegung inne und schienen über einem Punkt zu schweben. Ein Assistent erschien von der Seite und legte ein geeichtes Vergrößerungsgerät an der angegebenen Stelle auf die Karte. Die Kamera fuhr jetzt dicht an einen Computer, auf dessen Monitor der genaue Längen- und Breitengrad erschienen.

Leighton hielt das Video an. „Dies ist eine der ersten praktischen Anwendungen von der Macht der Archonten. Die Koordinaten, die sie gesehen haben, sind natürlich verändert worden. Aber ansonsten haben sie alles genauso gesehen, wie es passiert ist. Ingenieure der Armee sind noch dabei, die Gegend zu vermessen. Aber es sieht jetzt schon so aus, als ob es dort das größte Ölvorkommen gäbe, das je entdeckt wurde. Die Gegend ist eine Wildnis auf dem Festland in den Vereinigten Staaten, eine Stelle, die jeden Geologen überraschen würde — weshalb sie wahrscheinlich bisher unentdeckt geblieben ist. Sie haben eine Reihe von Probebohrungen gemacht, sie untersucht und sie verschlossen. Der Ort ist zur Zeit selbstverständlich noch geheim."

Die nächste Szene, die auf dem Bildschirm erschien, zeigte das Innere eines riesigen Treibhauses, das die Form einer Pyramide hatte. Es war mit einer Vielfalt von Gemüsepflanzen und Melonenarten gefüllt. Man konnte sehen, wie Del Sasso langsam in den langen Reihen auf und ab schritt und zwischendurch immer wieder kurz stehenblieb, um seine Hand über jede Pflanze zu halten. Die Szene ging nahtlos in eine andere über, in der man in demselben Gewächshaus Arbeiter sehen konnte, die erstaunliche Mengen von Kohl und Honigmelonen, so groß wie ein Basketball, ernteten, sowie riesige Tomaten, Karotten, Rüben und andere Gemüsesorten, alle von außerordentlicher Größe und Qualität.

Wieder hielt Leighton kurz das Band an. „Dies ist eine weitere praktische Anwendung, von der die Welt profitieren wird. Alles, was Sie gerade gesehen haben, wuchs in etwa zwei Dritteln der normalen

Wachstumszeit. Die Pflanzen bekamen halb so viel Wasser wie üblich und der Boden war sehr schlecht. Trotzdem enthielten sie weitaus mehr Vitamine und Mineralstoffe als jedes andere Gemüse, das zur Zeit angebaut wird. Das Geheimnis liegt in einer Umwandlung psychischer Energie, die sich im Weltraum befindet, sogar innerhalb eines Vakuums. Dieselben Resultate lassen sich in der Sahara erzielen, oder an irgend einem anderen Ort. Ich muß Ihnen wohl nicht erst sagen, was das für die Welt bedeuten wird."

„Das ist jetzt wirklich einmal etwas Lohnendes, das mich begeistern könnte!" rief Carla aus. „Wird es bereits praktiziert?"

„Noch nicht. Wir brauchen Tausende von Del Sassos. Sie müssen trainiert werden, und das kann erst geschehen, wenn der Plan bekannt gegeben und von den politischen Führern der ganzen Welt akzeptiert worden ist. Dann wird ein Neues Zeitalter anbrechen, wie man es sich nicht vorstellen kann — es wird das Paradies auf Erden sein!"

„Der Plan?" fragte Viktor argwöhnisch. „Was für ein Plan?"

„Wir kennen noch nicht alle Details, aber die Archonten haben einen exakten Plan, wie sie ihre Lösung für die Krise, vor der wir jetzt stehen, realisieren wollen. Wir werden das später noch genauer besprechen. Ich möchte Ihnen noch ein weiteres Beispiel davon zeigen, was die Archonten tun können. Sie werden mit mir einer Meinung sein, daß es etwas ist, was bleibenden Frieden zwischen allen Völkern — ja, sogar zwischen einzelnen Menschen — garantieren könnte."

Leighton ließ das Video wieder laufen und Viktor schnappte nach Luft. Diesmal war eine Szene in seinem Labor in der Sowjetunion zu sehen. Die Bildqualität war beinahe so gut, als wäre es eine Direktübertragung über einen störungsfreien Fernsehkanal. Yakov wurde von Dimitri auf seinem Sessel festgeschnallt. Viktor sah sich selbst, wie er eifrig damit beschäftigt war, das Unternehmen von seinem oberen Kontrollraum aus zu leiten. Das ganze traumatische Ereignis entfaltete sich erneut vor seinen Augen, genauso, wie es geschehen war. Er sah, wie Yakov aus dem Gerät gerissen und quer durch den Raum in den Tod geschleudert wurde. Viktor stöhnte und sah zur Seite.

Unwillkürlich legte Carla tröstend eine Hand auf Viktors Arm. Leighton hielt den Film an. „Es tut mir leid", sagte er. „Ich hätte Sie vorwarnen sollen. Ich wollte Sie überraschen und bin in meiner Begeisterung wohl etwas zu weit gegangen."

„Nein, nein, es ist schon in Ordnung", erwiderte Viktor ernst. „Ich mußte es noch einmal sehen. Manchmal erscheint es so irreal — wie ein Alptraum oder eine Phantasievorstellung von mir." Er wandte sich an

189

Carla. „Sie werden bemerkt haben, daß sich die Szene in meinem Labor bei Moskau abgespielt hat ..."

„Das ist tatsächlich passiert?" fragte sie erstaunt.

Viktor nickte. „Das war das dritte Medium, das wir verloren haben."

„Haben Sie den Film mitgebracht?"

„Ich habe einen Film mitgebracht, aber nicht diesen." Er wandte sich an Leighton. „Jetzt weiß ich, was sie mit ‚Stielaugen' meinen. Ich weiß nicht, was ich sagen soll. Sie wußten also über alles, was wir taten, Bescheid?"

„Über alles", sagte Leighton sachlich.

Carla verstand immer noch nicht. „Wie haben Sie es geschafft, einen Agenten in sein Labor einzuschleusen?" fragte sie Leighton. „Und wie konnte er diesen Film drehen, ohne daß es jemand bemerkte?" Bevor er antworten konnte, wandte sie sich verwundert an Viktor. „Hatten Sie je den Verdacht, daß einer Ihrer Männer so etwas tat?"

„So ist es nicht gewesen", antwortete Viktor. „Ich weiß, was Frank meint, weil wir auch etwas Derartiges gemacht haben. Aber unsere Ergebnisse wirken im Vergleich mit seinen absolut primitiv."

Leighton drehte sich auf dem Sofa so, daß er ihnen direkt in die Augen sehen konnte und beugte sich dicht zu ihnen vor. Es war eine Geste der Vertraulichkeit gegenüber diesen beiden, die in den inneren Kreis aufgenommen wurden. „Del Sasso hat diesen Film *mit seiner Psyche* aufgenommen. Er hat dabei in demselben Labor gesessen, in dem Sie ihn heute gesehen haben." Seine Stimme war ruhig, als er das sagte. Aber sein Gesicht drückte höchsten Triumph aus.

„Ich kann es nicht glauben!" rief Carla aus. Sie sah zu Viktor hinüber. Er nickte überwältigt zur Bestätigung.

In Leightons Augen spiegelte sich eine Erregung, die er kaum noch unterdrücken konnte. „Wir haben hier tausende Meter von Filmmaterial in unseren Tresoren mit Aufnahmen von geheimen sowjetischen Experimenten — nicht nur aus Viktors Labor, sondern aus verschiedensten anderen Laboren. Ja, wir haben sogar Aufnahmen von geheimen Besprechungen auf höchster Ebene im Kreml."

Leighton senkte seine Stimme und beugte sich noch dichter zu ihnen vor. „Was ich Ihnen hier sage, sind höchst geheime Informationen. *Niemand* darf davon erfahren, bevor die Archonten es sagen. Nichts von dem Film, den ich gerade erwähnte — und ich meine *wirklich nichts* — ist von irgend jemandem vom FBI, dem Außenministerium oder dem Pentagon gesehen worden ... Dieses Wissen und diese

Macht werden nicht gegen die Russen oder gegen irgend eine andere Nation verwendet werden, so lange sie sich dem Plan anschließen, wenn die Zeit dafür gekommen ist – und das wird schon sehr bald sein."

Leighton ließ seine Worte eine Weile wirken. Er stand auf und begann, schweigend auf und ab zu gehen. Schließlich fing er an, leidenschaftlich zu reden. „Verstehen Sie, was das bedeutet? Krieg wird unmöglich werden. Der Friede wird dauerhaft sein, und selbst Verbrechen wird es nicht mehr geben. In der Neuen Welt wird niemand mehr in der Lage sein, geheime Verschwörungen auszuhecken. Es wird keinen Umsturz mehr geben und keinen Terrorismus. Es wird unmöglich sein, irgend einen Gedanken oder irgend eine Tat vor denen zu verbergen, die die Kontrolle haben. Das Paradies wird wieder hergestellt werden."

„Denen, die die *Kontrolle* haben?" fragte Viktor scharf. Er sah plötzlich sehr besorgt aus. „Wer wird das sein?"

„Zunächst natürlich die Archonten", erklärte Leighton ohne Zögern. „Dann die, die sie als Kanäle ihrer Macht ausgewählt haben."

„Und wenn einige Nationen sich weigern, diese neue Weltordnung anzunehmen?" fragte Carla.

„Was für eine Alternative hätten sie?" schoß Leighton zurück. „Sie wären verrückt, wenn sie nicht mitmachten. Die Vorteile einer Kooperation sind praktisch unbegrenzt. Jede Nation wird ihr eigenes Medium haben – tausende und sogar Millionen von ihnen –, mit Fähigkeiten wie die, die Del Sasso hat. Für den Durchschnittsmenschen wird das dazu führen, daß er sich selbst und auch die Welt um sich herum auf völlig neue Weise sieht – eine Veränderung, die sich ganz natürlich daraus ergeben wird, daß er Dinge sehen wird, die man bisher für unmöglich hielt, und das täglich, immer wieder. Obwohl Sie auf dem Video bisher nur eine kleine Kostprobe gesehen haben, können Sie sich sicher vorstellen, daß Fähigkeiten dieser Art zu einer totalen Veränderung des Bewußtseins führen – einer völlig neuen Art, die Realität wahrzunehmen, die die Illusion von Begrenzungen beseitigt, die uns als Ergebnis unserer bisherigen Konditionierung unnötig versklavt haben. Der Prozeß der Umkonditionierung wird durch die einfache Demonstration dieser Macht vonstatten gehen. Und das wird zu einer neuen Sicht der Welt führen, und als Ergebnis davon zu einer neuen Welt."

Viktor hatte ihrem Gedankenaustausch kaum zugehört. Er war immer noch so verblüfft von dem, was er gesehen hatte, daß er kaum

Worte finden konnte. „Dies ist absolut verblüffend", murmelte er mehr für sich selbst als für die anderen. „Ich dachte, die Archonten hätten Yakov getötet, und meine Vorgesetzten bestanden darauf, daß es die Amerikaner waren. Wer war es denn nun?"

„Es waren beide", erwiderte Leighton schlicht.

„Warum?" unterbrach Carla. „Warum sollten sie Del Sasso helfen, aber die sowjetischen Medien töten?"

„Aus demselben Grund, aus dem Viktor in den Westen übergelaufen ist: der sowjetische Materialismus. Er erkennt nicht an, daß es Wesen ohne einen Körper gibt. Die Archonten – nun, man muß an sie glauben, um mit ihnen zusammenzuarbeiten."

„Ich verstehe immer noch nicht, warum sie Günstlinge haben", beharrte Carla. „Was für ein Ziel verfolgen sie damit?"

„Sie wollen uns – und das bedeutet, irgendwann einmal der ganzen Welt – helfen. Aber in diesem Stadium arbeiten sie durch die Amerikaner, weil wir die einzigen sind, die Kontakt aufgenommen haben und an sie glauben." Er sah Carla mitfühlend an. „Das war Kens Problem. Er wollte ihnen nicht vertrauen."

„Aber wer sind sie?" fragte sie.

„Das ist fast genauso, als ob Sie fragen würden, was die Schwerkraft oder was Energie ist. Ich habe keine endgültige Antwort auf diese Frage, und die werden wir wahrscheinlich niemals haben, weil sie uns so weit voraus sind. Im Prinzip sind sie, wie ich bereits sagte, hochentwickelte Wesen, die in ihrer Entwicklung so weit sind, daß sie nicht mehr von einem Körper abhängig sind. Aus ihrer höheren Dimension heraus haben sie die Evolution der Menschheit seit Tausenden von Jahren geleitet. In ihrer Dimension gibt es weder Tod noch Zeit, und sie sagen, daß wir an einem kritischen Punkt unserer Entwicklung angelangt sind, der ihr direktes Eingreifen erfordert, damit wir uns nicht selbst zerstören."

„Ich bezweifle nicht, daß ihr Eingreifen notwendig ist", murmelte Carla, die noch nicht völlig überzeugt war. „Aber ich bin mir nicht sicher, was ich von der Art ihres Vorgehens halten soll."

„Sie werden ihre Weisheit oder ihre Fähigkeit nicht mehr in Frage stellen, wenn Sie erst einmal mit ihnen zusammengearbeitet haben. Das garantiere ich Ihnen."

Viktor war immer noch sprachlos. „Solch umwerfende Kraft. Wie funktioniert sie? Warum müssen sie diese Kraft durch einen menschlichen Kanal leiten – nicht nur durch einen, sondern durch Tausende und sogar Millionen Del Sassos?"

„Das haben sie nicht erklärt. Ich glaube weniger, daß sie unbedingt durch einen menschlichen Kanal operieren *müssen*. Es ist wohl eher so, daß sie es wollen, damit wir die Verantwortung für uns selbst übernehmen." Leighton begann, auf und ab zu gehen und dachte über seine Worte nach, während er sprach. „Ich habe den Eindruck, daß sie nicht alles für uns tun wollen. Wir müssen lernen, es selbst zu tun, so daß wir schließlich unabhängig von ihnen sein werden. Deshalb brauchen sie Del Sassos. Millionen von ihnen müssen trainiert werden. Das ist unsere einzige Überlebenschance. Die Zeit ist knapp, und sie brauchen die Kooperation der gesamten Welt."

Er blieb vor Carla stehen, sah auf ihr emporgerichtetes Gesicht hinunter und studierte es sorgfältig. „Das ist der Punkt, an dem Sie ins Spiel kommen. Es ist eine sehr delikate Situation. Wenn wir diese Informationen nicht auf die richtige Art und Weise verbreiten, wird es zu einer weltweiten Panik oder Skepsis kommen. Und das eine ist so schlecht wie das andere. Wir müssen *Glauben* und *Vertrauen* hervorrufen, oder es wird nicht funktionieren. Im Augenblick ist Del Sasso unser einziges Verbindungsglied, unsere einzige Hoffnung. Wenn ihm etwas zustoßen sollte — nun, an diese Möglichkeit mag ich nicht einmal denken."

* * *

An diesem Abend besuchten Ken und seine Mutter die wöchentliche Gebetsversammlung in dem großen Heim von Hal und Karen Elliott, an der sie regelmäßig teilnahmen. Wie gewöhnlich wurde zu Anfang von Roger Andrews, einem Anwalt aus dem Ort, der die Gruppe leitete, einige Dinge aufgezählt, für die man danken konnte. Man hielt es für ebenso wichtig, für Gebetserhörungen zu danken, wie neue Anliegen durchzubeten — und es waren immer einige wichtige Anliegen dabei.

Als Ken an der Reihe war, seine Gebetsanliegen vorzubringen, stand er auf, um zu der Gruppe zu sprechen. „Wie ihr wißt, haben wir eine lange Zeit Carla Bertelli und Frank Leighton auf der Gebetsliste gehabt", begann er ernst. „Ich möchte euch die neuesten Entwicklungen berichten, damit ihr gezielter beten könnt. Carla ist wieder in der Stadt und wird vielleicht an Franks Parapsychologieprogramm mitarbeiten — demselben Programm, durch das ich dämonisch besessen und beinahe getötet wurde. Aber Preis sei Gott! Das Böse, was Satan vorhatte, hat Gott in etwas Gutes verwandelt. Und dadurch kam ich zum Herrn. Die meisten von euch wissen das ja."

„Danke, Herr! Preis sei Gott! Danke, Jesus!" Überall im Raum wurden leise die kurzen Danksagungen gemurmelt. Die meisten der Anwesenden hatten in jener Nacht, als Hal und Karen in die Klinik gegangen waren, um die Dämonen aus Ken auszutreiben, ernstlich gebetet, und sie hatten mit Freude und Begeisterung sein rasches Wachstum im Glauben beobachtet.

„Das Medium, das meinen Platz eingenommen hat", fuhr Ken ernst fort, „ist in hohem Grade besessen. Ich glaube, daran besteht absolut kein Zweifel. Und ich befürchte, Carla ist von dem, was sie für psychische Kräfte hält, so beeindruckt, daß sie geradewegs in die ganze Täuschung hineingezogen werden wird. Ihre Augen müssen für die Wahrheit geöffnet werden. Bitte betet gezielt, daß sie *desillusioniert* wird — daß die Tarnung weit genug verrutscht, um sie das Böse, das in Wirklichkeit dahinter steckt, erkennen zu lassen."

Er wollte sich schon setzen, als ihm Viktor einfiel. „Bitte betet auch für den sowjetischen Parapsychologen — den besten, den die Russen hatten —, der sich Leightons Team angeschlossen hat. Ich glaube, er hat einige Zweifel. Betet, daß der Herr auch ihn erretten wird." Nach einer kurzen Pause fügte er nachdenklich hinzu: „Sie müssen natürlich beide bereit dazu sein. Es ist eine Entscheidung, die sie selbst treffen müssen. Betet deshalb, daß Gott alles nur Mögliche tun wird, um sie mit der Wahrheit zu konfrontieren, damit sie zumindest eine intelligente Entscheidung treffen können. Im Augenblick sind sie einer kräftigen Täuschung erlegen, und so lange sie sich unter dem Einfluß von Leighton und seinem Team befinden, kann sich dieser Zustand eigentlich nur verschlimmern."

Natürlich gab es noch viele andere Gebetsanliegen, und wie gewöhnlich dauerte die Versammlung beinahe bis Mitternacht. Diese Leute hatten die feste Überzeugung gewonnen, daß Gebet mehr war, als kurz eine Reihe von Anliegen zu nennen, die einem im Grunde gleichgültig waren. Ihre Gebete hatten eine brennende Ernsthaftigkeit und Entschlossenheit, und sie legten Gott nicht nur die vielen Anliegen vor, sondern beriefen sich immer wieder auf die Schrift und Gottes Gnade und Liebe, um ihren Anliegen Nachdruck zu verleihen.

Obwohl es schon spät war, blieben die Teilnehmer noch eine ganze Weile, nachdem die Versammlung beendet war. Don Jordan, dem die Spionageabwehr des FBI an der gesamten Westküste unterstand und der sein Büro beim örtlichen FBI hatte, schüttelte Ken herzlich die Hand. „Schön, dich wiederzusehen, Bruder. Ich werde täglich für die Anliegen beten, die du genannt hast." Er nahm Ken beim Arm und sagte leise: „Könnten wir kurz nach draußen gehen?"

Als sie ein Stück vom Haus entfernt in einer schwach erleuchteten Ecke des Hinterhofes waren, sagte Jordan: „Ich würde dich gern etwas fragen. Du hast doch gesagt, ein sowjetischer Wissenschaftler hätte sich Leightons Team angeschlossen, richtig?" Ken nickte.

„Ich weiß von keinem Sowjet, der sich für solch eine Aufgabe eignen würde und sich in den USA aufhält", fuhr Jordan fort. „Das bedeutet, daß es sich um einen äußerst wichtigen Überläufer handeln muß – und er muß erst vor sehr kurzer Zeit geflohen sein, wenn ich nichts davon weiß."

„Das ist richtig. Carla hat mir keine Einzelheiten berichtet. Sie erwähnte nur, daß es vor zwei Wochen auf dem Ersten Internationalen Kongreß für Parapsychologie in Paris geschehen ist. Offensichtlich hat sie dem Mann bei der Flucht geholfen und dabei sogar eine Schlüsselrolle gespielt."

Don schüttelte ungläubig seinen Kopf. „Das kann nur eins bedeuten: Leightons Unternehmen muß irgendeiner Regierungsbehörde untergeordnet sein, und ich vermute, daß es sich um den CIA handelt. Niemand sonst könnte so schnell einen so wichtigen Überläufer bekommen. Normalerweise vergehen Monate, manchmal sogar Jahre, bis so jemand für unbedenklich erklärt wird. Bist du sicher, daß dieser Mann da ist?"

„Absolut. Ich war da und habe ihn selbst gesehen."

„Nichts ist so schlimm wie Bürokratie", sagte Don mit einem resignierten Achselzucken. „Die linke Hand weiß nie, was die rechte tut. Man sollte doch meinen, daß uns *irgend jemand* darüber informieren würde, daß eine brandneuer sowjetischer Überläufer in unserer Gegend arbeiten wird. Die Russen könnten durchaus versuchen, ihn entweder zurückzuholen oder diesen Mann zu töten. Aber hat mir irgend jemand irgend etwas gesagt? Nein, ich erfahre es rein zufällig!"

„Jagen die Russen normalerweise Überläufer?" fragte Ken überrascht. „Man liest nichts über derartige Sachen."

„Es kommt nur selten in die Nachrichten. Wenn er wichtig genug ist – und es klingt so, als wäre er es – würden sie ihn jagen, wenn sie wüßten, wo er sich aufhält. Genau das ist auch der Grund, warum Überläufer, die streng geheime Informationen ausplaudern können oder die Verbindungen zum Geheimdienst haben, eine neue Identität erhalten und zumindest für einige Jahre verschwinden, bis sie nicht mehr ‚heiß' sind. Ich glaube, daß die Russen ohne jeden Zweifel herausfinden werden, wo er ist – und das bedeutet, daß wir Probleme bekommen werden!" Er schüttelte wieder ungläubig mit dem Kopf. „Ich kann einfach nicht glauben, daß der CIA uns nicht informiert hat."

„Vielleicht hatten sie vor, dich zu informieren. Er ist erst gestern abend hier eingetroffen. Und die Einrichtung da draußen ist sowieso wie eine Festung", ergänzte Ken. „Ich kann mir nicht vorstellen, daß die Russen eine Chance haben, ihn dort zu erwischen."

Don lächelte und schüttelte den Kopf. „Die Russen haben eine Eliteeinheit, die sich um genau solche Aufgaben kümmert, und sie sind äußerst erfolgreich. Ich werde sofort mein Büro anrufen."

„Der CIA wird wissen, was er tut."

„Darauf würde ich mich nicht verlassen – nicht, wenn *mein* Leben davon abhinge." Er legte ein Hand auf Kens Schulter. „Und du bist sicher, daß deine frühere Verlobte diesem Überläufer bei der Flucht geholfen hat?"

Ken nickte. „Das hat sie gesagt."

„Wenn die Russen das wissen – und wahrscheinlich wissen sie es –, dann befindet sie sich in großer Gefahr. Rache ist ein starkes Motiv, selbst für den KGB. Weißt du, wo sie wohnt?"

„Im Hilton, seit gestern abend."

„Ich werde ab und zu jemanden bei ihr nach dem Rechten sehen lassen. Mehr kann ich nicht versprechen. Eigentlich hätte der CIA Tag und Nacht jemanden für sie abstellen müssen."

21. Katz und Maus

Es war schon sehr spät, als Carla mit einem unterdrückten Gähnen aufstand und sich, wenn auch ungern, verabschiedete. Frank und Viktor erhoben sich ebenfalls steif. Es war für sie alle ein erregender und anstrengender Tag gewesen. Del Sasso hatte sich schon früh zurückgezogen. Er hatte starke Kopfschmerzen, was in letzter Zeit häufiger der Fall war. Leighton war recht besorgt deswegen.

„Es war wirklich unglaublich informativ und faszinierend", sagte Carla, „aber ich brauche jetzt einfach etwas Schlaf. Erwarten Sie mich nicht vor morgen Mittag. Was ist mit Ihnen, Viktor? Wo wohnen Sie? Soll ich Sie irgendwohin mitnehmen?"

„Ich bleibe hier draußen — in einem der Gästeappartements. Es ist schöner als irgendeine Wohnung, die ich je gehabt habe."

„Es ist zu seinem eigenen Schutz", erklärte Leighton. „Wenn wir ihm eine neue Identität geben und ihn irgendwo verschwinden ließen, wäre er keine Hilfe für den Plan. Aber er ist der beste sowjetische Wissenschaftler auf diesem Gebiet und besitzt internationales Ansehen. Sein Beitrag wird von großer Bedeutung sein. Deshalb bewachen wir ihn hier drinnen, wo er sicher ist, bis der Plan ausgeführt wurde. Dann wird jeder Ort der Welt für jedermann sicher sein!"

Carla umarmte Viktor kurz. „Es war wunderbar, Sie wiederzusehen und zu wissen, daß Sie sich in so guten Händen befinden — und daß Sie sofort in die Forschungsarbeit hineingekommen sind, die Sie sich erhofft hatten."

„Ich kann Ihnen gar nicht genug danken!" erwiderte er. „Ohne Ihren Mut wäre all das nicht geschehen! Ich mag gar nicht daran denken, wo ich ohne Sie jetzt wäre."

„Oh, vergessen Sie nur unsere kleine Vereinbarung nicht."

„Niemals! Und ich bin sehr glücklich darüber, daß auch Sie Teil dieses Projektes sein werden. Oder?" Er sah sie beide fragend an.

„Das hoffe ich doch", sagte Leighton und wandte sich Carla zu. „Nehmen Sie den Auftrag an?"

Sie war langsam zur Tür gegangen, während sie sich unterhielten. „Ich bin morgen wieder da, um mir alles genauer anzusehen und noch ein paar Fragen zu stellen." Carla schwieg kurz und sagte dann vorsichtig: „Ich wäre verrückt, eine Chance wie diese auszuschlagen! Ja, ich würde die Herausforderung annehmen, Frank — vorausgesetzt, ich behalte meine journalistische Unabhängigkeit."

„Das ist doch absolut selbstverständlich", versicherte Frank ihr. Als sich die schweren Stahltore hinter ihr schlossen, stieß Carla einen tiefen, zufriedenen Seufzer aus. *Mann! Was für ein Tag! Unglaublich! Ob ich den Auftrag annehme? Ich habe wohl ziemlich cool gewirkt! Und ich habe geglaubt, es würde schwierig werden, herauszufinden, was da drinnen vor sich geht. Statt dessen haben sie mich eingeladen — beinahe gebettelt.* Es überstieg bei weitem alles, was sie zu hoffen gewagt hatte. Dennoch gab es da trotz ihrer Begeisterung einen nagenden Zweifel. Irgend etwas ließ ihr keine Ruhe.

War es alles zu schön, um wahr zu sein? Oder war es die Tatsache, daß Del Sasso, der so charmant und aufrichtig sein konnte, eine andere Seite seines Charakters gezeigt hatte, die erschreckend brutal war? Und die Archonten — waren sie wirklich hochentwickelte Intelligenzen oder einfach nur tiefere Schichten der menschlichen Psyche? Frank hatte ihr versichert, daß er sie persönlich getroffen hatte und daß auch sie ihnen irgendwann begegnen würde. Er hatte auch gesagt, daß ihre wirkliche Identität gar nicht so wichtig sei und wahrscheinlich sowieso das menschliche Verständnis übersteigen würde. Schließlich kam es doch nur darauf an, daß sie in der Lage waren, der Welt Frieden und Wohlstand zu bringen. Und daran schien kein Zweifel zu bestehen. Und doch — sie wußte nicht so recht, wie sie es auf den Punkt bringen sollte, aber sie hatte das beunruhigende Gefühl, daß irgend etwas nicht ganz stimmte.

Die Fahrt zurück zur Landstraße war länger, als sie in Erinnerung hatte. Die Abgeschiedenheit der schmalen Straße und die tiefe Dunkelheit unter den hohen Bäumen verstärkte eine andere Furcht, die sie bisher völlig hatte unterdrücken können. Angenommen, die Männer, die Viktor verfolgt hatten und aus deren Klauen sie ihn buchstäblich gerissen hatte, versuchten, ihn zu finden? Das wäre gar nicht so unwahrscheinlich. Natürlich könnten sie nicht an ihn herankommen, solange er in der CIA-Festung war. Aber könnten sie in ihrer Wut nicht versuchen, sich an ihr zu rächen?

Plötzlich riß sie das unerwartete Auftauchen von Scheinwerfern in ihrem Rückspiegel wieder in die Gegenwart zurück. Sie versuchte mit aller Kraft, das Gefühl aufsteigender Panik zu unterdrücken. Es war mit Sicherheit paranoid, an die schrecklichen Befürchtungen, die jetzt ihr Herz wild klopfen ließen, auch nur einen Gedanken zu verschwenden. Aber wer in aller Welt konnte das sein? Nach ihr hatte niemand mehr das Forschungszentrum verlassen. Sie hatte gehört, wie eine der Wachen am Tor eine derartige Bemerkung gegenüber seinem Kollegen gemacht hatte. Und die Straße war eine Sackgasse, die dort endete. Autos tauchten nicht aus dem Nichts auf. Hatte sich jemand in den Wäldern versteckt und auf sie gewartet? Sie trat stärker auf das Gaspedal, und ihre Reifen quietschten protestierend, als sie durch die vielen Kurven schleuderte. Das Auto, das ihr folgte, fuhr ebenfalls schneller.

Als sie endlich an die Kreuzung kam, wurde Carla von einem Gefühl hilfloser Angst gepackt. Sie fuhr auf die Landstraße, ohne anzuhalten — direkt vor ein anderes Auto, das mit hoher Geschwindigkeit auf sie zukam. Bremsen quietschten, der Wagen schleuderte, kam kurz von der Straße ab und fing sich dann wieder. Der Fahrer verlieh seinem Ärger mit blinkenden Scheinwerfern und lautem Hupen Ausdruck. Endlich war jemand zwischen ihr und dem Wagen, der sie verfolgte — und sie hatte jetzt keinen Zweifel mehr, daß sie verfolgt wurde. Sie erinnerte sich an Kens Einladung. Aber sie widerstand der Versuchung, auf die Straße abzubiegen , die zu seinem Haus führte. Das wäre ja noch schöner! Die Entscheidung, die sie vor zwei Jahren getroffen hatte, war absolut richtig gewesen. Und jetzt, wo sie von ihm bekommen hatte, was sie wollte, wäre es verrückt, weiter mit ihm in Kontakt zu bleiben. Sein unglaubliches Verhalten im Labor hatte ihr das wieder sehr deutlich vor Augen geführt. Er war ein unmöglicher, fundamentalistischer Fanatiker geworden, genauso, wie sie es befürchtet hatte.

Die ganze Strecke von den Bergen herunter hatte das Auto, das ihr auf der Zufahrtsstraße gefolgt war, keinen Versuch unternommen, wieder direkt hinter sie zu kommen. Als die Straße die Ausläufer der Berge verließ und das Tal erreichte, bog das Auto, das sich zwischen sie geschoben hatte, an einer Kreuzung ab. Jetzt blieb der andere Wagen etwas zurück. Aber als er nach einiger Zeit immer noch hinter ihr war, obwohl sie in der Stadt einige Male abgebogen war, gab es keinen Zweifel mehr an den eigentlichen Absichten seiner Fahrer.

Wenn sie zu ihrem Hotel weiterfuhr, würden sie erfahren, wo sie wohnte! Sollte sie lieber direkt zur Polizeistation fahren? Damit würde sie nichts erreichen und sich nur lächerlich machen. *Denk nach, Carla, denk nach!* Sie riß sich zusammen und unterdrückte ihre panische Angst. Ja, das war's. Sie hatte einen Plan. So würde sie in ein anderes Hotel wechseln können, ohne daß ihre Verfolger es wußten. Es war unmöglich, sie abzuhängen, indem sie einfach schneller fuhr. Sie wollte zuerst zu ihrem Hotel fahren. Wenn sie ihr jedoch in das Parkhaus folgen würden, säße sie in der Falle. Um das zu vermeiden, fuhr sie direkt vor den Haupteingang und gab dem Hoteljungen die

Wagenschlüssel. Dabei bemerkte sie, daß ihre Verfolger weiter unten in der Straße geparkt und die Scheinwerfer ausgemacht hatten.

In der Vorhalle fragte Carla an der Information, ob irgendwelche Nachrichten für sie eingegangen seien. Ihr Freund, der Redakteur aus New York, hatte angerufen. Wenn sie erst einmal in ihrem Zimmer war, wollte sie ein anderes Hotel anrufen und ein Zimmer reservieren, und dann wollte sie ein Taxi zum hinteren Personalausgang bestellen. Ein Aufzug wartete mit geöffneten Türen. Sie trat hinein, seufzte erleichtert auf und drückte den Knopf für den achten Stock. Als sich die Türen gerade schlossen, traten rasch zwei Männer ein.

Sie unterdrückte die erste Welle der Panik und versuchte, logisch zu denken. Nach dem zu urteilen, was sie bei ihrem Eintreten gesehen hatte und jetzt aus den Augenwinkeln beobachten konnte, sahen sie nicht wie russische Agenten aus – oder vielleicht doch? Wie konnte man das wissen? Sie waren um die Vierzig und wirkten trotz ihrer Straßenanzüge unverkennbar muskulös und sehr fit. Sie versuchte sich klarzumachen, daß die beiden unmöglich die Fahrer des Wagens sein konnten, der sie verfolgt hatte. Dann fiel ihr wieder ein, daß sie leichtsinnigerweise an einer Stelle des Informationstresens auf ihre Post gewartet hatte, von wo aus man eine Seitentür, durch die sie vielleicht hereingekommen waren, nicht hatte sehen können. *Idiot! Sie haben keinen Knopf für ein Stockwerk gedrückt! Offenbar wollen sie zusammen mit mir im achten Stock aussteigen!* Was sollte sie jetzt tun?

Der Aufzug hielt im sechsten Stock, und ein junges Pärchen stieg ein. Sie waren ein wenig verlegen und erklärten rasch, warum sie in ihren Schlafanzügen und Bademänteln durch die Gegend liefen. „Die Eismaschine in unserem Stockwerk funktioniert nicht", murmelten sie, als ob sie sich gegenseitig daran erinnern wollten. Sie drückten die Nummer fünf und riefen dann aus: „Oh, wir dachten, es ginge nach *unten."*

„Na, dann bekommen wir eben eine Extrafahrt für unser Geld, Liebling", sagte das Mädchen, was sie beide irgendwie lustig fanden.

Im achten Stock öffneten sich die Fahrstuhltüren. Die beiden Männer machten keine Anstalten, auszusteigen. Carla trat zur Seite und winkte ihnen. „Das muß ihr Stockwerk sein. Bitte, gehen Sie nur. Ich werde nicht aussteigen. Mir ist gerade eingefallen, daß ich in der Lobby etwas vergessen habe." Sie drückte den ersten Knopf.

„Was für ein Zufall!" sagte der größere der beiden. „Wir haben dasselbe Problem."

Bloß keine Panik! Denk nach! Es muß einen Ausweg geben. Was sollte sie tun? Was *konnte* sie tun? Der Aufzug fuhr zum obersten Stock und dann wieder hinunter. Die beiden Männer verzogen keine Miene. Das junge Paar, das nichts von ihren Schwierigkeiten wußte, unterhielt sich leise und fröhlich. Sollte sie mit ihnen zusammen aussteigen? Nein, sie wären keine Hilfe — und sie wäre vielleicht schuld daran, daß sie auch getötet würden, weil sie mit ansahen, was mit ihr geschah. Litt sie unter Verfolgungswahn? Wie in einem schlimmen Traum spürte sie, daß der Aufzug im fünften Stock hielt, sah, wie sich die Tür öffnete und beobachtete hilflos, wie das junge Paar, das immer noch pausenlos redete, ausstieg. Die Türen schlossen sich und sie blieb zurück — eine einsame Maus, die diesen beiden sprungbereiten Katzen gegenüberstand.

Sie entschloß sich, sie anzusprechen. Vielleicht könnte sie die beiden solange aufhalten, bis der Aufzug die Vorhalle erreichte, wenn sie die Initiative ergriff. Aber als sie gerade ihren Mund öffnete, um zu reden, griff der Mann, der ihr näher stand, rasch in seine Manteltasche. Statt eine Pistole auf sie zu richten, wie sie befürchtet hatte, hielt er ihr eine Dienstmarke entgegen.

„Wir sind vom FBI, Fräulein Bertelli. Wir wollten Ihnen nur sagen, daß wir ab und zu nach Ihnen sehen werden, nur für den Fall, daß Sie irgendwelche Pröbleme haben sollten."

Carla schnappte erleichtert nach Luft. Dann packte sie die Wut. „Sie zwei Idioten haben mich wirklich erschreckt! Ich dachte, Sie wären vom *KGB!* Warum haben Sie so lange gewartet, bis Sie mir gesagt haben, wer Sie sind?"

„Wir wollten mit Ihnen zusammen aussteigen, und dann stieg das Pärchen in den Aufzug. Wir konnten uns wohl kaum ausweisen, so lange sie da waren. Es tut mir leid, daß wir Sie erschreckt haben. Aber sagen Sie, wieso sind Sie überhaupt auf die Idee gekommen, daß wir vom KGB sein könnten?"

Der Aufzug hielt im Erdgeschoß, und die Türen gingen auf. Sie traten zusammen in die Vorhalle. Carla war immer noch wütend. „Wenn Sie sich gleich ausgewiesen hätten, hätten Sie vielleicht einige KGB-Agenten fassen können! Ich wüßte nicht, wer mir sonst bis hierher hätte folgen sollen! Kommen Sie, ich zeige es Ihnen. Sie haben draußen auf der Straße geparkt."

Die beiden Männer rannten zum Haupteingang, und Carla folgte ihnen, so schnell sie konnte. Als sie sie draußen einholte, war das Auto nirgends zu sehen. „Sie waren direkt dort drüben", sagte sie und wies auf die Stelle, wo ihre Verfolger geparkt hatten. „Sie sind mir den ganzen Weg von den Bergen westlich der Stadt bis hierher gefolgt."

„Können Sie uns das Auto oder irgend einen der Insassen beschreiben?"

„Sie waren immer zu weit hinter mir, und sie haben einen halben Häuserblock entfernt geparkt. Ich glaube, es war ein viertüriger Sedan, dunkelblau, oder vielleicht auch ein schwarzer, älterer Ford."

„Wir werden in der Gegend herumfahren und uns umsehen", sagte der Agent, der ihr seine Dienstmarke gezeigt hatte. Er gab ihr seine Visitenkarte. „Sollten Sie irgendwelche Probleme haben, rufen Sie bitte diese Nummer an."

„Ich wollte das Hotel wechseln — jetzt, wo die Leute, die mir gefolgt sind, wissen, wo ich wohne. Halten Sie das für eine gute Idee?"

„Das würde nicht viel bringen. Sie werden Sie finden, ganz gleich, wo Sie sind. Bleiben Sie lieber hier, und ich werde eine 24-stündige Wache empfehlen. Wir können Sie nicht wirklich bewachen, aber wir können nach sowjetischen Agenten ausschauen. Es hat denselben Effekt."

„Heißt das, daß ich der Lockvogel bin? Du meine Güte! Das gefällt mir aber ganz und gar nicht! Was soll ich dazu sagen?"

„Wir bitten Sie nicht um Ihre Erlaubnis. Es wird so oder so geschehen, ob Sie es nun wollen oder nicht. Wir werden in der Öffentlichkeit nicht auf Sie zugehen, und falls Sie uns sehen, lassen Sie sich nicht anmerken, daß Sie uns kennen. In Ordnung?"

„In Ordnung. Und vielen Dank. Verzeihen Sie meinen Ärger. Ich fühle mich jetzt viel besser."

22. Ein unüberlegtes Abenteuer

Als Ken am nächsten Morgen für Carla betete, wurde er von dem Gefühl überwältigt, daß er mitverantwortlich sei für die Gefahr, in der sie sich jetzt befand. Schließlich hatte er sie in die psychische Forschung eingeführt und sie ermutigt, sich immer mehr damit zu befassen, obwohl sie selbst ursprünglich wenig Interesse daran hatte und ihre Verleger damals diese neue Richtung, in die ihre Artikel gingen, nicht gerade unterstützten. Ohne seinen Einfluß in der Vergangenheit würde sie jetzt nicht mit Frank zusammenarbeiten und auf wer weiß was für eine totale Täuschung und Vernichtung durch ‚die Neun' zusteuern. Diese Erkenntnis wurde ihm zu einer übermächtigen Last.

Aber anstatt sein Schuldgefühl vor Gott zu bringen, Vergebung zu empfangen und Gott um Leitung zu bitten, begann Ken zu überlegen, wie er es wieder gutmachen könnte, daß er Carla in eine falsche Richtung gelenkt hatte. Er suchte nach einer Möglichkeit, ihr jetzt zu helfen. Mit dieser fixen Idee im Kopf kam ihm der hartnäckige Gedanke, er müsse den CIA in San Francisco anrufen. Es war ein unlogischer Gedanke. Aber jetzt trieb ihn ein vernichtendes Gefühl der Schuld an, und dadurch wurde er das Opfer eines irrationalen, zwanghaften Gedankens. Er rief die Auskunft an und erfuhr, daß es dort oder in Los Angeles keine solche Eintragung gab. Schließlich rief er die Auskunft für Virginia an, erhielt die Nummer des Hauptquartiers in Langley, wählte und fragte sich, was er eigentlich sagen sollte.

„CIA", flötete das Mädchen in der Telefonzentrale.

„Ich muß mit jemandem sprechen, der für Ihre Operationen an der Westküste verantwortlich ist."

„Was für Operationen?"

„Es hat mit einer Einrichtung für psychische Forschung zu tun."

Nach einer langen Stille meldete sie sich wieder: „Ich finde keine Eintragung für psychische Forschung oder irgend etwas, was damit zu tun haben könnte."

„Hören Sie mal!" drängte Ken. „Es ist furchtbar wichtig! Jemand schwebt in Lebensgefahr! Geben Sie mir einfach jemanden, der etwas zu sagen hat und der irgendwie mit diesem Teil des Landes zu tun hat!"

Das Mädchen versicherte ihm eilig: „Ich werde sie mit jemandem verbinden, der Ihnen vielleicht helfen kann."

Nach wenigen Augenblicken sagte eine männliche Stimme: „Hogan."

„Mr. Hogan, ich heiße Ken Inman. Ich rufe aus Palo Alto an. Es gibt hier eine junge Dame, die für sie arbeitet, und ich wollte Ihnen mitteilen, daß sich ihr Leben in großer Gefahr befindet."

„Hmm. Um was für eine Gefahr handelt es sich?"

„Es geht um sowjetische Agenten, die sich rächen wollen!"

„Wirklich?"

„Wirklich. Sie hat kürzlich dem führenden sowjetischen Parapsychologen bei der Flucht geholfen, und —"

„Wie kürzlich? Und wo?"

„Letzte Woche — in Paris."

„Ich glaube, da hat Sie jemand reingelegt. Letzte Woche hat es nirgends in der Welt irgend einen wichtigen sowjetischen Überläufer gegeben. Wenn es so etwas gegeben hätte, wüßte ich davon."

„Hören Sie, Hogan, ich habe Zugang zu Informationen der höchsten Geheimhaltungsstufe bei der NASA und beim Pentagon. Ich habe für Ihre Organisation und auch für den militärischen Nachrichtendienst Computersysteme entwickelt. Ich bin kein Verrückter. Ich weiß, wovon ich rede, und wenn Sie nichts davon wissen, dann wahrscheinlich, weil es eine zu hohe Geheimhaltungsstufe hat. Wissen Sie irgend etwas von einer geheimen psychische Forschungseinrichtung bei Palo Alto? Sie wird von Frank Leighton geleitet."

„Wenn ich etwas davon wüßte, dürfte ich Ihnen natürlich nichts davon sagen."

„Ein Bürger der Vereinigten Staaten, der einem sowjetischen Wissenschaftler bei der Flucht geholfen hat — und der mit Ihrer Organisation zu tun hat —, ist in großer Gefahr. Sie braucht Schutz, und niemand unternimmt etwas! Was muß ich tun, damit etwas unternommen wird?"

„Mr. Inman, ich zweifle nicht daran, daß Sie eine Unbedenklichkeitserklärung für höchst geheime Informationen haben. Und ich zweifle auch nicht an Ihrer Aufrichtigkeit. Aber ich bezweifle, daß das, was Sie mir erzählen, stimmt. Jemand hat Ihnen falsche Informationen gegeben. Und selbst wenn das, was Sie sagen, wahr wäre, müßten Sie bei Ihrer Intelligenz verstehen, daß ich auf der Basis von Hörensagen nichts unternehmen kann. Wenn Ihre Freundin wirklich an einer unserer Operationen beteiligt ist und sich dabei in irgendeiner Weise in Gefahr befindet, dann können Sie sicher sein, daß sie den notwendigen Schutz erhält."

„Aber ich fürchte, Sie wissen gar nicht, daß sie für Sie arbeitet!" unterbrach ihn Ken besorgt. Ihm war klar, daß das nicht sehr logisch klang, aber er wollte unbedingt verhindern, daß Hogan auflegte.
„Wir haben unsere Methoden, um so etwas auszusortieren. Ich würde mir wirklich keine Gedanken darüber machen, Mr. Inman. Vielen Dank für Ihren Anruf." Und damit legte er auf.
Ken war klar, daß es sinnlos war, noch einmal anzurufen. Es klang nicht logisch, ganz gleich, wie er versuchte, es zu erklären. *Bürokratie ist eine unheilbare Plage! Es ist unglaublich! Ich weiß, daß sie sich in Gefahr befindet, aber der CIA weiß wahrscheinlich nicht einmal, daß sie für ihn arbeitet. Vielleicht hat Leighton Vorkehrungen getroffen, aber ich bezweifle es.*
Seine besorgten Überlegungen wurden vom Klingeln des Telefons unterbrochen. Er nahm den Hörer ab. „Hallo."
„Ken, hier ist Don Jordan. Ich wollte dir nur sagen, daß zwei meiner Männer gestern abend bei Carla nach dem Rechten gesehen haben. Sie ist immer noch im Hilton – sie kam sehr spät dort an. Jemand hat sie von irgendwo in den Bergen bis zum Hotel verfolgt, aber wir haben keine Anhaltspunkte. Wir überwachen ihr Hotelzimmer rund um die Uhr."
„Don, ich möchte mich nicht in deine Angelegenheiten mischen, aber was ist mit der Fahrt zu Franks Labor und zurück? Wenn man sie gestern Nacht von dort verfolgt hat . . .?"
„Ken, wenn du nicht eine Unbedenklichkeitserklärung für höchst geheime Informationen hättest, könnte ich mit dir nicht einmal über diese Dinge sprechen, und ich sollte es auch wirklich nicht tun. Was auch immer Leighton dort draußen tut – es hat offenbar eine derart hohe Geheimhaltungsstufe, daß ich beim CIA niemanden finden kann, der auch nur zugibt, daß dieses Labor existiert. Wir werden sie ungefähr anderthalb Kilometer vor der Landstraße abholen – bei dem Schild ‚Sperrgebiet – Eigentum der Regierung' – und ihr ab da folgen. Aber dahinter beginnt der Zuständigkeitsbereich des CIA. Unsere Männer würden dumm dastehen, wenn sie dort hineingingen. Das können wir einfach nicht machen."
„Dumm oder nicht –"
„Ich kann deine Empfindungen verstehen. Glaube mir, ich tue, was ich kann. Ich überschreite sogar schon fast meine Kompetenzen."
„Ich weiß, daß du das tust, und ich weiß es zu schätzen. Danke, Bruder – und bitte, bete weiter!"

* * *

An jenem Nachmittag verließ Ken das Büro in seiner Computerfirma früher als gewöhnlich. Er konnte den hartnäckigen Gedanken, daß Carla sich in unmittelbarer Gefahr befand und daß er etwas unternehmen sollte, nicht abschütteln. Es war leider nur allzu deutlich, daß der CIA sich nicht um sie kümmern würde. Sie war durch ein Loch in ihrer Bürokratie gerutscht. Zumindest hatte er zufällig das FBI alarmiert, und sie überwachten Carla – aber eben nicht auf der gefährlichsten Strecke ihres Weges, der Zufahrtsstraße zum Labor. Er faßte den Entschluß, selbst dort hinzufahren und die Strecke zu überprüfen. Er hatte keine Ahnung, was die Russen tun würden, falls sie ein Team geschickt hatten, um Viktor zu holen und entdeckten, daß er Tag und Nacht in einer Festung bewacht wurde – aber Carla war eindeutig ungeschützt. Jetzt, wo das Hotel bewacht wurde, war das einsame Wegstück auf der Zufahrtsstraße, die nicht vom FBI bewacht wurde, die Stelle, wo sie höchstwahrscheinlich zuschlagen würden. *Vielleicht ist es ja verrückt, aber ich werde die Strecke selbst kontrollieren – zumindest nachsehen, wie es dort aussieht.* Auf seinem Weg dorthin hielt er kurz zu Hause an, um sich seine Jeans anzuziehen. Als er schon wieder gehen wollte, hatte er noch den Impuls, sich eine Daunenjacke, eine alte Büchse für die Hirschjagd, die er seit Jahren nicht mehr benutzt hatte, und etwas Munition mitzunehmen.

Seine Mutter saß draußen und las, als er auf dem Weg zur Garage an ihr vorbeieilte. „Mach kein Abendbrot für mich", bemerkte er beiläufig. „Es wird wahrscheinlich spät werden."

Sie sah über ihre Brillengläser zu ihm auf, während er vorübereilte. „Du meine Güte! Ich wußte gar nicht, daß gerade Jagdsaison ist! Wo willst du so eilig hin?"

„Ich werde oben in den Bergen ein wenig die Gegend auskundschaften. Bis morgen. Paß auf dich auf."

„Paß du auf dich auf!" rief sie hinter ihm her. „Hast du verstanden? Paß auf dich auf!"

Als er zu dem Schild ‚Sperrgebiet – Eigentum der Regierung – Betreten verboten!' kam und langsam daran vorbei fuhr, kam Ken sich ziemlich töricht vor. Es wäre äußerst peinlich, Leighton – oder auch Carla – auf ihrem Weg nach Palo Alto zu treffen. Als er in Sichtweite der Mauer kam, wendete er und fuhr ein paar Meter, bis er von der

Forschungseinrichtung aus nicht mehr gesehen werden konnte. Dann fuhr er an den Straßenrand und blieb mit laufendem Motor stehen. *So, jetzt habe ich es mir also angesehen. Und was mache ich jetzt? Ich habe nur meine Zeit vergeudet. Es gibt nichts, was ich tun könnte.* Dann fiel ihm ein, daß er etwa 100 Meter weiter vorne in Richtung zur Landstraße eine Lichtung zwischen den Bäumen gesehen hatte. Sie war direkt an der Straße und könnte gerade ausreichen, um ein Auto zu verbergen. Er entschied sich, die Stelle auf dem Heimweg näher zu untersuchen.

Die Dämmerung senkte sich jetzt rasch unter den hohen Redwood-Bäumen. Als er an der engen Lichtung ankam, stieg er aus und untersuchte sie mit seiner Taschenlampe. Sie reichte tiefer in den Wald hinein, als er gedacht hatte — mehr als sechs Meter weit —, und er bemerkte Reifenspuren, die unter die Bäume führten. Sie gingen tiefer in den Wald, als nötig gewesen wäre, falls jemand nur gewendet hätte. *Hier hat jemand geparkt! Vielleicht ein Jäger, der auf dem Regierungsgelände wildert? Das ist unwahrscheinlich — es gibt nur wenig Wild in dieser Gegend. Die Spuren sehen sehr frisch aus!*

Ein tollkühner Gedanke kam ihm in den Sinn, doch er verwarf ihn. Aber er kam wieder ... und wieder. Er stieg ins Auto, fuhr knapp 500 Meter weiter und lenkte den Wagen an einer Stelle, wo der Seitenstreifen etwas breiter als sonst war, so weit wie möglich von der Straße herunter. Dann kritzelte er eine Nachricht auf ein Stückchen Papier — „Habe kein Benzin mehr. Bin gleich wieder da." — und steckte es unter den Scheibenwischer.

Er lud seine Büchse, steckte sich etwas Ersatzmunition in die Tasche, verschloß den Wagen und begann, die Straße hinunterzugehen. Die Büchse hatte er in die Daunenjacke gewickelt. Nach einem strammen Marsch von fünf Minuten war er wieder an der schmalen Lichtung. Es war inzwischen nach sechs Uhr und beinahe dunkel. *Angenommen, sowjetische Agenten wollen diese Stelle heute nacht benutzen! Jemand hat erst vor kurzem hier geparkt. Ich will sie verjagen, aber ich würde sie auch gerne identifizieren.* Er hatte Angst, seine Taschenlampe anzumachen, und so suchte er im Dunkeln herum, bis er einige große, lose Zweige fand, zwei Stämme, die in der Nähe lagen und klein genug waren, so daß er sie ziehen konnte, und ein paar schwere Felsbrocken. Sorgfältig baute er eine niedrige Barriere, etwas weniger als eine Autolänge von der Straße entfernt zwischen den Bäumen. Ein Fahrer, der rückwärts in den Wald setzte, würde die Barriere in der Dunkelheit wahrscheinlich nicht bemerken, besonders, wenn er schon einmal hier gewesen war und wußte, daß er noch ein ganzes Stück zurücksetzen konnte, um außer Sichtweite zu kommen.

Ken entdeckte ein Versteck, eine Stelle mit hohen Farnen, etwa sechs Meter entfernt unter einem hohen Baum. Dort ließ er sich nieder und wartete. Die Nachtluft wurde kühl — gut, daß er seine dicke Jacke mitgebracht hatte. Er steckte die Hände tief in die warmen Jackentaschen. Die Büchse lag auf seinem Schoß. Eine Stunde verging, dann zwei. Er mußte eingenickt sein. Das Geräusch eines Automotors, der von der Landstraße her näherkam, schreckte ihn auf.

Jetzt konnte er durch die Bäume sehen, wie die Scheinwerfer näher kamen. Der Wagen wurde langsamer, hielt direkt vor ihm und setzte dann rückwärts in die schmale Lichtung. Kens Herz schlug wild. Er entsicherte das Gewehr und rutschte zur Seite, um sich an den Baum zu lehnen. Im schwachen Schein der Rücklichter konnte er gerade noch die niedrige Barrikade erkennen, die er errichtet hatte, aber der Fahrer sah sie offenbar nicht. Es krachte, als der Auspuff gegen einen großen Felsblock stieß. Dann hörte er, wie ein weiterer Felsen unter dem Benzintank knirschte, und schließlich gab es einen dumpfen Schlag, als die Hinterräder auf die Stämme trafen.

Die Türen gingen auf. Zwei Männer sprangen heraus und rannten nach hinten, um nachzusehen, was los war. Die Salve ärgerlicher Worte ließ keinen Zweifel daran, daß diese Männer *Russen* waren! Ken erstarrte an seinem schützenden Baumstamm. Sie leuchteten mit Taschenlampen auf die Trümmer und traten ärgerlich dagegen. Dann riefen sie dem Fahrer etwas zu. Er fuhr das Auto wieder ein Stück nach vorn, und sie begannen, die Felsen und Stämme aus dem Weg zu räumen. Aber dann schienen sie es sich anders zu überlegen und hörten auf. Er konnte unterdrücktes Gemurmel hören, als sie sich kurz berieten. Eilig stiegen sie wieder in ihr Auto und fuhren davon. *Es ist also tatsächlich ein sowjetisches Team hinter Carla her, und sie haben hier auf sie warten wollen! Ich muß den FBI informieren!*

Sollte er zu den Wachen am Tor gehen? Sie würden ihn wahrscheinlich bloß abwimmeln — und ihm nicht einmal zuhören. Und wenn er den Russen zu schnell folgen würde, wäre es möglich, daß sie auf ihn warteten. Was, wenn sie zurückkamen? Nach ungefähr zwanzig Minuten ängstlichen und unentschlossenen Wartens ging Ken vorsichtig zur Straße zurück und erreichte nach einem ereignislosen Marsch sein Auto. Nichts war angerührt worden. Die Nachricht hing immer noch an der Windschutzscheibe. Er stieg ein und fuhr, so schnell es die Kurven erlaubten, zurück zur Landstraße, ohne irgend jemanden zu sehen. Als er endlich Palo Alto erreicht hatte, schien es eine Ewigkeit zu dauern, bis er eine Telefonzelle fand. Von dort aus wählte er die Privatnummer seines Freundes Don Jordan, die er auswendig kannte. Das Telefon klingelte einige Male, und dann kam ein müdes „Hallo". Es war Dons Frau.

„Gloria, ist Don da?"

„Wer spricht denn da? Oh, Ken. Ich habe deine Stimme nicht erkannt. Don zieht sich gerade an. Er muß ins Büro. Es hat einen Notfall gegeben."

„Ich habe auch einen Notfall. Es ist furchtbar dringend. Kannst du ihn nur für eine Minute holen?"

„Bleib dran." Er wartete kurz. Dann kam Don. „Hallo. Ich habe es wirklich sehr eilig, Ken."

„Hör zu! Ich war auf der Straße zu Leightons Festung und bin auf einige sowjetische Agenten gestoßen!"

„Wirklich? Woher wußtest du, daß es Russen waren?"

„Ich hatte mich nahe bei einer Stelle versteckt, die man benutzen konnte, um ein Auto außer Sichtweite zu parken – knappe 200 Meter von der Forschungseinrichtung entfernt –, als ein Auto rückwärts hineinfuhr. Zwei von ihnen stiegen aus, und sie sprachen auf *Russisch* miteinander! Es sind *Russen*, Don, *Russen!* Dann sind sie weggefahren."

„Wie lange ist das her?"

„Ungefähr vierzig Minuten, vielleicht auch etwas länger."

„Du kannst wirklich *sehr* dankbar sein, Ken. Wir hatten zwei unserer Agenten auf der Straße postiert. Etwa ab 9 Uhr warteten sie in ihrem Auto auf Carla, um ihr zu ihrem Hotel zu folgen. Sie müssen dort angekommen sein, kurz bevor die Russen herausfuhren. Sie haben per Funk gemeldet, daß sie versuchten, ein Auto zum Halten zu bringen, das aus der Privatstraße gekommen war und das sie verfolgten. Sie haben den Wagen bis Palo Alto verfolgt, und sind ihm dann Richtung Norden gefolgt. Als unsere Verstärkung und die Verkehrspolizei ihren Wagen fanden, waren unsere Männer tot. Wir haben eine Suchmeldung ausgegeben, aber wir wissen nicht, nach wem wir suchen. Wir haben zwar eine vage Beschreibung des Autos, aber keine Autonummer."

„Willst du mir erzählen, daß deine Männer nicht mit ihnen fertig geworden sind?" Ken schnappte vor Überraschung nach Luft. „Wer sind diese Kerle?"

„Es ist eine sowjetische Sondereinheit. Ich hatte mir schon fast gedacht, daß sie kommen würden."

„Meinst du die *Spetznas*?"
„Nein. Eine geheime psychische Kampftruppe, die zehnmal so gefährlich ist. Ich habe niemanden an der gesamten Westküste, der in der Lage wäre, mit ihnen fertig zu werden. Wir haben einige Spezialeinheiten aus Virginia angefordert. Ab morgen abend werden sie diese Straße abschirmen."
„Was ist mit Carla?"
„Ich glaube nicht, daß sie sich in unmittelbarer Gefahr befindet. Wir haben sie wahrscheinlich fürs erste abgeschreckt. Aber wir haben jetzt ein anderes Team an der Straße, das auf sie wartet. Sie werden sie zum Hotel begleiten. Ken, ich muß jetzt gehen. Ich werde dich auf dem laufenden halten."
„Danke, Don."
„Hör mal, kannst du mir einen Gefallen tun?"
„Ja, was denn?"
„Versuch nicht mehr, Räuber und Gendarm zu spielen. Du hast Carla heute abend wahrscheinlich das Leben gerettet, aber halte dich ab jetzt aus der Sache raus. Das meine ich ernst! Es ist zu deinem eigenen und auch zu Carlas Besten! Ist das klar?"
„Verstanden, Don."

23. Invasion!

Die abgelegene Zufahrtsstraße war leer, als Carla endlich das Forschungszentrum verließ und zur Landstraße fuhr. Sie hatte natürlich keine Ahnung, daß sich hier vor kurzem ein tödliches Drama abgespielt hatte. Und sie wußte auch nicht, daß sie die Stelle, wo die Zufahrtsstraße in die Landstraße einmündete, nur fünf Minuten eher erreichte als das Verstärkungsteam des FBI, das den Auftrag hatte, sie zu begleiten. Das führte dazu, daß die Männer beinahe eine Stunde dort saßen und warteten, bis man sie endlich davon unterrichtete, daß Carla bereits nach Palo Alto gefahren war.

Zwanzig Minuten später rannte sie die Treppe des Hotels hoch. Sie sah sich kurz in der Vorhalle um und entdeckte dabei einen der beiden Abwehragenten des FBI vom gestrigen Abend. Er saß in einem Sessel und blickte sie über seine Zeitung kurz an. Dann wandte er sich wieder der Zeitung zu, ohne sich auch nur im geringsten anmerken zu lassen, daß er sie erkannt hatte. Sein Anblick — verbunden mit der Tatsache, daß sie diesmal nicht verfolgt worden war — sorgte dafür, daß sie sich wesentlich besser fühlte. Onkel Sams Männer waren wirklich am Ball! Carla widerstand der Versuchung, ein zweites Mal zu ihm hinüberzusehen.

Es muß irgend eine Tagung stattfinden! dachte sie, als sie die Menschenmenge sah. *Überall Leute!* Etwa ein Dutzend von ihnen quetschten sich zusammen mit ihr in den Aufzug. Es waren anscheinend alles ganz normale Leute — bis auf die beiden Männer auf der anderen Seite der Kabine, die sie erst bemerkte, als die Tür sich gerade schloß. Einer von ihnen hatte etwas seltsam Vertrautes an sich. War er der kleinere der beiden FBI–Agenten, die sie vergangene Nacht im Aufzug getroffen hatte? Er trug einen Bart. Sie riskierte einen zweiten Blick. *Pavlov? Nein, das kann nicht sein!* Er wandte sich um und sah zu ihr hinüber. Ihre Blicke trafen sich, als ihre Lippen gerade ungläubig seinen Namen formten.

Sie wandte rasch ihren Kopf ab, aber ihre Augen wurden unwiderstehlich für einen weiteren flüchtigen Blick zu seinem Gesicht zurückgezogen. Sie mußte sich wirklich absolut sicher sein. Er sah nicht zu ihr herüber, so daß sie ihn einen Augenblick lang eingehend betrachten konnte. Der neue Bart — *wahrscheinlich, um ein paar häßliche Narben zu verdecken* — hatte sie zunächst beinahe getäuscht. Aber es gab keinen Zweifel. Der Mann war ohne jede Frage Dr. Alexander Pavlov aus

Paris, der, wie Viktor ihr erklärt hatte, in Wirklichkeit Oberst Alexei Chernov war, ein Offizier der Roten Armee, dem eine Sondereinheit von Truppen für psychischen Kampf unterstanden! Und es konnte auch keinerlei Zweifel an seinen Absichten geben!

Anstatt in Panik auszubrechen, was sie in solch einer Situation eigentlich von sich erwartet hätte, fühlte sich Carla seltsam losgelöst von sich selbst und auch von allen, die um sie herumstanden. War all dies real? Der Aufzug begann sich zu drehen. Würde sie in Ohnmacht fallen? Sie sehnte sich danach, bewußtlos zu werden und so allem zu entfliehen, kämpfte aber dennoch angsterfüllt dagegen an. Sie lehnte sich an die Wand, ballte ihre Hände zu Fäusten und versuchte verzweifelt, nicht umzukippen, sondern nachzudenken. *Was kann ich nur tun? Unmöglich, in meinem Stockwerk auszusteigen! Und mit jemand anderem auszusteigen, ist auch nicht besser. Wenn ich bis ganz nach oben mitfahre, werde ich schließlich mit den beiden allein im Aufzug sein. Sollte ich jetzt sofort schreien? Sie würden womöglich alle umbringen!*

Sie hatte nur eine Möglichkeit. Sie umklammerte ihre linke Seite, fiel gegen den Mann, der neben ihr stand, und bat ihn mit schwacher Stimme, aber noch so laut, daß jeder sie verstehen konnte: „Ich muß einen Herzanfall haben! Bitte, bringen Sie mich wieder hinunter in die Eingangshalle! Ich brauche einen Notarzt!" Sie schnappte keuchend nach Luft, preßte eine Hand gegen ihr Herz und klammerte sich haltsuchend an dem Mann fest, während sie hilflos zu Boden glitt. Die Leute reckten ihre Hälse, um sie zu sehen. Sie war vor Angst aschfahl geworden, was der Szene, die sie so verzweifelt spielte, unbeabsichtigte Glaubwürdigkeit verlieh.

„Treten Sie zurück!" Der Mann direkt hinter ihr hatte das Kommando übernommen. Er legte Carla langsam auf den Boden und schubste die anderen Fahrgäste beiseite, um Platz zu schaffen. „Machen Sie ihr Platz. Wie kriegen wir dieses Ding dazu, wieder hinunterzufahren?"

„Das geht nicht", sagte eine Frau. „Wo steigen Sie alle aus?"

„Es sind nur vier Stockwerke gedrückt", sagte jemand anders.

„Bitte bleiben Sie alle hier. Steigen Sie nicht aus!" jammerte Carla. „Bitte bleiben Sie bei mir. Helfen Sie mir!"

„Ist schon in Ordnung, meine Dame. Bleiben Sie ruhig. Bleiben Sie alle im Fahrstuhl", befahl die beruhigende und feste Stimme. „Drükken Sie den Knopf ‚Türen schließen', sobald sich die Türen öffnen."

„Kann jemand von Ihnen Herz-Lungen-Wiederbelebung?" fragte eine besorgte männliche Stimme.

„Ich!" erwiderte eine weibliche. „Aber sie braucht es noch nicht. Wir werden alle Männer brauchen. Sie müssen beim Tragen helfen, wenn wir sie hinaus in die Vorhalle bringen!"

Erstaunlicherweise stieg niemand aus. Die Tür wurde jedesmal sofort geschlossen, wenn sie sich öffnete, und in kürzester Zeit waren sie wieder unten. Durch einen Wald von Schienbeinen und Fußknöcheln hatte Carla vorsichtig die Füße und Beine von Chernov und seinen Begleitern beobachtet. Sie hatten sich am anderen Ende des Fahrstuhls herumgedreht, sich aber keinen Schritt auf sie zubewegt. Jetzt beugten sich andere über sie, um sie zu tragen, und sie sah, wie die beiden Russen hinaus in die Vorhalle eilten.

„FBI!" schrie Carla. Sie schubste die Leute, die sich über sie beugten, um sie aufzuheben, beiseite und stand bedächtig auf. „Hilfe! FBI!" rief sie noch lauter. Der Agent, der in der Vorhalle gesessen hatte, als sie hereingekommen war, eilte von der anderen Seite herbei. Die Leute, die mit Carla zusammen im Fahrstuhl gewesen waren, blieben überrascht zurück und starrten sie schockiert an.

„Zwei Russen — einer mit einem Bart!" brachte Carla mühsam heraus. „Sie sind zur Eingangstür! Da lang!" Erst jetzt merkte sie, daß sie am ganzen Leibe zitterte.

Die beiden Agenten liefen in größter Eile davon, und Carla, die immer noch zitterte, folgte ihnen vorsichtig in sicherer Entfernung durch die Vorhalle und hinaus vor die Tür. Dort blieb sie stehen und sah ängstlich in alle Richtungen, sah aber niemanden. Einige Minuten später kamen sie einzeln zurück, ohne jemanden erwischt zu haben. Eine Gruppe von Neugierigen hatte sich vor dem Hotel versammelt.

„Hier können wir nicht reden", sagte der Agent, der anscheinend die Leitung hatte. Er zeigte ihr seine Marke und stellte sich und seinen Kollegen vor. „Ich bin Carl Richardson. Und dies ist George Lawton. Lassen Sie uns gehen."

Sie führten Carla zu einem unauffälligen Zivilfahrzeug und setzten sie auf den Rücksitz. Richardson setzte sich zu ihr nach hinten. „Jetzt erzählen Sie uns bitte, was passiert ist", sagte er.

Als sie ihre Geschichte erzählte, fuhr Lawton langsam um den Block und parkte dann das Auto einen Häuserblock vom Hotel entfernt in derselben Straße, so daß sie das Hotel im Auge behalten konnten.

„Das war eine schnelle Reaktion, Fräulein Bertelli", sagte Richardson, als sie fertig war. „Es hat Ihnen wahrscheinlich das Leben gerettet. Wir haben eine dicke Akte über Chernov. Er ist der bösartigste und gefährlichste Mann, den der KGB hat. Aber wir brauchen von Ihnen eine möglichst genaue Beschreibung von ihm und auch von dem anderen Mann."

„Nun, im Grunde genommen hat Chernov sich nicht verändert, seit ich ihn vor weniger als drei Wochen in Paris gesehen habe", sagte Carla und versuchte, sich Chernov vorzustellen. „Er sieht aus, als sei er ungefähr 45 Jahre alt, ist ziemlich genau 1,80 m groß, kräftig gebaut — ich würde sagen, etwa 90 kg schwer. Er hat eine spitze Nase, ein eckiges Kinn, seine Augen sind etwas eingesunken und schmal, eine breite Stirn, dichtes, schwarzes, sehr kurz geschnittenes Haar, das aber flach am Schädel anliegt. Sein Bart ist sehr kurz — er kann nicht älter als drei Wochen sein, denn in Paris hatte er noch keinen Bart. Sein Begleiter ist auch sehr kräftig gebaut und etwa fünf Zentimeter größer. Aber ich konnte ihn mir nicht genau ansehen. Ich glaube, er hatte kurzes, helles Haar und breite Wangenknochen, aber das ist auch schon so ungefähr alles, woran ich mich erinnere. Sie trugen beide dunkle Anzüge."

Während sie die Beschreibungen abgab, wiederholte Lawton ihre Worte über das Funkgerät im Auto. „Das geht sofort raus an ein Mitteilungsblatt, das alle Stellen erhalten", erklärte Richardson. „Das heißt, es geht nicht nur an unsere Agenten, sondern auch an die örtlichen Polizeistationen, Sheriffs, die Verkehrspolizei — also an jede Polizeidienststelle im Land. Es ist schade, daß wir außer Ihrer Beschreibung keine genauen Angaben zu dem Wagen von gestern abend haben. Denn damit kann man nicht sehr viel anfangen."

Sie fuhren zurück zum Hotel. Diesmal parkten sie um die Ecke, gingen dann zu dritt durch den Seiteneingang und eilten durch die Vorhalle. Sofort wurden sie erkannt, und einige der neugierigsten Gäste folgten ihnen. „Bitte bleiben Sie zurück!" befahlen die beiden Agenten, sobald sich ein Aufzug geöffnet hatte und hinderten alle anderen daran, einzusteigen. Die Tür schloß sich hinter den Dreien, und Richardson drückte den vierten, den sechsten und den zehnten Stock. Auf Carlas fragenden Blick hin erklärte er: „Einige von diesen Leuten werden aufpassen, in welchem Stock wir aussteigen, und sie werden förmlich in den Fluren herumschnüffeln, um etwas herauszufinden." Im vierten und sechsten Stock schloß er die Türen, sobald sie sich öffneten. Als sich der Aufzug im zehnten Stock öffnete, stiegen sie aus, und der FBI-Agent führte sie die Treppen hinunter zum achten Stock, wo sich Carlas Zimmer befand.

Sie öffnete die Tür zu ihrem Zimmer, und sie gingen mit ihr zusammen hinein, um es genau zu untersuchen. „Lawton und ich haben unsere Tarnung auffliegen lassen", erklärte Richardson. „Sie werden uns nicht wieder in der Vorhalle sehen. Wir werden gegen das Team ausgetauscht, das im Nebenraum ist." Er wies auf die Verbindungstür zwischen den beiden Räumen. „Die Tür auf unserer Seite ist immer offen. Wenn ein Notfall eintritt, öffnen Sie einfach ihre Seite und kommen herein. Wir werden uns rund um die Uhr dort aufhalten. Ein weiteres Team ist in dem Zimmer direkt gegenüber auf der anderen Seite des Ganges und bewacht Tag und Nacht Ihre Zimmertür."

„Sie geben mir wirklich ein Gefühl der Sicherheit", erwiderte Carla dankbar. „Ich wußte nicht, daß ich so wichtig bin. Und es fällt mir schwer zu glauben, daß mich tatsächlich jemand umbringen will. Das ist eine grauenhafte Vorstellung!"

„Nach allem, was Sie uns erzählt haben, hätten Sie Chernov beinahe auffliegen lassen", sagte Lawton. „Er gehört nicht zu denen, die das hinnehmen, ohne sich zu rächen."

„Aber Sie sollten nicht vergessen, daß Sie nicht sein Hauptziel sind", setzte Richardson hinzu. „Das ist günstig für Sie. Er ist hinter dem Überläufer her, den Sie befreit haben. Nachdem Sie ihn heute abend im Aufzug erkannt haben, weiß er, daß Sie rund um die Uhr bewacht werden, und vielleicht kommt er zu dem Schluß, daß Sie das Risiko und die Mühe nicht wert sind. Wir hoffen, daß es so ist. Aber falls er es doch versucht, haben wir Sie abgedeckt. Es wird keine weiteren Fahrten im Aufzug ohne eine Eskorte geben. Wo auch immer Sie hingehen, es wird sich jemand in Ihrer Nähe befinden. Sie werden es nicht immer sehen können, aber Sie können sich darauf verlassen."

Carla lag im Bett und versuchte, einzuschlafen, was ihr aber nicht gelang, als das Telefon klingelte. „Fräulein Bertelli", sagte eine tiefe männliche Stimme, „ich bin Don Jordan. Ich leite die FBI-Teams, die Sie überwachen, und möchte Ihnen ein paar Dinge erklären. Zunächst einmal wird es Sie interessieren, daß die Männer, die Sie im Aufzug gesehen haben, offenbar früher am Abend auf der privaten Zufahrtsstraße dicht beim Forschungszentrum gewesen sind – wahrscheinlich, um Ihnen aufzulauern. Ein gemeinsamer Freund von uns, Ken Inman, scheint sie verscheucht zu haben."

„Sie machen Witze! Was in aller Welt hat Ken dort draußen gemacht?"

„Genau das, was er nicht hätte tun sollen – und ich habe ihn davor gewarnt. Aber er war Ihretwegen so in Sorge, daß er einfach nicht erkannte, auf was er sich da einließ. Aber jetzt ist er klüger geworden.

Dieses sowjetische Team ist sehr gefährlich. Sie haben zwei unserer Männer getötet, die wenig später versucht haben, sie festzunehmen."

„Also hat Ken mir das Leben gerettet – und dabei sein eigenes Leben riskiert?"

„Ich nehme an, so könnte man es ausdrücken", sagte Jordan.

Einen Moment lang sah Carla sich selbst, wie sie ein Krankenzimmer verließ und Ken hinter ihr herrief. Dann bemerkte sie, daß Jordan ihr etwas Wichtiges mitteilte.

„... wir wissen nicht, wieviele weitere Männer zu diesem sowjetischen Eliteteam gehören könnten, aber eine speziell ausgebildete Armeeinheit aus Virginia, die mit ihnen fertig werden kann, ist hierher unterwegs. Sie werden noch vor morgen abend eintreffen und überall entlang der Zufahrtsstraße, die von der Landstraße zum Labor führt, ausschwärmen, so daß Sie sich keine weiteren Sorgen zu machen brauchen."

„Rechnen Sie mit einem größeren Angriff auf das Labor?" fragte Carla überrascht.

„Ich kann Ihnen nicht sagen, was wir erwarten. Natürlich ist alles, was ich Ihnen gesagt habe, vertraulich. Ich wollte Ihnen hauptsächlich mitteilen, daß wir die Lage unter Kontrolle haben. Entspannen Sie sich einfach und schlafen Sie gut."

„Dafür bin ich Ihnen sehr dankbar", sagte Carla. „Ich hatte die größten Schwierigkeiten, einzuschlafen. Und ich nehme nicht gerne Schlaftabletten."

„In *dieser* Situation sollten Sie unter keinen Umständen welche nehmen!" warnte Jordan sie.

„Nochmals vielen Dank. Ich fühle mich jetzt viel besser!"

* * *

Carla schlief sehr unruhig. Immer wieder wurde sie wach, und ihre Alpträume vermischten sich mit wilden Phantasievorstellungen. Ihr ganzes Leben war zu einem einzigen Alptraum geworden, aus dem sie eines Tages zu erwachen hoffte. War es die Sache wert, weiterzumachen? *Natürlich war sie das!* sagte sie sich selbst, wann immer solch ein Gedanke auftauchte. Sie hatte zweifellos eine Story in der Tasche, mit der sie den Pulitzer-Preis gewinnen würde, mindestens fünf Millionen Dollar an Filmrechten und die vielen, vielen anderen Vorteile. Sie hatte nicht nur die Geschichte ihres Lebens in der Tasche – sie war Teil ihrer erschreckenden Entwicklung, *erlebte alles von innen heraus und nicht nur als Zuschauer!* Welcher andere Journalist hatte je so viel Glück gehabt und war über solch eine Chance gestolpert?

Nach einem späten Frühstück in ihrem Zimmer – serviert von einem FBI-Agenten – zog sie sich an und ging hinunter zu ihrem Wagen. Der Mann im Gang, der mit ihr zusammen in den Fahrstuhl stieg und ihr ins Parkhaus folgte, das Zivilfahrzeug mit den beiden Männern, das direkt vor ihr das Parkhaus verließ und ein ähnliches Fahrzeug, das direkt hinter ihr war und die ganze Strecke bis zum Tor des Forschungszentrums hinter ihr blieb – all das vermittelte ihr nicht nur den Eindruck absoluter Sicherheit, sondern auch das äußerst angenehme Gefühl, wichtig zu sein. Trotzdem würde sie nicht lange auf diese Weise leben wollen. Nun, zumindest war es recht deutlich, daß Chernov es nicht schaffen würde, seine Pläne mit ihr zu verwirklichen – und Viktor war in Leightons uneinnehmbarer Festung mit Sicherheit außer seiner Reichweite.

„Ich habe gehört, daß Sie ein paar Abenteuer hinter sich haben", rief Leighton aus, als sie kurz vor Mittag sein Büro betrat.

„Es gab einige angstvolle Augenblicke, aber jetzt mache ich mir wirklich keine Gedanken mehr", sagte Carla und versuchte so zu tun, als ließe sie die ganze Sache völlig unbeeindruckt. Dann fügte sie mit einem Lachen hinzu: „Man könnte meinen, ich sei der Präsident der Vereinigten Staaten, so wie mein Hotelzimmer bewacht wird – und ich hatte eine Eskorte bis direkt vor das Tor!"

„Nun, dort draußen sind Sie jetzt zweifellos sicher. Und dieses Gelände wird besser bewacht als Fort Knox. Vielleicht kann ich Sie ja doch überreden, hier einzuziehen. Sie hätten Ihr eigenes Appartement, wie Viktor auch, großartiges Essen – das Hilton könnte nichts Besseres bieten –, eine Sauna, eine Sporthalle, ein Schwimmbecken ..."

Carla lachte und schüttelte den Kopf. „Und nicht mehr das Gefühl haben, eine Berühmtheit zu sein, mit einer Eskorte und Wachen, die mir überall hin folgen? Ich danke Ihnen für das Angebot, aber ich habe keine Angst mehr. Sie haben mir gesagt, daß bis heute abend eine ganze Kompanie von Spezialkommandos der Armee eintreffen wird, die die Straße überwachen, so daß selbst die unheimliche Strecke, die mich zu Tode geängstigt hat, ab jetzt das reinste Zuckerschlecken sein wird."

„Ich weiß", erwiderte Leighton mit gerunzelter Stirn, „und ich halte es für eine lächerliche Überreaktion. Die Eskorte, die sie Ihnen gegeben haben, würde voll ausreichen. Ich mag es nicht, soviel Aufmerksamkeit zu bekommen – zumindest nicht diese Art von Aufmerksamkeit. Irgendein Senator könnte anfangen, Fragen zu stellen, die wir noch nicht beantworten können." Er zuckte mit den Schultern und brachte beinahe so etwas wie ein Lächeln zustande. „Verstehen Sie mich richtig. Ich will damit nicht sagen, daß es Ihre Schuld ist. Naja, Sie haben da draußen eine Aufgabe zu erledigen. Kommen Sie, ich werde über die Sprechanlage im Labor anfragen, was Del Sasso vorhat. Viktor ist bereits unten. Wir haben heute viel zu tun."

* * *

Die Nacht war pechschwarz. Es war Neumond, und obendrein zog eine dichte Nebelwand von der Küste einige Kilometer in westlicher Richtung landeinwärts, hatte die Berge überwunden und senkte sich nun langsam von den Baumspitzen herab auf den Boden. Alles war still und reglos. Die beiden Wachen am Tor verspürten die übliche abendliche Langeweile. Es war jetzt ungefähr 8.30 Uhr. Die Laborassistenten und Sekretärinnen waren wie immer kurz nach fünf Uhr gegangen, und seit diesem Massenaufbruch hatte sich nichts mehr ereignet.

Bei diesem Job war es nicht gut möglich, in ruhigen Momenten Karten zu spielen oder fernzusehen. Obwohl die tägliche Routine die meiste Zeit über darin bestand, aufzupassen und auf etwas zu warten, was bis dahin noch nie geschehen war, wurde doch ständige Wachsamkeit verlangt. Die Wachen, die in der befestigten Station beim Stahltor Dienst taten, sahen abwechselnd durch die kleine, dicke Scheibe aus kugelsicherem Glas hinaus in den Nebel auf der mit Flutlicht erhellten Straße. Die Nachricht, daß sowjetische Agenten in der Gegend waren, die Fräulein Bertelli aufgelauert hatten und wahrscheinlich versuchen würden, in die Einrichtung einzudringen, um Dr. Khorev zu töten, hatte sie in größte Anspannung versetzt.

„Ich kann mir nicht vorstellen, daß sie wirklich glauben, sie könnten diese Festung angreifen", meinte der jüngere der beiden Wachen grübelnd zum vierten oder fünften Mal an diesem Abend. Es war mehr für ihn selbst bestimmt als für seinen Kollegen, der es schon nicht mehr hören konnte.

„Ja, ja, ich weiß. Ich für meinen Teil halte nichts für unmöglich." Der jüngere Mann wandte sich mit einem lauten Gähnen vom Fenster ab, wo er wieder einmal auf die nebelverhangene Straße zum Tor gesehen hatte. „Wenn du die Aufgabe hättest, hier hereinzukommen und jemanden umzubringen, wie würdest du es machen? Doch wohl nicht mit einem Frontalangriff, oder?"

„Das würde ich nicht einmal versuchen. Ich würde warten, bis der Kerl herauskäme, was er irgendwann einmal tun müßte. Ich würde mich still verhalten und würde ihn mir holen, wenn er irgendwo Urlaub machte und nicht mit mir rechnen würde."

„Angenommen, es gäbe einen Grund, warum du nicht so lange warten könntest?"

„Man würde warten müssen. Es ist unmöglich, diese Festung zu knacken. Das weißt du doch. Durch die Mauer kommt man nicht durch, und selbst wenn du über sie hinwegklettern oder unter ihr hindurchkriechen könntest, würde die Elektronik sofort einen Alarm auslösen. Man müßte hier durchkommen – über unsere Leichen. Und ich wüßte nicht, wie irgend jemand an uns herankommen sollte." Er war an der Reihe, hinaus in die Nacht zu sehen.

„Vielleicht mit einem Hubschrauber?" Der Jüngere ließ nicht locker.

„Red kein dummes Zeug. Du hast zu viel Fernsehen gesehen."

„Na, und was ist mit Fallschirmen? Einige von diesen Kerlen können auf einem Markstück landen."

„Mitten zwischen diesen hohen Bäumen – und in der Nacht? Also, das ist jetzt wirklich blödsinnig!"

„Poch, poch, poch." Bei dem Geräusch, das hinter ihnen erscholl, fuhren die beiden Männer mit angelegten Maschinenpistolen herum. Sie konnten ein bekanntes Gesicht sehen, das durch das kleine Fenster in der schweren Stahltür blickte, die ihnen Zutritt auf das Gelände gab – eine Rückzugsroute, über die sie fliehen konnten, falls das jemals nötig sein sollte.

„Sieh einmal an, wer da ist", sagte der Jüngere zu seinem Kollegen. „Wir bekommen nicht sehr oft Besuch von einem der ‚hohen Tiere'." Er ging hinüber, schloß die Tür auf und öffnete sie. „Na, machen Sie noch einen kleinen Spaziergang?"

„Ja. Ich konnte nicht mehr klar denken. Also habe ich einen kleinen Spaziergang über das Gelände gemacht. Das hilft immer."

„Kommen Sie doch herein", sagte der ältere Wachmann, „und unterbrechen sie für ein paar Minuten unsere Langeweile. Wir sollen auf der Hut sein, aber wozu? In den Wäldern wimmelt es nur so von

Armeekommandos. Kein sowjetischer Agent dort draußen könnte auch nur bis auf eine Meile an das Gelände herankommen. Und selbst wenn sie bis hierher durchkämen, würde ich gerne sehen, wie sie hier hereinkommen wollten!"

Plötzlich starrte der Besucher, der in die kleine Wachstation eingetreten war, mit erschrecktem Gesichtsausdruck an den Wachen vorbei durch das kleine Fenster und fragte mit gedämpfter Stimme: „Was war das? Dort drüben auf der anderen Straßenseite hat sich etwas bewegt."

Die beiden Wachen gingen rasch hinüber, um durch das kugelsichere Glas in den Nebel zu starren. „Direkt gegenüber?" fragte der Ältere und wandte sich halb zu dem Besucher zurück. Dabei bemerkte er aus den Augenwinkeln eine rasche Bewegung.

Die Überwachungskamera war mit einer blitzschnellen Bewegung zur Seite geschoben worden. Mit einem höhnischen Lächeln richtete der Besucher eine Handfeuerwaffe mit Schalldämpfer auf ihn. Der Wachmann hatte keine Chance, seine eigene Waffe zu seiner Verteidigung anzulegen. Die drei Schüsse trafen sein Gesicht und seinen Kopf und töteten ihn auf der Stelle. Sein jüngerer Kollege fuhr herum. Aber er war tot, bevor er auch nur seine Waffe heben konnte.

Sofort drückte der Besucher den Knopf, der die gepanzerte Tür öffnete und winkte hinaus auf die leere Straße. Vier Männer in dunklen Trainingsanzügen kamen rasch aus dem dunklen Wald gerannt. Chernov betrat das Wachhäuschen als erster. „Harasho!" grunzte er und nahm die Waffe, die gerade die beiden Wachen getötet hatte. Sie würde mit ihm zusammen die Forschungseinrichtung verlassen, wenn er und seine Männer ihren Auftrag erledigt hatten.

Als alle vier drinnen waren, schloß das „hohe Tier" wieder die automatische Tür, zeigte den anderen den Kontrollknopf und sagte in fließendem Russisch: „Gebt mir zwei Minuten, um wieder hineinzukommen. Dann müßt ihr nach links zum Seiteneingang gehen. Entfernt euch sofort von der Mauer und bleibt weg von ihr. Dort befinden sich die elektronischen Überwachungsvorrichtungen. Ansonsten habt ihr es nur mit Hunden und Wachen zu tun." Das „hohe Tier" trat rasch durch die innere Tür und verschwand.

24. Psychischer Kampf!

Chernov und seine Männer arbeiteten so schnell wie möglich, damit sie die Überwachungskamera wieder in die alte Position bringen konnten. Beide Leichen wurden dicht an die Innentür gezogen, heraus aus dem normalen Blickwinkel der Kamera. Einer der Männer zog eine kugelsichere Weste an, die sie rasch einer der Leichen abgenommen hatten. Vom Haar und vom Gewicht her ähnelte er einem der beiden toten Männer, und von hinten würde er den regelmäßigen Blicken aus dem Kontrollzentrum standhalten können. Rasch wurde die Kamera wieder zurückgeschoben. Dann warteten sie. Zwei Minuten erschienen ihnen wie eine Ewigkeit, aber es war von größter Wichtigkeit, die Identität ihres Agenten im Forschungszentrum geheimzuhalten. Als die letzten Sekunden gezählt waren, ließen Chernov und seine beiden anderen Männer die neue „Wache", die durch das kleine Fenster hinaus auf die Straße sah, im Häuschen zurück. Sie schlossen sorgfältig die Tür hinter sich, und Chernov führte sie in das Forschungszentrum hinein.

Nach einem raschen, kurzen Lauf von nicht ganz dreißig Metern erreichten die drei eine Gruppe von kleinen Fichten dicht beim letzten Gebäude links von der Toreinfahrt. Dort blieben sie im Schutz der Bäume stehen, um die Lage zu prüfen und sich mit Hilfe der Geländekarte, die sie auswendig gelernt hatten, zu orientieren. Sie wußten, daß es vier ausgebildete und äußerst gefährliche Rottweiler gab, die nach Einbruch der Dunkelheit frei auf dem Gelände herumliefen. Es würde nicht mehr lange dauern, bis sie den fremden Geruch der Eindringlinge entdecken und angreifen würden.

Die Anzahl der Wachen und ihre Routen änderten sich ständig, so daß die drei Sowjets jederzeit entdeckt werden konnten. Sie kauerten sich nieder und warteten auf die Hunde. Es wäre das Beste, sie zuerst zu erledigen. Chernov lächelte. Hunde und Wachen waren keine große Herausforderung für ihn und seine Männer. Es war der Mann mit der Kapuze, der ihm Sorgen bereitete.

Jetzt hörten sie aus zwei Richtungen Gebell, daß sich rasch näherte. Chernov und seine Männer duckten sich noch tiefer. Zwei der herannahenden Hunde wurden mit je einem Schuß aus einer schallgedämpften Pistole getötet, sobald sie in Schußweite kamen. Dann sprangen die Eindringlinge aus dem Schutz der Bäume, um sich den anderen beiden zu stellen. Die Hunde knurrten wild und griffen mit gefletschten Zähnen an. Der Oberst trat zurück, um den beiden Männern, die er sorgfältig ausgebildet hatte, bei der Arbeit zuzusehen. Die Wachhunde hatten keine Chance. Blitzschnelle Tritte gegen die Kehle brachen den Tieren mitten im Sprung das Genick.

Chernov grunzte beifällig. „Jetzt!" flüsterte er. Sie rannten zu einer Reihe von niedrigen Gebäuden zu ihrer Linken. Sobald sie erreicht waren, krochen sie vorsichtig an ihnen entlang, hielten sich dicht an den Hauswänden und überquerten rasch die schmalen freien Flächen zwischen den Häusern. Als sie das Ende des letzten Gebäudes erreicht hatten, blieben sie stehen, um Atem zu schöpfen und erkundeten das Gelände, das zu einem ganz bestimmten Seiteneingang führte. Sie wußten, daß diese Tür offen sein würde.

„Keine Bewegung!" Der unerbittliche Befehl kam von hinten. Eine Wache war gerade um die Ecke am anderen Ende des Gebäudes gekommen und hatte sie entdeckt. Sie kam rasch näher, die schußbereite Maschinenpistole auf sie gerichtet.

„Hände hoch! An die Wand! Sofort!" Chernov und seine Männer gehorchten widerstrebend. „Beine breit – keine plötzlichen Bewegungen." Er trat vorsichtig näher, um sie in dem schwachen Licht besser sehen zu können. *Wie waren die hier hereingekommen?* Er sah sich wachsam um, für den Fall, daß es noch mehr von ihnen gab.

Er mußte sofort die Zentrale benachrichtigen, und außerdem würde er Hilfe brauchen. Er behielt die Eindringlinge wachsam im Auge, richtete weiterhin die Waffe auf sie und zog ein Sprechfunkgerät aus dem Gürtel. Chernov sah aus dem Augenwinkel, was geschah, und wußte, daß er sofort handeln mußte.

Der Oberst wirbelte so rasch herum, daß ihm die Wache mit den Augen nicht folgen konnte, und machte mit einer Hand eine schwungvolle Bewegung durch die Luft. Er berührte nichts, und dennoch zersplitterte das Sprechfunkgerät in viele Stücke. Die Maschinenpistole wurde aus der Hand der Wache gerissen und mit solcher Gewalt gegen die Mauer des Gebäudes geschleudert, daß sich der Lauf verbog und der Schaft zerschmettert wurde. Eine weitere, kaum sichtbare, elegante Bewegung, und Chernov brach dem hilflosen Mann mit seinem Fuß das Genick. Sie zogen seine Leiche rasch unter einen großen Busch und eilten dann zum Hauptgebäude.

Sie hielten sich, so weit es ging, im Schatten. Ohne auf eine weitere Wache zu treffen, erreichten sie den Seiteneingang, von dem sie wußten, daß er nicht verschlossen sein würde, und traten, ohne ein Geräusch zu machen, ein. Sie folgten dem Lageplan, den sie auswendig gelernt hatten, und eilten rasch und lautlos zu Leightons Büro.

„Denkt dran!" flüsterte Chernov und wiederholte eine Anweisung, die er seinen Männern bereits eingebläut hatte: „Der Große mit der Kapuze ist gefährlich. Erschießt ihn, sobald ihr ihn seht! Und das Mädchen gehört mir."

* * *

Nach einem weiteren anstrengenden Tag, an dem sie Experimente beobachtet, Erklärungen aufgenommen und die täglichen „Übertragungen" von den Archonten analysiert hatte, befand sich Carla den ganzen Abend in einer intensiven strategischen Besprechung mit Viktor, Del Sasso, Morris und Leighton in dessen geräumigem Büro. Die Archonten hatten in ihrer heutigen „Übertragung" die ersten Einzelheiten darüber mitgeteilt, wie der Plan der Welt vorgestellt werden und welche Schritte danach unternommen werden sollten, um ihn durchzuführen. Es war äußerst wichtig, die einzelnen Schritte genau einzuhalten. Im Laufe dieses Prozesses würde Carla gegenüber ihrem Freund, dem Zeitungsmann aus New York, einige weitere Informationen „durchsickern" lassen müssen. Parallel dazu sollte sie weiter ihre eigenen Artikel, die alle mit größter Sorgfalt geschrieben und verteilt werden mußten, herausbringen und gleichzeitig an mehrere Zeitungen zur Veröffentlichung verkaufen.

Carla und Leighton waren die letzten zehn Minuten allein gewesen. Kay hatte sich entschuldigt. Sie hätte in den Labors noch einige Vorbereitungen für die Arbeit am nächsten Tag zu treffen. Viktor war hinausgegangen, um einen kurzen Spaziergang zu machen. Er brauchte etwas frische Luft, um wieder klar denken zu können. Und Del Sasso war in sein Appartement gegangen, um sich umzuziehen. „Ich habe das Gefühl", hatte er erklärt, „daß ich für den Rest des Abends nicht meine gewohnte Robe tragen sollte." Er war noch nicht wieder zurückgekehrt.

„Vielleicht sind seine Kopfschmerzen schlimmer geworden und er hat sich schon hingelegt", meinte Leighton.

Viktor hatte sich gerade wieder zu ihnen gesellt, als Carla eine Entscheidung traf. „Steht Ihr Angebot noch, daß ich ein Zimmer für die Nacht bekommen kann?" fragte sie Leighton.

„Sicherlich!" kam die rasche Antwort.

„Nun, vielleicht nehme ich Sie beim Wort — zumindest für heute nacht."

„Ich nehme an, es ist eine lange Fahrt bis zum Hotel, oder?" meinte Viktor.

Carla zögerte. Sie hatte den ganzen Abend hin und her überlegt, ob sie den beiden erzählen sollte, was geschehen war, und war endlich zu dem Schluß gekommen, daß sie es ihnen sagen mußte. „Ich wollte Sie nicht in Aufregung versetzen, Viktor. Aber natürlich weiß inzwischen jeder, daß die Zufahrtsstraße jetzt von einer Spezialeinheit bewacht wird."

„Das ist lächerlich!" gab Frank ungeduldig zurück. „Wer braucht diese Leute?" Er wandte sich an Viktor. „Irgend jemand glaubt, man habe eine besondere Einsatzgruppe der Sowjets gesichtet, die anscheinend hier wären, um Sie zu ermorden." Viktor sah plötzlich ängstlich aus. „Denken Sie nicht weiter darüber nach", fuhr Frank fort. „Sehen Sie, Viktor, was dort draußen geschieht, braucht uns nicht zu beunruhigen. In dieser Festung leben wir in einer anderen Welt, und niemand wird hier einbrechen, glauben Sie mir! Deshalb sind Sie ja auch hier drinnen."

„Es gibt da etwas, was Sie wissen sollten, Frank", unterbrach Carla. „Als Viktor in Paris in mein Cabrio sprang und wir flüchteten, sprang ein sowjetischer Kongreßabgeordneter an mein Auto, den ich nur als Dr. Alexander Pavlov kannte, ein wirklich brutaler Kerl, der Viktor verfolgte. Er war dabei, in den Wagen zu klettern und hätte es auch beinahe geschafft, als ich sehr schnell um eine Kurve fuhr. Er konnte sich nicht länger halten und flog durch ein Spiegelglasfenster..."

Es war nicht „Pavlov", den sie jetzt im Rückspiegel sah, wie er in Paris in ihren Wagen kletterte, sondern Chernov im Aufzug in Palo Alto — und in seinen Augen stand Rache. Sie mußte kurz mit Sprechen aufhören, bis sie ihre Stimme wieder unter Kontrolle hatte. *Warum fühle ich mich so? Es gibt nichts mehr, wovor ich Angst haben müßte. Reiß dich zusammen, schon wegen Viktor. Mach es nicht noch schlimmer für ihn!*

Viktor nahm den Faden auf. „Wie du wußtest, Frank — obwohl ich keine Ahnung hatte, *woher* du es wußtest — war ‚Pavlov' in Wirklichkeit Oberst Alexei Chernov, der Kommandant der geheimen Einrichtung, in der sich mein Labor befand. Es war außerdem auch ein Militärstützpunkt zur Ausbildung besonderer Truppen in psychischer Kampfführung."

Leighton lächelte und nickte. „Als ich ihn an jenem ersten Abend sah, wußte ich sofort, wer er war. Wie Sie beide inzwischen wissen, haben wir ihn auf vielen Filmen festgehalten." Und dann sagte er lachend: „Ich habe auf dem Kongreß seine Tarnung auffliegen lassen. Natürlich nur privat. Können Sie sich erinnern, Viktor?" Viktor nickte ernst.

„Chernov ist hier!" fuhr Carla fort und sah Viktor mitfühlend an. „Gestern abend hat er mich beinahe in meinem Hotel erwischt!" Sie machte wieder eine kurze Pause, um ihre Stimme unter Kontrolle zu bekommen. „Ich bin sicher, er ist hinter uns beiden her!"

„Dann müssen Sie hierbleiben", rief Leighton aus. „Nicht nur für heute nacht, sondern so lange, bis der Plan ausgeführt worden ist und alle Nationen, die Sowjetunion eingeschlossen, sich daran beteiligen. Erst dann wird die Bedrohung durch Chernov und seine Männer aufhören!"

Viktor war leichenblaß geworden. Leighton bemerkte es und versuchte, ihn zu beruhigen. „Sie müssen keine Angst haben, Viktor – wirklich nicht. Chernov kann nicht einmal in unsere Nähe kommen. Eine ganze Armee von Spezialeinheiten ist entlang der Zufahrtsstraße ausgeschwärmt. Man brauchte eine Armee mit Panzern, um an ihnen vorbeizukommen. Und zu Fuß wäre es ein Marsch von mindestens fünf Kilometern – durch dichte Wälder und ohne erkennbaren Weg. Das können Sie also vergessen. Und selbst wenn sie durch irgendein Wunder bis hierher kämen, garantiere ich Ihnen, daß sie niemals hinein könnten. Es ist unmöglich! Sie können sich also wirklich entspannen."

„Sie wissen nicht, wozu diese Männer fähig sind", sagte Viktor mit schwacher Stimme. Seine Stimme klang resigniert und hoffnungslos.

„Vergessen Sie diese Männer!" beharrte Leighton. „Also, Carla, dann werde ich Ihnen Ihr Appartement zeigen. Es liegt direkt neben Viktors – und es ist alles vorbereitet. Haben Sie noch Sachen in Ihrem Auto?"

Sie nickte. „Nur das Nötigste."

„Wir können sie gleich auf dem Weg zum Appartement mitnehmen. Kommen Sie auch mit, Viktor?" Viktor nickte teilnahmslos. Er sah aus wie ein zum Tode Verurteilter, dessen Hinrichtungstag angebrochen war.

Leighton stand auf. „Viktor! Ich habe es Ihnen doch schon gesagt – Sie haben nichts zu befürchten. Ich wünschte, Sie könnten sich selbst in einem Spiegel sehen. Es ist wirklich albern. Kommen Sie, Mann, lächeln Sie!" Dann fiel ihm noch etwas ein. „Einen Moment noch. Beinahe hätte ich etwas vergessen. Ich muß noch kurz das FBI anrufen, damit die wissen, daß Sie heute nacht hierbleiben."

* * *

Draußen im Gang, kurz vor Leightons Büro, foppte eine der CIA-Wachen, ein frommer Katholik, Del Sasso wegen seiner Kleidung. „Beinahe hätte ich Sie nicht erkannt! Ich habe mich schon gefragt: ‚Wer hat diesen fremden Kerl hier reingelassen?' Ohne diese Robe sehen Sie völlig anders aus, Pater. Ich dachte, Sie würden sie niemals ausziehen."

„Oh, einmal im Jahr, wenn ich mein jährliches Bad nehme, lasse ich sie waschen. Ich bin recht zivilisiert."

Genau in dem Moment erblickten sie Chernov und seine Männer, die sich, vom Seiteneingang kommend, schnell den Gang hinunter bewegten. Der Agent sah sie im selben Augenblick, in dem sie ihn sahen. Sofort ging er in die Hocke und nahm rasch seine Maschinenpistole, die er über der Schulter hängen hatte, herunter. Er hatte nicht einmal Zeit, zu zielen. Eine Salve gedämpfter Schüsse von Chernov und seinen Männern, und die Wache lag tot in einer Blutlache. Del Sasso hob langsam seine Hände über den Kopf.

„Er ist groß", sagte Chernov. „Benutzt ihn als Schild!" Einer seiner Männer packte das Medium, preßte eine Waffe an seinen Kopf und schob ihn vor sich her. Sie erreichten die Bürotür genau in dem Augenblick, als Leighton sie öffnete.

„Mein Gott!" schrie Leighton, sprang zurück in den Raum und versuchte, die Tür zu schließen. Chernov sprengte sie mit seiner Schulter auf und versetzte Leighton einen Schlag, daß er bewußtlos zu Boden fiel. Einer der Russen blieb als Wache an der Tür stehen, und der Oberst und sein anderer Mann stürzten in das Büro. Del Sasso schoben sie vor sich her.

Carla schrie und Chernov schlug ihr mit solcher Wucht mit dem Handrücken auf den Mund, daß sie hinfiel. Vom Boden aus sah sie, halb bewußtlos vor Angst, zu ihm auf.

„Pavlov" stand über ihr und genoß diesen Augenblick in vollen Zügen. „So trifft man sich also wieder, Fräulein Bertelli. Sie waren in Paris sehr mutig, und in dem Aufzug haben sie ein ausgezeichnetes Schauspiel aufgeführt. Aber diesmal gibt es keinen Ausweg!"

„Tun Sie ihr nichts!" bat Viktor.
Mit vor Haß funkelnden Augen schlug Chernov ihm auf den Mund, so daß auch er zu Boden fiel. „Ich werde Sie mitnehmen, Khorev – zurück nach Moskau. Ich würde Sie lieber auf der Stelle umbringen, aber Sie schulden dem Land, das Sie verraten haben, noch einiges!" Der Oberst sah sich rasch in dem großen Büro um, ohne jedoch den zu finden, den er dort erwartet hatte. Er beugte sich über Viktor und fragte im Befehlston: „Wo ist der Mann mit der Kapuze?"

„Der ‚Mann mit der Kapuze'?" stammelte Viktor und tat so, als verstehe er nicht.

Chernov ergriff Viktor mit seiner starken Hand im Genick, zog ihn auf die Füße und stieß den Lauf seiner Pistole unter Viktors Kinn. „Du weißt, wen ich meine! Wo ist er?"

„Ich bin der, den du den ‚Mann mit der Kapuze' nennst", sagte Del Sasso, „und ihr seid alle so gut wie tot." Er löste sich von dem Sowjet, der die Maschinenpistole an seinen Kopf gehalten hatte, und sah sie mit einem verzerrten Lächeln an, das Viktor und Carla verblüffte. Es war höhnisch, verächtlich und spottend – wie das Lächeln eines brutalen Tyrannen, der sich an einem zitternden Opfer weidet. Dies war ein beängstigender Zug an Del Sasso. Viktor und Carla hatten versucht, ihn zu vergessen.

„Ihr wolltet doch den ‚mit der Kapuze' erschießen, sobald ihr ihn erblickt. Dann erschießt ihn doch." Del Sasso lachte jetzt laut auf und verhöhnte sie.

Carla hatte den Eindruck, als sei der ganze Raum von einer seltsamen Kraft erfüllt. Aber es war weniger eine Kraft als eine *Gegenwart* – sehr, sehr alt und grauenerregend – etwas, was sie sich nicht vorstellen und wofür sie keinen Namen finden konnte. *Die Archonten?*

Der Lauf der Waffe, die gegen Del Sassos Kopf gepreßt worden war, hatte sich verdreht und verbogen; die nutzlose Pistole wurde der Hand, die sie gehalten hatte, entrissen und fiel zu Boden. Der rauhe und scheinbar unbesiegbare Kämpfer, der Del Sasso festgehalten hatte, zitterte jetzt wie Espenlaub im Wind. Er erhob sich langsam vom Boden, begann sich mit zunehmender Geschwindigkeit zu drehen, schoß dann plötzlich durch die Luft und krachte gegen seinen Kameraden, der die Tür bewacht hatte. Beide fielen sie auf den Gang. Eine Salve von Schüssen kam aus der Vorhalle, dann hörten sie, wie Wachen herbeiliefen und wild durcheinanderriefen.

Jetzt wandte Del Sasso seine Aufmerksamkeit Chernov zu. Der alte Meister versuchte verzweifelt, seine Waffe, die zum Leben erwacht zu sein schien, auf „den Mann mit der Kapuze" zu richten. Aber die Maschinenpistole weigerte sich. Eine leichte, rasche Geste von Del Sasso, und die Waffe wurde Chernovs Griff entrissen und schlidderte über den Boden auf Viktor zu. Viktor griff danach.

Chernov tat so, als wolle er auf Viktor losgehen und seine Waffe holen, wirbelte dann aber plötzlich herum und führte mit unglaublicher Geschwindigkeit seinen tödlichen Fuß in einem Bogen auf Del Sassos Kehle zu. Augenblicklich wurde er gegen die Wand am anderen Ende des Büros geworfen, genau wie damals Yakov im Labor. Stark mitgenommen und blutend erhob er sich mühsam vom Boden, schüttelte sich und begann, sich seinem unglaublichen Gegner vorsichtig zu nähern.

„Ich hasse Gewalt", sagte Del Sasso. Carla fiel auf, daß seine Stimme sehr beherrscht und beinahe versöhnlich klang. „Ergib dich, und dir wird nichts weiter geschehen."

Mit einem Wutschrei griff Chernov an. Er hatte noch keine zwei Schritte gemacht, als Carla voll Entsetzen sah, wie sich die schwere Glasplatte, die die Oberfläche von Leightons riesigem Schreibtisch abgedeckt hatte, plötzlich in die Luft erhob. Sie drehte sich so schnell wie eine Kreissäge und flog durch Chernov hindurch. Dabei zerteilte sie seinen Körper in Höhe der Gürtellinie in zwei Teile. Dann zerschmetterte sie an der Wand hinter ihm und zerbarst in tausend blutige Scherben. Carla atmete, stumm vor Schreck, tief ein und fiel dann in Ohnmacht.

* * *

Als Carla wieder zu sich kam, lag sie auf einem Sofa in der Vorhalle. Viktor, der totenbleich war und auch einen Schock erlitten hatte, beugte sich über sie und tupfte ihre Stirn sanft mit einem feuchten Papiertaschentuch ab, das er mit zitternden Fingern hielt.

„Geht es wieder besser?" fragte Viktor.

Sie nickte schwach. „Ich kann es nicht glauben. Ich kann es einfach nicht glauben."

Leighton, der nicht weit weg saß, war zwar schwer erschüttert, aber in seinen Augen stand wilder Triumph. Er telefonierte und kommandierte gleichzeitig alle Anwesenden herum. Er war wieder deutlich

Herr der Lage. Kay Morris hockte neben ihm und beriet sich zwischen den Telefonaten mit ihm.

Carla nahm die hektischen Aktivitäten wie durch einen Nebelschleier wahr. Sie versuchte, wieder zu sich zu kommen. Zunächst war der Raum voller Wachen — viel mehr, als Carla auf dem Gelände vermutet hatte. Sie hielten mit Mike Bradford, der für die Sicherheit verantwortlich war, leise eine Beratung ab, schüttelten ungläubig die Köpfe über das, was geschehen war, und eilten dann zurück an ihre Aufgaben. Völlig ruhig und unerschüttert, so als gehöre er zu einer anderen Welt, stand Del Sasso bei Leighton, beobachtete alles und hörte zu. Ein Friede umgab ihn, der übernatürlich zu sein schien.

Viktor hielt ihre beiden Hände fest in seinen Händen. „Es war schrecklich!"

„Ist es alles vorbei?" fragte Carla. „Was ist mit den anderen beiden Männern?"

„Als Del Sasso sie aus der Tür gestoßen hatte, wurden sie von zwei Wachen, die auf der Suche nach ihnen den Gang herunterkamen, erschossen."

Carla setzte sich mit einiger Mühe auf. Ihr Ohr klingelte immer noch von dem Schlag, den Chernov ihr versetzt hatte, und ihre eine Gesichtshälfte war geschwollen. Sie sah, wie Leighton den Hörer auflegte. Er kam herüber, setzte sich neben sie und legte sanft einen Arm um sie.

„Geht es wieder?" fragte er. Sie nickte. „Soll ich einen Arzt rufen?" Er betrachtete besorgt ihr geschwollenes Gesicht und den Schnitt in ihrer Lippe.

Sie schüttelte den Kopf. „Es ist schon in Ordnung, Frank — wirklich."

„Ich kann gar nicht sagen, wie leid es mir tut, daß dies passiert ist", sagte er zu ihr.

„Oh, es ist doch nicht Ihre Schuld."

Frank wandte sich entschuldigend an Viktor und sagte: „Ich bleibe dabei — es ist unmöglich. Sie hatten keine Möglichkeit, hereinzukommen. Sie müssen durch die Wälder gekommen sein. Irgendwie sind sie in die Wachstation am Tor eingedrungen und haben die Wachen getötet. Sie müssen sie mit einem Trick hereingelegt haben. Aber wie? Ich kann es einfach nicht glauben!"

„Antonio hat uns das Leben gerettet", murmelte Carla. Er wandte sich zu ihr um und lächelte ihr quer durch die Vorhalle zu. „Sie waren großartig, Antonio!" rief sie ihm zu.

Er kam zu ihnen herüber, zog einen Stuhl heran und setzte sich schwerfällig. „Es tut mir leid, daß er Ihnen wehgetan hat, Carla. Und was Ihr Büro angeht, Frank — die Dinge sind wirklich außer Kontrolle geraten. Ich habe es nicht so gewollt, aber manchmal kann man Gewalt nur durch noch größere Gewalt aufhalten." Er wirkte fast wie ein reumütiges Kind, das sich für eine Missetat entschuldigt.

„Bitte, Antonio!" sagte Leighton voll Dankbarkeit. „Wenn Sie nicht gewesen wären, wären wir jetzt alle tot!"

Del Sasso wandte sich an Viktor und Carla. „Ich wollte sein Leben retten. Sie haben es doch gehört, nicht wahr? Ich bat ihn, sich zu ergeben. Sie sind meine Zeugen."

„Wir sind Ihre Zeugen", sagte Viktor ernst. Er schien sich immer noch in einem Schock zu befinden.

„Ich habe es gehört und gesehen", versicherte Carla ihm.

„So viel Blut!" murmelte Del Sasso. „Ich mag so etwas nicht. Eigentlich bin ich ein sanftmütiger Mensch." Er schien unbedingt beweisen zu müssen, daß er solch blutige Gewalt nicht gewollt hatte. Carla wunderte sich darüber.

Sie legte behutsam eine Hand auf ihr geschwollenes Gesicht. Sie hatte nicht gewußt, daß sie in so etwas hineingeraten würde, und hätte es auch nicht voraussehen können. Nun — alles, was etwas wert war, hatte seinen Preis, und es gab jetzt gar keinen Zweifel mehr, daß sie an einer Story arbeitete, die weitaus wichtiger und größer war, als sie sich je hatte träumen lassen. Was auch immer es sie noch kosten würde — jetzt gab es kein Zurück mehr.

Carla war Del Sasso äußerst dankbar, daß er ihr das Leben gerettet hatte, aber gleichzeitig hatte die Kraft, die er beherrschte, etwas Erschreckendes an sich. Oder beherrschte sie ihn auf eine geheimnisvolle Weise? War es das, was er ihnen zu sagen versuchte und warum er sich so entschuldigte? War Del Sasso am Ende nur ein Werkzeug der Archonten? Es war eine beängstigende Frage.

25. Ein unbegrenztes Potential?

„Wir haben vier gute und tapfere Männer verloren", sagte Leighton mit einem dramatischen Ton in der Stimme. „Männer, die an unsere Sache glaubten und in Ausübung ihrer Pflicht ihr Leben gelassen haben. Wir wollen sie und ihr Andenken — oder die trauernden Familien, die sie zurückgelassen haben — nicht gering schätzen, indem wir das hohe Ziel, dem sie sich verschrieben hatten, preisgeben. Wir wollen diesen Augenblick nutzen, um uns erneut dem hohen Ideal der Freundschaft und des guten Willens unter allen Völkern und Nationen zu weihen."

Der Anlaß dieser Rede war eine Gedenkfeier, die einen Tag nach der Beerdigung der vier getöteten Wachmänner im großen Auditorium im Hauptgebäude abgehalten wurde. Der russische Angriff lag nun schon vier Tage zurück. Carla war überrascht, wieviel Personal in dem geheimen Laborkomplex beschäftigt war. Es waren ungefähr 50 Angestellte zugegen: angefangen von Wissenschaftlern, Laborassistenten und Sekretärinnen bis hin zu Köchen, Hausmeistern und natürlich der Sicherheitstruppe des Labors, die nicht nur vier neue Männer bekommen hatte, sondern zusätzlich um acht Männer verstärkt worden war. Das gesamte Personal war anwesend — ein Personal, das trotz der erlittenen Verluste mit einer offensichtlich hohen Motivation aus den schrecklichen Ereignissen hervorgegangen war.

Leighton beendete seine Rede mit einer positiven Aussage: „Wir werden weitermachen, ohne zurückzusehen. Wir werden es nicht zulassen, daß uns irgend jemand oder irgend etwas von unserem Ziel abbringt. Wir arbeiten für eine Neue Welt des Friedens, der Liebe und der Brüderlichkeit — eine Welt ohne Angst vor Krieg oder Verbrechen, eine Welt ohne Hunger, eine Modellgesellschaft, die allen Menschen gleiche Chancen und ein langes Leben bietet. Wir sind diesem Ziel schon sehr nahe, und wir werden es erreichen!" Hier und da erhob sich begeisterter Applaus.

„Schon bald werden führende Persönlichkeiten aus allen Nationen dieses Auditorium, in dem Sie heute sitzen, füllen. Sie werden hier zusammenkommen, um den Plan für diese Neue Welt kennenzulernen. Dieser Plan ist, wie Sie alle wissen, immer noch zu geheim, um ihn selbst bei einem Anlaß wie diesem öffentlich mitzuteilen. Ihre persönlichen Beiträge zu dem Programm und das Vertrauen, das sie in mich, den Direktor, setzen, hat uns so weit gebracht, daß wir kurz vor dem

Ziel stehen. Und ich bin dankbar für den Geist der Loyalität und der Hingabe, der auch weiterhin jeden einzelnen von Ihnen motiviert. Es wird jetzt nicht mehr lange dauern, bis die ganze Welt das Geheimnis erfahren und die Früchte Ihres unermüdlichen Einsatzes ernten wird. Ich freue mich, Ihnen mitteilen zu können, daß mir gerade vom Weißen Haus bestätigt worden ist, daß wir die volle Unterstützung des Präsidenten der Vereinigten Staaten haben. Es sind bereits erste Kontakte zu führenden Persönlichkeiten im Senat und im Repräsentantenhaus hergestellt worden. Natürlich können wir Ihnen noch keine Einzelheiten mitteilen, bis die Zeit gekommen ist — aber ich versichere Ihnen, sie wird schon sehr bald kommen." Es gab einen weiteren spontanen Applaus.

Leighton zog einen Umschlag aus der Tasche, öffnete ihn und entfaltete ein Blatt Papier. „Ich möchte Ihnen einen Auszug aus einem Telegramm vorlesen, das ich nur wenige Momente vor Beginn dieser Versammlung vom Präsidenten erhielt. Der Rest des Inhalts ist vertraulich. Sie werden ihn jedoch später erfahren. Hier also das Telegramm: ‚Ich habe mit dem russischen Premierminister telefoniert und ihm den Angriff russischer Agenten auf Ihre Einrichtung, die dem friedlichen Einsatz psychischer Möglichkeiten zum Wohle aller Völker gewidmet ist, beschrieben. Er hat mir versichert, daß er nichts von diesem Angriffsteam wußte und daß er dafür sorgen wird, daß so etwas nie wieder geschehen wird. Er hat mir sein Wort gegeben, daß der Friede sein Hauptziel ist und daß sein Land an dem Kongreß, den Sie gerade vorbereiten, teilnehmen wird. Ich beglückwünsche Sie und Ihre Kollegen für die wichtige Rolle, die Sie bei der Errichtung einer friedlichen und wohlhabenden Welt für die gesamte Menschheit gespielt haben und noch spielen werden.'" Leighton machte eine rhetorische Pause, und wieder erhielt er eine begeisterte Reaktion von seinen Zuhörern.

„Wie Sie sehen können, unterstützt uns der Präsident voll und ganz. Weiterhin möchte ich die Aufrichtigkeit des russischen Ministerpräsidenten nicht im geringsten anzweifeln und bin dankbar für sein Friedensversprechen. Und dennoch ist uns allen klar, daß wir weiterhin wachsam sein müssen, bis wir unser Ziel erreicht haben. Ich habe in meinem Herzen den Entschluß gefaßt, daß jene Männer, deren Andenken wir heute ehren, nicht umsonst gestorben sein sollen, und ich rufe Sie alle auf, heute mit mir zusammen dieses Versprechen an unser höheres Ich abzulegen!"

Es gab einen donnernden Applaus, und alle Zuhörer standen auf. Leighton nahm die Bestätigung seiner Leiterschaft gnädig einige

Augenblicke lang entgegen, bevor er vom Podium stieg, um die Versammlung zu beenden. Es gab noch ein kurzes Stimmengewirr, als Mitarbeiter zu ihm kamen, um ihm die Hand zu schütteln und ihm noch einmal ihre Unterstützung zuzusagen, und dann kehrte jeder wieder an seine Aufgaben in den Labors und Büros zurück.

* * *

Als er endlich wieder in seinem Büro war, hielt Leighton eine Besprechung mit seinen engsten Mitarbeitern ab. Morris, Del Sasso, Khorev, Bertelli und Mike Bradford, der Leiter der Sicherheitsmannschaft, waren anwesend. Es war eine ernste Sitzung.

„Ich glaube, jeder hier kennt Mike", begann Leighton. „Ich habe ihn gebeten, an diesem Treffen teilzunehmen, um mit uns über den beunruhigendsten Aspekt der russischen Attacke zu sprechen."

Mike war ein CIA-Veteran. Er hatte an vielen geheimen Operationen, angefangen in Kuba über Vietnam und Angola und auch den meisten Ländern dazwischen, teilgenommen. Er war äußerst zäh und gerissen, und er war offensichtlich sehr beunruhigt. Er betrachtete die Gesichter der Anwesenden aufmerksam, räusperte sich dann und begann.

„Wir sind an jenem Abend hart getroffen worden. Ich kann es immer noch nicht glauben und habe seitdem herumgerätselt, wie das passieren konnte. Das, was geschehen ist, war eigentlich unmöglich. Das russische Angriffsteam hat das Gelände betreten, ohne auch nur irgendeinen elektronischen Alarm auszulösen. Das ist nur dann möglich, wenn man das Gelände an einer ganz bestimmten Stelle betritt – und diese Tatsache läßt nur einen einzigen Schluß zu, und zwar einen sehr unangenehmen: Jemand hat sie von innen hereingelassen!"

Das schockierte Schweigen sprach lauter als alle Worte. Mike verschränkte die Arme und beobachtete die Reaktionen.

„Sind Sie sicher?" fragte Viktor schließlich, der offensichtlich sehr erschüttert war.

„Nichts ist hundert Prozent sicher", gab Mike zu. „Es wäre möglich, daß sie unsere Männer irgendwie mit einem Trick hereingelegt haben. Aber das ist so unwahrscheinlich, daß man es von vornherein ausschließen kann."

„Aber es *wäre* eine Möglichkeit", warf Kay Morris ein.

„Sehr unwahrscheinlich. Können Sie sich vorstellen, was unsere Männer dazu hätte bringen können, die Tür zu ihrer befestigten Station zu öffnen und jemanden hereinzulassen? Wir waren in Alarmbereitschaft!"

„Vielleicht hypnotischer Einfluß", überlegte Viktor. „Ich kann Ihnen versichern, daß Chernov unglaubliche psychische Fähigkeiten besaß."

„Also, wie war das — das Tor war geschlossen, aber beide Türen zu der Wachstation standen weit offen", sagte Frank. „Das ist die einzige Möglichkeit, hereinzukommen — und wahrscheinlich war es für mindestens einen Russen auch der Fluchtweg."

Auf die fragenden Blicke der anderen hin erklärte Mike: „Eine der kugelsicheren Westen fehlt. Wahrscheinlich hat sie jemand getragen, der in großer Eile geflohen ist. Wir wissen nicht, wieviele noch da waren."

„Das gefällt mir ganz und gar nicht", sagte Kay. „Ich meine, daß man nicht einmal die Vermutung aussprechen sollte, daß es jemand von uns getan hat, bis wir nicht absolut sicher sind. Der Gedanke, daß sich in unseren Reihen ein Verräter befinden könnte, ist nicht nur unangenehm, sondern erzeugt auch eine Atmosphäre des Mißtrauens, in der ich zum Beispiel nicht arbeiten könnte. Wenn das russische Team es geschafft hat, daß wir jetzt von Mißtrauen zernagt werden, dann haben sie in gewissem Sinne doch noch gewonnen, und den Triumph gönne ich ihnen nicht!"

Leighton nickte zustimmend. „Ich bin ganz Ihrer Meinung. Ich denke, uns allen ist klar, daß eine Atmosphäre des Mißtrauens unsere Arbeit regelrecht lahmlegen würde — es wäre ein psychischer Sieg für die Russen. Wenn der Plan gelingen soll, müssen wir nicht nur den Archonten vertrauen. Wir brauchen auch Selbstvertrauen und Vertrauen in die anderen."

„Und das bereitet mir Sorgen", fuhr Kay fort. „Ich kann mir nicht vorstellen, wie sie hereingekommen sind. Aber nehmen wir einmal an, die Russen konnten dort, wo sie hereingekommen sind, alle Spuren verwischen? Damit würden sie zwei Dinge erreichen: Erstens bliebe ihre Methode weiter geheim und könnte später von einem anderen Team wieder benutzt werden. Und zweitens könnten sie dann dafür sorgen, daß es so aussieht, als seien sie durch die Wachstation hereingekommen. Das würde dann auf einen Helfer von drinnen hinweisen und dafür sorgen, daß wir einander mißtrauen."

Es folgte eine lange, unbehagliche Stille. „Wie wäre es denn mit dieser Möglichkeit?" schlug Carla schließlich vor. „Die Russen kamen herein — wir wissen nicht, wie — und die beiden Wachen am Tor waren die ersten, die sie entdeckten. Sie kamen aus ihrer Station, wurden getötet und dann wieder hineingeschleift, damit man sie nicht sehen konnte —"

„Sie wurden in der Station erschossen", unterbrach Mike, der schweigend zugehört und seinen Kopf mit deutlichem Mißfallen geschüttelt hatte.

„Dann hat man sie gefangengenommen und später in die Station gebracht, um die Theorie von einem Verräter zu stützen", sagte Morris rasch.

Leighton wandte sich an Del Sasso. „Sie sind sehr schweigsam gewesen, Antonio. Haben die Archonten Ihnen die Lösung mitgeteilt?"

„Sie sagen uns nicht alles, und ich verstehe die Gründe dafür selbst noch nicht ganz. Es hat etwas mit Verantwortung und persönlichem Wachstum zu tun. Ich dachte eigentlich, das FBI würde ermitteln, und wüßte gerne, was sie meinen."

Frank wies auf Mike. „Nun?"

Mike wirkte verlegen. „Nun ja, eigentlich haben sie die Theorie eines Verräters so ziemlich beiseite getan. Sie scheinen eher eine Erklärung, wie sie Dr. Morris vorschlägt, vorzuziehen."

Leighton wirkte erfreut. Sein Schützling hatte wieder einmal seine analytischen Fähigkeiten unter Beweis gestellt, und der schreckliche Verdacht, daß es einen Verräter geben könnte, war beseitigt. „Ich glaube das auch", erklärte er mit Nachdruck. Als er Mikes Enttäuschung bemerkte, klopfte Frank ihm auf die Schulter. „Falls Mike natürlich stichhaltige Beweise finden sollte, wäre das eine ganz andere Sache. Aber bis dahin sollten wir, glaube ich, jedes Mißtrauen ablegen und uns an unsere Arbeit begeben. Und für Sie, Mike, bedeutet das, daß Sie herausfinden müssen, wie sie *wirklich* hereingekommen sind!"

Leighton stand auf, um die Besprechung zu beenden. „Ich brauche Sie sicher nicht daran zu erinnern, daß alles, was wir hier besprochen haben, streng vertraulich ist. Schon wegen der allgemeinen Stimmung hier dürfen wir auch nicht die leiseste Andeutung durchsickern lassen, daß es möglicherweise hier drinnen einen Helfershelfer gibt. Es würde die Atmosphäre unter der gesamten Belegschaft vergiften."

* * *

Carla lehnte sich bequem in ihrem Schreibtischsessel zurück und wählte eine Nummer, die ihr wohl vertraut war. Sie war endlich in ihr eigenes Büro eingezogen. Leightons Büro war nur einige Türen weiter, und sie genoß es, ein eigenes Zimmer zu haben, in dem sie ungestört arbeiten konnte. Auf Franks Vorschlag hin erwiderte sie, wenn auch sehr verspätet, eine Reihe von Anrufen. Ihr Freund, der Redakteur beim *Time* Magazin, hatte versucht, sie in ihrem Hotel zu erreichen. Das Projekt Archont lief wieder nach Plan, und sie war ermächtigt worden, einige wenige, aber verlockende Informationen weiterzugeben. Es dauerte ein paar Minuten, ehe die Leitung frei war, und als sie ihn endlich am Apparat hatte, war George Conklin ärgerlich.

„Carla! Erhältst du meine telefonischen Mitteilungen nicht? ‚Zwei FBI-Agenten in Ausübung ihrer Pflichten in Palo Alto getötet' kommt über Kabel. Vielleicht war es ja ein Routinejob, aber meine journalistische Nase wittert da etwas — vielleicht irgendeinen Zusammenhang mit deiner großen Story? Aber ich kann dich nicht einmal erreichen. Wo bist du gewesen? Hast du Urlaub auf Hawaii gemacht?"

„Ich bin *dabei* gewesen, George — mitten drin in der Sache. Es ist nicht nur eine *große* Story — es ist die *größte*, die du oder ich je erleben werden. Ich war buchstäblich nicht in der Lage, zu telefonieren. Dies ist die erste Gelegenheit, die ich habe."

„Heißt das, daß es eine Verbindung gibt?"

„Das kannst du wohl glauben!"

„Wir hatten ein Team unserer besten Schnüffler dort draußen. Sie haben ihre Nase überall 'reingesteckt und nichts entdeckt. Morgen drucken wir die Ausgabe von nächster Woche. Also, was ist los? Kannst du es mir schon erzählen?"

„Tut mir leid, George, aber die Antwort lautet ‚nein'. Diese Sache wird immer noch mit jedem Tag größer. Aber ich werde dir ein paar Informationen geben, die du drucken kannst, wenn du willst — aber ohne meinen Namen. Du wirst dich auf eine ‚zuverlässige vertrauliche Quelle' beziehen, und was ich dir jetzt sage, ist die nackte Wahrheit. Okay?"

„Mein Recorder läuft."

„George! Vergiß das Band!"

„Mach dir keine Sorgen. Es wird das Band nie gegeben haben, es sei denn, ich muß es auferstehen lassen. Also, was geht dort vor?"

„Deine ‚zuverlässige vertrauliche Quelle' teilt dir mit, daß die beiden FBI-Agenten getötet wurden, als sie versuchten, eine russische Kampftruppe abzufangen, die in geheimer Mission hier ist."

„Mach keine Witze!"

„Ich wünschte, es wäre ein Witz! Ich habe es selbst gesehen und bin dabei beinahe getötet worden. Aber lösch das lieber. Zurück zu dem, was du drucken kannst. Die Russen haben ein streng geheimes parapsychologisches Forschungslabor bei Palo Alto angegriffen, das vom CIA geleitet wird. Warum? Weil die Amerikaner einen Durchbruch in ihrer Forschung gemacht haben, durch den sie den Russen und jedem anderen in der Entwicklung von unglaublichen psychischen Kräften um Lichtjahre voraus sind."

„Ich habe dir doch schon gesagt", unterbrach George sie, „daß dieses übersinnliche Zeug nur etwas für die billigen Revolverblätter ist."

„Anscheinend sind die Russen da anderer Meinung", gab Carla spitz zurück. „Ich habe das Team, das sie geschickt haben, mit eigenen Augen gesehen, und ich kann dir versichern, daß die Sache für sie oberste Priorität hat – und das trifft auch für unsere eigene Regierung zu. Zieh den Kopf aus dem Sand, George!"

„Ich muß zugeben", kam die widerwillige Antwort, „daß es Kongreßabgeordnete und Ex-Astronauten und Nobelpreis-Forscher gibt, die damit zu tun haben. Ich kann mir allerdings nicht vorstellen, warum."

„Traue ihnen ein wenig Intelligenz zu, okay, George? Und hör zu, das Wichtigste habe ich dir noch gar nicht erzählt. Und ich möchte nicht, daß du irgend etwas von dem, was ich dir bis jetzt erzählt habe, druckst, wenn du diesen Teil ausläßt. Also, der Grund, warum die Amerikaner allen anderen so weit voraus sind, ist – halte dich fest –: sie haben Kontakt zu höheren Intelligenzen bekommen, die unsere Evolution überwacht haben und –"

„Hältst du das etwa für witzig?" unterbrach George. „Hör auf, Carla, du verplemperst meine Zeit."

„Das ist die absolute Wahrheit. Glaubst du denn, daß die Menschen die einzige intelligente Lebensform im Universum sind?"

„Wir sind also ‚nicht allein'. Wieviele Science fiction-Filme haben diese Worte benutzt! Sie sind hier gewesen, und jetzt haben wir ein paar ‚kleine grüne Männchen', die auf einem Luftwaffenstützpunkt auf Eis liegen."

„Ich habe nichts Dergleichen gesagt!"

„Du hast gesagt, daß der CIA Kontakt zu ‚höheren Intelligenzen' hat. Das können wir nicht drucken."

„Dann werde ich wohl zur *Washington Post* gehen müssen. Ich will dir die heißeste Story deiner gesamten Karriere geben. Das hier ist nur die Spitze des Eisbergs. Aber du kennst euren Standard, und wenn ihr es nicht gebrauchen könnt, dann —"

„Carla, man würde uns auslachen. Wir würden unsere Abonnenten verlieren. *Höhere Intelligenzen* übernehmen die Erde? Wahrscheinlich kommen sie in UFOs! Du weißt doch, wie verrückt die Leute sind. Du könntest eine weltweite Panik auslösen — wie mit der ‚Invasion vom Mars' von Orson Wells!"

„Ich habe nicht gesagt, daß sie die Erde übernehmen — und sie kommen *nicht* in UFOs. Du bist derjenige, der die Sache ins Lächerliche zieht. Ich sage dir, George, es ist ein psychischer Kontakt hergestellt worden."

„Ist dir klar, wie verrückt das ist?"

„Und hast du vergessen, daß die ‚Wahrheit seltsamer ist als jeder Roman'? Falls du etwas brauchst, um dem Ganzen eine andere Richtung zu geben, hier hast du es: Bring es in Verbindung mit Sagans Suche nach außerirdischer Intelligenz — du weißt doch, das SETI-Programm. Würdest du es drucken, wenn sie *Funkkontakt* bekommen hätten? Aber das ist viel unwahrscheinlicher als das, wovon ich rede. Es könnte hunderte oder tausende von Jahren dauern, bis Funkwellen den nächsten bewohnten Planeten erreichen. Aber psychischer Kontakt geschieht ohne jede Zeitverzögerung. Es ist passiert, George! Ich weiß es mit absoluter Sicherheit! Aber sag es, wie du willst — deute es an als eine Möglichkeit, die deine ‚vertrauliche Quelle' erwähnt hat. Es ist, glaube ich, nicht nötig, daß ich dir sage, wie man so etwas macht."

Es folgte ein langes Schweigen. Schließlich murmelte George: „Das ist wirklich die Story, die hinter dem Tod der beiden FBI-Agenten steckt?"

„Die Spitze des Eisbergs — und wenn du willst, wird mehr kommen."

„Das ist die Story des Jahrhunderts — wenn es stimmt."

„‚Wenn es stimmt'? Jetzt beleidigst du mich! Hör mal, George, wie lange kennst du mich nun schon? Sechs Jahre? Habe ich jemals übertrieben oder dir irgendeine Information gegeben, die nicht echt war? Ich sage dir, daß schon bald etwas geschehen wird, was größer ist, als wir uns je vorgestellt haben. Und versuche nicht, dir diese Sache bestätigen zu lassen. Du wirst nur Dementis bekommen — angefangen beim Weißen Haus bis zum letzten Informanten."

„Carla, du weißt doch, daß ich von irgend jemandem eine Bestätigung brauche."

„Nicht bei dieser Story, George! Du hast sie aus einer ‚zuverlässigen vertraulichen Quelle'. Es ist unmöglich, eine Bestätigung dafür zu bekommen. Entweder druckst du es so, oder du hast gar nichts."

„Du machst mich wahnsinnig, Carla. Ich müßte verrückt sein, um so etwas zu drucken. Hör zu — melde dich in Zukunft öfter und laß mich nicht so lange warten, ja?"

„Ich werde tun, was ich kann. Bis bald."

Sobald sie den Hörer aufgelegt hatte, wählte sie Leighton über die Sprechanlage an. „Ich habe gerade mit George telefoniert. Er wird es drucken. Aber Sie hatten recht, er wollte erst nicht. Er ist die Wände hochgegangen, als ich ‚höhere Intelligenzen' erwähnt habe. Er hat sogar gemeint, solch ein Bericht könnte — falls die Leute ihn glauben — zu einer weltweiten Panik führen."

„Das ist eines der Hauptprobleme. Höhnische Ablehnung oder Panik — das sind die beiden Reaktionen, die uns umbringen könnten. Die Archonten müssen der Welt so vorgestellt werden, daß sie und ihre Mission allgemeine Zustimmung finden und daß man an ihre Fähigkeiten und guten Absichten glaubt. Deshalb spielen Sie eine so wichtige Rolle."

„Nun, ich sehe bereits, daß es nicht leicht sein wird. Ich arbeite gerade an meinem ersten Artikel. Morgen oder übermorgen werde ich ihn soweit haben, daß Sie ihn sich durchlesen können."

„Sehr schön! Und vergessen Sie nicht: Gleich nach dem Abendessen treffen wir uns in meinem Büro."

* * *

Kay Morris hatte sich für das Planungstreffen, das an jenem Abend in Leightons Büro stattfinden sollte, entschuldigt. Sie mußte drei Labors für die Experimente des nächsten Tages vorbereiten. Alle anderen waren da: Viktor, Antonio, Carla — und natürlich Frank selbst. Frank hatte bemerkt, daß Viktor in den letzten Tagen innerlich abwesend wirkte und wollte jetzt herausfinden, was los war.

„Irgend etwas bedrückt Sie, Viktor. Wir arbeiten zusammen an dieser Sache, und eine der Regeln lautet, daß wir keine Geheimnisse voreinander haben. Wo liegt das Problem?"

„Es ist etwas, wofür ich selbst eine Lösung finden muß."

„Ach kommen Sie, sagen Sie es schon. Wir würden alle gerne helfen."

Zögernd begann Viktor zu reden. „Sie müssen verstehen, daß ich aus der bedrückenden Atmosphäre des Totalitarismus komme. Oh, die russische Verfassung ‚garantiert' gewisse sogenannte ‚Freiheiten', und es wird viel davon geredet, daß alle Menschen gleich sind. Aber in Wirklichkeit bestimmt ein kleiner innerer Zirkel, was im Lande geschieht, und niemand kann etwas daran ändern."

„Aber das haben Sie ja zurückgelassen", sagte Leighton und versuchte, ihn zu ermutigen. „Und Sie werden nicht mehr allzu lange hinter diesen Mauern eingesperrt sein."

„Ich habe keine Klagen, Frank. Ich bin für all das sehr dankbar. Was mir Sorgen macht, ist — nun, es ist, als hätten wir den Archonten unsere Seelen verkauft. Was sie auch sagen, es gilt. Punkt. Sie sagen uns, daß der Plan bald ausgeführt werden wird. Ein Rat von höheren Wesen, der unsere Evolution überwacht hat, wird in Kürze eingreifen, um uns davor zu bewahren, daß wir uns selbst zerstören. Warum geben sie nicht einfach zu, daß sie die Welt übernehmen wollen? Darauf läuft es doch hinaus. Können Sie nicht verstehen, daß es für mich so aussieht, als würden wir mithelfen, die Welt unter einen neuen Totalitarismus zu bringen, der noch schlimmer sein könnte als der, dem ich gerade entflohen bin?"

Frank lächelte gütig. „Es gibt einige sehr große Unterschiede zwischen dem russischen System und dem neuen Zeitalter, das die Archonten der Welt bringen wollen, Viktor. Zum einen haben die Archonten keine selbstsüchtigen Interessen. Sie haben nichts davon — kein Geld, keine Macht, keinen Besitz. Sie tun etwas, was uns nützt. Sie nehmen uns nichts weg. Sie sind so weit über unserer Evolutionsstufe hinaus, daß sie nichts von uns haben wollen."

„Das stimmt", gab Viktor zu. „Und trotzdem gefällt mir irgend etwas an der ganzen Sache nicht. Es ist nicht so, daß ich aussteigen will. Das dürfen Sie nicht glauben. Ich glaube an das, was wir tun. Aber ich versuche, einige Aspekte zu verstehen."

Del Sasso, der schweigend zugehört hatte, stand jetzt auf und ging zu Leightons Schreibtisch hinüber. Er setzte sich auf eine Ecke des riesigen Tisches, von wo aus er jedem in die Augen sehen konnte. „Das, was Ihnen fehlt, um zu verstehen, ist etwas viel Tiefgründigeres", begann er vertraulich, „und jetzt wäre wohl eine gute Gelegenheit, es Ihnen zu erklären."

Carla war froh zu sehen, daß dies nicht derselbe Del Sasso war wie wenige Abende zuvor — der Kämpfer, der etwas so handgreiflich Böses ausgestrahlt und solch eine Greueltat an Chernov begangen hatte. Jetzt strahlte er auf ebenso übermenschliche und nicht weniger greifbare Weise Liebe und Mitgefühl aus.

„Ich stehe jetzt seit etwa zwei Jahren in Kontakt mit den Archonten", fuhr Antonio fort, „und kenne sie besser als jeder andere." Er wandte sich an Viktor und Carla. „Bisher haben Sie erst einen Bruchteil ihrer Übertragungen gelesen oder gehört. Was ich Ihnen erklären will, ist, daß es bei dem Plan um weit mehr geht als nur psychische Kraft und Frieden und Wohlstand. Das eigentliche Ziel der Archonten ist es, das Beste in der Menschheit zum Vorschein zu bringen, das Gute, das eigentlich in uns liegt und viele tausend Jahre lang durch negative Religionen unterdrückt worden ist, die falsche und unterdrückende Gottheiten verehren. Sie wollen, daß wir erkennen, daß wir die Güte in Person und in Wirklichkeit selbst Götter sind."

„Ah, das ist etwas, wofür ich mich wirklich begeistern kann!" rief Carla aus. „Es spiegelt exakt das wieder, was ich selbst erlebt habe! Sie können sich nicht vorstellen, was für Unterdrückungen und Erniedrigungen ich in meiner Jugend durch meinen Vater erlitten habe, der Pastor einer fundamentalistischen Gemeinde war. Das einzige Ziel seines Lebens schien es zu sein, der Gemeinde – und ganz besonders mir, seinem einzigen Kind – einzuhämmern, was für wertlose, elende Wichte wir doch alle seien und daß wir alle von einem Gott verdammt würden, wenn wir uns nicht fügten und das engstirnige, nüchterne und traurige, selbstverleugnende, elende Leben lebten, daß von allen Christen verlangt wurde. Das hat mich beinahe kaputt gemacht – besonders, als ich herausfand, daß mein Vater selbst ein ganz anderes Leben führte als das, was er anderen aufzwang!" Sie wandte sich an Viktor. „Das war wirklicher Totalitarismus und ein unterdrückendes System! Sie können sich nicht vorstellen, wie befreit ich mich fühlte, als ich erkannte, daß ich an keinen anderen Gott als mich selbst glauben muß!"

Del Sasso hatte zustimmend genickt. „Sie wissen, daß ich ein Jesuitenpriester bin. Aber was Carla da gesagt hat, ist genau das, was ich auch glaube. Ich schäme mich dafür, daß meine eigene Kirche wesentlich dazu beigetragen hat, die Menschheit – und ganz besonders die Frauen – auf die Weise zu unterdrücken, wie Carla es erlebt hat. Und doch nennt man einen Jesuitenpriester, Pierre Teilhard de Chardin, den ‚Vater des Neuen Zeitalters'. Und ganz nebenbei – Teilhard hat über den Omega-Punkt geschrieben, an dem man den ersten Kontakt mit den Archonten bekommt, den Punkt, an dem sich die Menschheit mit dem Göttlichen vereinigt."

„Solche Gedanken weichen sehr stark von dem ab, was Katholiken und Protestanten immer gelehrt haben", bemerkte Leighton. „Man braucht sehr viel Mut, um mit so vielen Jahren der Tradition zu brechen."

„Es muß sein", sagte Del Sasso mit Nachdruck. „Die Bibel ist eine unglückliche Perversion der urtümlichen Mythen, die alle Völker besitzen. Wie ein sehr bekannter katholischer Priester einmal gesagt hat, war die ‚Erbsünde' eigentlich der ‚Erbsegen'. Die ‚Schlange' ist nicht der Feind der Menschheit, sondern ihr Retter und treuester Freund. Es liegt viel Weisheit verborgen in dem Mythos vom Garten Eden. Das Angebot der Schlange, so zu werden wie Gott, war keine Lüge, sondern die befreiende Wahrheit, die uns von dem bedrückenden Glauben an einen eifersüchtigen Gott befreit, der sich selbst zum Herrn über alle anderen macht. Das ist eine Beleidigung für das wahre Wesen eines jeden Menschen! In Wirklichkeit sind wir alle gleich, denn die Kraft, die im Kosmos verborgen liegt, steht allen zur Verfügung."

„Sie wissen ja gar nicht, wie gut mir das tut!" erklärte Carla voller Überzeugung. „Es ist so gut zu hören, wie ein Mann der Kirche solche Dinge sagt und Überzeugungen verteidigt, die ich seit Jahren zu vertreten versucht habe! Es ist so, als käme man an die frische Luft. Ich wünschte nur, meine Mutter hätte das hören können, bevor sie starb."

Del Sasso ging zu Viktor hinüber und setzte sich neben ihn. Er legte seine Hand auf Viktors Schulter und sah ihn mitfühlend an. „Sie sehen also, Viktor, daß die Neue Welt, für die wir arbeiten, völlig anders ist als das bedrückende System von Stalin oder Chruschtschow oder der ungerechte Überbau des Kapitalismus. Der eigentliche Grund dafür, daß Sie diese Systeme ablehnen, ist, daß Sie ein Gott sind, der frei sein muß – niemand kann Ihnen Befehle erteilen. Wir sind eine Rasse von Göttern, die vom inneren Weg abgekommen ist, die ihr wahres Selbst vergessen hat, und wir müssen uns daran erinnern, wer wir eigentlich sind. Die Archonten wollen nicht die Herrschaft übernehmen; sie wollen uns befreien, damit wir unser eigenes unbegrenztes Potential erfahren können. Wir sind Wesen, die unter der Last des Negativismus, der unsere vollständige Evolution als Wesen des Universums erstickt hat, zerbrochen sind, und das eigentliche Ziel der Archonten ist es, uns wieder ein positives Selbstbild, ein herrliches Gefühl der Selbstachtung zu geben."

Carlas Augen leuchteten. Sie beugte sich zu Viktor vor. „Können Sie nicht sehen, wie recht er hat?" fragte sie.

„Ich denke schon", sagte Viktor. „Ich denke schon." Er lächelte, wie er nicht mehr gelächelt hatte, seit er vor vier Tagen dem sicheren Tod gegenüberstand. Und derselbe Mann, der ihn damals rettete, wies ihm nun den Weg in eine herrlichere Zukunft, als er je für möglich gehalten hatte.

„Ich glaube, mir wird jetzt einiges klarer", überlegte Carla laut.

„Sie meinen mein Verhalten bei unserer ersten Begegnung", sagte Antonio, als könne er ihre Gedanken lesen.

„Genau. Ich kann verstehen, warum die Gegenwart meines Ex-Verlobten Sie so wütend gemacht hat. Er ist ein engstirniger christlicher Fundamentalist, der das ganze Gegenteil jener befreienden Wahrheit repräsentiert, die Sie uns gerade so wunderbar erklärt haben. Deshalb haben ihn die Archonten als ‚Feind' bezeichnet."

„Sie verstehen es wirklich sehr gut!" sagte Del Sasso herzlich. In seiner Stimme lag etwas unendlich Sanftes und Tröstendes.

* * *

Als Carla an jenem Abend in ihrem Bett lag, konnte sie wieder keinen Schlaf finden. Trotz all ihrer Begeisterung, die sie zuvor empfunden hatte, als Del Sasso alles so gut erklärt hatte, plagten sie jetzt wieder dieselben alten Zweifel. *Wie ist es möglich, daß ich in einem Augenblick so überzeugt davon bin, daß die Archonten und Del Sasso die personifizierte Güte sind — und im nächsten Augenblick grundlegende Zweifel verspüre? Und warum fallen mir nie die richtigen Fragen ein, wenn ich mit Del Sasso zusammen bin? Ich bin so von seinem Charisma überwältigt, daß ich die Fähigkeit verliere, eigenständig zu denken!*

Del Sassos überzeugende Aussagen über das unendliche menschliche Potential und die Güte und Kraft, die jedem Menschen angeboren waren, hatten ihr sehr gefallen. Aber jetzt konnte sie sich sehr genau erinnern, daß er bei ihrer ersten Begegnung ebenso deutlich gesagt hatte, daß solch eine Überzeugung eine Selbsttäuschung sei. Schließlich hatten sie den großen Durchbruch in der psychischen Forschung ausschließlich deshalb gemacht, weil sie erkannt hatten, daß Menschen keine eigenen psychischen Kräfte besaßen, sondern daß diese Kräfte von jenen ‚höheren Wesen' stammten. Ihre Bereitschaft, die Archonten als die Quelle psychischer Kraft zu ehren, war der Grund dafür, daß die Amerikaner die Russen plötzlich überholt hatten.

Was war denn nun richtig? Und warum widersprach Del Sasso sich selbst? Gab es etwa *zwei* Wahrheiten — eine, die man der ganzen Welt erzählte, und eine, die nur die Eingeweihten wissen sollten? Warum hatte Del Sasso an diesem Abend etwas als Wahrheit hingestellt, was er zuvor eine Lüge genannt hatte? Natürlich glaubte sie nicht mehr daran — aber ihr fiel wieder ein, daß die Bibel den Gedanken, der Mensch sei ein Gott mit unbegrenzten Möglichkeiten, ganz klar als *die* große Lüge Satans bezeichnete, und das beunruhigte sie. Ihr fiel auch wieder ein, daß sie als kleines Mädchen Erweckungsprediger gehört hatte, die vor einem Mann warnten, der große Lügen erzählen und die ganze Welt täuschen würde. Es wäre paranoid, diese biblischen Mythen mit Del Sasso, den Archonten und dem Plan in Verbindung zu bringen, aber die Parallelen waren beunruhigend, und es fiel ihr schwer, sie beiseite zu schieben.

26. Von Angesicht zu Angesicht

„Ich sehe in Ihrer Zukunft einen Pulitzer-Preis!" Carla sah überrascht von ihrem Computer auf, als sie den übertriebenen Zigeunerakzent und den schwülstigen Tonfall hörte. Del Sasso stand in der offenen Tür zu ihrem Büro und imitierte täuschend echt eine Wahrsagerin. „Ja, ich sehe, wie Ihnen die Welt des Journalismus zu Füßen liegt."
„Dann können Sie nicht sehr gut sehen", erwiderte Carla lachend. „Sie sind ganz offensichtlich ein billiger Betrüger. Die Welt des Journalismus würde mir nicht zu Füßen liegen, sondern grün vor Neid werden."

Er trat mit einem breiten Lächeln ein und sah auf sie hinab. „Arbeiten Sie noch an Ihrem ersten Artikel?"

„Sie sind wirklich schlecht informiert. Ich dachte, inzwischen hätte jeder die großartige Neuigkeit vernommen. Ich habe gestern meinen ersten Artikel fertiggestellt, und die *Washington Post* hat ihn mit Kußhand übernommen. Sie hielten ihn für *äußerst zugkräftig*. Andere Zeitungen können ihn erst übernehmen, nachdem ihn die *Post* morgen gedruckt hat. Ich bin ganz aufgeregt!"

„*Phantastisch!* Na, ich muß rüber ins Hauptlabor. Sie sollten die heutige Übertragung nicht verpassen. Es wird etwas Besonderes für Sie und Viktor dabei sein."

* * *

Nach einer kurzen Mittagspause gingen Carla und Viktor zusammen zum Labor hinüber, wo die tägliche Übertragung von den Archonten empfangen wurde. Es war das erste Gebäude zur Linken, wenn man durch das Tor auf das Gelände kam. Sie wählten den längsten Weg dorthin und genossen die Schönheit der parkähnlichen Anlage und der hoch emporragenden Redwood-Bäume, die gleich hinter der Mauer zu sehen waren.

„Ist Ihnen klar, das wir bisher kaum eine Gelegenheit hatten, uns einmal allein zu unterhalten?" bemerkte Carla, als sie begannen, den gewundenen Kiesweg entlangzugehen, der vom Hauptgebäude wegführte.

„So hatte ich es noch gar nicht gesehen", sagte Viktor nachdenklich.

„Aber rückblickend muß ich zugeben, daß Sie recht haben. Ich glaube nicht, daß man uns absichtlich daran gehindert hat, miteinander zu reden."

„Oh, das habe ich damit auch nicht gemeint. Wir hatten einfach sehr viel zu tun, Tag und Nacht." Carla blieb stehen und wies auf einen außergewöhnlich großen Redwood-Baum, der gleich hinter der Mauer stand. „Das sind Bäume, was? Haben Sie je etwas so Riesiges gesehen? Es sind die ältesten Organismen auf der Erde!"

„Die Bilder, die ich gesehen habe, sind nichts im Vergleich zur Wirklichkeit", erwiderte Viktor bewundernd. „Sie haben etwas Ehrfurchtgebietendes, das man nur verstehen kann, wenn man es *erlebt* hat! Ich würde zu gerne dort draußen sein und einen Tag lang einfach nur durch einen Wald wie diesen wandern!"

„Man kann sich nicht vorstellen, was für einen Respekt sie einem einflößen, wenn man sie von Nahem sieht. Viktor, wir werden einen schönen langen Spaziergang durch diese Wälder machen — und zwar *bald.* "

Er sah sie zärtlich an. „Ist das ein Versprechen?"

„Das ist ein Versprechen."

„Wir müssen mehr Zeit miteinander verbringen, Carla, uns einfach unterhalten und kennenlernen. Und das ist hier drinnen unmöglich. Alles läuft in solch fieberhaftem Tempo. Ich hatte keine Ahnung, daß die Amerikaner so schwer arbeiten!"

„Die meisten von ihnen tun es nicht", lachte Carla. „Frank ist außergewöhnlich, aber er wird von einem Gefühl der Dringlichkeit angetrieben. Und ich muß zugeben, daß es mir genauso geht."

„Oh, mir auch. Ich beklage mich auch nicht. Sie wissen schon, was ich sagen will."

„Ich weiß, und ich empfinde dasselbe."

Sie schwiegen ergriffen. Als Carla die Stille unterbrach, lag unterdrückte Erregung in ihrer Stimme. „Antonio sagt, daß die Archonten uns heute etwas Besonderes sagen werden. Frank meint, daß der erste Welt-Kongreß und der Beginn des Neuen Zeitalters schon in einem Monat stattfinden werden. Es geht viel schneller, als ich dachte!"

Sie näherten sich dem Ende ihres kurzen Spazierganges. Viktor verlangsamte seinen Schritt und senkte die Stimme. „Ich wollte Sie schon einige Zeit etwas fragen. Was halten Sie von Dr. Morris?"

„Kay? Sie ist eine recht bemerkenswerte Frau, falls Sie das meinen."

„Nein, ich meine etwas anderes."

„Nun, wo Sie es erwähnen, ich hatte von Anfang an ein seltsames Gefühl bei ihr. Aber ich weiß nicht, warum."

„Ich glaube, sie ist eine Russin!" sagte Viktor unvermittelt.
„*Was* sagen Sie da?"
„Ich bin mir eigentlich beinahe sicher."
„Viktor, kommen Sie! Sie hat einen MIT-Abschluß — und einen New Yorker Akzent!"
„Ich weiß, es klingt verrückt, und ich hätte es wahrscheinlich für mich behalten sollen. Aber ich habe sie beobachtet. Es sind Kleinigkeiten, die mir aufgefallen sind, einige Angewohnheiten und die Art, wie sie ihre Sätze zusammensetzt — sogar ein paar Ausdrücke, die sie benutzt, scheinen seltsam russisch zu sein, aber ins Englische übersetzt."
Sie setzten ihren Spaziergang sehr langsam fort. Carla war verblüfft.
„Haben Sie Frank irgend etwas davon erzählt?" fragte sie.
„Noch nicht. Und wozu auch? Ich könnte es nicht beweisen, und vielleicht hat es auch nichts zu bedeuten."
„Sie hat an jenem Abend Franks Büro verlassen, etwa 30 Minuten bevor —" Carla führte den Satz nicht zu Ende. „Nein, es ist nicht fair. Ich sollte so etwas nicht einmal denken. Schließlich ist sie die *Laborleiterin*, und sie arbeitet genauso schwer wie Frank. Sie ist wirklich mit dem Herzen dabei."
„Glauben Sie, daß Frank sich in sie verliebt hat?"
„Aha, es ist Ihnen also auch aufgefallen. Er ist mit Sicherheit verliebt, aber ich glaube, er paßt sehr auf, daß er in der Öffentlichkeit nicht zuviele Gefühle zeigt. Menschen verlieben sich nun mal." Ihre Schulter berührte kurz Viktors Schulter. Ihre Blicke trafen sich, und einen kurzen Moment lang sahen sie sich in die Augen.
„Ich habe mit Mike gesprochen", fuhr Viktor fort, „und er sagte mir, er sei ganz sicher, daß jemand von drinnen die Wachen erschossen und Chernov hineingelassen hat. Aber ich solle das Frank gegenüber nicht erwähnen. Vielleicht, weil er glaubt, es könnte Kay gewesen sein?"
„Warum haben Sie ihn nicht gefragt?"
„Das konnte ich nicht!"
„Ich habe bei dieser ganzen Unterhaltung kein gutes Gefühl", sagte Carla. „Es ist Kay gegenüber nicht fair —" Es fiel ihr schwer, die richtigen Worte zu finden.
Ihr Weg hatte sie hinter das Gebäude geführt. Bevor Carla den Satz beenden konnte, sahen sie Leighton, der quer über den Rasen gekommen war und sich im Galopp der vorderen Eingangstür näherte. „Wir werden später weitersprechen", flüsterte Carla.
„Sieh mal einer an, wer da spazierengegangen ist!" rief Frank aus. Er

war offensichtlich guter Laune. „Es tut mir leid, daß Sie beide nicht mehr Zeit hatten, um sich besser kennenzulernen." Er zog die Tür auf und winkte ihnen, einzutreten. „Sie geben ein schönes Paar ab."

„Das Kompliment nehmen wir gerne an", lachte Carla und hakte sich bei Viktor ein. Er errötete leicht und wirkte erfreut.

Sie betraten das Labor und setzten sich leise. Del Sasso befand sich wie gewöhnlich bereits auf seinem Platz. Dr. Morris und ein Assistent waren dabei, Drähte, die an den verschiedensten Stellen seines Körpers befestigt waren, mit einer Reihe von Monitoren zu verbinden. Sobald das getan war, ging der Assistent. Nur der engste Mitarbeiterkreis war bei diesen Sitzungen zugegen. Antonio fiel sofort in Trance. Er atmete einige Augenblicke lang sehr schnell und fand dann einen langsamen, gleichmäßigen Rhythmus.

Plötzlich zuckte sein ganzer Körper, und sein Kopf neigte sich zur Seite. Eine unheimliche und seltsam metallische Stimme begann, in einer hohen Tonlage durch ihn zu sprechen. „Die Neun grüßen euch aus einer anderen Dimension, die direkt neben der euren liegt. Der Angriff, der vor kurzem auf eure Einrichtung stattgefunden hat, war ein notwendiger Test. Ihr habt ihn gut bestanden, aber weitere werden folgen. Die Frage, wie die Angreifer hereingekommen sind, ist ein Geheimnis, dem ihr euch stellen und das ihr lösen müßt, um geistlich zu wachsen. Jeder Schritt, mit dem wir uns dem Ziel nähern, ist wichtig. Carla Bertellis Artikel werden eine Schlüsselrolle dabei spielen, das Bewußtsein der Öffentlichkeit zu erweitern. Viktor Khorev muß bei dem Kongreß die programmatische Rede halten.

Deshalb ist es wichtig, daß diese beiden uns mit eigenen Augen sehen. Sie dürfen sich uns nicht nähern, aber es ist ihnen gestattet, einzutreten und Zeugen unserer Begegnung mit den drei Eingeweihten des höheren Grades zu werden. Dies wird genau um 3.15 Uhr heute nachmittag geschehen. Dann werden wir euch den Termin für den kommenden Welt-Kongreß bekanntgeben. Lebt wohl."

Sobald Del Sasso aus seiner Trance erwachte, lief Leighton, der völlig begeistert war, hinüber zu Carla und Viktor, die ebenfalls sehr begeistert, aber auch verwirrt und etwas bange waren. „Ich gratuliere!" rief Leighton aus. „Sie können sich nicht vorstellen, was für gute Neuigkeiten das sind! Wir konnten nicht wirklich vorangehen, bevor wir nicht dieses Datum kannten und bevor Sie die Archonten nicht als Mitarbeiter für den Plan akzeptiert hatten. Dies wird Ihr Leben für immer verändern!"

„Was haben sie damit gemeint — wir würden sie *sehen*?" fragte Carla.

„Mit unseren physischen Augen? Ich war der Meinung, sie hätten keinen Körper."

„Beim ersten Mal muß es eine Überraschung sein", sagte Leighton geheimnisvoll.

* * *

Pünktlich um 2.30 Uhr ließ Leighton Del Sasso, Morris, Khorev und Bertelli in einen neuen Chevrolet einsteigen. Frank setzte sich ans Steuer, Kay saß neben ihm, und die drei anderen waren auf dem Rücksitz. Als sie den Stützpunkt verließen, wurden sie unauffällig von zwei anderen Wagen begleitet, einer vor und einer hinter ihnen. In jedem der beiden Autos saßen außer dem Fahrer noch zwei schwerbewaffnete CIA-Agenten in blauen Arbeitsanzügen. Sie fuhren quer durch Palo Alto, bis sie auf der anderen Seite der Stadt eine schäbige, heruntergekommene Industrieanlage erreichten, die offensichtlich aufgegeben worden war. Es standen keine Wagen auf dem Parkplatz, und das Gelände wirkte ungepflegt. Die drei Wagen bogen in eine Zufahrtsstraße ein und parkten hinter dem Gebäude. Außer den beiden Fahrern in den anderen Wagen stiegen alle aus.

„Dieses Gelände gehört der Firma", vertraute Leighton ihnen an, während sie um das Gebäude herum zur Vorderseite gingen.

„Der Firma?" fragte Viktor.

„Das ist unser Kosename für den CIA." Leighton wies auf das heruntergekommene Äußere und fuhr fort: „Wir lassen es absichtlich so aussehen, als sei es verlassen, und benutzen es ausschließlich für diese Treffen. Sie finden in unregelmäßigen Abständen statt, wenn die Archonten es wünschen."

Die beiden CIA-Agenten aus dem Wagen vor ihnen waren hinter dem Gebäude geblieben und taten so, als reparierten sie etwas, während die anderen beiden auf der Vorderseite begannen, Unkraut zu zupfen, jeder an einer Ecke des weitläufigen Gebäudes. Leighton führte die anderen einen kurzen, mit Ziegelsteinen gepflasterten Weg hinauf zur Vordertür. Dort zog er einen Schlüssel hervor und ließ sie alle herein. Er machte kein Licht an, und sie gingen im Halbdunkel durch einen Raum, der einmal ein Büro gewesen war, direkt auf eine Hintertür zu.

Leighton blieb kurz stehen, bevor er sie öffnete. „Carla und Viktor", warnte er sie ernst, „was Sie sehen werden, wird Sie schockieren und vielleicht sogar in Panik versetzen. Bleiben Sie immer hinter uns und behalten Sie Ihre Gefühle unter Kontrolle. Sie dürfen nicht in Panik geraten, und Sie dürfen sich unter keinen Umständen dem Fahrzeug nähern. Wir drei werden das zum richtigen Zeitpunkt tun, aber Sie *müssen* sich um Ihrer eigenen Sicherheit willen davon fernhalten."

„*Fahrzeug?*" fragte Viktor. Er zitterte vor Angst. Sie sollten also tatsächlich einige Archonten *sehen?* Carla konnte es kaum erwarten, hatte aber gleichzeitig beinahe Angst, durch die Tür zu gehen.

„Es muß eine Überraschung sein!" sagte Leighton. „Erinnern Sie sich? Stellen Sie also keine weiteren Fragen!" Dann sagte er noch ernst: „Kay wurde hier nur eine Woche, bevor Sie beide ankamen, eingeweiht."

Er öffnete die Tür und führte sie in etwas, das wie eine riesige Lagerhalle mit einer sehr hohen Decke aussah. Einen Moment lang standen sie einfach nur still bei der Tür. Dann traten Leighton, Del Sasso und Morris zwei Schritte vor, legte ihre Handflächen zum traditionellen orientalischen Gruß zusammen und verbeugten sich gleichzeitig neunmal. Verwirrt und ängstlich blieben Viktor und Carla bei der Tür und sahen verwundert zu. Sie sahen sich um und versuchten, ihre Augen an das schwache Licht zu gewöhnen, das durch die staubigen, zugezogenen Jalousien vor den Dachluken kam. Das Gebäude schien völlig leer zu sein.

Plötzlich begann ein vibrierendes Summen, als ob tausend Mönche das „OM" murmelten. Es schien die Atmosphäre zu elektrisieren, so stark, daß man es beinahe greifen konnte. Und plötzlich war es da — als sei es aus dem Nichts erschienen. „Sieh mal!" flüsterte Viktor überrascht.

Ein riesiges Raumfahrzeug, das aussah, als käme es geradewegs aus einem Science fiction-Film und den ganzen hinteren Teil der Lagerhalle ausfüllte, schwebte jetzt direkt über dem Boden. Oben berührte es beinahe das Hallendach. Es war fast so groß wie eine Boeing 747, hatte aber keine Flügel und ein futuristisches Design. Carla fiel vor Schreck und Furcht beinahe in Ohnmacht. „Das gibt es einfach nicht!" antwortete sie flüsternd. „Sehen Sie es auch?"

„Es ist unmöglich!" sagte Viktor heiser, der seinen Augen nicht trauen wollte.

In dem Moment gingen oben an dem Objekt zwei Lichter an und begannen, sich zu drehen. Während sie rotierten, blinkten sie lila und grün und verliehen der metallenen Oberfläche einen seltsamen, außerirdischen Glanz. Als sei das ein Signal gewesen, begann das Raumfahrzeug plötzlich zu pulsieren, als sei es im Begriff, sich in ein Raubtier zu verwandeln. Carla und Viktor, die von blindem Schrecken erfüllt waren, hatten Mühe, nicht den Verstand zu verlieren und nicht instinktiv zu fliehen. Unwillkürlich wichen sie zurück bis zur Wand. Plötzlich erschien vor dem schwebenden Schiff eine schimmernde Pyramide aus strahlend weißem Licht, die eine Grundfläche von etwa 10 x 10 Metern hatte. Das Licht war von einer besonderen Helligkeit, die Carla sofort schwindelig machte. Aber der Schwindel verging genauso rasch, wie er gekommen war. Jetzt fühlte sie sich unwiderstehlich zu der Pyramide und ihrer außerirdischen weißen Glut hingezogen — so, als würde ihr Verstand in ein anderes Bewußtsein hineingezogen, ein Bewußtsein, das sich mit etwas Lebendigem innerhalb des seltsamen Lichtes vereinte. Man konnte jetzt eine überwältigende *Gegenwart* in der Lagerhalle fühlen. Carla spürte, daß es dieselbe *Gegenwart* war, die sie auch in Leightons Büro empfunden hatte, als Del Sasso den Russen die Kontrolle über die Situation abgenommen hatte.

„Das ist unser Signal", sagte Leighton mit erregter Stimme und winkte Viktor und Carla, zurückzubleiben. „Warten Sie hier. Rühren Sie sich unter keinen Umständen von der Stelle!"

Leighton ging voran, und die drei bewegten sich langsam auf das geheimnisvolle Raumschiff zu. Viktor und Carla sahen erschreckt und fasziniert zu, wie plötzlich neun leuchtende und beinahe durchsichtige Wesen im Zentrum der Pyramide erschienen. Sie trugen schimmernde Roben aus Licht, die ihren gesamten Leib bedeckten und nur ihre reptilienartigen Köpfe frei ließen, die sich über ihren breiten Schultern wie die Hautfalten von Kobras blähten. Die Wesen hatten etwas ehrfurchtgebietend Übernatürliches an sich. Sie schienen grotesk und gleichzeitig schön, abstoßend und zugleich anziehend zu sein. In unheimlichem Schweigen bildeten sie rasch einen Kreis um Leighton, Del Sasso und Morris, als die drei Erdlinge gemeinsam die Pyramide betraten und sich anbetend niederwarfen. Der Leiter der Neun bedeutete ihnen, sich zu erheben.

„Ich kann es nicht glauben, ich kann es einfach nicht glauben." Carla wiederholte die Worte immer und immer wieder mit klappernden Zähnen. Sie zitterte, als stünde sie in einem eisigen Wind.

„Wir können nicht gleichzeitig Halluzinationen haben", sagte Viktor und wischte sich den kalten Schweiß mit einer bereits feuchten Hand von der Stirn.

Die Neun schienen sich mit Leighton und seinen Begleitern zu unterhalten. Dabei kam Feuer aus ihren Mündern und ihre Körper wurden zu tausenden von Lichtpunkten, die seltsame Schatten — sowohl von menschlichen als auch nichtmenschlichen Formen — an die Wände des Lagerhauses warfen. Trotz ihrer Angst war es Carla unmöglich, ihren Blick von diesem unglaublichen Schauspiel abzuwenden. Während ihre Faszination beinahe hypnotische Ausmaße annahm, ließ gleichzeitig ihre Angst nach, und die *Gegenwart,* die die Atmosphäre erfüllt hatte, wurde gütig und unendlich weise. Sie zitterte nicht mehr, sondern war überwältigt von einem Gefühl der Dankbarkeit, daß sie das Privileg hatte, einer solchen Szene beizuwohnen. Wie gesegnet die Welt doch war, daß sie von solchen Kreaturen der Liebe besucht wurde, die gekommen waren, um die Menschheit vor der Selbstzerstörung zu retten!

27. Ein antichristlicher Aufruhr?

Der Kreis der außerirdischen Gestalten öffnete sich genauso plötzlich, wie er sich geschlossen hatte. Viktor und Carla sahen verblüfft zu, wie ihre drei Kollegen langsam zu ihnen zurückkamen. Augenblicklich verschwand die Pyramide, und mit ihr verschwanden auch die Neun.

Als Leighton, Del Sasso und Morris wieder ihre ursprünglichen Plätze eingenommen und sich zu dem geheimnisvollen Raumschiff direkt vor Viktor und Carla umgedreht hatten, legten sie ihre Handflächen zusammen und verbeugten sich erneut neunmal. Das vibrierende „OM" klang langsam aus, und statt dessen konnte man ein seltsames Schwirren hören, das immer lauter wurde. Bestürzt bemerkten Viktor und Carla, daß sich das UFO gedreht hatte und jetzt in ihre Richtung wies. Es wurde immer schneller und kam direkt auf sie zu.

Leighton spürte ihren Schrecken und streckte warnend die Hand nach ihnen aus. Ohne seine Augen von dem fremdartigen Raumschiff zu nehmen, schrie er: „Nicht bewegen!"

Das schwirrende Geräusch war zu einem hohen Kreischen geworden, als das UFO mit stark zunehmender Geschwindigkeit wenige Zentimeter über ihre Köpfe hinweg durch die Wand der Lagerhalle hinausflog. Carla klammerte sich an Viktor, und sie hielten sich aneinander fest. Eine kurze Welle der Übelkeit ergriff sie, verging dann aber wieder.

Carla hatte erwartet, daß die Wände der Lagerhalle zerstört würden, als das UFO hindurchraste, und hatte sich ängstlich geduckt. Zu ihrem größten Erstaunen war die Lagerhalle jetzt leer und immer noch ganz. Sie sah Viktor an, und einen Augenblick lang umklammerten sie sich vor schierer Erleichterung.

„Sie haben sich sehr gut gehalten", sagte Leighton, als ihre Ohren nicht mehr klingelten. „Besser als ich, als ich es zum ersten Mal erlebte." Selbst jetzt konnte er seine eigene Beklommenheit nicht ganz verbergen. Morris schien große Mühe zu haben, sich zu beherrschen. Nur Del Sasso war völlig ruhig. Carla hatte das Gefühl, man könne ihn kaum von den Archonten unterscheiden, so sehr war er ihnen ähnlich geworden.

Leighton führte sie wieder hinaus. Die CIA-Agenten zupften immer noch halbherzig Unkraut. Hatten sie schon so oft gesehen, wie das riesige Raumschiff die Wand des Gebäudes durchbrach, daß es sie inzwischen völlig kalt ließ? Viktor griff nach Leightons Arm. „Wie sieht es von hier draußen aus, wenn das Ding aus dem Gebäude geschossen kommt?"

Leighton legte einen Finger auf seine Lippen und schüttelte den Kopf, um Viktor daran zu erinnern, daß sie ihr Erlebnis niemandem mitteilen durften. „Hier draußen haben sie nichts gesehen!" sagte er leise. „Bisher waren die Archonten nur gewillt, sich uns zu offenbaren, und auch nur innerhalb dieses Gebäudes. Hier draußen sind sie unsichtbar. Aber eines Tages werden sie sich der ganzen Welt zeigen."

„Als Sie in der Lichtpyramide waren", flüsterte Carla, die ihre Neugier nicht mehr zügeln konnte, „worüber haben Sie da gesprochen?"

Wieder legte Frank einen Finger auf die Lippen und schüttelte seinen Kopf. „Das werden wir Ihnen später mitteilen", sagte er und ging zum Auto voran.

Erst als sie im Wagen saßen und zurück zur Basis fuhren, ließ Frank seiner unterdrückten Erregung freien Lauf. „Wir haben das Datum bekommen!" verkündete er Viktor und Carla. „Freitag in sechs Wochen. Das läßt uns nicht viel Zeit. Carlas erster Artikel wird morgen gedruckt, und die Archonten versprechen eine begeisterte Reaktion, sowohl von den Medien als auch von der Öffentlichkeit."

Carla und Viktor, die immer noch sprachlos von ihrem Erlebnis waren, konnten kaum begreifen, was Frank gesagt hatte. „Haben Sie mich verstanden?" fragte er. „Wir haben jetzt den Termin für den Welt-Kongreß!"

„Das ist phantastisch", sagte Carla, „aber ich bin so *verwirrt*, daß ich kaum denken kann. Ich habe gerade etwas gesehen, das wie ein riesiges, solides Objekt aussah und direkt durch die Wand eines Gebäudes segelte, als wären die Wände nicht da. Und dann sagten Sie auch noch, draußen sei es *unsichtbar*. Was war das für ein Ding?"

„Sie können es ein UFO nennen, wenn Sie wollen", erwiderte Frank. „Die Neun sagen, es sei unmöglich, uns solche Ereignisse bei unserem gegenwärtigen Entwicklungsstand zu erklären. Es ist eine Art wunderbarer Wandlung von psychischer Energie. Das ist alles, was sie uns sagen können."

Viktor war außer sich. „Frank, was wir gerade gesehen haben, läßt die Entdeckung von Amerika durch Kolumbus, die bolschewistische Revolution, Menschen, die auf dem Mond spazierengehen und alles andere, was in der Vergangenheit geschehen ist, bedeutungslos erscheinen. Das ist *die* Sache! Das ist das Nonplusultra!"

„Visionen von der Jungfrau Maria sind Ereignisse dergleichen Art", warf Del Sasso beiläufig ein. „Alle Religionen entstanden ursprünglich durch solche Erscheinungen."

„*Erscheinungen?*" fragte Carla erstaunt. „Was wir gesehen haben, war nicht wirklich da?"

„Es war da und es war doch nicht da", antwortete Frank. „Es geht um die alte Frage, was Realität ist, und Sie wissen, daß es darauf keine Antwort gibt!"

„Ich habe es mit meinen eigenen Augen gesehen", sagte Viktor, der immer noch mit Ehrfurcht erfüllt war, „sonst hätte mich nichts in der Welt dazu bringen können, es zu glauben!"

„Oh, beinahe hätte ich vergessen, es Ihnen zu erzählen", sagte Frank und wandte sich wieder an Carla und Viktor. „Sie haben uns mitgeteilt, daß die Versammlung der führenden Persönlichkeiten den Namen ‚Welt-Kongreß 666' tragen solle."

„666?" fragte Viktor. „Hat das irgendeine Bedeutung?"

„Tja, das ist einer der Vorteile, wenn man in einer atheistischen Gesellschaft aufwächst!" lachte Carla. „Keine Mythen vom Antichrist, von denen kleine Kinder Alpträume bekommen, wie ich sie immer hatte."

„*Antichrist?*" fragte Viktor, der immer noch nicht verstand.

„Entschuldigung", sagte Carla. „Er ist eine satanische Gestalt in der Bibel, der angeblich als ‚Gott' angebetet werden wird und die Weltherrschaft übernimmt. Sie werden es kaum glauben können, Viktor, aber im Westen ist dieser Aberglaube so stark, daß die Menschen vor der Zahl 666 – das ist angeblich die Zahl des Antichristen – Angst haben. Selbst bedeutende Hollywood-Filme haben sich die Furcht zunutze gemacht, die diese Zahl erzeugt." Sie wandte sich an Frank. „Es ist mir schleierhaft, aus welchem Grund die Archonten ihre Neue Weltordnung mit einem Symbol verbinden wollen, das mit Sicherheit Angst und Opposition hervorrufen wird."

„Das haben sie nicht erklärt", sagte Frank, der selbst ein wenig verwirrt aussah. „Ich wüßte genauso gern wie Sie, warum sie etwas gewählt haben, was die meisten Leute für ein negatives Symbol halten."

„Es ist wirklich nicht nötig, etwas so Offensichtliches zu erklären", unterbrach Del Sasso ungeduldig. „Es ist ein genialer Schachzug, und obendrein noch ein mutiger. Der Mythos vom Antichristen hat der westlichen Welt seit Jahrhunderten keine Ruhe gelassen. Selbst Leute, die nicht in die Kirche gehen, bezahlten Eintritt, um einen Film zu sehen, der diesen Unsinn zeigt. Und anstatt ihn so zu sehen wie jeden anderen Horrorfilm auch, sitzen sie da und sind starr vor Angst, es könne wirklich passieren."

„Genau das habe ich ja gesagt", warf Frank ein. „Die Verwendung der 666 wird kaum Wohlwollen und Unterstützung erwecken!"

„Und Sie wollen Psychologe sein, Frank?" erwiderte Del Sasso. „Sie sollten sich schämen, daß Sie nicht erkannt haben, was die Archonten tun. Sie sind unglaubliche Psychologen. Sie werden die Welt zwingen, der quälenden Furcht vor dem Antichristen direkt ins Auge zu sehen und sie ein für allemal loszuwerden!"

„Aber bedenken Sie den Aufschrei der Christen überall!" protestierte Carla. „Wenn Sie die 666 nehmen, werden sie auf die biblischen Prophetien weisen und dies die Erfüllung nennen. Sie werden sagen können ‚Aha! Wir haben es euch ja gesagt — es ist eine Verschwörung des Antichristen!'"

„Sollen sie es doch sagen. Das ist doch genau die Taktik. Es ist genial." Del Sasso lehnte sich zurück und bekam einen Lachanfall nach dem anderen. „Es ist brillant", sagte er weiter und wischte sich die Tränen aus den Augen, als er sich wieder erholt hatte. „Wenn die fundamentalistischen Wachhunde herumschnüffeln könnten und eine antichristliche Verschwörung finden würden — nun, das könnte Anklang finden. Aber führende Politiker zu einem ‚666-Gipfeltreffen' einzuladen ist so offen, daß uns niemand anklagen kann, wir hätten eine geheime Tagesordnung. Verstehen Sie?"

Frank und Morris nickten zustimmend. „Es ist brillant", bestätigte Kay.

„Ich bin sicher, es hat einen noch viel weitreichenderen Sinn, als irgend einer von uns im Augenblick versteht", setzte Del Sasso hinzu. „Aber es gibt etwas, das noch tiefer geht und wichtiger ist, und es ist ziemlich offensichtlich. Sehen Sie, was ich meine?"

„Es muß mehr sein als nur ein cleverer Zug, um die Opposition zu entwaffnen", vermutete Carla. „Ich glaube, es ist gleichzeitig eine offizielle Erklärung — beinahe so etwas wie ein Glaubensbekenntnis, das sie von den politischen Führern verlangen, und das sie irgendwann auch von der gesamten Bevölkerung der Erde erwarten. Haben Sie das gemeint?"

„*Voilà!*" Del Sasso reichte zu Carla hinüber und tätschelte ihr spielerisch die Wange. „Ihr Bewußtsein wird immer klarer und weiter! Die Archonten, die Sie Tag und Nacht genau beobachten, müssen sehr erfreut sein."

„Ich komme nicht mehr mit", sagte Viktor.

„Es ist eigentlich sehr einfach", sagte Del Sasso. „Und wie Sie wissen, ist Einfachheit das Kennzeichen der Genialität. Indem sie sich mit der verbotenen Zahl, der 666, assoziieren, werden die führenden Politiker der Welt — die ganz offensichtlich nicht die Nachfolger eines mystischen Antichristen sind — diesen Aberglauben mit einem Schlag vernichten!"

„Das nennt man: jemandem den Boden unter den Füßen wegziehen!" sagte Leighton, dessen Begeisterung mit jeder neuen Erkenntnis stieg. „Jeder, der diese Neue Weltordnung beschuldigt, eine Tarnung für den Antichristen zu sein, wird ausgelacht werden."

„Genau! Es ist so, als würde der Häuptling eines primitiven Stammes ein Tabu verletzen", fuhr Del Sasso fort. „Entweder wird er getötet, oder er schafft das Verbot ab und befreit dadurch seine Nachfolger. Indem sich die Teilnehmer des Kongresses mit der 666 identifizieren, werden sie die Welt von einer abergläubischen Furcht befreien, die jahrhundertelang wirklichen Fortschritt gehemmt hat. Das wird das Märchen vom Antichristen ein für allemal beenden!"

„Entschuldige bitte, Antonio", setzte Carla begeistert nach, „aber dieser mutige Zug ist sogar noch genialer." Sie wandte sich an Viktor. „Es fällt Ihnen schwer, das zu verstehen, weil Sie in einer atheistischen Umgebung aufgewachsen sind, frei von den schädlichen Auswirkungen des christlichen Aberglaubens. Wenn Sie wüßten, wie fest die Idee von einem Antichristen den Westen im Griff hat, würden Sie erkennen, daß die Archonten diesen Gedanken zerstören *müssen*, um ihre Neue Ordnung einzuführen. Die Bibel sagt, daß die 666 einen Mann repräsentiert, der eine Neue Weltordnung einführen wird als Ausdruck der Rebellion gegen das höchste Wesen. ‚Schande, Schande!' werden die Christen gegen jene ausrufen, die diese Zahl annehmen. Aber ich sage ‚Bravo!' Es ist eine Rebellion, die einfach stattfinden *muß*, und die Zeit ist reif dafür. Sie wird die Welt für immer von der erniedrigenden Lüge befreien, die Menschheit käme allein nicht klar und müsse auf dem Boden kriechen, ihre Sünden und Fehler bekennen und von den Krumen der ‚Gnade' leben, die ‚Christus' ab und zu von seinem üppig gedeckten Tisch fallen läßt."

„Dann ist es also *doch* eine Rebellion des Antichristen", sagte Viktor, der endlich verstand.

„Natürlich ist es das!" Del Sassos Kinn war nach vorn gereckt, und in seinen Augen loderte das Feuer der Unabhängigkeit. „Wir werden in der Tat das einsetzen, was die Bibel die Herrschaft des Antichristen nennt. Aber sie wird nicht böse sein, wie die Bibel warnt, sondern ein

Zeugnis des Guten und Göttlichen, das im Menschen wohnt. Und sie wird von einem Mann geleitet werden, der diese Göttlichkeit in ihrer ganzen Größe und Fülle verkörpert!"

28. Poltergeist!

Nach einem frühen Abendessen in ihrem Zimmer hatte Carla in den verschiedenen Fernsehprogrammen herumgeflippert und versucht, etwas zu finden, was sie interessierte. Vor allem hatte sie gehofft, dabei irgendwie einzuschlafen. Das Einschlafen war zu einem allabendlichen Problem geworden. Schließlich stellte sie den Fernseher ab und lag im Dunkeln. Sie ging im Geiste die Ereignisse und Unterhaltungen der letzten Zeit durch, und die Gedanken, die ihr dabei kamen, bereiteten ihr Probleme.

Als sie spät an jenem Nachmittag wieder auf dem Forschungsgelände angekommen waren, hatte niemand mehr Lust, zu arbeiten. Das Treffen mit den Archonten hatte sie emotional zu sehr ausgelaugt, und ihre Ankündigungen waren zu aufregend gewesen. Frank hatte allen für diesen Abend frei gegeben. Aber obwohl Carla dringend Schlaf brauchte, konnte sie nicht einschlafen.

Es frustrierte sie, daß sie immer wieder an die Zahl 666 denken mußte. So sehr sie es auch versuchte, es ließ sich einfach nicht leugnen: Die Tatsache, daß die Archonten sich selbst und ihren Plan mit dem Symbol des Antichristen identifizierten, war beunruhigend. Alles, was Del Sasso gesagt und wozu sie ihre klugen Beiträge geleistet hatte, war einleuchtend gewesen. Es war logisch, ja sogar brillant. Der Meinung waren sie alle gewesen. Aber genau das beunruhigte sie ebenfalls. Es war beinahe zu genial. Und trotz dieser Brillanz fehlte den Argumenten etwas sehr Wesentliches: Es gab absolut nichts, was bewies, daß sie — und nicht etwa die entgegengesetzte christliche Sicht der Dinge — auch *wahr* waren. Es würde nicht leicht werden, das der Welt zu verkaufen, und genau das war *ihre* Aufgabe!

Der beunruhigendste Gedanke wirkte einfach kindisch: *Die Errichtung einer Neuen Weltordnung im Zusammenhang mit der Zahl 666 war ganz eindeutig eine Erfüllung der biblischen Prophetien in bezug auf den Antichristen!* Del Sassos Einsichten waren zwar sehr klug, aber dennoch waren sie nichts weiter als ein Versuch, die offensichtlichen Fakten abzuleugnen. Ganz gleich, wie man versuchte, es wegzuerklären — die Tatsache blieb bestehen, daß die Bibel vorhersagte, der künftige Antichrist würde sein Königreich aufrichten, indem er auf irgendeine Weise die Zahl 666 verwendete — und genau das schlugen die Archonten vor!

Carla hatte sich selbst seit Jahren eingeredet, daß sie der Bibel nicht glaubte. Dennoch fühlte sie sich äußerst unwohl dabei, daß sie bei Ereignissen mitwirkte, die so stark an die Voraussagen der Bibel erinnerten — Ereignissen, die ein antichristliches Königreich etablieren und damit den Zorn Gottes über diejenigen bringen würden, die dabei mitwirkten. Und es war äußerst niederschmetternd, daß Del Sasso trotz seiner gewundenen Erklärungen sogar zugab, daß der Plan eindeutig eine antichristliche Verschwörung war. Und der Mann, von dem er gesagt hatte, er würde das Ganze leiten — meinte er damit sich selbst? Wie sollte sie der Welt die Fakten mitteilen, ohne Mißtrauen, Widerstand und sogar Panik hervorzurufen? Die Tatsache, daß dies ihre persönliche Verantwortung als Journalistin war, hatte angefangen, sie zu verfolgen.

Am Nachmittag, als sie Del Sasso von ganzem Herzen zustimmen konnte, hatte sie noch gemeint, alles sei völlig klar und eindeutig. Aber jetzt war sie sich nicht mehr so sicher. Der Plan war etwas, an das sie unbedingt glauben wollte. Er bot Hoffnung für eine Welt, die am Rande des Desasters stand, und er war sehr sinnvoll. Aber war sie wirklich davon überzeugt, daß alles so funktionieren würde, wie die Archonten versprachen? So sehr sie auch versuchte, diese Frage mit einem eindeutigen „ja" zu beantworten — sie wurde doch von einem nagenden Zweifel geplagt. Del Sasso hatte gesagt, daß die Archonten sie Tag und Nacht beobachteten. Konnten sie auch ihre Gedanken lesen? Und wenn ja, waren sie dann unzufrieden mit ihr, oder hielten sie es für normal, wenn ein menschliches Wesen Zweifel hatte?

Die Archonten! Jedesmal, wenn sie die Augen schloß, sah sie wieder das UFO, das direkt auf sie zukam und dann auf unerklärliche Weise über ihren Kopf hinweg durch die Wand des Gebäudes flog. Frank hatte gesagt, es sei kein *materielles* Objekt gewesen, aber es hatte sehr materiell ausgesehen. Kein normales materielles Objekt konnte durch Wände fliegen — oder vielleicht doch? Relativität, Unbestimmtheitsrelation, Schwarze Löcher, Antimaterie — wer hatte noch den Überblick darüber, was möglich war, und wer war wirklich in der Lage, dogmatische Behauptungen darüber aufzustellen, daß etwas nicht möglich war? Aber wenn die Archonten selbst nicht materiell waren, dann mußte auch das, worin sie herumflogen — was auch immer es war —, nicht-materiell sein. Waren diese Raumschiffe wirklich nötig, um sie zu transportieren, oder dienten die UFOs irgendeinem anderen betrügerischen Zweck?

Carla hatte nie an UFOs geglaubt. Schon allein das Wort „unbekanntes Flugobjekt" hatte wie ein Ausweichmanöver geklungen. Jetzt hatte sie selbst eines aus der Nähe gesehen, und es war immer noch *unbekannt*. Und die Wesen, die aus dem UFO gekommen waren und mit Leighton, Del Sasso und Morris gesprochen hatten — warum sahen sie so ... *reptilienartig* aus? Gut, sie waren so hoch entwickelt, daß sie keine körperliche Existenz mehr hatten. Aber wenn sie für einige Zeit eine Gestalt annahmen, damit sie von Menschen gesehen werden konnten, warum wählten sie dann eine Form, die nicht nur abstoßend wirkte, sondern sogar *dämonisch* zu sein schien? Sie erschauderte bei dem Gedanken. War es das, wovor Ken sie gewarnt und weswegen sie ihn verspottet hatte? Hatte er vielleicht sogar die ganze Zeit recht gehabt? Nein, sie würde niemals zugeben können, daß ihr Vater nicht vom Christentum verdorben worden war, sondern in Wirklichkeit ein verdorbener Mann war, der die Wahrheit pervertiert hatte.

Carla war endlich eingeschlafen, als sie plötzlich wachgerüttelt wurde und erschrocken hochfuhr. Das Bett wackelte, aber dies war kein Erdbeben. Das ganze Gebäude war ruhig. Nur das Bett bewegte sich. Dann hörte es auf. Die Vorhänge waren offen, und in dem schwachen Licht, daß von der Straße durch die Fenster heraufkam, sah sie eine undeutliche Gestalt, die rasch um die Ecke ins Badezimmer glitt. Sie war starr vor Schreck. Auf ihren Lippen lag ein stummer Schrei.

Plötzlich begann das Bett wieder zu wackeln, hob sich auf der einen Seite und warf sie auf den Boden. *Licht! Mach das Licht an!* Sie stand unsicher auf und machte die Nachttischlampe an. Die Birne glühte, aber ihr Licht strahlte nicht aus der Lampe heraus. Es war, als ob die Finsternis im Raum das Licht aufsaugte. Sie tastete sich hinüber zu der Lampe, die auf dem einen Ende der langen, niedrigen Kombination von Kommode und Schreibtisch stand. Als sie sich danach ausstreckte, glitt die Lampe vor ihrer Hand davon, als sei sie lebendig.

Sie fühlte sich ungeheuer hilflos und verwundbar. Was konnte sie tun? Während sie sich diese erschreckende Frage stellte, bemerkte sie, daß ein seltsamer, leuchtender Schimmer aus der halbgeöffneten Badezimmertür drang, durch die jene mysteriöse Gestalt verschwunden war. Jetzt hörte sie ein kehliges Gemurmel im Bad und bekam eine Gänsehaut. Um in den Gang zu kommen, würde sie dort vorbeigehen müssen. Der Gedanke daran, aus dem Zimmer zu fliehen, steigerte ihre Angst zur Panik.

Aus dem Augenwinkel sah sie, wie dasselbe blinkende, lila und grüne Licht, das am Nachmittag von dem UFO ausgegangen war, auf die Wand gegenüber dem Fenster fiel. *Die Archonten!* Waren sie ärgerlich wegen ihrer Zweifel, wie sie befürchtet hatte, und inszenierten jetzt eine bedrohliche Darstellung ihrer Macht? Wollten sie sie nur erschrecken, oder hatten sie vor, sie zu strafen?

Sollte sie ans Fenster gehen und in die Nacht hinausschreien, daß sie an die Archonten glaubte, damit dieser Alptraum endete? Ja, sie glaubte an ihre Existenz und Macht – aber wer waren sie wirklich, und was für Absichten hatten sie? Die Fragen, die am wichtigsten waren, waren auch am schwersten zu beantworten. Carla wußte, daß sie völliges Vertrauen von ihr verlangten. Aber sie sah sich nicht in der Lage dazu.

Jetzt fühlte sie diese *Gegenwart* im Raum – bedrückend, häßlich, reptilienartig, furchterregend. Aber in der Lagerhalle war sie liebevoll geworden. Würde sie sich auch jetzt wieder auf diese Weise verändern? Wenn doch nur die FBI-Agenten noch im Nebenzimmer wären. Sie würde sie um Hilfe bitten! Warum sollte sie sich eigentlich nicht an den Archonten wenden, der offenbar mit ihr im Zimmer war?

Sie stand mitten im Zimmer und fühlte sich sehr töricht, als sie ins Dunkel hineinsprach. Aber eine übermächtige Angst trieb sie an. „Bitte, kann ich mit Ihnen sprechen? Wenn Sie wollen, daß ich glaube, dann erschrecken Sie mich nicht zu Tode. Bitte, lassen Sie mich allein. Ich bin auf Ihrer Seite. Ich will, daß der Plan funktioniert, aber ich habe einige Fragen. Bitte!"

Das lumineszierende Leuchten verschwand aus dem Bad, das gutturale Gemurmel hörte auf und das Licht der Lampe, die sie angeschaltet hatte, erhellte jetzt den Raum. Mit einem lauten Seufzer der Erleichterung sank Carla auf das Bett und begann zu weinen. Sie hatten sie gehört, und sie waren gegangen. Sie war dankbar. Aber auch nur der Gedanke daran, wieder ins Bett zu gehen, erschien ihr wie der blanke Wahnsinn. Selbst wenn sie gegangen waren, würde sie unter keinen Umständen in diesem Zimmer bleiben!

Sie nahm den Telefonhörer ab, um die Rezeption anzurufen und zu fragen, ob ein anderes Zimmer frei wäre, zumindest für den Rest der Nacht. Aber statt des Freizeichens drang aus dem Hörer jene kehlige Stimme an ihr Ohr, die zuvor in ihrem Bad gemurmelt hatte. „Niemand widersetzt sich den Neun ... niemand widersetzt sich den Neun ..." Es war wie eine kaputte Schallplatte – und absolut schrecklich.

Sofort ließ sie den Hörer fallen und stolperte hinüber zur Kommode, auf der ihr Koffer lag. Hektisch nahm sie einige ihrer Sachen aus einer Schublade und warf sie in den Koffer, wobei sie immer und immer wieder schluchzte: „Ich widersetze mich nicht ... ich widersetze mich nicht ..."

Als sie fertig angezogen war, wurde ihr auf einmal klar, daß die Erscheinungen aufgehört hatten. Das gab ihr neue Hoffnung und Mut. Vorsichtig ging sie ins Bad, streckte ihre Hand durch die halb geöffnete Tür und betätigte den Lichtschalter. Das Licht ging an. Alles schien wieder normal zu sein.

Carla trat mit einem Fuß ins Bad und griff nach ihrem Kulturbeutel, in dem sich ihre Zahnbürste, ein Kamm und andere Kosmetikartikel befanden. Als sie sich aufrichtete, um hinauszugehen, blickte sie in den Spiegel. Aber statt ihres eigenen Spiegelbildes sah sie einen der Archonten in Nahaufnahme, so, wie sie sie in der Pyramide aus Licht gesehen hatte. Er starrte sie ohne zu blinzeln aus undurchdringlichen, reptilienartigen Augen an.

Mit einem Aufschrei sprang sie zurück und warf die Badezimmertür hinter sich zu. Ein großes Bild an der Wand beim Bett fiel zu Boden und zersplitterte in kleine Stücke. Das Geräusch von zerbrechendem Glas rief eine schreckliche Erinnerung in ihr wach. Sie sah erneut Chernov vor sich, wie er mitten durchgeschnitten wurde und wie die blutige Glasplatte an der Wand zerbarst. Die furchtbare Vorstellung gab ihr den Rest.

Mit unkontrolliertem Schluchzen und vor Angst zugeschnürter Kehle schaffte es Carla irgendwie, die Tasche aus dem Bad in den Koffer zu tun und ihn zu schließen. Sie zitterte vor Angst, als sie an der Badezimmertür vorbeieilte. Den Koffer fest umklammert, floh sie in den Gang.

* * *

Den ganzen Tag lang hatte Ken eine Bürde für Carla auf dem Herzen gehabt, die nicht weichen wollte, und er wurde den überwältigenden Eindruck nicht los, daß sie sich in Gefahr befand. Er hatte sein Büro kurz nach dem Mittagessen verlassen, war nach Hause gekommen und hatte den Nachmittag und den Abend in seinem Zimmer in ernsthaftem Gebet verbracht. Er hatte zu Gott geschrien, daß er sie von dem verführerischen Einfluß Del Sassos befreien solle. Er wußte, daß für diejenigen, die an dem Plan mitarbeiteten, am Ende Böses und Vernichtung entstehen würde, und so bat er Gott, sie davor zu schützen und alles zu tun, was nötig war, damit Carla die Augen geöffnet wurden und sie die wahre Identität der Archonten erkannte. Gegen neun Uhr war die Last endlich gewichen, und er war zuversichtlich, daß seine Gebete erhört und beantwortet waren. Er war in sein Büro gegangen, um am Computer einige Arbeiten zu erledigen, die am nächsten Tag fertig sein mußten. Als er das erledigt hatte, las er noch in der Bibel und wollte dann zu Bett gehen, als es an der Tür klingelte.

Irgend jemand klingelte ununterbrochen, und Ken ging eilig zur Haustür, damit seine Mutter von dem Lärm nicht aufwachte. *Wer konnte so spät noch kommen?* Die gewalttätigen Ereignisse der letzten Zeit ließen ihn vorsichtig sein. Bevor er die Tür öffnete, rief er: „Wer ist da?"

„Ich bin's, Carla. *Bitte mach schnell!*"

Er öffnete die Tür, und da stand sie. Ihr Haar war durcheinander, ihre Augen vom Weinen geschwollen und die Angst stand ihr im Gesicht geschrieben. Sie umklammerte einen Koffer, aus dem verschiedene Kleidungsstücke heraushingen. Ken nahm die Tasche, legte einen Arm um Carla und zog sie rasch herein. Sie klammerte sich an ihn und schluchzte: „Etwas ist hinter mir her! Ich habe es fast nicht bis hierher geschafft. Das Auto hat gegen mich angekämpft, als wäre es lebendig!"

Einen kurzen Augenblick lang durchlebte Ken erneut sein eigenes Erlebnis mit einem Auto, das mit ihm einen Abhang hinuntergefahren war, und ihm schwindelte.

„Ich weiß, was du meinst. Es war richtig, daß du hierhergekommen bist", versicherte er ihr, während er sie ins Wohnzimmer führte. Sie sank auf das Sofa und kämpfte gegen die Tränen an. Er setzte sich neben sie. „Kannst du mir erzählen, was passiert ist?"

„In meinem Hotelzimmer ist die Hölle losgebrochen!" Die Worte sprudelten aus ihrem Mund, und die Tränen schossen ihr aus den Augen. „Das Bett hat gewackelt, Bilder sind von der Wand gefallen ... Stimmen .... eine grauenhafte *Gegenwart*. Es war entsetzlich! Ich – ich kann nicht darüber reden."

Ken legte sanft und schützend einen Arm um sie und drückte sie leicht an sich, was weitere unterdrückte Schluchzer freisetzte. „Du weißt, daß ich sonst nicht so bin." Sie richtete sich auf, glättete ihr Haar und wischte sich über die Augen. „Ich bin bald wieder in Ordnung. Du hast mir angeboten, daß ich hier wohnen kann – steht das Angebot noch?"

„So lange du möchtest!"

„Ken, das ist so lieb von dir. Es ist nur — bis ich meinen Verstand wieder beisammen habe. Ich komme mir so dumm vor — heule wie ein Baby."

„Carla! Was ist passiert?" Mrs. Inman war ins Wohnzimmer gekommen und eilte herbei.

„Dämonische Manifestationen in ihrem Hotelzimmer — schrecklich", sagte Ken leise. „Sie kann nicht darüber sprechen."

„Ach du Armes! Komm, ich zeige dir dein Zimmer", sagte Mrs. Inman und nahm Carla bei der Hand. „Ken, bring bitte den Koffer."

Sie gingen zusammen durch den Flur ans andere Ende des Hauses, wo Kens Mutter die Tür zu einem geräumigen Gästezimmer öffnete. „Das Bett ist gemacht", sagte sie und führte Carla hinein. „Durch diese Tür geht es zum Bad. Ich werde ein paar Handtücher holen. Die andere Tür führt zu einem Arbeitszimmer. Dieser Teil des Hauses gehört ganz dir."

Mrs. Inman ging eilig hinaus, um einige Handtücher und eine weitere Decke aus einem Wäscheschrank im Korridor zu holen und legte sie auf das Bett. Ken stellte den Koffer ab und stand unentschlossen im Zimmer. „Möchtest du noch in die Küche kommen und etwas essen oder trinken — und dich ein wenig entspannen?"

„Ich könnte dir etwas machen — was auch immer du möchtest", fügte seine Mutter hinzu und tätschelte Carlas Arm.

Ich muß unbedingt darüber reden, aber nicht mit ihm. Er wird mir bloß Vorträge über Dämonen halten . . . „Vielen Dank. Das ist sehr nett, aber es ist so spät, und ich bin völlig fertig. Ich brauche unbedingt etwas Schlaf. Morgen früh werde ich euch alles erzählen."

„Du kannst schlafen, so lange du möchtest", sagte Mrs. Inman. „Du bekommst dein Frühstück, wenn du aufstehst, egal, wie spät es ist." Sie trat zu Ken in den Flur. „Dann bis morgen früh, Carla."

„Gute Nacht. Und vielen Dank."

Carla brauchte nicht lange, bis sie im Nachthemd war. Sie ließ das Licht im Bad an und die Tür einen Spalt weit offen, damit ihr Zimmer nicht völlig dunkel war. Dann fiel sie völlig erschöpft ins Bett. Friede . . . Sicherheit — das Haus und seine Bewohner strahlten dieses Gefühl aus. Die Ereignisse der letzten Stunden verblaßten und wurden immer unwirklicher, während sie einschlief.

Sie wußte nicht, wie lange sie geschlafen hatte, aber irgend etwas weckte sie plötzlich auf. Mühsam öffnete sie die Augen. Durch die zugezogenen Gardinen kam das schwache Blinken von lila und grünen Lichtern, die sich anscheinend direkt vor der Schiebetür befanden.

Das UFO der Archonten war wieder da! Ein sechster Sinn ließ sie den Kopf zur Seite drehen — und da stand er! Sie konnte ihn deutlich in dem schwachen Licht sehen und schnappte vor Überraschung nach Luft. Die lange, schwarze Robe und die Kapuze waren unverkennbar.
„Antonio?" flüsterte sie. „Was machst du hier?"
Die Gestalt gab keine Antwort, sondern kam unheilverkündend auf sie zu. Es sah aus, als glitte sie über den Boden, ohne ihn zu berühren.
„Antonio!"
Jetzt stand er über ihr, bewegungslos und schweigend. Sie konnte sein Gesicht in der Kapuze nicht erkennen — nur die glühenden Augen waren zu sehen. Plötzlich beugte er sich über sie und streckte die Hände nach ihr aus. Sie schrie im selben Moment, als seine Hände ihre Kehle ergriffen und das Geräusch erstickten.

29. Die Frau und die Schlange

Ken knipste gerade das Licht in seinem Arbeitszimmer aus, als er den unterdrückten Schrei hörte. Er rannte durch das angrenzende Wohnzimmer und den Flur hinunter zu Carlas Zimmer. Er riß die Tür auf und stürzte hinein. Die Gestalt mit der Kapuze, die sich über das Bett lehnte, ließ Carla los und drehte sich schnell herum, um diesem neuen Gegner entgegenzutreten.

Die große Gestalt, die bodenlange Mönchsrobe und die bedächtigen, beinahe fließenden Bewegungen ließen keinen Zweifel an der Identität des Eindringlings. Einen kurzen Moment lang fragte sich Ken, wie Del Sasso hereingekommen war. Dann begriff er.

Die Mönchsgestalt war jetzt nur noch wenige Schritte entfernt und bewegte sich schnell auf Ken zu, die rechte Hand drohend auf ihn gerichtet. Im gleichen Moment fiel eine riesige Kobra von der Decke auf Kens Kopf und Schultern. Carla lag auf dem Bett. Sie würgte, hielt sich ihre noch schmerzende Kehle und sah starr vor Schreck zu.

„Gott, hilf mir!" schrie Ken. Instinktiv griff er nach dem dicken Leib, der sich um ihn wickelte, aber er griff ins Leere. In ihm stieg eine alte Erinnerung an eine ähnliche Attacke auf, der er hilflos ausgesetzt gewesen war. Aber jetzt wußte er, was er zu tun hatte.

Mit fester, gebieterischer Stimme befahl er der großen Schlange und der Mönchsgestalt: *„Im Namen Jesu Christi von Nazareth, geht – und kehrt nie mehr zurück!"* Sofort verschwanden sie aus dem Zimmer.

Ken eilte zu Carla hinüber. Sie weinte leise. Er legte einen Arm um ihre Schulter, aber sie zuckte ängstlich zurück. „Sie sind weg", sagte er leise. „Bist du in Ordnung?"

„Ich habe schreckliche Angst, Ken!" sagte sie mit schwacher, heiserer Stimme. Es fiel ihr schwer, zu sprechen. „Wo sind sie hingegangen?" Sie sah sich mit ängstlichen Augen im Zimmer um.

„Mach dir keine Gedanken darüber, *wohin* sie gegangen sind. Sie sind weg, und ich verspreche dir, daß sie nicht wiederkommen werden. Nicht hierher. Von jetzt an wirst du in diesem Hause sicher sein."

„Meine Kehle – ich kann kaum schlucken."

„Willst du etwas Warmes trinken? Was hättest du gerne? Ich laufe in die Küche und mache es dir. Es dauert nicht lange."

Sie klammerte sich an seinen Arm. „Laß mich bitte nicht allein!" Dann kämpfte sie sich aus dem Bett hoch und auf die Füße. „Ich werde mitkommen."

Er half ihr in den Morgenmantel und stützte sie, als sie den langen Korridor entlang am Wohnzimmer vorbei zur Küche auf der anderen Seite des Hauses gingen. Carla sank auf einen Stuhl, während er einen Wasserkessel aufsetzte und nach ein paar Teebeuteln kramte.

„Wie ist Antonio hier hereingekommen, und wohin ist er verschwunden?" fragte sie verwirrt.

Er setzte sich zu ihr an den Tisch und sah sie ernst an. „Ich weiß nicht, wie ich es dir sagen soll, Carla. Du weißt, daß wir einige Mißverständnisse hatten, und ich möchte nicht –"

„Bitte, Ken, sag es mir einfach. Ich werde zuhören." Sie erwiderte seinen Blick mit müden, hoffnungslosen und verzweifelten Augen.

„Es war nicht Del Sasso."

„Aber ich habe ihn gesehen!"

„Ich habe ihn auch gesehen, aber das ist nicht Del Sasso gewesen. Es war ein böser Geist ..."

„Ein *Geist?* Wie kannst du das sagen! Ich kann immer noch seine Hände an meiner Kehle fühlen. Sieh mal – da müssen Abdrücke zu sehen sein!"

Er beugte sich hinüber, um besser sehen zu können. „Da sind Abdrücke, aber sie stammen nicht von Del Sassos physischen Händen. Es war einer der Archonten, und du weißt, was ich dir von ihnen gesagt habe. Sie sind Dämonen!"

Carla zuckte zusammen. „Ich habe befürchtet, daß du das sagen würdest. Aber wie kann etwas, das keinen Körper hat, mich würgen und sichtbare Abdrücke an mir hinterlassen?"

„Als dein Bett gewackelt hat oder das Bild von der Wand fiel – hast du da irgend einen *Körper* gesehen, der das getan hat?" fragte er. Sie schüttelte verwirrt den Kopf. „Sind es *Körper,* die in einem echten Spukhaus Gegenstände umherwerfen – oder sind es *Geister?*" Ken fuhr fort: „Und sagt dir das irgend etwas über die Kunststücke, die Del Sasso zuwege bringt?"

Sie schlürften beide schweigend ihren Tee. Sie dachte immer noch über seine Frage nach. Schließlich sagte sie: „Psychische Kraft – wir haben immer gesagt, es sei ein ‚Sieg des Verstandes und des Willens über die Materie'."

„Wessen Verstand?" fragte er betont.

„Nun, ich nehme an, der Verstand des Mediums."

„Warum kann es nicht auch ein anderer Verstand sein – der Verstand eines Geistes, der das Medium täuscht und es glauben macht, es sei sein eigener Verstand, der diese großartigen Heldentaten fertigbringt?"

„Aber Geister sind keine Materie", protestierte Carla, „und es gibt in diesem Zusammenhang eine Menge materieller Phänomene."

„Da haben wir es wieder. Ist der *Verstand* eines Mediums Materie?" fragte Ken.

„Ich glaube, ich habe Verstand immer mit Gehirn gleichgesetzt."

„Hast du je gesehen, wie das Gehirn eines Mediums sich ausgestreckt und auf physische Weise Gegenstände bewegt hat? Ist es das, was du mit dem ‚Sieg des Verstandes und des Willens über die Materie' meinst?"

Carla lachte reuevoll. „Oh, das tut weh!" rief sie aus. Sie schluckte wieder schweigend ihren Tee und genoß es, wie seine heilende Wärme den Schmerz in ihrem Hals linderte.

„Du ziehst mir wirklich den Boden unter den Füßen weg, Ken", gab sie widerstrebend zu. „Warum habe ich nie auf diese Weise darüber nachgedacht?"

„Darf ich wagen, es *Stolz* zu nennen? Das war in meinem Fall das Problem, und das ist die ständige Sünde der ganzen Menschheit. Die Archonten wissen das. Deshalb benutzen sie als Köder die Idee, daß psychische Phänomene eine Kraft darstellen, die *wir* besitzen, eine Kraft *unseres Verstandes und unseres Willens*. Sie behaupten, in jedem von uns gäbe es ein unbegrenztes Potential, das man nur entwickeln müsse. Und dabei leiten sie die ganze Zeit ihre Kraft durch uns, um uns irrezuführen und uns schließlich unter ihre Kontrolle zu bringen."

Carla schüttelte verwirrt den Kopf. „Jetzt brauche ich noch eine Tasse Tee. Mach ihn diesmal bitte etwas stärker, ja?"

Ken brachte die Tasse an den Tisch und setzte sich wieder. „Dabei spielt auch ein Element der Furcht mit. Eine Bedrohung durch etwas Physisches löst nicht annähernd so viel Angst aus, wie eine Bedrohung durch etwas Nicht-Physisches."

Sie nickte ernst. „Das habe ich heute nacht herausgefunden!"

„Du weißt, wovon ich spreche. Wenn ich dir sagen würde, daß im Nebenzimmer ein Löwe ist, hättest du einen bestimmten Grad von Angst, und du würdest schnell überlegen, wie du dich verteidigen könntest, falls er durch die Tür käme. Aber wenn ich dir sagen würde, daß gleich ein *Gespenst* in dieses Zimmer käme und wenn du wirklich an solche Dinge glauben würdest, ginge die Angst, die du erleben würdest, weit über das hinaus, was irgendeine physische Bedrohung hervorrufen könnte. Stimmt's?"

„Glaube mir", sagte sie, „selbst, wenn man behauptet, daß man nicht an solche Dinge glaubt, hat man schreckliche Angst. Als ich im Hotel war, habe ich versucht, mir einzureden, daß ich es nicht glaubte. Aber als ich hier ankam, muß ich wie ein Wackelpudding ausgesehen haben."

„Carla, die gesamte Menschheit weiß instinktiv, daß böse Geister eine Realität sind. Aber aufgrund von Stolz und Angst tun wir so, als gäbe es sie nicht. Wir verstecken uns hinter den längst widerlegten Vorurteilen der ‚modernen Wissenschaft' und nehmen das als Rechtfertigung, um Satan und Gott, Dämonen und Engel einfach abzuschaffen."

Carla hatte ihren Tee ausgetrunken. Sie drehte die leere Tasse in ihren Händen herum und betrachtete sie eingehend.

„Aber das hat eigentlich nichts mit dem zu tun, was mir heute nacht passiert ist", sagte sie schließlich. „Du hast mich nicht davon überzeugt, daß das Ganze irgend etwas mit Dämonen zu tun hat. Ich glaube wirklich, daß es die Archonten waren, und ich glaube immer noch, daß sie hochentwickelte, *wohlwollende* Intelligenzen sind, die aus einem anderen Teil des Universums kommen. Ich sehe nicht ein, warum es nicht so sein sollte."

„Sie haben sich jedenfalls genau wie Dämonen verhalten!" sagte Ken scharf.

Carla stellte die Tasse ab und begann, leise zu weinen. Sie vergrub den Kopf in ihren Armen, die auf dem Tisch lagen, um die Schluchzer zu unterdrücken. „Sie versuchen, mich zu ängstigen, und ich verstehe nicht, warum sie das für nötig halten." Sie hob ihren Kopf und sah Ken durch einen Tränenschleier an. „Ich weiß, daß du das nicht verstehen wirst, aber ich möchte immer noch mit ihnen zusammenarbeiten. Ja, sie haben mich zu Tode erschreckt, aber ich glaube, daß ihr Plan sinnvoll ist ..."

Ken schüttelte ungläubig den Kopf. „Carla, wenn das, was du durchgemacht hast, dich noch nicht überzeugt hat, dann weiß ich nicht, was noch nötig ist ..." Er verschluckte den Rest des Satzes.

„Ken, deine Bibel sagt, daß *Gott* die Menschen züchtigt – manchmal sehr streng", erwiderte Carla. „Und du meinst, das sei in Ordnung."

Er nickte. „Ich weiß, was du damit sagen willst, und ich weiß, daß es so nicht stimmt. Gott ist unendlich gerecht und liebend, und seine Wege sind immer vollkommen. Man kann ihm vertrauen. Aber wenn du den Archonten vertraust, Carla, dann bist du erledigt!"

„Laß mich erzählen, was passiert ist", sagte Carla hartnäckig. „Ich habe mit dem Archonten, der in meinem Hotelzimmer war, gesprochen, Ken – wirklich, das habe ich getan. Und sie haben für einige Zeit aufgehört, mich zu erschrecken. Ich halte das, was sie in dem Hotelzimmer getan haben, für schrecklich. Aber angenommen, sie haben versucht, mich für meine Zweifel zu züchtigen, so wie es deiner Meinung nach Gott tut? Ich möchte nur einfach nicht, daß es noch einmal geschieht. Ich war außer mir vor Angst!"

„Und hier in deinem Schlafzimmer?"

„Ich glaube, das war etwas anderes. Nimm einmal an, es gäbe auch böse Archonten, und sie hätten das getan, um mich gegen die Guten und ihren Plan aufzubringen?"

„Und ich glaube, du bist zu müde, um noch vernünftig denken zu können", sagte Ken voller Enttäuschung. Er warf einen Blick auf die Küchenuhr und stand auf. „Es ist beinahe 3.00 Uhr früh. Ich bin fertig, und du solltest eigentlich noch erschöpfter sein. Laß uns schlafen gehen."

Carla schob ihren Stuhl zurück und stand zögernd auf. „Ich habe Angst, die Sicherheit dieser Küche zu verlassen und zurück ins Bett zu gehen."

„Ich verspreche dir etwas, Carla", versicherte er ihr erneut. „Sie kommen nicht wieder. Glaube mir."

„Du hast Macht über sie. Das habe ich gesehen. Deshalb fühle ich mich hier sicher."

„Es ist nicht meine Macht", warf Ken rasch ein. „Ich kann ihnen nur im Namen Jesu Christi Befehle erteilen. Das sollte dir sagen, wer sie sind!"

Sie sah ihn bittend an. „Kann ich dich noch etwas fragen? Ich wurde von irgendeinem *geistlichen* Wesen *physisch* gewürgt – und wäre vielleicht getötet worden, wenn du mich nicht gerettet hättest. Ich habe diese schreckliche, riesige Kobra mit meinen eigenen physischen Augen gesehen. Und da war auch Del Sasso. Und dennoch war er es nicht, und die Schlange war keine wirkliche Schlange. Das versuchst du mir doch zu sagen, nicht wahr?"

Ken nickte.

„Warum *ich* – und wozu das Ganze?"

Ken setzte zum Reden an, zögerte dann aber. Nach einem langen, nachdenklichen Schweigen sagte er schließlich: „Carla, es gibt keine schnellen Antworten auf diese Fragen, und wir sind beide zu erschöpft, um jetzt ein langes Gespräch darüber zu führen. Wir werden morgen darüber reden – oder wann immer du willst."

Gemeinsam begannen sie, langsam zum Gästezimmer zurückzugehen. Ken fuhr fort: „Ich werde jetzt nur so viel sagen: Was dir heute nacht passiert ist, ist nichts Neues. Es ist seit Anbeginn der Zeit auf unterschiedliche Weise passiert."

„Wirklich? Wann zum Beispiel? Und wie?"

„Nun, es hat alles mit einer Frau und einer Schlange in einem Garten angefangen. Du weißt, wann das war. Aber statt sie zu bedrohen, bot die Schlange der Frau unbegrenztes Wissen und Macht an, um sie zu verführen. Aber damit zerstörte sie die Frau und alle ihre Nachkommen — mit Hilfe einer genialen Täuschung."

„Oh Ken — du weißt, was ich von der Geschichte halte. Wenn ich nicht so müde wäre —"

„Du erstaunst mich, Carla. Ich hatte gemeint, daß das, was dir passiert ist, überzeugender gewesen wäre! Du hast die Schlange mit deinen eigenen Augen gesehen, und du weißt, daß die Bibel den Satan immer als ‚die alte Schlange' bezeichnet. Was brauchst du noch?"

„Willst du damit sagen, daß der *Satan* persönlich gewesen ist?" fragte Carla scharf.

„Es wäre gut möglich", sagte Ken ohne Zögern. „Aber ob er es nun war oder nicht — er war mit Sicherheit derjenige, der hinter all dem stand, was heute nacht geschehen ist."

„Del Sasso hat eine völlig andere Interpretation des Mythos vom Garten Eden", sagte Carla leise. „Es klang sehr logisch, als er es erklärt hat, und ich war mir damals in dem Augenblick so sicher. Aber jetzt bin ich verwirrt und weiß nicht, was ich glauben soll."

„Ich weiß genau, was Del Sasso und andere wie er lehren", erwiderte Ken gelassen. „Sie haben die ganze Sache auf den Kopf gestellt und die Schlange zum Retter gemacht. Und das Versprechen, so zu sein wie Gott, wird als die ‚Wahrheit', die uns freisetzt, propagiert, anstatt als die verführerische Lüge, die die Menschheit versklavt hat."

„Ich glaube immer noch, daß es sehr logisch ist", sagte Carla abwehrend.

„Bitte, Carla, denk doch einmal nach! Siehst du denn nicht, daß es dieselbe Lüge ist? Und die Leightons und Del Sassos und Khorevs — ja, und wir alle zusammen — sind noch genauso anfällig dafür, wie es Eva damals war."

Sie blieben an der Tür zu Carlas Zimmer stehen. „Du kannst sehr dankbar sein für das, was heute nacht passiert ist", sagte Ken voll Überzeugung.

Der Protest, der sofort in Carlas Augen aufflammte, forderte eine Erklärung.

„Du wirst eines Tages dankbar sein, Carla. Es wird dich zwingen, eine Entscheidung zu treffen. Die Archonten wissen, daß du Zweifel hast. Sie können dich also nicht durch Täuschung vernichten. Du glaubst nicht die ganze Lüge, also versuchen sie es als nächstes mit Angst und Gewalt. Du hast einen Blick hinter die Maske geworfen und ihren wahren Charakter gesehen. Gott hat es in seiner Gnade dazu kommen lassen. Sieh dir jetzt die Beweise an, und triff die richtige Entscheidung!"

Carla konnte nur noch mit verblüfftem Schweigen reagieren. Schließlich murmelte sie: „Gute Nacht."

„Gute Nacht — und Gott helfe dir!"

30. Den Glauben bewahren

Als Carla am späten Vormittag in die Küche kam, war Ken gerade am Telefon, und seine Mutter preßte frischen Orangensaft. Aus einem Topf, der auf dem Herd stand, kam das leise „plopp, plopp" von kochendem Haferbrei. Der angenehme Duft, das anheimelnde Geräusch und die spontane Umarmung, die sie zur Begrüßung von Mrs. Inman bekam, verliehen dem Morgen eine heilsame Normalität.

„Ich bin so froh, daß du hierher gekommen bist!" sagte die mütterliche Gestalt mit der mit kleinen blauen Zweigen bestickten Schürze. „Daß *so etwas* in *diesem Haus* passiert ist – ich konnte es gar nicht glauben! Ken hat mir ein bißchen erzählt. Ich hoffe, du konntest danach noch ein wenig schlafen."

„Ob du es glaubst oder nicht – ich bin sofort weggewesen und erst vor ein paar Minuten wieder aufgewacht. Aber ich fühle mich immer noch erschöpft." Sie lächelte, nahm Frau Inmans Hand und sagte dann: „Ihr beiden seid so freundlich. Ich schätze das alles mehr, als ich sagen kann."

„Fühl' dich ganz wie zu Hause." Sie wandte ihre Aufmerksamkeit wieder dem Orangensaft zu und redete über ihre Schulter hinweg weiter. „Ich würde mich für dieses spartanische Frühstück entschuldigen. Aber Ken hat mir gesagt, du ißt dasselbe Zeug wie er. Ich habe noch nicht einmal eine Scheibe Schinken im Haus. Er nennt das ‚Junk food'."

„Ich wette, ihr habt einfachen Joghurt da."

„Jede Menge. Und pfundweise Getreide-Körner, falls du welche magst."

„Natürlich", lachte Carla. „Du schaffst es, trotz Kens Diätwahn hier zu überleben?"

„Naja, ab und zu esse ich heimlich etwas *Ungesundes,* aber *so* verrückt ist er, glaube ich, nun doch nicht. Vielleicht ist er nur ein wenig weiser als wir anderen. Aber er hat mir gesagt, du wärest ganz genauso fanatisch."

„Beinahe."

Ken legte den Hörer auf. „So, du hast also sehr gut geschlafen – keine weiteren ‚Besucher'. Das ist großartig."

„Ich kann mich nicht einmal daran erinnern, daß ich geträumt hätte."

Während die drei zusammen am Küchentisch saßen und frühstückten, gab es die übliche Unterhaltung. Ken schien nicht über die Ereignisse der letzten Nacht sprechen zu wollen, es sei denn, Carla wäre bereit dazu. Als sie das Thema anschnitt, war er erstaunt über die Frage, die sie ihm stellte.

„Was denkst du über UFOs?" fragte sie.

„Sie sind real, aber mit Sicherheit nicht im physischen Sinne", erwiderte Ken ohne zu zögern. Er sah sie fragend an und wunderte sich, was das mit den grauenhaften Geschehnissen zu tun haben sollte, die sie hinter sich hatte.

„Warum fragst du das?"

„Es gibt viele Gründe. Ich glaube, du kennst sie genauso gut wie ich. Zum Beispiel hat man sie auf dem Radarschirm verfolgt und beobachtet, wie sie mit 11200 Stundenkilometern eine 90-Kurve flogen. Materielle Objekte können das einfach nicht schaffen, ohne sich in ihre Bestandteile aufzulösen. UFOs können bewegungslos auf der Stelle schweben, dann beschleunigen und ohne einen Überschallknall die Schallmauer durchbrechen. Auch das könnte ein materielles Objekt nicht tun. Und es gibt noch andere Gründe."

„Ich werde dir noch einen Grund nennen", warf Kens Mutter ein. „Man kann ihnen im Namen Jesu befehlen, sich hinwegzuheben, und sie verschwinden. Du hast mich nicht nach meiner Meinung gefragt, aber ich werde sie dir trotzdem sagen: Sie sind dämonische Manifestationen und ich würde zusehen, daß ich nichts mit ihnen zu tun habe!"

Carla blickte in gespieltem Erstaunen von der Mutter zum Sohn. „Ken hat dich also auch in die Herde gebracht! Du bist nicht mehr dieselbe Frau, die ich vor einigen Jahren im Sommer in Maine besucht habe."

„Ich hoffe, du magst diese lieber", sagte Mrs. Inman. „Mir jedenfalls gefällt sie viel besser."

„Da stimme ich dir zu." Carla betrachtete einen Moment lang nachdenklich ihren Haferbrei und fuhr dann zögernd fort: „Ich möchte es ja eigentlich nicht zugeben, aber es ist sogar so, daß ihr beide einen Frieden und eine Zufriedenheit habt und eine ruhige Zuversicht, die ich, nun ... offen gesagt, bewundere und um die ich euch beneide. Dieses Haus ist wie eine Oase."

Sie schwiegen lange Zeit. Carla trank einen Schluck Orangensaft, lehnte sich zurück und sah sich eingehend ihr Glas an. „Ich habe beinahe Angst, diese Fragen zu stellen. Ihr wißt ja nur zu gut, daß ich vor den Ereignissen der letzten Nacht eure Meinung nicht hätte hören wollen." Sie schwieg wieder.

„Warum denkst du über UFOs nach?" fragte Ken.

Carla zögerte und entschloß sich dann, einen Teil der Ereignisse zu berichten. „Ich habe schwören müssen, daß ich nichts sage. Aber nach allem, was *sie* mir letzte Nacht antun wollten, habe ich einige berechtigte Fragen."

„Wir werden es vertraulich behandeln", versprach Ken.

„Dafür wäre ich euch dankbar. Nun, was auch immer sie sein mögen — ich habe gestern nachmittag mein erstes UFO gesehen — aus nächster Nähe." Carla versuchte, nicht dramatisch zu klingen. „Und gestern nacht, als mich all dieses schreckliche Zeug überfallen hat, waren dieselben Lichter, die auf dem UFO waren, draußen vor dem Fenster — sowohl im Hotel als auch hier."

Mrs. Inman war schockiert. „Du hast wirklich ein *UFO* gesehen? Aus der Nähe? Ich habe Angst um dich, Carla! Ich will nicht einmal wissen, wie es ausgesehen hat!"

„Ich nehme an, es hatte etwas mit den Archonten zu tun", sagte Ken.

„Richtig. Die Archonten haben uns gesagt, wohin wir kommen sollten. Anscheinend haben sich Frank, Del Sasso und Kay schon einige Zeit auf diese Weise mit ihnen getroffen."

Ken war sehr ernst. „Carla, du kennst meine Meinung, also werde ich sie nicht wiederholen. Man spielt nicht mit diesen Sachen herum! Du könntest so tief hineingeraten, daß du nicht mehr zurück kannst. Wie hast du reagiert, als du dieses Ding gesehen hast?"

„Ich war erschüttert — und sehr verwirrt. Im einen Moment war es ein schreckliches Erlebnis, und im nächsten Augenblick schien es mich anzuziehen, als würde ich hypnotisiert, und von da an erschien es mir wunderbar und begehrenswert. Es ist wirklich merkwürdig: Es war *böse* und *abstoßend* und doch *gut* und *anziehend* zugleich. Es hatte etwas sehr Verlockendes an sich, das mich anzog."

„Genau das hatte ich befürchtet", sagte Ken. „Und was tat das UFO — ich meine, was war der Zweck des Ganzen?"

„Es war eine unglaubliche Begegnung mit den Archonten, aber ich sollte wirklich nichts weiter darüber sagen. Ich wollte einfach nur wissen, was ihr von UFOs haltet, und ihr habt so ziemlich das gesagt, was ich erwartet habe. Ich habe das alles mit eigenen Augen gesehen und kann es immer noch nicht glauben. Viktor hat es auch gesehen. Die Archonten und ihr Raumschiff mußten einfach *real* sein, aber ich bin mir nicht mehr sicher, was dieses Wort bedeutet."

„So wie Del Sasso und die Schlange letzte Nacht", erinnerte sie Ken. „Das war auch real, nicht wahr?"

„Und sogar noch beängstigender und verwirrender."

„Es sind alles Ereignisse derselben Art, Carla. Und ich glaube, du siehst selbst, daß deine Bereitschaft, bei dem einen mitzumachen – und dann Zweifel daran zu haben –, zu dem anderen geführt hat. Wenn du ihren Lügen nicht glaubst, haben sie nur noch die Möglichkeit, dich zu vernichten, bevor du an den Einen glaubst, der dich aus ihrer Gewalt befreien wird."

Sie zuckte bei dem indirekten Hinweis auf Christus zusammen und verfiel wieder in nachdenkliches Schweigen. Schließlich erinnerte sie ihn: „Wie ich schon gestern nacht sagte – ich glaube nicht, daß sie versucht haben, mich zu vernichten. Wenn sie das gewollt hätten, hätten sie es tun können. Aber sie haben ihre Manifestationen beendet, als ich sie bat, zu gehen. Nun, danach ist noch etwas geschehen, aber –"

„Hör mal, Carla!" sagte Ken ernst. „Es wird sehr viel für dich gebetet, und wenn dich die Archonten letzte Nacht im Hotel nicht vernichtet haben, würde ich das Gottes Gnade zuschreiben, und nicht ihrem Wohlwollen." Er beugte sich über den Tisch zu ihr hinüber. „Aber ich will dir auch keinen falschen Eindruck vermitteln. Alle Gebete der Welt werden dich nicht schützen, wenn du jene endgültige Entscheidung gegen Christus triffst – und nur Gott weiß, wann das passiert."

„Ich bin dir sehr dankbar für deine Gebete", sagte Carla leise.

„Selbst wenn du Gott und Satan beiseite läßt", fuhr Ken fort, „muß dir doch sicherlich schon der Gedanke gekommen sein, daß du als Journalistin über die nötigen Kenntnisse und Möglichkeiten verfügst, um eine Bedrohung für die Archonten zu werden. Und dabei ist es ganz gleich, ob du sie nun für Dämonen oder für hochentwickelte Außerirdische hältst."

„Genau das jagt mir Angst ein."

„Wenn sie dich nicht mehr für eine Bereicherung, sondern für einen Risikofaktor in ihrem Plan halten –" Er ließ das Ende des Satzes offen.

Nach einer langen Pause sagte sie: „Meinst du, sie können wirklich meine Gedanken lesen?"

Er zuckte mit den Schultern. „Ich bin mir nicht sicher, was Dämonen können und was nicht. Ihre Macht wird von Gott und von unserer Beziehung zu ihm eingeschränkt. Wenn du nach ihren Regeln mitspielst, wirst du die Konsequenzen tragen müssen. Ich verachte sie aufs Äußerste, und ich habe absolut keine Angst vor ihnen."

„Dafür respektiere und bewundere ich dich, Ken."

„Das ist sehr nett von dir, aber das bringt dich nicht weiter. Wie kann Gott dich an den Punkt bringen, wo du die Wahrheit zugeben wirst? Jesus Christus ist unsere einzige Möglichkeit, der Vernichtung zu entfliehen, in die Frank und Del Sasso dich hineinziehen. Wenn du ihm nicht dein Herz öffnest —"

„Versuchst du, mich dazu zu bringen, daß ich Jesus annehme, um mein Leben zu retten?" fragte sie anklagend.

„Das kann nicht das einzige Motiv sein, aber es ist in Ordnung. Letztendlich mußt du glauben, daß sein Weg der beste ist. Wenn die Archonten dich wirklich mehr lieben als Christus es tut, und wenn sie mehr für dich tun können, dann wärest du ein Dummkopf, wenn du ihnen nicht folgen würdest — und ich würde auch nicht versuchen, dich umzustimmen. Aber wenn Christus in diesen Punkten gewinnt, dann — nun, du weißt selbst, was die logische Konsequenz wäre."

Carla wurde wieder sehr schweigsam. Als sie schließlich sprach, zitterten ihre Lippen. „Du weißt, wozu diese Diskussion das letzte Mal zwischen uns geführt hat. Es ist das Beste, wenn wir dieses Thema meiden." Sie sahen sich einen Moment lang in gemeinsamem Schmerz in die Augen. Sie berührte kurz seine Hand. Dann zog sie ihre Hand wieder zurück und wandte sich rasch an Mrs. Inman. Kens Mutter öffnete gerade ihre Augen. Die Möglichkeit, daß sie gebetet haben könnte, war seltsam tröstend. „Das Frühstück hat sehr gut geschmeckt", sagte Carla, um das Thema zu wechseln. „Vielen Dank. Kann ich beim Abwasch helfen?"

„Oh, nun red' doch keinen Blödsinn. Ich habe den ganzen Tag lang Zeit, hier herumzuwursteln. Du hast viel wichtigere Dinge zu tun."

Carla schob ihren Stuhl zurück. „Naja, ich sollte wirklich zusehen, daß ich ins Labor komme. Frank wird sich schon wundern, was mit mir passiert ist."

„Er sollte sich auch noch über einige andere Dinge Gedanken machen", sagte Ken spitz.

Es klingelte, und Ken sprang auf. „Ich geh' schon. Wenn du noch ein paar Minuten Zeit hättest, Carla — es ist jemand, den du wirklich kennenlernen solltest."

Gleich darauf kehrte Ken mit einem hellblonden, großgewachsenen Mann mit militärischem Auftreten zurück. „Carla, ich möchte dir einen guten Freund vorstellen, Don Jordan. Er muß dir etwas äußerst Wichtiges mitteilen."

Ken zog einen Stuhl für Don heran, und die beiden setzten sich. „Ich glaube, ich werde nicht mehr gebraucht, oder?" sagte Mrs. Inman, stand auf und stellte die letzten Teller zusammen. „Außerdem habe ich noch einiges zu tun. Aber bevor ich gehe — kann ich dir noch irgend etwas bringen, Don?"

„Etwas Kaffee, falls welcher da ist."

„Reicht dir Schnellkaffee?"

„Ist schon recht. Ich trinke ihn schwarz."

Carla hatte fragend von Ken zu Don gesehen. „Aus irgendeinem Grund kommt mir Ihr Name bekannt vor."

„Ich bin beim FBI", begann Jordan. „Wir haben vor einigen Tagen miteinander telefoniert, falls Sie sich erinnern."

„Ja, ich erinnere mich. Sie waren der Vorgesetzte jener beiden Männer, die mein Zimmer bewacht und mich als Köder genommen haben, um diese Russen zu erwischen."

Don wirkte peinlich berührt. „Wir haben getan, was wir konnten."

„Oh, bitte verstehen Sie mich nicht falsch", unterbrach Carla ihn rasch. „Ich beklage mich nicht im geringsten. Ich war Ihnen für den Schutz sehr dankbar!"

Jordan lächelte. „Danke. Ken sagte, Sie müßten wieder zum Forschungszentrum hinausfahren. Ich werde es also kurz machen. Was ich Ihnen jetzt sagen werde, darf niemand sonst erfahren. Also auch nicht Leighton, Khorev, Morris, Del Sasso oder irgend jemand sonst. Sind Sie bereit, sich danach zu richten?"

Carla zögerte und sah zu Ken hinüber, aber der sah weg. Diese Entscheidung mußte sie selbst treffen. „Wenn Sie meinen, es sei etwas, was ich unbedingt wissen sollte, und wenn Sie es mir nur unter dieser Bedingung sagen — okay, ich bin einverstanden."

Jordan beugte sich vor. „Es gibt einen russischen Agenten im Forschungszentrum", erklärte er unverblümt. Carla holte tief Luft. Ken sah sehr ernst aus. „Ich sage Ihnen das teilweise wegen meiner Freundschaft zu Ken und seiner Sorge um Sie, die ich mit ihm teile. Aber ich möchte auch, daß Sie Ihre Augen und Ohren für uns offen halten und uns alles mitteilen, was Sie dort in Erfahrung bringen und was auch nur im Entferntesten mit diesem Fall zu tun haben könnte. Ich nehme nicht an, daß Sie dadurch auf irgendeine Weise in Gefahr geraten. Es wird wahrscheinlich sogar zu Ihrer Sicherheit beitragen."

Carla versuchte, diese Information zu verdauen und ihre Tragweite abzuschätzen. „Ich weiß nicht, wer es sein könnte", sagte sie nachdenklich. „Mit Sicherheit nicht Viktor oder Leighton. Vielleicht einer von den Sicherheitsleuten?"

Jordan trank einen Schluck von dem Kaffee, den Mrs. Inman vor ihm auf den Tisch gestellt hatte. „Was uns betrifft, so sind wir noch der

Meinung", sagte er, „daß jeder, der in jener Nacht dort war, unter Verdacht steht."

„Jetzt sollte ich wahrscheinlich fragen, warum ich nicht auch auf der Liste stehe", sagte Carla mit einem gezwungenen Lächeln. „Aber ich nehme an, ich sollte Ken dafür danken. Nun, das ist interessant! Mike Bradford — Sie wissen schon, der Leiter der Wachmannschaft — ist auch davon überzeugt, daß sie Hilfe von drinnen hatten. Aber Leighton will nichts davon hören. Uns wurde sogar gesagt, das FBI sei überzeugt, daß sie *keine* Hilfe von drinnen gehabt hätten." Carla sah ihn fragend an.

„Es ist in gewisser Weise ein Pokerspiel", sagte Jordan. „Wir konnten ihnen nicht sagen, was wir wirklich meinen, und wir haben dafür unsere Gründe. Was die Frage betrifft, ob jemand aus dem Forschungszentrum der Schlüssel für diese Operation war — ja, es gibt keinen Zweifel daran. Es würde zu lange dauern, Ihnen die zahlreichen Gründe für diese Annahme aufzuzählen. Einer der interessantesten Gründe ist auch Mike nicht bekannt: Die Person, die die beiden Wachen am Tor getötet hat, gab Oberst Chernov, dem Leiter des russischen Teams, die Mordwaffe. Er hatte sie bei sich, als er in Leightons Büro starb. Es war ein amerikanisches Fabrikat, kein russisches. Wir versuchen, das weiterzuverfolgen."

Carla war verblüfft. „Ich verstehe, was Sie meinen — es scheint wirklich keinen Zweifel zu geben! Aber warum soll Frank nicht die Wahrheit erfahren? Er gehört mit Sicherheit nicht zu den Verdächtigen!"

„Aus zwei Gründen: Erstens wollen wir dem russischen Agenten ein Gefühl der Sicherheit vermitteln. Zweitens möchten wir, daß alles ganz normal weiterläuft. Es würde Leighton sehr schwer fallen, die Einrichtung wie gewohnt zu leiten, wenn er das wüßte, was ich Ihnen gerade mitgeteilt habe."

Ein Gefühl hilfloser Ungläubigkeit ergriff Carla. „Ich dachte, ich wäre einer großartigen Story dicht auf den Fersen. Aber ich hatte keine Ahnung, daß es sich zu *so etwas* entwickeln würde! Die Sache gerät völlig aus den Fugen."

„Falls du weiter dabeibleibst — und ich wünschte, es wäre nicht so —", sagte Ken, „wird es sogar noch wilder werden, wenn die Archonten auf eine Entscheidung drängen."

„Jetzt mache ich keinen Rückzieher mehr", erklärte Carla bestimmt. „Und ich glaube auch nicht, daß Herr Jordan das gerne sähe. Es gab eine Zeit, wo mein Hauptmotiv der Pulitzer-Preis war. Aber jetzt steht noch viel mehr auf dem Spiel. Es ist schon komisch, Ken. Selbst wenn alle deine Behauptungen darüber, wer die Archonten sind und was sie vorhaben, stimmen, würde mir das nur noch mehr Grund dafür liefern, nicht auszusteigen!"

Ken sah sie erschreckt an. „Ich verstehe nicht ganz, Carla."

„Ich bin in diese Sache hineingeraten, weil ich zufällig zur richtigen Zeit am richtigen Ort war, um Viktor Khorevs Leben zu retten. Und jetzt werde ich ihn mit Sicherheit nicht im Stich lassen – ob es sich nun um Dämonen handelt oder nicht!"

„Ich weiß nicht genau, wovon sie gerade sprechen", sagte Jordan, der aufgestanden war und gehen wollte. „Ihnen ist hoffentlich klar, Fräulein Bertelli, daß jemand vom Personal dort draußen, jemand, mit dem Sie vielleicht jeden Tag zusammenarbeiten, ein eiskalter Mörder ist. Er hat, ohne mit der Wimper zu zucken, zwei Wachen erschossen, zweifellos das russische Team auf das Gelände gelassen und verfolgt wahrscheinlich immer noch dieselben Ziele. Fällt Ihnen irgend jemand ein, der verdächtig sein könnte?"

„Eigentlich nicht", sagte Carla. Sie zögerte. „Nun, vielleicht sollte ich Ihnen sagen, daß Viktor mir sagte, er hielte Kay Morris für eine Russin. Aber selbst wenn sie eine Russin wäre, müßte sie deswegen natürlich nicht auch diejenige sein, welche –"

„Wir haben sie bereits überprüft, so, wie jeden anderen auch, und sie ist mit Sicherheit keine Russin!" sagte Jordan. Er zog einen Notizblock aus der Innentasche seines Jacketts und machte sich eine Notiz. „Wir werden die Daten noch einmal checken."

„Nun, ich glaube, ich werde mitmachen, ganz gleich, was ich für Sie tun soll", sagte Carla.

„Großartig", sagte Jordan. „Wir verlassen uns darauf, daß Sie uns über alles informieren, was wir Ihrer Meinung nach wissen sollten. Nichts ist zu unbedeutend. Wenn Ihnen irgend etwas verdächtig oder ungewöhnlich vorkommt, rufen Sie mich sofort an." Er gab ihr seine Visitenkarte. „Benutzen Sie nicht die Telefone auf dem Gelände, wenn Sie mich anrufen. Sie wissen wahrscheinlich, daß sie alle abgehört werden."

„Ich nahm es an", sagte sie. „Und ich werde diese Karte nicht mit mir herumschleppen. Ich werde die Telefonnummer auswendig lernen."

Sie gingen gemeinsam zur Haustür. Jordan griff in seine Manteltasche, zog einen 38er Revolver mit kurzem Lauf heraus und hielt ihn Carla hin. „Wissen Sie, wie man mit so einer Waffe umgeht?"

Sie nahm ihn, öffnete das Magazin und drehte die Trommel. Sie war leer. „Ja, ich kann damit umgehen – und sogar treffen, worauf ich ziele, ob Sie das nun glauben oder nicht."

„Ken sagte mir, Sie könnten es, aber ich wollte es selbst sehen." Jordan öffnete seine Aktentasche und nahm eine Schachtel mit Munition heraus. „Ich würde ihn gleich laden und ihn ständig bei mir tragen. Ich habe mich um die Formalitäten gekümmert. Sie sind also berechtigt, eine verdeckte Waffe zu tragen. Zögern Sie nicht, sie einzusetzen, wenn Sie müssen."

Carla sah finster von der Waffe und der Munition in ihrer Hand zu Jordan und Ken und dann wieder zurück. „Da habe ich mir ja etwas Schönes eingebrockt!"

31. Wachsende Zweifel

Auf dem Weg zum Zentrum hielt Carla kurz vor dem Hotel. Sie betrat es durch einen Seiteneingang und ging rasch zum Restaurant. Dort schlenderte sie am Frühstücksbuffet entlang, nahm sich etwas Obst und Saft und eine Scheibe Toast. Sie aß eilig und ließ alles auf die Zimmerrechnung setzen. Es war ein sehr schwacher Versuch, vorzutäuschen, sie habe die Nacht im Hotel verbracht. Als nächstes ging sie zum Empfang.

„Hat es irgendwelche Anrufe oder Nachrichten für mich gegeben? Carla Bertelli, Zimmer 815."

„Oh, Mrs. Bertelli!" rief die junge Frau aus, die gerade Dienst hatte. „Alle Welt hat versucht, Sie zu erreichen. Aber in Ihrem Zimmer hat niemand abgenommen."

„Ich bin zwischendurch immer wieder weg gewesen und hatte kaum eine Minute Pause." Sie wollte schon gehen, als ihr einfiel, in welchem Zustand sich ihr Zimmer befand. „Oh, da fällt mir ein: gestern nacht ist ein Bild von der Wand gefallen und zerbrochen. Ich habe keine Ahnung, wie das passieren konnte."

„Es tut uns leid, wenn Sie irgendwelche Unannehmlichkeiten hatten, Mrs. Bertelli. Wir werden uns darum kümmern."

Es hatte beinahe zwei Dutzend Anrufe gegeben. Carla sah sie rasch durch, während sie aus der Vorhalle eilte. Jede größere Fernsehanstalt hatte mindestens einmal angerufen, einige sogar zweimal. In jedem Fall war es „dringend" gewesen. George versuchte, sie zu erreichen. Die Nachricht besagte, es handele sich um einen „Notfall". Reporter des *San Francisco Chronicle* und der *Los Angeles Times* versuchten ebenfalls, sie zu erreichen, genauso wie örtliche Radio- und Fernsehstationen. Ihr Artikel, der an jenem Morgen in der *Washington Post* erschienen war, hatte offensichtlich einiges an Aufregung verursacht! Sie würde sich mit Leighton absprechen müssen, wie sie auf die Anfragen nach einem Interview reagieren sollte.

Auf dem Weg hinaus zur Forschungseinrichtung versank ihre freudige Erregung, die durch die Reaktionen auf den Artikel ausgelöst worden war, in einer erneuten Woge der Sorge: Wie sollte sie Del Sasso nach den Ereignissen der letzten Nacht gegenübertreten? Wußte er, was geschehen war? Der Angriff auf sie war von einer Gestalt durchgeführt worden, die genau wie er aussah. Daher erschien es ihr unrealistisch anzunehmen, daß er nichts damit zu tun hatte. Und falls es ein Archont gewesen war — ob gut oder schlecht, sei dahingestellt —: warum hatte er bei dem Versuch, sie in Angst und Schrecken zu versetzen oder gar zu töten, *Del Sassos* Gestalt angenommen? Es mußte einen Grund geben — irgendeinen Zusammenhang. Aber natürlich war er das Bindeglied zwischen den Archonten und der Welt. Wen anders als Del Sasso hätten sie wählen sollen?

War es möglicherweise sein „psychisches Double" gewesen, das sie gewürgt hatte? Es war berichtet worden, daß Satya Sai Baba aus Ananthapur in Süd-Indien gleichzeitig an zwei verschiedenen Orten erschienen war. Sie hatte solche Vorstellungen immer als religiösen Aberglauben abgelehnt. Jetzt wußte sie nicht mehr, was sie glauben sollte. Sai Baba wußte angeblich, wann und wo seine „Doppelgänger" erschienen und was sie in jedem Fall taten und warum. Würde Del Sasso wissen, was ihr passiert war und auch, daß er etwas mit diesem schrecklichen Ereignis zu tun hatte? War das das Ende ihrer Freundschaft und wäre damit auch ihre Mitarbeit an dem Plan beendet? Das durfte sie nicht zulassen!

Carla kam so eben noch rechtzeitig zu dem regulären 11.00 Uhr-Treffen der engsten Mitarbeiter an. Antonio ging gerade den Gang hinunter auf Franks Büro zu, als Carla ihm aus der anderen Richtung entgegenkam. Sie trafen sich an der Tür. *Ganz ruhig, Carla! Tu so, als sei nichts passiert.* Sie gab sich die größte Mühe, aber trotzdem schien das Medium zu spüren, daß irgend etwas anders war als sonst — oder wußte er wirklich alles und tat nur so, als bemerke er jetzt etwas Ungewöhnliches?

„Was ist mit Ihnen los, meine Liebe? Haben Sie einen Geist gesehen?" fragte er und legte tröstend seinen Arm um sie.

„Sie haben ein bemerkenswertes Wahrnehmungsvermögen!" erwiderte Carla lässig, als ginge sie auf ein kleines Spielchen ein. „Ich habe tatsächlich gerade einen in der Vorhalle gesehen, der mich heimtückisch angesehen hat. Aber ich habe ihm einen Karateschlag versetzt, und er ist verschwunden." Sie ging an ihm vorbei ins Büro und setzte sich neben Viktor auf das Sofa, der ihr lächelnd zunickte, während Antonio seinen Monolog fortsetzte.

„Solche Erscheinungen können vorkommen", fuhr er hartnäckig fort, wobei er ihr auf den Fersen folgte. „Negative Gedanken ziehen psychische Energie an, die vielleicht auf Grund eines traumatischen Erlebnisses noch in der Atmosphäre hängt, und sie können ihr sogar scheinbar eine feste Gestalt verleihen." Er ließ sich auf den Boden nieder und nahm eine Yoga-Position ein.

Warum ging er auf diesen Gedanken von *psychischen Erscheinungen* ein? Nun gut, falls er irgendeine emotionelle Reaktion von ihr erwartete, verschwendete er seine Zeit. Sie würde auf keinen Fall irgend jemandem von ihrem grausigen Erlebnis erzählen — nicht einmal Viktor. Hatten die Archonten Del Sasso gesagt, daß sie ihr gegenüber einige Zweifel hegten? Wenn sie ärgerlich genug waren, um sie anzugreifen, würden sie sie dann nicht bei der nächsten Übertragung verraten? Aber sie hatten nicht gesagt, wer vom Personal der Verräter sei. Warum nicht? Offensichtlich waren sie nicht allwissend, also konnten sie ihre Gedanken vielleicht ja doch nicht lesen. Es war alles sehr verwirrend.

Carla tat so, als sei sie nicht weiter an dem Thema interessiert, wegen dem sie und Del Sasso sich gerieben hatten, und wandte sich an Viktor, um sich mit ihm zu unterhalten. Aber genau in dem Augenblick platzte Leighton aufgeregt ins Büro, und Kay Morris folgte ihm auf den Fersen. Er eilte zu seinem Schreibtisch, nahm die Fernbedienung, ging rasch zum Sofa hinüber, um sich neben Viktor und Carla zu setzen, und winkte den anderen, sich so zu setzen, daß sie den riesigen Bildschirm sehen konnten.

„Um 11.00 Uhr bringen alle Sender eine Sonder-Nachrichtensendung", sagte er atemlos. „Wir werden sie gerade noch erwischen."

Als der Bildschirm aufleuchtete, lief die Nachrichtensendung bereits: „... ein kurzer Artikel in der letzten Ausgabe des *Time* Magazins. Seit der Iran-Contra-Affäre hat es nichts gegeben, was das Interesse beider Parteien in solchem Maße erregt hat. Mitglieder beider Häuser befürchten, das es sich möglicherweise um ein weiteres nichtautorisiertes geheimes CIA-Projekt handelt und fordern lautstark eine Untersuchung, falls das Weiße Haus nicht eine rückhaltlose Aufklärung vornimmt. Bisher hat der Präsident weiter strikt betont, daß die Informationen streng geheim seien und daß niemand etwas Verbotenes getan habe. Was die Behauptungen der *Time* über einen Durchbruch bei den geheimen parapsychologischen Forschungen des CIA betrifft, so gab der Direktor des Nachrichtendienstes, der zusammen mit dem Präsidenten bei der Pressekonferenz am Vormittag erschienen war, zu, daß es einige größere Entwicklungen gegeben habe, lehnte es jedoch ab, Näheres darüber mitzuteilen.

Der Kongreß ist nicht im geringsten auf diese Situation vorbereitet. Es gibt kein Komitee, das psychische Entwicklungen überwacht, da sich die meisten Abgeordneten beider Häuser bisher geweigert haben, solche Phänomene ernstzunehmen. Es gibt keine Kontrollen oder

Richtlinien, denn bisher wurden die überschwenglichen Berichte ihrer Befürworter, was mit Hilfe psychischer Kraft alles erreicht werden könnte, von den Kritikern jedesmal mit der Begründung abgelehnt, es handele sich bestenfalls um Phantasievorstellungen und schlimmstenfalls um glatten Betrug.

Sollte der CIA tatsächlich nicht nur Fähigkeiten in ‚psychischer Kampfführung' entwickelt haben, sondern diese Waffen, wie der Artikel in der *Time* weiter behauptet, gegen die Russen eingesetzt haben, die eine Sonderkampftruppe geschickt hatten, um die geheime Forschungseinrichtung des CIA für Parapsychologie zu zerstören, dann wäre es durchaus möglich, daß jemand auf höchster Regierungsebene in Aktivitäten verwickelt ist, die nicht vom Kongreß genehmigt worden sind. Bisher lautet die einzige Stellungnahme des Kreml dazu: ‚kein Kommentar'.

Und in diese hochexplosive Atmosphäre hinein kommt ein Artikel in der heutigen *Washington Post* von Carla Bertelli, die im allgemeinen als die zuverlässigste Journalistin im Bereich der Parapsychologie angesehen wird. Es wird vermutet, daß sie vielleicht die ‚vertrauliche Quelle' ist, auf die sich die *Time* bezieht. Mrs. Bertelli geht sogar noch weiter als die *Time* mit ihrer erstaunlichen Behauptung, der CIA habe Kontakt mit ‚höheren Intelligenzen' aufgenommen. Sie behauptet, daß diese Außerirdischen für den psychischen Durchbruch verantwortlich seien — und daß es ihr eigentliches Ziel sei, diese Kraft mit der ganzen Welt zu teilen. Unser Sender war bisher nicht in der Lage, Mrs. Bertelli für ein persönliches Interview zu erreichen. Wir werden Sie regelmäßig über den neuesten Stand dieser sich rasch entwickelnden Ereignisse informieren. Verfolgen Sie also weiterhin unser Programm."

An dieser Stelle schaltete Frank den Fernseher aus und sprang auf. „Na, wie findet ihr das?" rief er aus. „Es scheint sich alles genau so zu entwickeln, wie die Archonten es vorausgesagt haben!" Er ging zu seinem Schreibtisch hinüber und setzte sich auf die Kante, von wo aus er seine Mitarbeiter ansehen konnte. „Das sollte uns alle sehr ermutigen. Aber es liegt noch ein weiter Weg vor uns, und es wird nicht leicht werden. Wir haben jetzt viele Führungskräfte aus der Regierung auf unserer Seite, und das ist nötig, um den Weltkongreß einberufen zu können. Aber in der zweiten Phase geht es um die Bevölkerung. Wir müssen erreichen, daß sie voll hinter uns steht. Die Archonten haben bereits führende Persönlichkeiten aus dem Bereich der Unterhaltung, des Geschäftslebens, der Erziehung und aus ethnischen und anderen

Minderheiten ausgesucht, die Schlüsselpositionen innehaben. Selbsthypnose und Kassetten, die das Unterbewußtsein ansprechen und Seminare über Erfolgsmotivation werden eine große Rolle spielen, wenn wir erst einmal an diesem Punkt angekommen sind."

Er wandte sich an Carla. „Wie die Sendung, die wir gerade gesehen haben, beweist, spielen Ihre Artikel und die Informationen, die Sie an die Medien durchsickern lassen, dabei eine äußerst wichtige Rolle. Wie kommen Sie voran?"

Carla war sich bewußt, daß Antonio sie während der Fernsehsendung genau beobachtet hatte, und sie fühlte sich nicht gerade wohl dabei. Sie war dankbar, daß Leighton ihn — und auch die anderen — daran erinnert hatte, was für eine wichtige Rolle sie spielte.

„Bei mir im Hotel hat fast ununterbrochen das Telefon geklingelt", verkündete sie. „Ich wußte nicht, was ich sagen sollte. Deshalb habe ich nicht abgehoben und so getan, als sei ich nicht da." Sie zog das Bündel von telefonischen Nachrichten aus ihrer Handtasche und wedelte damit in Franks Richtung. „Die haben sich alle heute morgen angesammelt, nachdem der Artikel in der *Post* veröffentlicht worden ist. Jeder Fernsehsender ist hinter mir her und alle anderen Medien ebenfalls. Was soll ich diesen Leuten sagen?"

„Das Ganze muß ab jetzt mit Diskretion behandelt werden", warnte Leighton. „Ich habe den ganzen Vormittag lang immer wieder mit dem Direktor des Zentralen Nachrichtendienstes telefoniert. Er ist völlig aus dem Häuschen, und deshalb werden Antonio und ich nächste Woche nach Washington fliegen. Er wird für uns einige Treffen mit wichtigen Senatoren und Abgeordneten vorbereiten."

„Aber was ist mit diesen Anrufen?" unterbrach Carla ihn. „Soll ich nun Interviews geben — und wenn ja, was soll ich sagen?"

„Ich wollte noch darauf zu sprechen kommen. Darüber haben der Direktor des Zentralen Nachrichtendienstes und ich den ganzen Morgen diskutiert. Sie sollten keine weiteren Einzelheiten mitteilen. Das dürfen Sie nur in Ihren Artikeln oder in den Informationen tun, die Sie gezielt und auf Anweisung der Archonten hin an Ihren Freund bei der *Time* durchsickern lassen. In der Zwischenzeit sagen Sie einfach, daß Sie noch nicht ermächtigt sind, weitere Informationen bekanntzugeben. Und hämmern Sie weiter auf den drei Hauptpunkten herum. Formulieren Sie sie immer wieder neu, damit sie etwas anders klingen, aber bleiben Sie bei diesen drei Punkten: 1. Erklären Sie, daß etwas *absolut Neues* auf der Erde geschieht, das für die gesamte Menschheit von Nutzen sein wird. 2. Betonen Sie, daß keine politische Partei oder

Nation für diesen Prozeß verantwortlich sein wird oder ihn zu ihrem eigenen Nutzen kontrollieren kann. 3. Betonen Sie, daß alles unter der Kontrolle höherer Intelligenzen geschieht, die seit Tausenden von Jahren unsere Entwicklung überwacht haben und jetzt eingreifen, um das Leben auf der Erde zu erhalten und ein Neues Zeitalter des Friedens und des Wohlstands einzuleiten."

„Aber bin ich im Augenblick ermächtigt, im Fernsehen und Radio aufzutreten und den Reportern Interviews zu geben?" fragte Carla hartnäckig.

„Auf gar keinen Fall. Das wäre im Moment noch verfrüht. Sie werden sie hinhalten müssen. Teilen Sie ihnen mit, daß der Direktor und das Medium dieser geheimen Forschungseinrichtung nächste Woche in Washington an die Öffentlichkeit treten werden und lassen Sie ein paar Andeutungen über weitere Entwicklungen fallen. Aber mehr nicht."

„Ich arbeite gerade an meinem nächsten Artikel für die *Post*. Er soll nächste Woche erscheinen."

„Ja, natürlich. Machen Sie damit weiter."

„Und ich brauche wirklich eine eigene Sekretärin. Viktor und ich haben uns bisher eine Sekretärin geteilt."

„Ich werde mich sofort darum kümmern. Morgen früh werden Sie eine haben."

„Ich habe mich noch nicht mit Carla getroffen, um ihr zu sagen, was ich von ihrem Beitrag halte", warf Del Sasso ein.

Als Antwort auf Carlas fragenden Blick winkte Frank Antonio zu und sagte: „Richtig. Am besten geben Sie uns allen jetzt gleich einen kurzen Überblick."

Del Sasso stand auf und stellte sich so hin, daß er jedes Gesicht beobachten konnte. „Wir alle wissen", erinnerte er sie, „daß der Plan aufgrund von Skepsis oder Angst fehlschlagen könnte. Entweder niemand glaubt daran, oder sie glauben es, haben aber Angst, den Archonten zu vertrauen. Viele Leute setzen Außerirdische mit Raumschiffen gleich, die auf der Erde landen, um uns alle zu Sklaven zu machen. Psychologen, Psychiater, Soziologen und viele Akademiker und gebildete Leute stehen der Möglichkeit eines Kontaktes mit Außerirdischen sehr skeptisch gegenüber. Wir müssen ihnen also etwas geben, woran sie glauben können. Wir lassen sie glauben, daß wir die Archonten nur als hochentwickelte Außerirdische präsentieren, um der Phantasie des gemeinen Volkes etwas zu bieten. Aber in Wirklichkeit seien die Archonten Jung'sche Archetypen, die aus dem kollektiven Unbewußten zu uns kämen. Auf diese Weise stellen wir jeden zufrieden."

„Wollen Sie damit sagen", unterbrach ihn Carla, „daß die *Wahrheit* keine Rolle spielt?"

„*Wahrheit?*" erwiderte Del Sasso ein wenig verächtlich. „Was heißt das?"

„Es ist nicht leicht zu definieren, aber ich glaube, wir alle wissen, was es heißt."

„Vielleicht auf der elementaren Ebene der mathematischen und physikalischen Wissenschaften", räumte Del Sasso ein. „Aber das Geheimnis menschlichen Glücks und menschlicher Erfüllung liegt nicht im Bereich der Wissenschaften, sondern im Bereich des Bewußtseins, und dort kommt es darauf an, was wir *glauben*. Wir wollen einfach, daß sie an die Archonten glauben und ihnen vertrauen. Dabei spielt es keine große Rolle, für was man sie hält."

Carla sah ein wenig verwirrt aus. „Ich komme heute am späten Nachmittag bei Ihnen im Büro vorbei", sagte Del Sasso zu ihr, „und werde das noch einmal im Detail mit Ihnen durchsprechen. Das Wichtigste ist, daß alles, was Sie sagen oder schreiben, positiv klingen muß. Daran müssen Sie denken. Alle Probleme, die es heute auf der Welt gibt, sind dadurch verursacht worden, daß die Rasse von Göttern, die auf diesem Planeten lebt, in einer Spirale ihres eigenen negativen Denkens gefangen wurde, die sie nach unten gezogen und ihr Selbstwertgefühl vermindert hat. Man muß der Menschheit beibringen, durch die Kraft des positiven Denkens eine neue Realität zu erschaffen."

※ ※ ※

Als Carla wieder in ihrem Büro saß, stellte sie fest, daß sie mehr brauchte als nur einen positiven Ansatz. Als sie die vielen Rückrufe erledigte, konfrontierten die Vertreter der verschiedenen Medien sie mit einem Problem, an das sie überhaupt noch nicht gedacht hatte und worauf sie ihnen keine sehr gute Antwort geben konnte. Der Kernpunkt ihrer Befürchtungen waren die praktischen Überlegungen, wem gegenüber sich eine solche Regierung moralisch verantworten müsse. Ihr Gespräch mit George Conklin war typisch.

„Ich kriege eine Menge Druck von oben", sagte George, als Carla ihn endlich erreichte. „Sie meinen, diese ganze Sache klingt so, als ob eine Elitegruppe von Insidern, die niemandem gegenüber verantwortlich ist als sich selbst, eine Regierung innerhalb der Regierung bildet und ihre eigenen Regeln aufstellt."

„George, dies ist nicht der Coup einer Elitetruppe", erwiderte sie rasch. Dieses Argument wollte sie sofort ausräumen. „Es ist keine von diesen Aktionen, die ich in der Vergangenheit so oft beim CIA beobachtet habe — eine Gruppe von Fanatikern, die nur sich selbst Rede und Antwort stehen müssen. Der Plan für eine Neue Weltordnung ist von höheren Intelligenzen erdacht worden und wird auch von ihnen geleitet, und sie haben keine Günstlinge. Sie haben das Wohl des ganzen Planeten und der gesamten Menschheit im Auge."

„Carla, ich weiß nicht, ob ich je in meinem Leben auch nur eine Zeile über deine ‚höheren Intelligenzen' drucken werde. Niemand hier glaubt dieses Zeug, und du solltest die Briefe sehen, die wir erhalten. Wir werden von den Skeptikern in der Luft zerfetzt."

„Es kann nicht sein, daß alle Briefe negativ sind."

„Das habe ich auch nicht gesagt."

„Wie ist die Verteilung in Prozenten?"

Es gab ein verlegenes Schweigen am anderen Ende. „Ich kenne die Zahl nicht."

„Komm, George, du mußt doch zumindest eine gewisse Vorstellung davon haben."

„Schon gut, also, die überwiegende Mehrheit ist positiv. Aber die Skeptiker repräsentieren die gebildeteren und intelligenteren Leser."

„Oh, sicher, sicher. Hast du von jedem deiner Leser den Intelligenzquotienten vorliegen? Oder wird der Grad der ‚Intelligenz' daran gemessen, ob sie mit deiner Skepsis übereinstimmen oder nicht? Ihr elitären Schreiberlinge bei der *Time* solltet euch schämen! Glaubt ihr denn wirklich, die Menschen seien die einzigen intelligenten Wesen im gesamten Universum, oder die am höchsten entwickelten?"

„Natürlich nicht. Aber bisher hat es keinen Kontakt gegeben, und bis das geschieht ..."

„Aber das ist es doch, was ich dir die ganze Zeit sage, George. Es *hat* Kontakt gegeben!"

„Dann beweise es. Zeig uns diese kleinen grünen Männchen im Oval Office. Dahin würden sie doch schließlich gehen, oder?"

„Du wirst sie sehen, wenn der richtige Zeitpunkt gekommen ist, und nicht nur du, sondern die ganze Welt. Und sie sind nicht grün, George."

„Willst du mir erzählen, du hättest sie gesehen?"

„Ja, genau das. Aber das darf noch nicht veröffentlicht werden."
„Was tun sie euch da draußen in Palo Alto eigentlich ins Wasser?"
„Das ist nicht nett. Ich habe keine Halluzinationen gehabt, und ich lüge dich auch nicht an."
„Na, dann führe sie uns vor, und wir werden alle überzeugt sein."
„George, man kann Wesen, die auf der Skala der Evolution so viel weiter sind wie wir im Vergleich zu den Würmern, nicht ‚vorführen'. Sie haben das Sagen, und sie werden sich zeigen, wenn der richtige Zeitpunkt dafür gekommen ist."
„Das ist ein Vorwand. Es tut mir leid, Carla, aber der nette kleine Satz: ‚wenn der *richtige* Zeitpunkt dafür gekommen ist' wird die Sache nicht rausreißen. Du hast uns ein paar Brocken vorgeworfen. Wenn du nicht ziemlich bald die ganze Mahlzeit folgen läßt, wirst du die Glaubwürdigkeit und den guten Ruf, den du dir über Jahre aufgebaut hast, verlieren — und das möchte ich nicht erleben."
„Hör mal, George, du hast mir doch gesagt, falls es einen Kontakt geben sollte, dürfe man die Nachricht nicht zu plötzlich verbreiten, weil das zu einer weltweiten Panik führen könnte — Angst vor einem Angriff vom Mars, oder, was noch schlimmer wäre, vor einer grauenerregenden Invasion. Weißt du noch?"
„Das war vor fast einer Woche, aber seitdem haben wir nichts gesehen, wovor man Angst haben oder worüber man sich großartig freuen müßte. Also, was passiert jetzt?"
„Ich darf dir nur soviel sagen: Nächste Woche werden das Medium, das diese unglaublichen Kräfte besitzt, und der Direktor der geheimen Forschungseinrichtung nach Washington kommen, um sich mit wichtigen Führungspersönlichkeiten im Capitol zu treffen und ihnen aus erster Hand zu zeigen, was sie können. Danach wird es in Washington keine Skeptiker mehr geben. Wenn du es selbst sehen willst, mußt du den Direktor des CIA um eine Presseeinladung bitten."
Einen Moment lang blieb es am anderen Ende still. Als George antwortete, erschreckte er Carla mit einer weiteren Möglichkeit, an die sie noch nie gedacht hatte. „Ja, ich glaube, das werde ich tun. Aber wie ich dir schon sagte, es klingt für mich wie eine Elitegruppe innerhalb des CIA, die ihre eigenen Regeln aufstellt."
„Und ich habe dir erklärt, George, daß die Archonten das Sagen haben, und nicht der CIA!" unterbrach Carla.
„Ich habe dich schon verstanden", sagte George. „Und genau das beunruhigt mich. Es ist die perfekte Art und Weise, um Kontrolle über die ganze Welt zu bekommen. Wenn diese Gruppe irgendwie jeden

davon überzeugen könnte, daß sie nur die Anweisungen außerirdischer Intelligenzen ausführen, die unbegrenzte Macht haben und eine Neue Weltordnung aufrichten wollen ... Verstehst du, was ich meine?"

* * *

Ken hatte einen großen Teil des Abends damit verbracht, den Brief, den Paulus an die Epheser geschrieben hatte, unter Gebet zu studieren — besonders Kapitel 6, in dem es um geistlichen Kampf ging. Als Carla sehr spät am Abend wiederkam, war er noch auf. Sie klopfte leise, und er eilte zur Haustür.

„Es tut mir leid. Ich habe heute morgen völlig vergessen, dir einen Schlüssel zu geben", entschuldigte sich Ken, als er sie einließ. „Du hast deinen eigenen Eingang gleich um die Ecke, falls du ihn benutzen möchtest. Und du brauchst deine eigene Fernbedienung für das Garagentor. Erinnere mich beim Frühstück daran, daß ich sie dir gebe."

„Es ist mir gar nicht in den Sinn gekommen, nach einem Schlüssel zu fragen. Ich konnte nur noch daran denken, daß meine Handtasche furchtbar schwer war, und was wohl wäre, wenn sie mir nicht erlauben würden, die Waffe auf dem Gelände des Forschungszentrums zu tragen. Ich konnte ihnen ja nicht sagen, daß ich sie bei mir trug, um mich im Falle eines Falles schützen zu können — nicht etwa in der grausamen Welt dort draußen, sondern innerhalb der Einrichtung."

„Haben sie sie dir weggenommen?"

„Nein. Die Wachen haben sie natürlich gefunden. Ich habe ihnen die Genehmigung gezeigt, die Don mir gegeben hatte, und erklärt, daß ich sie hätte, weil ich mich wegen der anderen Mitglieder des sowjetischen Teams draußen immer noch in Lebensgefahr befände — wer und wo auch immer sie seien. Sie haben bei Frank nachgefragt, und er hat es genehmigt."

„Soll ich dir irgend etwas holen? Heißen Kakao, Tee, Saft, Obst ... irgend etwas?"

„Ich bin fix und fertig. Aber gleichzeitig bin ich so aufgedreht, daß mir ein schöner heißer Tee vielleicht guttun würde, um mich zu entspannen, falls du welchen da hast."

„Ja, haben wir."

Sie gingen zusammen in die Küche, und Ken setzte Wasser auf.

„Frank muß ein richtiger Sklaventreiber sein!" sagte er trocken. „Sind eure Arbeitstage immer so lang?"

Carla lachte. „Ich glaube, ich weiß schon gar nicht mehr, was normal ist – und das betrifft nicht nur die Arbeitstage, sondern einfach alles."

„Irgend etwas bedrückt dich doch", meinte Ken. „Ist es etwas, wobei ich dir vielleicht helfen könnte?"

Carla zögerte. Schließlich fragte sie: „Es gibt eine Theorie, nach der unsere Gedanken die Realität um uns herum erzeugen. Was hältst du davon?"

„Es ist absolut lächerlich", erklärte Ken ohne zu zögern.

„Wie kannst du das sagen, wo es doch so viele führende Wissenschaftler glauben?"

Er goß den Tee ein und setzte sich mit ihr an den Tisch. „Eigentlich sind es nur sehr wenige angesehene Wissenschaftler, die diese Idee ernst nehmen. Sie ist von einigen wenigen Autoren wie Capra und Zukov populär gemacht worden, aber sie repräsentieren eine winzige Randgruppe in der Physik. Ich kann dir in 30 Sekunden zeigen, wie idiotisch sie ist."

„Dann los."

„Hast du die Tasse, die ich aus dem Schrank genommen habe, um deinen Tee hineinzugießen, ‚erschaffen', oder war ich es?"

„Nun ..."

„Du wußtest nicht einmal, was für ein Farbe sie haben würde, oder welche Form, und ich habe nicht einmal daran gedacht. Also hat sie offensichtlich keiner von uns beiden ‚erschaffen'. Stimmt's?"

„Das ist ziemlich einfach und direkt. Ich müßte dem zustimmen. Aber es wäre immer noch möglich, daß sie durch die Gedanken und die Willenskraft eines anderen erschaffen wurde und wir das einfach angenommen haben."

„Und die Gedanken und die Willenskraft dieses anderen Menschen haben ihre Existenz und ihre räumliche Position *erhalten*, ohne überhaupt zu wissen, wo sie sich befindet?" Er sah sie mißbilligend an. „Aber Carla! Und was ist mit den Millionen von Mikroorganismen in dem Wasser, das ich gekocht habe, oder den Molekülen und Atomen im Wasser. Wessen Verstand hat diese Realität erschaffen?"

„Darüber habe ich nie nachgedacht."

„Die Form und die Farbe der Tasse sind sehr oberflächliche Eindrücke, die von unserem Auge interpretiert worden sind, und die nichts mit dem zu tun haben, was die Tasse selbst in Wirklichkeit ist. Durch ein Elektronenmikroskop sieht sie zum Beispiel völlig anders aus. Und es gibt ein ganzes Universum von Molekülen und Atomen und subatomaren Teilchen – einschließlich einiger Teilchen, die die Wissenschaft noch gar nicht entdeckt hat –, aus denen diese Tasse besteht und die kein menschliches Auge je gesehen und kein menschlicher Verstand je erdacht hat. Meinst du wirklich, *jene* Realität, von der wir noch gar nichts wissen, sei das Produkt menschlicher Gedanken? Kannst du dir ernsthaft vorstellen, daß die entfernten Galaxien, das Innere von Sternen, schwarze Löcher und die Myriaden von Wundern in einem Universum, die nie ein menschliches Auge erblickt hat und die schon da waren, als es uns noch gar nicht gab – daß all das von unserem Verstand erschaffen wurde? Es tut mir leid, aber ich habe nicht viel Geduld mit Leuten, die den Schöpfungsbericht der Bibel einen Mythos nennen und dann auf solch eine lächerliche Idee hereinfallen!"

Carla streckte in gespielter Ergebung die Hände in die Luft. „Ich gebe auf", sagte sie. „Junge, wenn du auf deine Kanzel steigst! Okay, es ist also lächerlich. Warum halten dann so viele intelligente Leute diese Theorie für sinnvoll? Warum?"

„Das habe ich bereits gesagt, Carla. Stolz ist der Grund. Das ungeheure Ausmaß der Täuschung wird nur noch von den gigantischen Egos übertroffen, die sie schlucken. Wir sind weit davon entfernt, die Realität mit unseren eigenen Gedanken zu erschaffen. Im Gegenteil, wir haben immer noch unsere Mühe damit, die Geheimnisse eines Universums zu entdecken, das von einem anderen Verstand, der dem unseren unendlich überlegen ist, geschaffen wurde."

Ein Verstand, der dem unseren unendlich überlegen ist, dachte Carla. *Er gibt mir ein Argument für die Existenz Gottes – und ich habe ihn quasi darum gebeten!* Sie tranken schweigend ihren Tee. Schließlich fragte sie: „Was würdest du zu der Vermutung sagen, daß das UFO und die Archonten, die ich in jener Lagerhalle sah, eine Täuschung gewesen sind und nur von einem Filmprojektor erzeugt wurden, um mich und Viktor zu täuschen? Und daß dieselbe Methode benutzt werden wird, um auch andere zu überzeugen?"

Ken dachte sorgfältig darüber nach. „Es ist möglich, aber nicht wahrscheinlich. Wie kommst du auf diesen Gedanken?"

„Er stammt von einem der leitenden Redakteure der *Time*, den ich seit Jahren kenne. Er mißtraut der ganzen Sache. Er glaubt, es könne das Komplott einer Elitegruppe aus Washington sein, die die Weltherrschaft übernehmen will, indem sie jedermann glauben macht, sie folge den Anweisungen höherer Intelligenzen."

„Ich weiß nicht, was in der Lagerhalle passiert ist. Ich war nicht dabei. Aber ich kann dir versichern, daß in deinem Zimmer gestern nacht keine Filmprojektoren waren – weder hier noch im Hotel. Und es waren auch keine im Labor, als Del Sasso seine Vorführung gemacht hat. Es ist offensichtlich, daß die Sache sehr stark mit Dämonen zu tun hat."

„Es läuft immer wieder auf dasselbe hinaus, nicht wahr?" sagte Carla. In ihrer Stimme lag ein Hauch von Bitterkeit.

Ken zuckte mit den Schultern. „Das ist so, als würde man sagen, essen hätte immer mit Lebensmitteln zu tun, oder ..."

Carla hob eine Hand. „Okay, okay. Ich habe schon verstanden."

„Tut mir leid", sagte Ken. „Und was dein Freund da über eine Elitegruppe in Washington oder beim CIA gesagt hat – da könnte etwas dran sein. Ich würde es im Hinterkopf behalten und beobachten, ob irgendwelche weiteren Entwicklungen in dieses Bild passen."

„Meinst du wirklich? Es überrascht mich, daß du das sagst."

„Das Böse operiert immer auf zwei Ebenen", sagte Ken. „Auf der dämonischen und auf der menschlichen. Satan hat mit seinen Jüngern dasselbe Egoproblem, wie Gott mit seinen. Wenn selbst christliche Leitfiguren versuchen, ihr eigenes kleines Königreich aufzubauen, wäre es keine große Überraschung, wenn die Nachfolger des Antichristen dies auch täten."

Carla lächelte und schüttelte den Kopf. „Du erstaunst mich, Ken. Vor zwei Jahren warst du noch ein totaler Atheist, und nun bist du der perfekte Christ!"

„Wenn ich tatsächlich so auf dich wirke, muß ich Buße tun", sagte Ken. „Ich bin weit davon entfernt, ein perfekter Christ zu sein."

„Na, du bist jedenfalls voll auf die Sache abgefahren. Und ich meine das nicht in einem negativen Sinn. Ich bin wirklich beeindruckt. Deine Art, Dinge auszudrücken, ist einzigartig: ‚Satan hat mit seinen Jüngern dasselbe Egoproblem, wie Gott mit seinen.'" Sie lehnte sich zurück und lachte. „Eine recht ungewöhnliche Art, es auszudrücken!"

„Ich versuche nicht, den großen Experten zu spielen", erwiderte Ken. „Du kannst es selbst in der Bibel nachlesen. Und dann sieh dir die Welt um dich herum an, und du bekommst eine völlig neue Perspektive. Man muß nicht allzu klug sein, um zu erkennen, daß Frank und Del Sasso möglicherweise hoffen, sie könnten die Archonten für ihre eigenen Zwecke einsetzen. Wenn man die Gier und den Stolz der Menschen kennt, ist das nicht zu weit hergeholt."

„Ich vermute, du hast recht", gab Carla zu. „Und das wäre ein weiteres Argument dafür, daß George mit seinen Befürchtungen richtig liegt."

„Wie auch immer", sagte Ken ernst. „Eines kann ich dir mit Sicherheit sagen: Am Ende wird jeder, der mit den Archonten zu tun hat, zum Opfer werden, und ich bete Tag und Nacht, daß du nicht dazu gehören wirst!"

32. Eine Warnung!

„Ken ist schon ins Büro gefahren", eröffnete Kens Mutter, als Carla am nächsten Morgen in die Küche kam. Als sie die Enttäuschung in Carlas Gesicht sah, setzte sie noch hinzu: „Er arbeitet sehr schwer — das hat er schon immer getan, selbst, als er noch ein kleiner Junge war. Immer gibt es irgendein dringendes Projekt."

„Das ist eine der Eigenschaften, die ich damals so anziehend an ihm fand", sagte Carla. „Er hatte immer einen Auftrag, war irgendwohin unterwegs, verschwendete seine Zeit nicht, sondern tat etwas Sinnvolles, Zielgerichtetes."

„So ist er immer noch", sagte Mrs. Inman. „Aber die Ziele haben sich natürlich drastisch verändert. Sie sind besser geworden — das kannst du mir glauben!" Carla wollte erst die Stirn runzeln, lächelte dann aber.

„Na, was würdest du heute morgen gerne essen?" fragte Mrs. Inman. „Vielleicht zur Abwechslung ein paar Spiegeleier mit Schinken? Ich habe vorsorglich beides gekauft."

„Du meinst, ich sollte bei einer Minirebellion gegen die Tyrannei der gesunden Ernährung mitmachen? Okay, fangen wir an!"

* * *

Ken war früh aufgestanden. Er hatte wieder für Carla gebetet: daß die dämonische Bosheit so offensichtlich sein würde, daß Carla sie nicht mehr ableugnen könnte; daß Gott einen Schutzschild um sie herum aufbauen möge; daß auch Viktor und Frank die Augen geöffnet würden; daß der Plan nicht gelingen möge — und daß Gott alles in seiner Macht Stehende tun möge, um Carla die Wahrheit so klar zu zeigen, daß sie ihre Wahl ohne irgendwelche betrügerischen Einflüsse treffen konnte.

Ken fürchtete, daß sie trotz der offenen Diskussionen, die sie beide führten, anscheinend immer tiefer in die Sache hineingezogen wurde, anstatt den Archonten zu entfliehen. Die Welt sollte dazu gebracht werden, den verführerischen Plan der Archonten anzunehmen, und Carla war im Begriff, eine Schlüsselrolle dabei zu übernehmen.

In der Stille des frühen Morgens kam Ken zu dem Entschluß, daß weitere Versuche, mit Carla zu argumentieren, wenig Sinn hatten. Er hatte mehr als genug gesagt. Jetzt konnte er nur noch beten und glauben, daß Gott alles nur Mögliche tun würde, um sie an den Punkt der Entscheidung zu bringen.

Das Telefon in der Küche klingelte, als Carla und Mrs. Inman gerade mit dem Frühstück fertig waren. „Es ist Ken – für dich". Mrs. Inman reichte Carla den Hörer.

„Guten Morgen!" sagte Ken. „Ich wollte nur wissen, ob du auch den Schlüssel und die Fernbedienung für das Garagentor gefunden hast. Ich habe sie auf der Anrichte in der Küche liegen lassen."

„Deine Mutter hat sie mir gegeben. Vielen Dank."

„Ist alles in Ordnung?"

„Ja, alles bestens."

„Kann ich noch irgend etwas für dich tun?"

„Naja, ich habe überlegt, ob ich dich bitten sollte, mich im Hotel zu treffen. Ich muß unbedingt meine restlichen Sachen holen, und ich werde dieses Zimmer auf keinen Fall wieder betreten, wenn *du* nicht dabei bist."

„Das kann ich verstehen. Wolltest du es heute früh erledigen oder heute abend?"

„Nun, wenn es in deinen Zeitplan paßt und dir nichts ausmacht – wie wäre es in, sagen wir, einer halben Stunde?"

„Kein Problem. Wir treffen uns im Foyer."

* * *

„Hier sieht alles ganz normal aus", sagte Carla, als sie den Aufzug verließen und den Flur entlang zu ihrem Zimmer gingen. „Ich komme mir irgendwie töricht vor, weil ich dich gebeten habe, mir zu helfen, ein paar Kleider zu holen." Trotz der tapferen Worte verriet Carlas Stimme Anspannung.

„Ich weiß genau, was du meinst", erwiderte Ken.

Carla öffnete die Tür. Sie trat einen Schritt hinein, machte das Licht an und schrie auf. „Ken! Sieh dir das an! Ich – ich fasse es nicht!"

Er folgte ihr rasch und blieb dann wie angewurzelt stehen, als er die Zerstörung sah. Die Matratze und das Bettzeug waren aus dem Bett gerissen und in die Ecke gegen eine Lampe geschleudert worden, die dabei zu Bruch gegangen war. Jetzt lagen drei zerbrochene Bilder, zusammen mit zwei weiteren Lampen, auf dem Boden. Alle Schubladen waren ausgekippt und die Vorhänge von den Fenstern gerissen.

Carla betrachtete die Szene fassungslos. „So bösartig waren die Archonten nicht", sagte sie. „Das hier ist einfach unglaublich!"

„Du meinst, das hier waren nicht die Archonten?" fragte Ken überrascht.

„Okay, Ken, du siehst hinter allem einen Dämon. Aber was ich hier sehe, ist das Werk des CIA, des KGB — oder sogar des FBI. Sie haben etwas gesucht. Das ist ganz offensichtlich."

„Was besitzt du, das für sie interessant sein könnte?"

„Nichts. Zumindest weiß ich von nichts. Aber sie haben offenbar gemeint, ich hätte etwas."

„Carla, sei doch vernünftig! Der CIA oder der KGB hätten keinen Grund, so etwas zu tun — und das FBI schon gar nicht. Aber die Archonten haben einen Grund."

„Warum?" fragte Carla. „Ich war doch gar nicht hier."

„Vielleicht wollten sie dir nur zeigen, wie verletzlich du bist, daß sie an den Fäden ziehen können und daß du tun mußt, was sie wollen, wie eine Marionette!"

Carla stand da und sah ihn schockiert an.

„Komm", sagte er, „laß uns deine Sachen packen und dies Zimmer verlassen."

Gemeinsam sammelten sie die Kleider auf und steckten sie in ihren Koffer.

Als sie mit dem Aufzug nach unten fuhren, sagte Ken zu ihr: „Ich habe schon gedacht, Carla, daß es so vielleicht sogar das Beste ist. Es gibt dir einen Grund, auszuziehen — angeblich in ein anderes Hotel. Ich meine, du solltest folgendes sagen ..."

* * *

Als sie wieder am Empfang waren, gab Carla ihren Schlüssel ab. „Ich muß ausziehen", begann sie mit leiser Stimme. Sie war deutlich erschüttert, und es war offensichtlich, daß sie gerade ein traumatisches Erlebnis gehabt hatte. „Jemand ist in mein Zimmer eingedrungen — ich war Gott sei Dank nicht da — und hat alles durcheinandergeworfen."

„Das tut mir wirklich sehr leid. Ich verstehe nicht, wie das passieren konnte", sagte der junge Mann, der sie bediente.

Sie beugte sich vor und sagte in vertraulichem Ton: „Erinnern Sie sich, daß das FBI vor einigen Tagen hier war?"

„Ja."

„Nun, Sie werden das nicht wissen, aber sie waren hier, um *mich* zu schützen."

Sie nickte zu Ken hinüber, und der Hotelangestellte hob wissend die Augenbrauen. „Wir hatten gemeint, die Bedrohung sei vorüber, aber offensichtlich sind diejenigen, die hinter mir her sind, in mein Zimmer eingedrungen. Sie werden verstehen, daß ich Ihnen nicht sage, wohin ich gehe. Ich werde morgen wiederkommen, um eventuell eingegangene Nachrichten abzuholen. Gibt es jetzt welche?"

„Oh ja, einige. Das hätte ich beinahe vergessen. Ich habe einen ganzen Stapel Telefonnotizen."

Draußen auf dem Parkplatz packte Ken den Koffer in Carlas Wagen und hielt ihr die Tür auf. Sie blätterte schnell durch die Telefonnotizen.

„ABC, CBS, NBC, *New York Times* — *jeder* will mich für seine Talkshows haben oder möchte, daß ich einen Artikel für ihre Zeitung oder Zeitschrift schreibe. Ich bin noch nie so gefragt gewesen." Sie sah zu ihm auf. In ihren Augen waren die Spuren von Tränen zu sehen, aber ihre Stimme hatte wieder die gewohnte Festigkeit. „Bitte glaube nicht, daß alle deine Argumente vergeblich gewesen wären, denn das waren sie nicht. Ich habe ernsthaft überlegt, ob ich die ganze Sache nicht einfach sein lasse. Aber ich sehe keinen Weg, wie ..."

„Carla!"

„Sieh mal, ich bin keine Marionette, an deren Fäden man ziehen kann, aber ich habe Frank gegenüber eine Verpflichtung übernommen."

„Du schuldest Frank gar nichts! Er ist auf einem Machttrip und benutzt dich dabei!"

„Vielleicht, aber ich kann Viktor nicht allein lassen."

„Und es gibt eine Story, hinter der du her bist."

„Bitte nimm mir das nicht übel, Ken. Ich bin Journalistin, und ich muß diese Story zu Ende bringen!"

„Ich werde für dich beten!" Mehr konnte er dazu nicht sagen.

„Bitte tu das, Ken." Carla biß sich auf die Lippen und sah weg. Sie startete den Motor und lehnte sich mit einem gezwungenen Lächeln aus dem Fenster. „Und du weißt doch, ich habe auch einen Auftrag von deinem Freund Jordan. Ihn kann ich auch nicht im Stich lassen. Vielleicht schreibe ich ein Buch, wenn alles vorbei ist: *Ich war ein Spion des FBI.*"

* * *

Carla war gerade auf die Zufahrtsstraße zum Forschungszentrum eingebogen, als sie vor sich das rote Blinklicht eines Polizeiautos sah, das rasch näherkam. Es fuhr mit hoher Geschwindigkeit an ihr vorbei. Sie fuhr langsam und vorsichtig weiter. *Was war diesmal los?* Als sie ein paar hundert Meter vom Haupttor entfernt um eine Biegung kam, erreichte das Gefühl einer Gefahr und das Wissen, dies alles schon einmal gesehen zu haben, einen Höhepunkt. Polizeiwagen, Beamte in Uniform und Zivil, der Körper einer Frau, die mit dem Gesicht nach unten auf dem Boden lag ... Carlas Reaktionen verlangsamten sich zum Zeitlupentempo und eine schützende Irrealität legte sich über die Szene.

Unbewußt senkte sie ihre Geschwindigkeit auf Schrittempo. Ein uniformierter Beamter winkte sie weiter. *Ich muß wissen, wer es ist... was los ist! Ich dachte, die Gewalttätigkeiten wären vorüber.* Sie war wie betäubt, als sie seine Anweisung ignorierte, an den Straßenrand fuhr und ausstieg.

„Kommen Sie, ich helfe Ihnen", sagte eine freundliche und vertraute Stimme. Ihr wurde bewußt, daß Don Jordan sie gerade untergehakt hatte.

„Was ist passiert?" fragte Carla und wandte ihren Blick von der Gestalt ab, die jetzt mit einem Tuch bedeckt wurde. Sie hatte Angst, die Person, die dort lag, könnte irgend etwas mit der Forschungseinrichtung zu tun haben.

„Einer der Wachleute hat sie heute früh gefunden, als er zur Arbeit fuhr. Sie hing dicht an der Straße an einem Baum", kam die knappe Antwort.

„Wer war es?"

„Eine junge Frau, etwa 25 Jahre alt. Sie hieß Inga Krieg."

„Oh nein! Selbstmord?"

„Das ist noch nicht sicher, aber wir nehmen es an."

„Hat sie eine Nachricht hinterlassen?"

„Ja, anscheinend ist es ihre Handschrift. Es wird gerade analysiert. Soweit ich weiß, hat sie im Zentrum gearbeitet."

„Sie war das andere Medium", sagte Carla. Sie kämpfte gegen einen aufkommenden Schwindel an. „Ja, wir hatten mehrere, aber keiner von ihnen hat es geschafft. Inga ist vor etwa drei Monaten extra aus Deutschland gekommen. Keiner von den anderen schien in der Lage zu sein, sich an das Psitron anzupassen. Sie sind alle zu psychischen Wracks geworden. Zwei von ihnen sind immer noch in der psychiatrischen Klinik in der Stadt. Aber Inga kam sehr gut voran. Ich habe einiges von ihrer Arbeit gesehen. Sie wurde von Del Sasso trainiert. Sie war so ein sympathischer Mensch. Es ist schrecklich!"

„Ich muß wieder hinübergehen", sagte Jordan. „Ich soll die Ermittlungen leiten, da es auf Regierungsgelände geschehen ist. Ich habe noch nichts von Ihnen gehört. Ist nichts passiert?"

„Nichts — nein — ich habe nichts bemerkt. Nichts, was Kay Morris belasten würde. Sie arbeitet sehr schwer und scheint hundertzehnprozentig hinter dem Projekt zu stehen."

„Ich habe sie noch einmal überprüft, und sie scheint sauber zu sein. Wir haben jetzt drei von unseren Leuten drin. Den Wachmann Stan Kirby in der Nachtschicht, den Wachmann Art Denham in der Tagesschicht und die Laborassistentin Anne White. Sie können mir durch jeden von ihnen Nachrichten zukommen lassen. Und falls Sie irgendwann Hilfe brauchen sollten, können Sie sich auf die drei verlassen."

„Haben Sie irgend etwas herausgefunden?"

„Noch nicht. Also — bis später."

* * *

Als Carla auf den Parkplatz fuhr, sah sie Viktor, der über den Rasen ging. Er kam von der Übertragung und ging zurück zum Hauptgebäude. Sie sprang aus dem Auto und rief: „Viktor!" Sein Gesicht hellte sich auf, als er sie auf sich zukommen sah. Sie trafen sich mitten auf dem Rasen und umarmten sich kurz. Dann begannen sie, langsam zur Vordertür zu gehen.

„Haben Sie das von Inga gehört?" fragte sie sofort.

Viktors Gesicht verdunkelte sich wieder und er nickte. „Leighton hat es den Mitarbeitern heute morgen mitgeteilt."

„Was hat er gesagt?"

„Er nannte es eine große Tragödie. Offenbar ist es irgendwann letzte Nacht passiert. Er nahm an, es sei Hoffnungslosigkeit gewesen, hervorgerufen von Heimweh. Aber das glaube ich nicht."

„Ich auch nicht", stimmte Carla zu. „Der wievielte Fall ist dies — der sechste? Warum schafft es niemand außer Del Sasso, mit dem Psitron zu arbeiten?"

„Irgend etwas ist grundlegend verkehrt", sagte Viktor grimmig und senkte seine Stimme, als sie sich dem Vordereingang näherten. *Nein, der siebente!* dachte Carla. *Ken war der erste, macht zusammen sieben. Aber warum hat dann Del Sasso auf das Psitron reagiert, wie ein Fisch aufs Wasser? Frank hatte mindestens ein Dutzend mal genau diese Formulierung gebraucht. Was machte diesen Priester so besonders? Könnte Ken recht haben?* Sie sah zu Viktor hinüber. Er schien mit seinen eigenen inneren Konflikten beschäftigt zu sein.

„Der Plan soll der Welt Frieden, Liebe und Brüderlichkeit bringen", murmelte er mehr zu sich selbst als an sie gerichtet. „Paradox, nicht wahr?"

* * *

Später an jenem Morgen, bei der Mitarbeiterbesprechung um 11.00 Uhr, spürte Carla, daß Leighton müde und entmutigt war, als er zu den engsten Mitarbeitern sprach. Er ging nervös vor seinem Schreibtisch auf und ab, während er über Ingas Tod sprach.

„Dies ist ein schrecklicher Schlag für unser Programm. Wir brauchen Millionen von Antonios, und bisher haben wir jeden verloren, den wir zu entwickeln versuchten. Ich verstehe das einfach nicht!" Er wandte sich an Viktor. „Sie haben das Programm analysiert. Ich weiß, daß Sie eng mit Inga zusammmengearbeitet haben. Haben Sie eine Ahnung, was passiert sein kann?"

„Irgend etwas ist grundlegend verkehrt", sagte Viktor mit Überzeugung und wiederholte wortwörtlich, was er zuvor zu Carla gesagt hatte. „Wir haben bisher Probleme mit der psychischen Stabilität jedes einzelnen Mediums gehabt. Deshalb haben wir die Arbeitsweise verändert, haben das Tempo herabgesetzt. Wir hatten sie zu schnell vorangetrieben. Inga war die erste, die auf die neue Weise gearbeitet hat, und sie kam sehr gut voran. Sie war fast schon ein zweiter Antonio. Ja, ich habe sie gestern sogar so genannt – und jetzt das! Warum erklären die Archonten nicht, was los ist?"

„Das haben sie getan", unterbrach ihn Del Sasso. „Wir haben voreilig gehandelt. Es war ein Fehler, das Programm so schnell voranzutreiben. Sie werden sich erinnern, daß wir keine speziellen Anweisungen von den Archonten hatten, schon mit dem Trainingsprogramm zu beginnen. Aber dennoch meine ich, daß wir nicht entmutigt sein sollten, Frank. Zum einen war es das Karma jedes einzelnen dieser Leute. Sie werden es dadurch in ihrem nächsten Leben besser haben, und deshalb sollten wir nicht um sie trauern, ob sie nun leben oder tot sind. Und wir alle haben etwas dadurch gelernt, was von unschätzbarem Wert für den Plan sein wird, wenn er erst einmal weltweit Fuß gefaßt hat."

„Antonio hat recht", stimmte Kay zu. „Wenn man sich die Aufzeichnungen aller Übertragungen ansieht, und das habe ich vor kurzem getan, gibt es bisher keinerlei Anweisung, mit dem Training weiterer Medien zu beginnen. Ich glaube, wir sind in unserem Eifer zu rasch vorangegangen – eine kostspielige Lektion, aber eine, aus der wir Nutzen ziehen können."

„Ich nehme an, keiner von uns darf vergessen", fügte Frank hinzu, „daß wir Pioniere auf einem völlig neuen Gebiet sind. Wir erforschen die Tiefen des Alls, und es gibt Gefahren. Denken Sie an die Menschenleben, mit denen die Menschheit bisher jeden Fortschritt bezahlen mußte – kürzlich starben sogar unsere eigenen Astronauten. Man muß immer einen Preis zahlen. Es könnte vielleicht sogar noch einige von uns hier das Leben kosten. Aber wenn Sie an den Nutzen für die gesamte menschliche Rasse denken – nun, ich glaube, wir sind außerordentlich privilegiert!"

„Es gibt noch etwas zu bedenken", unterbrach ihn Del Sasso. „Ich sollte zwar besser nicht derjenige sein, der es sagt, denn es könnte ein wenig egoistisch und eigennützig klingen. Aber es war ein großer Fehler, zu versuchen, in diesem Stadium andere auf dem Psitron zu trainieren. Wenn wir eine ganze Anzahl von Medien mit ähnlichen Fähigkeiten, wie ich sie besitze, hätten, gäbe es keine klare Leiterschaft, vielleicht sogar Rivalität. Das wäre zu diesem Zeitpunkt nicht gut, oder?"

„Ich denke, das ist wahr", sagte Frank ein wenig zögernd. „Ich hätte gerne noch wenigstens ein weiteres Medium gehabt, das auf dem Psitron trainiert worden ist, um es beim Kongreß vorzuzeigen, aber ich bin wohl meinem eigenen Ehrgeiz anstatt der weisen Führung der Archonten gefolgt. Jetzt kann ich verstehen, warum die Archonten bisher die Entwicklung der Medien, die nötig sein werden, um den Plan auszuführen, verhindert haben, bis er von der ganzen Welt angenommen worden ist."

„Aber all diese Weisheit hilft Inga und den anderen jetzt nicht mehr", sagte Viktor ernst. „Ich muß auch meinen Teil an der Schuld auf mich nehmen."

„Nun gut, wir wollen uns nicht gegenseitig die Schuld zuschieben", sagte Frank. „Das wird uns nicht helfen. Wir müssen wieder vorwärts gehen. Antonio und ich werden morgen früh nach Washington fahren, und ich erwarte, daß wir bei unserer Rückkehr einige aufregende Neuigkeiten zu berichten haben."

Leighton stand auf und zeigte damit das Ende des Treffens an. „Sie wissen, was Sie zu tun haben", sagte er und wandte sich an Kay. „Es gibt eine Menge Arbeit in den Labors, die zu Ende geführt werden muß, so lange Antonio weg ist. Viktor wird Ihnen helfen. Aber denken Sie daran: die Vorbereitung für seine Rede hat oberste Priorität. Nicht wahr, Viktor?" Leighton klopfte ihm auf den Rücken. „Sie sind schließlich der Hauptredner."

Viktor sah ernst aus. „Das ist eine große Verantwortung, aber ich freue mich darauf."

„Und, Carla", fügte Leighton hinzu, „sobald Sie mit dem Rohentwurf des nächsten Artikels fertig sind, sollten Sie mit dem dritten Artikel beginnen. Ich werde sie beide durchgehen, wenn ich wieder zurück bin."

* * *

„Darf ich eintreten?"

Carla sah von ihrer Arbeit auf und erblickte Del Sasso, der die Tür zu ihrem Büro einen Spalt weit geöffnet hatte und hereinlugte.

Sie lehnte sich zurück und streckte sich mit einem müden Seufzer. „Bitte, kommen Sie rein. Schon fertig gepackt?"

Er öffnete die Tür ganz und trat ein. „Oh, ich nehme nicht viel mit. Ich werfe in letzter Minute ein paar Sachen zusammen. Das habe ich immer so gemacht."

„Wirklich? Sind Sie schon viel gereist?"

„Durch die ganze Welt."

„Das wußte ich gar nicht. Sie haben mir nicht viel von sich erzählt, Antonio."

„Wann hat man hier je Zeit, eine schöne Frau zu besuchen?" Das Glitzern in seinen Augen erstaunte sie. „Was möchten Sie wissen – die schlichten Fakten? Ich bin in Rom geboren, verbrachte dort meine Jugend und wurde ein Jesuit – und habe in der ganzen Welt als besonderer Gesandter des schwarzen Papstes gelehrt."

„Des schwarzen Papstes?"

„So nennt man das Oberhaupt der Gesellschaft Jesu, weil der Nachfolger von Ignatius Loyola — das ist unser Gründer — so eine schwarze Robe trägt, wie ich sie habe, während der Papst eine weiße trägt."
„Wie interessant. Das wußte ich noch gar nicht."
Antonio sah sie aufmerksam an. Seit *jener* Nacht tat er das ständig. Er bemerkte ihr Unbehagen. „Haben Sie keine Angst", sagte er mit beruhigender Stimme. „Ich bin nicht hier, um Sie wegen Ihrer Zweifel zu tadeln. Jeder muß auf seine eigene Weise damit fertig werden. Und ich bin zuversichtlich, daß Sie aus Ihrer gegenwärtigen Phase innerer Konflikte mit starker Überzeugung hervorgehen werden."
„Nun, vielen Dank."
Was er als nächstes sagte, traf sie völlig unvorbereitet. „Wissen Sie, Carla, Dr. Inman hat in gewisser Weise recht damit, wenn er bestimmte Wesen als ,Dämonen' bezeichnet."
„Wirklich?" Anscheinend konnte er also doch ihre Gedanken lesen. Diese Vorstellung war erschreckend.
„Es gibt Fallstricke bei der psychischen Entwicklung", fuhr Del Sasso fort. „Und die psychische Welt ist eine gefährliche Welt — wie die arme Inga vor kurzem entdeckt hat."
„Es war solch eine Tragödie!" erwiderte Carla, die sich fragte, worauf er hinauswollte. „Sie war so jung — und voller Elan."
„Ich habe versucht, sie zu warnen, aber sie wollte nicht hören. Es gibt auch eine dunkle Seite, wissen Sie."
Er erwartete keine Antwort von ihr. *Will er mich warnen?* dachte sie.
„Verlassen Sie sich nie darauf, daß ein anderer Sie retten wird", sagte Del Sasso. „Das ist das größte Mißverständnis vieler Christen in bezug auf Christus. Sie müssen das Göttliche in sich selbst sehen, nicht in einem anderen. Erkennen Sie Ihre eigene Einheit mit dem Kosmos, dann haben diese fehlgeleiteten Kreaturen, die Dr. Inman ,Dämonen' nennt, keine Macht über Sie."
Carla bemerkte, wie sie, getrieben von der überwältigenden Ausstrahlung seiner Persönlichkeit, zustimmend nickte, war aber nicht in der Lage, hörbar zu antworten. Wollte er ihr damit sagen, daß ihre Zweifel an den Archonten jene erschreckenden Erlebnisse, die sie in letzter Zeit hatte, verursacht hatten? Warnte er sie davor, in Zukunft Zweifel zu haben?
„Ehrliche Zweifel haben ihren Platz ... bis zu einem gewissen Punkt", sagte Del Sasso unvermittelt. Offenbar hatte er wieder ihre Gedanken gelesen. „In den Anfangsphasen des Planes werden die

Menschen dazu ermutigt werden, darüber zu diskutieren, damit all die, die ehrlich die Wahrheit suchen, Klarheit in ihr Denken bekommen." Er kam näher und seine Gestalt ragte jetzt dicht vor ihr auf. „Leider wird es irgendwann nötig sein, alle Opposition auszuschalten. Es steht zu viel auf dem Spiel, um es nicht zu tun. Ich werde Ihnen nicht erst sagen müssen, daß die Christen leider die Hauptgegner des Planes sind. Sie werden überredet werden müssen, sonst..."

„Falls ich Sie richtig verstanden habe, Antonio", sagte Carla, „dann meine ich, daß Sie vielleicht etwas übersehen. Es gibt Millionen von Christen – Leute wie Ken Inman –, die eher sterben würden, als ihren Herrn zu verleugnen. Meinen Sie wirklich, sie müßten *eliminiert* werden?"

„Es gibt keine andere Wahl. Nicht, weil die Archonten gegen Religion wären, was sie nicht sind. Aber engstirnige Dogmen müssen verschwinden, damit Raum ist für eine viel angemessenere Religion, die so umfassend und weit ist, daß sie von der ganzen Welt angenommen werden kann."

Del Sasso sagte das ohne Feindseligkeit, fast so wie ein Arzt, der ein Rezept diktiert. „Die neue Weltreligion wird ökumenisch sein und alle Glaubensbekenntnisse einschließen – wobei selbstverständlich jene, die behaupten, die alleinige Wahrheit zu besitzen, ausgenommen sind. Es gibt Millionen von Christen, die kein Problem darstellen, die verstehen, daß Christus – ganz gleich, was die Bibel darüber sagt – niemals behauptet hat, der einzige Weg zu sein, sondern alle Wege repräsentiert. Sie werden problemlos in die Neue Weltordnung hineinpassen. Was jedoch die engstirnigen Fundamentalisten angeht – seien es nun Christen oder Moslems oder Juden – wenn sie nicht freiwillig ihre hinderlichen, negativen Dogmen aufgeben, werden selbstverständlich andere Maßnahmen ergriffen werden müssen. Weltweiter Friede steht auf dem Spiel. Es darf nicht zugelassen werden, daß enge, sektiererische Formen des Glaubens im Wege stehen."

Er wandte sich zum Gehen, drehte sich in der Tür aber noch einmal um. „Ich wollte Sie warnen, bevor ich an die Ostküste fliege. Trauen Sie niemals irgendwelchen Wesen, ganz gleich, wie hoch entwickelt sie zu sein scheinen. Einige der Erleuchtetsten haben sich entschieden, die dunkle Seite der Kraft zu nutzen. Sie können sehr zerstörerisch sein. Und wenn Sie zulassen, daß sie Ihnen Angst einjagen, sind Sie in ihrer Gewalt."

Er wußte es also! Carla kämpfte die aufsteigende Panik nieder. Sie hörte, wie sie sagte: „Danke, Antonio. Ich bin Ihnen sehr dankbar dafür. Es erklärt einige Dinge, über die ich mir Gedanken gemacht habe."

„Ich sehe Ihre Fragen und Zweifel. Es wäre tragisch, wenn sie nicht auf die richtige Weise gelöst werden würden." Seine Augen schienen sich direkt in ihre Seele zu bohren, als er ihr mit einem intensiven Blick in die Augen sah. Dann wandte er sich um und ging. Die Tür schloß er lautlos hinter sich.

33. Ausgetrickst!

Die nächsten Tage vergingen rasch und ereignislos. Carla, die vollauf damit beschäftigt war, ihre neue Sekretärin einzuweisen und alle anstehenden Rückrufe zu erledigen, hatte wenig Zeit, sich ihren inneren Zweifeln und Konflikten zu widmen. Aber sie waren nur vorübergehend beiseite gelegt und nicht zum Schweigen gebracht worden. Ken war in der letzten Zeit keine große Hilfe dabei gewesen, ihre Gedanken zu sortieren, was Carla ziemlich enttäuscht hatte. Er schien sie sogar zu meiden. Bei den wenigen Gelegenheiten, wo ihre Terminplanung ihnen ein gemeinsames Frühstück oder eine nächtliche Tasse Tee beschert hatte, war er sehr zurückhaltend gewesen, ihre bisherigen Diskussionen fortzusetzen, was sie sehr ungewöhnlich fand. Sie konnte es nicht verstehen. Hieß das, daß er sie aufgegeben hatte? Noch vor ein paar Tagen wäre sie darüber erfreut gewesen, aber jetzt ärgerte es sie sehr. Sie fühlte sich vernachlässigt.

Das Forschungszentrum schien ohne Frank und Antonio leer zu sein, und Carla erkannte, daß sie die beiden mehr mochte, als sie hatte zugeben wollen. Sie hatten ihr Leben auf vielfältige Weise beeinflußt, und sie verspürte ein echtes Gefühl der Kameradschaft, denn sie hatten ein gemeinsames Ziel: Sie wollten einer Welt, die am Rande des Abgrunds taumelte, Frieden bringen. Selbst wenn es sich herausstellen sollte, daß das Projekt Archont nicht die Lösung war, so war es doch ein nobles Unterfangen. Sie fühlte eine starke Verpflichtung, mit ihnen zusammen dafür zu arbeiten, daß der Plan erfolgreich abgeschlossen wurde, falls das überhaupt möglich war.

In dieser Zeit hatte sie Viktor nur selten gesehen. Er schien Tag und Nacht mit Kay zu arbeiten, und Carla fragte sich, wie sie miteinander auskamen. Sie hatte ihn heute beim Mittagessen danach fragen wollen, aber Viktor war nicht erschienen. Jetzt war es schon beinahe 14.00 Uhr, und Viktor war immer noch nicht in seinem Büro, das genau gegenüber auf der anderen Seite des Korridors lag, aufgetaucht. Sie rollte mit ihrem Stuhl vom Computer zurück, stand auf, streckte sich und entschloß sich dann, nachzusehen, wie weit die beiden waren.

Im Hauptlabor fand sie drei Laborassistenten vor, die dort arbeiteten – zwei Männer, die sie kannte, und eine junge Frau, die sie noch nie zuvor gesehen hatte. Kay und Viktor waren nirgends zu sehen. „Haben Sie eine Ahnung, wo ich Dr. Khorev finden könnte?" fragte Carla.

„Er ist vor einer Weile zusammen mit Kay Morris weggegangen", sagte die junge Frau. „Ich bin übrigens Anne White. Ich habe Sie schon recht oft gesehen, aber ich glaube nicht, daß wir einander schon vorgestellt wurden."

„Sehr angenehm", sagte Carla. Sie nickte Anne leicht zu und warf ihr einen vielsagenden Blick zu, um ihr zu zeigen, daß sie wußte, wer sie war. „Haben Sie eine Ahnung, wohin sie gegangen sind?"

„Ich hatte den Eindruck", sagte einer der Männer, „daß sie eine ernsthafte Meinungsverschiedenheit hatten. Vielleicht wollten sie irgendwohin gehen, wo sie ungestört miteinander reden konnten."

„Wirklich? Wissen Sie vielleicht, worum es ging?"

„Das weiß ich wirklich nicht. Ich glaube, es hatte nichts mit der Arbeit hier zu tun — vielleicht irgend etwas Persönliches, was nur sie beide betraf."

„Wie lange sind sie schon weg?" fragte Carla.

„Ungefähr zehn Minuten, oder?" sagte der junge Mann und sah Anne fragend an. Sie nickte. „Ja, ich nehme an, etwa so lange."

„Nun, sie sind mit Sicherheit nicht in Viktors Büro gegangen", sagte Carla halb zu sich selbst. Sie ging zu einem Telefon, das in der Nähe stand, und wählte die Nummer von Kays Büro, dann Franks und dann Viktors, um ganz sicher zu gehen. In allen Büros sagten ihr die Sekretärinnen, daß sie den ganzen Nachmittag über keinen von den beiden gesehen hätten. Sie wählte die Nummer des Aufenthaltsraumes für das Personal, aber dort waren sie nicht — dann Viktors Appartement, aber niemand hob ab. Carla wurde ein wenig nervös.

„Hmm, sie können doch nicht einfach verschwinden, oder?" sagte sie laut, ohne dabei jemanden direkt anzusprechen. „Ich wollte mit ihnen über etwas sprechen, was wirklich nicht warten kann. Vielleicht sind sie drüben in Viktors Appartement und gehen einfach nicht ans Telefon. Ich werde einmal nachsehen."

Frank hatte beim Bau der geheimen Einrichtung offensichtlich auf nichts verzichten müssen. Hinter dem Hauptgebäude befand sich ein langes, zweistöckiges Haus, in dem sechs luxuriös ausgestattete Appartements untergebracht waren. Eines der Appartements war für den Direktor des CIA reserviert, der noch nicht einmal erschienen war, seit Carla dort arbeitete. Aber sie hatte gehört, daß er es in der Vergangenheit häufig benutzt hatte. Frank, und auch Mike Bradford, der Chef der Sicherheitskräfte, belegten je ein weiteres Appartement. Viktor, der zu seiner eigenen Sicherheit ständig auf dem Gelände blieb, hatte selbstverständlich sein eigenes Appartement, und Carla hatte ihn dort schon einige Male besucht.

Als sie sich dem Gebäude näherte, konnte sie sehen, daß die Tür zu Viktors Appartement — Nummer 5, zweiter Stock Mitte — halb offen stand. Als sie die Treppe hinaufstieg, lächelte Carla leise vor sich hin. Das war typisch Viktor. Er war ein wenig prüde und würde nie eine Frau bei sich zu Gast haben, ohne die Tür offen zu lassen. Das konnte also bedeuten, daß er und Kay tatsächlich dort waren. Falls das stimmte, war es seltsam, daß er nicht ans Telefon gegangen war. So etwas sah ihm nicht ähnlich.

Als sie oben ankam, hörte sie von drinnen leise, aber ärgerliche Stimmen. Als sie vorsichtig durch die halboffene Tür spähte, konnte sie sie deutlicher hören, aber sie verstand die Worte nicht. Dann schlug es bei ihr wie eine Bombe ein: Sie unterhielten sich in ihrer Muttersprache! Also hatte Viktor recht gehabt. Sie *war tatsächlich* eine Russin! Hatte er Kay im Labor damit konfrontiert und sie hierher mitgenommen, um mit ihr zu reden?

Carla schob die Tür etwas weiter auf und schlüpfte leise in den kleinen Flur. Von dort aus konnte sie einen Teil des Wohnzimmers und der Küche sehen. Die Stimmen kamen von weiter drinnen. Sie nahm die Waffe aus ihrer Handtasche, entsicherte sie und huschte schnell durch das Wohnzimmer. Danach betrat sie sehr vorsichtig und mit einsatzbereiter Waffe einen langen Korridor. Die Stimmen drangen aus einer offenen Tür zu ihrer Rechten, und ihr fiel ein, daß dieser Raum ein großes Arbeitszimmer war. Sie hielt sich dicht an der Wand und kroch näher.

Jetzt konnte sie Viktor sehen, der am anderen Ende des Zimmers vor dem Kamin saß und ihr sein rechtes Profil zuwandte. Er sprach schnell und auf Russisch, und sein Tonfall war eindeutig ärgerlich und anklagend. Als sie noch einen Schritt näher trat und vorsichtig durch die offene Tür spähte, sah sie Kay, die ihm gegenübersaß und erstaunlich gelassen wirkte. Sie schien sich geradezu zu amüsieren. *Was soll ich tun? Einfach hineingehen? Warten? Oder sollte ich zurückgehen und die Sicherheitsleute holen?* Im nächsten Augenblick blieb Carla das Herz stehen. Die Entscheidung war ihr abgenommen worden. Kays Blick war zu ihr hinüber gewandert, und sie hatte sie gesehen!

Carla schlug das Herz bis zum Halse, als sie rasch ins Zimmer trat und die 38er Pistole auf Kay richtete. Jetzt, wo sie entdeckt war, blieb ihr keine andere Wahl. Aber was nun folgte, überraschte sie total. Kay sprang auf und begrüßte sie mit deutlicher Erleichterung.

„Carla! Ich bin so froh, daß Sie hier sind. Sie sind gerade noch rechtzeitig gekommen!"

Viktors Reaktion erstaunte sie sogar noch mehr. „Carla! Wie sind Sie hier hereingekommen?" fragte er mit deutlichem Mißfallen.

Kay kam auf sie zu. „Bleiben Sie stehen!" befahl Carla und richtete die Waffe auf Kays Kopf, um ihr deutlich zu machen, daß sie es ernst meinte. „Keinen Zentimeter weiter!"

„Warum richten Sie die Waffe auf *mich?*" fragte Kay verletzt und sah sie erstaunt an. „Ich dachte, Sie wären gekommen, um *ihn* festzunehmen!" Sie sah Viktor anklagend an. „Ich habe gerade seine Tarnung aufgedeckt."

„Moment mal!" zischte Viktor. „*Meine* Tarnung? Meinen Sie etwa, damit kämen Sie durch?"

„Sie sind wirklich aalglatt", sagte Kay, wandte sich Viktor zu und starrte ihn verächtlich an. Dann sagte sie zu Carla: „So einer wie er ist ein ausgezeichneter Doppelagent. Er ist ein Spion – und zwar ein sehr guter!"

„Sie lügt!" sagte Viktor wütend. „Sie glauben ihr doch nicht, Carla – oder etwa doch?"

„Ich kann nur hoffen, daß sie lügt!" sagte Carla. Sie wandte sich an Kay. „Ich habe gehört, daß sie *russisch* gesprochen haben. Erklären Sie mir das!"

Kay lachte nervös. „Das hat Sie also verwirrt. Natürlich habe ich russisch gesprochen. Meine Eltern waren Immigranten. Wir haben es in meiner Jugend zu Hause gesprochen. Das ist einer der Gründe, warum der CIA mich hier eingesetzt hat."

„Der CIA?" fragte Carla überrascht.

„Selbst Frank wußte nichts davon", sagte Kay. „Niemand außer dem Direktor des zentralen Nachrichtendienstes weiß, wer ich bin und warum ich hier bin – ich soll sowjetische Spione, die hier eingeschleust werden, entdecken. Viktor hätte mich beinahe getäuscht."

„Einen Moment mal!" unterbrach Carla. „Ich war zufällig dabei, als er Oberst Chernov entkommen ist – demselben Mann, der hier war, um Viktor zurück in die Sowjetunion zu bringen."

„Das stimmt", sagte Kay scharf. „*Um ihn in die Sowjetunion zurückzubringen.* Er hätte Viktor nicht zusammen mit uns anderen getötet. Sie sind in Paris völlig ahnungslos Teil einer gespielten ‚Flucht' geworden, die Khorev eine perfekte Tarnung gegeben hat – bis ich ihm auf die Schliche kam. Als Sie durch die Tür traten, drohte er gerade, mich zu töten!"

„Carla, dieses Monster lügt, wenn es den Mund aufmacht", sagte Viktor. „Ich wußte, daß ich sie irgendwo schon einmal gesehen hatte, und schließlich fiel es mir wieder ein: Sie ist Chernovs Geliebte!"

„Viktor!" rief Carla aus. „Sie erwarten doch nicht etwa, daß ich Ihnen etwas so Unglaubliches abnehme?"

Viktor stand auf und ging einen Schritt auf Carla zu. „Halt!" befahl sie und richtete die Waffe auf seinen Kopf. „Bleiben Sie dort stehen!"

„Hören Sie mir zu, Carla!" bat er. „Ich habe ihr Bild auf Chernovs Schreibtisch gesehen! Sie hat ihr Aussehen verändert. Deshalb habe ich so lange gebraucht, um sie wiederzuerkennen. Aber sie hat es zugegeben."

Jetzt war Kay wütend. „Khorev, Sie doppelzüngige Schlange, Sie werden auf dem elektrischen Stuhl landen!" Sie wandte sich wieder Carla zu. „Hören Sie, wir müssen uns diesen Unsinn nicht anhören. Dort drüben steht ein Telefon. Nehmen Sie den Hörer ab und rufen Sie den Direktor des Zentralen Nachrichtendienstes an. Er wird Ihnen sagen, wer ich bin. Ich werde Ihnen eine Nummer geben, die direkt in sein privates Büro im Hauptquartier in Langley, Virginia, führt. Ich habe erst vor 30 Minuten mit ihm gesprochen — kurz bevor dieser sowjetische Spion und ich für unsere Auseinandersetzung hier heraufgekommen sind."

Sie muß lügen, dachte Carla. *Ich kenne Viktor. Er ist kein Spion! Aber was ist, wenn doch? Ich kann keinem von beiden trauen!*

„Ich werde nicht in Langley anrufen", sagte Carla laut. „Ich werde den Sicherheitsdienst rufen, um Sie beide einzusperren, und dann werden wir die Angelegenheit klären."

„Das ist endlich einmal etwas Vernünftiges", sagte Kay. „Sperren Sie ihn ein — mehr will ich ja gar nicht. Und dann werden wir sehen, wer von uns beiden lügt."

„Halten Sie den Mund, alle beide!" erwiderte Carla. „Ich weiß nicht, wer die Wahrheit sagt. Das wir uns recht verstehen: Wenn einer von Ihnen sich bewegt, werde ich ihn erschießen! Bleiben Sie, wo Sie sind." Sie ging seitlich hinüber zum Telefon, das auf einem Tisch am Sofa stand, gleich links von Kay. Sie nahm mit ihrer linken Hand den Hörer ab. In ihrer rechten Hand hielt sie die Waffe und richtete sie weiter auf Kay. Als sie das Freizeichen hörte, legte sie den Hörer hin und begann, mit ihrer linken Hand zu wählen. Dafür mußte sie einen Augenblick lang ihre Augen von Kay abwenden und zum Telefon sehen, und die Pistole war nicht mehr genau auf ihr Ziel gerichtet. Das war alles, was Kay brauchte.

„Paß auf!" schrie Viktor, aber die Warnung kam zu spät. Bevor Carla reagieren konnte, hatte Kay mit einem Satz die Entfernung zwischen ihnen überwunden. Ihr Fuß sauste durch die Luft und schlug Carla die Waffe aus der Hand. Mit einer weiteren blitzschnellen Bewegung, so schnell, daß Carla kaum wahrnahm, was geschah, schlug sie Carla mit demselben Fuß die Beine unter dem Körper weg. Im nächsten Augenblick stand Kay über ihr. Sie hielt die Waffe in der Hand und richtete sie auf Carlas Kopf.

„Stehen Sie auf, Bertelli." Kays Stimme war hart wie Stahl. Carla stand mühsam auf. „Und jetzt auf den Stuhl da, auf dem ich gesessen habe!" Sie winkte mit der Pistole. „Khorev, setzen Sie sich wieder hin." Es gab keine andere Wahl, sie mußten gehorchen.

„Sie werden es nicht glauben", freute sich Kay, „aber vor einer Woche erhielt ich Befehl aus Moskau, das Zentrum zu verlassen und zurückzukommen. Aber ich wollte nicht. Ich konnte nicht zulassen, daß *Glasnost* mich um meine Rache brachte. Aber ich hätte mir nie träumen lassen, daß ich sie auf einem Silbertablett serviert bekomme! Sie haben mich wirklich überrascht, Carla. Ich hatte keine Ahnung, daß Sie eine Waffe haben — das ist ausgezeichnet!"

„Waren Sie wirklich Chernovs Geliebte?" fragte Carla.

„Deshalb wird mir das hier ja so viel Spaß machen!"

„Aber ihr New Yorker Akzent?"

„Ich bin dort groß geworden, Dummchen. Mein Vater gehörte zur sowjetischen Delegation bei den Vereinten Nationen. Aber das reicht jetzt. Ich habe keine Zeit mehr."

„Das stimmt", sagte Carla. „Ihre Tarnung ist aufgeflogen, Verehrteste. Dies Zimmer ist verwanzt — alles wird aufgenommen. Was auch immer Sie jetzt mit uns tun werden — man wird Sie erwischen!"

Ein verächtliches Lächeln umspielte Kays Lippen. „Sie haben recht. Und ich weiß, wo all die Geräte sind. Sie werden also nicht die Befriedigung haben, zu glauben, daß man mich erwischt."

Sie trat zur Seite und stand jetzt hinter Carla. „Es wird ein sehr eindeutiger Fall von Mord und Selbstmord werden. Sie lieben einander, nicht wahr? Ich weiß es schon seit einer Weile. Sie hatten ein Verhältnis miteinander, haben sich gestritten, und dann haben Sie ihn umgebracht, Carla. Danach haben Sie die Waffe auf sich selbst gerichtet. Bei all den Geisteskrankheiten und Selbstmorden, die man den Archonten zuschreibt, werden Sie bloß zwei weitere tragische Opfer auf der Suche nach Göttlichkeit sein."

Sie schob Carla auf dem Stuhl beiseite und kniete sich hinter sie, um auf Viktor zu zielen. Der hatte seine Augen in Erwartung des Schusses geschlossen.

Der Schuß kam aus dem Korridor, und Viktor ließ sich mit einem Schrei zu Boden fallen. Carla merkte plötzlich, daß Kays Kopf, der dicht neben ihrem war, wild schwankte und sich rot färbte, als Kay von der Wucht der Kugel zu Boden fiel.

Wie im Traum wandte Carla den Kopf und sah, wie Anne White durch die Tür auf sie zurannte, die Waffe in ihrer Hand auf den jetzt bewegungslosen Körper von Kay gerichtet. Sie blieb einen Augenblick über ihr stehen. Dann steckte sie die Waffe zurück in ihre Handtasche. „Das war knapp!" sagte Anne erleichtert. Viktor erhob sich wieder langsam vom Boden. „Ist alles in Ordnung?" fragte sie Carla.

Carla nickte schwach. Die schreckliche Realität der letzten paar Minuten drang bruchstückhaft in ihr Bewußtsein vor. „Ich kann Ihnen gar nicht genug danken!" Sie schloß die Augen. *Viktor und ich könnten jetzt da am Boden liegen, und nicht Kay!* Sie spürte, wie sich ein Arm um sie legte. Als sie aufblickte, sah sie in Viktors Gesicht. Er zitterte — genau wie sie auch. „Es tut mir leid!" sagte sie. „Es tut mir ja so leid!"

„Bitte!" sagte Viktor. „Sie war eine gute Lügnerin. Sie mußten ganz sicher sein."

„Ich wollte sie nicht töten", sagte Anne sehr sachlich, „aber ich hatte keine Wahl. Ich konnte es nicht riskieren, daß sie Sie erschießen würde, wenn ich ihr gesagt hätte, sie solle die Waffe fallen lassen."

„Sind Sie mir gefolgt?" fragte Carla schwach.

Anne schüttelte den Kopf. „Nein, nicht gleich. Aber je mehr ich darüber nachdachte, um so besorgter wurde ich. Also habe ich gebetet: ‚Gott, bitte zeige mir, was ich tun soll.' Und dann bin ich gerade noch rechtzeitig hergekommen!"

„Dem Himmel sei Dank!" sagte Carla.

„Sie gehörte zu Chernovs psychischen Kampftruppen", erklärte Viktor. „Sie hat mir gegenüber zugegeben, daß sie die Wachen getötet und Chernov hineingelassen hat."

„Sie beide werden wichtige Zeugen sein", sagte Anne. „Wir sollten jetzt das Appartement verlassen — und passen Sie auf, daß Sie beim Hinausgehen nichts verändern. Ich werde nur kurz Ihr Telefon in der Küche benutzen, Viktor."

34. Ein Trick?

Als Carla eine Stunde später ihr Telefon abhob, war am anderen Ende ein äußerst aufgeregter Leighton zu hören.

„Sie werden nicht glauben, was hier in Washington los ist!" sprudelte es nur so aus ihm heraus. „Ich möchte, daß Sie Kay und Viktor holen, und daß Sie drei dann in mein Büro gehen, wo ich über den Lautsprecher mit Ihnen allen gleichzeitig sprechen kann."

„Ich habe versucht, Sie zu erreichen, Frank. Kay, ähm – sie ist nicht mehr da. Sie ist ... tot."

„Was?" rief Frank aus.

„Es *gab* einen Helfer hier drinnen, Frank, und Kay war diejenige, die die Wachen getötet und die Russen hereingelassen hat."

„Das glaube ich nicht! Und Sie sagen, sie sei *tot?*"

„Eine FBI-Agentin hat sie gerade noch rechtzeitig erschossen. Sie wollte gerade Viktor und mich umbringen. Sie war von Chernov ausgebildet worden – sie war seine Geliebte. Es ist in Viktors Appartement passiert."

„Chernovs *Geliebte?*" Es gab ein qualvolles Schweigen und dann die erstickte Antwort: „Ich kann es einfach nicht glauben. Sie war genauso begeistert über den Plan und genauso engagiert, wie jeder andere von uns. Ich habe Kay gemocht. Wir haben einander sehr nahe gestanden. Ich – ich verstehe das nicht. Wie konnte sie mich so total täuschen?"

Es gab eine lange Stille. „Frank, sind Sie noch dran?"

„Warum haben uns die Archonten nichts von ihr gesagt?" fragte er schließlich.

„Sie sagten uns, es sei ein Geheimnis, daß wir selbst lösen müßten, um geistlich zu wachsen – wissen Sie noch?"

„Ich weiß. Aber der Gedanke, daß es Kay war – eine aus dem engsten Mitarbeiterkreis, eine Eingeweihte! Sie hat mir sehr viel bedeutet, Carla, und ich war mir sicher, daß sie mir gegenüber dieselben Gefühle hegte. Wir hatten ein so enges Verhältnis. Wie konnte ich nur so dumm sein?"

„Ich frage mich, wieviel sie an Moskau weitergeleitet hat", sagte Carla.

„Wir müssen davon ausgehen, daß sie alles weitergeleitet hat. Die Russen wissen alles! Ich glaube nicht, daß uns das schaden wird, aber es ist gut, daß der Plan bald ausgeführt werden wird. Ich kann es einfach nicht glauben!"

„Es tut mir leid, Frank. Es war auch für mich ein großer Schock. Soll ich Viktor holen und in Ihr Büro gehen?"
„Ich bringe es nicht übers Herz, jetzt darüber zu sprechen. Wir kommen morgen wieder zurück. Wir werden einfach solange warten."

* * *

Carla rief Viktors Büro über das Haustelefon an, um ihm von ihrer Unterredung mit Leighton zu berichten. Seine Sekretärin antwortete. „Er ist nicht hier", sagte sie. „Vielleicht ist er noch in seinem Appartement. Ein FBI-Agent kam vor etwa einer Stunde hierher und sagte, daß ein Herr Jordan ihn drüben sehen wolle."
„Vielen Dank", sagte Carla. Als sie gerade den Hörer auflegte, kam Viktor in ihr Büro.
„So, Sie haben ihre Sitzung mit dem FBI also schon hinter sich", sagte Carla. „Ich wünschte, sie würden mich auch endlich rufen. Ich habe keine Lust, noch länger hier herumzuwarten. Nach dem, was wir erlebt haben, ist es mir unmöglich, noch etwas Produktives zu tun."
„Sie möchten jetzt mit Ihnen sprechen", sagte Viktor. „Jordan bat mich, Sie zu holen. Haben Sie Frank schon erreicht?"
„Ja. Es war ein schwerer Schlag für ihn. Er hatte eine enge Beziehung zu Kay. Ich nehme an, Sie hat ihm das Gefühl vermittelt, daß er ihr etwas bedeute."
„Sie war ganz unglaublich." Viktor schüttelte fassungslos seinen Kopf.
„Viktor, ich weiß gar nicht, wie ich Ihnen sagen soll, wie leid es mir tut. Sie hatte mich so verwirrt. Ich hätte Sie erschießen können!"
„Bitte. Ich möchte nicht einmal daran denken!"
„Ich bin völlig durcheinander!" seufzte Carla. „Ich habe von solch einer Welt voller Spione und internationaler Intrigen gelesen, aber ich war mir nie sicher, ob es das nun wirklich gäbe, oder ob es alles nur ausgedacht sei. Und plötzlich bin ich selbst in so etwas verwickelt!"
„Der KGB stellt seine eigenen Regeln auf", sagte Viktor bitter. „Böses wird gut, und Macht ist Recht." Er zögerte einen Augenblick lang, und dann redete er weiter, als gäbe es etwas, das er für sich behalten habe und das er jetzt aussprechen mußte. „Und ich habe das

schreckliche Gefühl, daß die Archonten, wer oder was sie auch immer sein mögen, ganz genauso arbeiten. Das gefällt mir nicht, Carla."
Sie legte einen Finger auf ihre Lippen und schüttelte den Kopf. „Wir haben beide ab und an unsere Zweifel gehabt", sagte Carla rasch, „aber das ist bei einer Sache von solcher Bedeutung nur natürlich – und erst recht bei einer Sache, die so revolutionär ist. In der gesamten Weltgeschichte hat es nichts Derartiges gegeben. Ich verstehe Ihren Groll darüber, daß wir die Befehle der Archonten befolgen müssen. Aber es ist schließlich ihr Plan. Eines Tages wird die ganze Welt ihnen – und auch uns – dankbar sein. Das ist es, was mich weitermachen läßt." Sie stand auf. „Nun gut, Sie haben gesagt, daß das FBI mich sprechen möchte – ich nehme an, um meine Version dieses Alptraums zu hören. Warum begleiten Sie mich nicht einfach?"
Als Sie draußen waren, schalt Carla Viktor. „Haben Sie denn vergessen? Unsere Büros haben Ohren! Sie können da drinnen nicht so reden!"
„Ich weiß nicht, ob mir das noch etwas ausmacht", sagte Viktor wütend. „Ich bekomme langsam das Gefühl, daß ich wieder in der Sowjetunion bin – oder daß ich vielleicht sogar in etwas viel Schlimmeres geraten bin. Ich bin hier in diesem Gefängnis eingeschlossen, kann nicht einmal nach draußen gehen, und die Archonten diktieren jede unserer Bewegungen – und bald werden sie auch unsere Gedanken kontrollieren!"
„Aber wenn die Archonten das sind, was sie behaupten", beharrte Carla, „nun, ich meine, sie stehen so weit über uns, daß es nur logisch ist, daß wir ihre Befehle befolgen."
Sie hatten aufgehört zu reden und standen jetzt zwischen dem Hauptgebäude und dem Haus mit den Appartements. Viktor beugte sich dicht zu Carla hinüber und flüsterte: „Angenommen, es gibt gar keine Archonten. Angenommen, die ganze Sache mit den Archonten ist nur ein Trick."
„Das kann nicht Ihr Ernst sein, Viktor!"
„Ich habe mich Tag und Nacht abgequält und versucht, die Einzelteile zu einem Bild zusammenzusetzen, und ich bin zu folgendem Ergebnis gekommen: Antonio hat zweifellos unglaubliche Kräfte – ja, unvorstellbare Kräfte. In all den Jahren meiner parapsychologischen Forschung habe ich von solchen Dingen, wie er sie tun kann, nicht einmal annähernd geträumt."
Carla konnte Jordan sehen, der vor Viktors Appartement auf dem Treppenabsatz stand und zu ihnen hinübersah. Sie winkte ihm zu, und

er winkte zurück. „Jordan wartet auf uns", sagte sie. „Wir könnten uns später noch darüber unterhalten."
Er hielt ihren Arm fest und redete aufgeregt weiter. Sie hatte ihn noch nie so erregt gesehen. „Ich muß mit Ihnen darüber sprechen — jetzt. Hören Sie! Antonio hat all die Macht, die er braucht, um die Herrschaft über die ganze Welt zu übernehmen. Niemand könnte ihn aufhalten. Aber Millionen von Menschen würde das, was er getan hätte, nicht gefallen, und die Rebellionen würden kein Ende nehmen. Also tut er so, als gäben ihm die Archonten Anweisungen. Anstatt es selbst zu tun und Erbitterung zu erregen, wird er von dieser Gruppe ‚hochentwickelter, außerirdischer Intelligenzen, die unsere Evolution überwacht haben' als Weltherrscher eingesetzt. Das ist eine geniale Idee. Natürlich müßte Del Sasso, so, wie jeder andere auch, *ihre* Anweisungen befolgen — und das würde ihn nicht als Schurke, sondern als Helden dastehen lassen. Die Vorstellung von ‚hochentwickelten Intelligenzen aus einer anderen Dimension' besitzt genügend Romantik und den Reiz von Science-fiction, so daß jeder entweder mitmachen wollte oder Angst hätte, es nicht zu tun — zumindest so lange, bis er fest genug im Sattel sitzt, um eine Rebellion unmöglich zu machen." Viktor mußte Luft holen.
Carla schwirrte der Kopf. „Meinen Sie das im Ernst? Ich hätte nie an so etwas gedacht, aber andererseits ..." Sie hörte wieder Georges Stimme am Telefon, und plötzlich fügten sich die Teile zusammen. „Glauben Sie, daß es beim CIA eine Elitetruppe geben könnte, die in dieser Sache mit Del Sasso unter einer Decke steckt?"
„Das wäre möglich. Ich habe über solche Details noch nicht nachgedacht. Diese schreckliche Vorstellung verfolgt mich seit Ingas Tod. Ich glaube, Del Sasso hat sie in den Selbstmord getrieben!"
„Ich habe Ihnen noch nie erzählt, daß er mich beinahe getötet hätte."
„Wann? Wie?"
„Nun, vielleicht war es nicht wirklich er, aber es muß einen Zusammenhang geben. Eine Gestalt, die genau wie er aussah, mit Robe und Kapuze und allem, kam direkt in mein Schlafzimmer, als ich schlief, und versuchte, mich zu erwürgen!"
„Das klingt so, als sei es sein psychisches Double gewesen! Warum sind Sie danach wieder hergekommen? Und warum haben Sie mir das nicht eher erzählt?" Viktor war deutlich bestürzt.
„Ich wollte Sie nicht allein lassen, aber ich wußte nicht, was ich sagen sollte. Die ganze Sache ist sehr verwirrend gewesen. Ich wollte darüber reden, aber es schien keinen geeigneten Zeitpunkt zu geben."

„Na — und wie sind Sie Del Sasso entkommen?" fragte Viktor ernst.
„Ich kann nicht darüber reden."
„Carla, hier sind nur Sie und ich — genau wie in Paris. Nur diesmal ist nicht Chernov hinter uns her. Wir kämpfen gegen etwas viel Größeres an. Ich weiß noch nicht einmal mehr, wer unsere Feinde sein könnten. Es könnte jeder sein! Wir müssen zusammenhalten und uns gegenseitig mitteilen, was wir wissen."
Carla sprach zögernd. „Jemand hat mich gerettet. Er müßte Ihnen selbst erklären, wie er es tat."
„War es Dr. Inman?"
Sie nickte. „Ich wüßte gerne, was er zu Ihrer Theorie sagt."
„Das wüßte ich auch gerne", sagte Viktor. „Er hat das Psitron erfunden, aber trotzdem ist er einer der wenigen, denen ich vertrauen würde. Ich wüßte gerne, was er denkt — warum Del Sasso der einzige ist, der erfolgreich darauf ausgebildet worden ist. Wir haben sechs Leute verloren."
„Sieben", korrigierte ihn Carla. „Ken war der erste, und die Archonten hätten ihn beinahe getötet — erinnern Sie sich?"
„Es waren nicht die Archonten — es war Del Sasso."
„Aber zu dem Zeitpunkt war er noch nicht einmal hier."
„Ich meine, daß er da war, ohne daß es jemand wußte — Frank ausgenommen. Sie müssen zusammenarbeiten. Sie arbeiten beide für den CIA, und ich kann zwischen dem CIA und dem KGB keinen Unterschied mehr sehen."
„Aber wie kommt es, daß Del Sasso damals Kens Verstand manipulieren konnte, wenn Ken jetzt völlige Macht über ihn hat?"
„Er kann sich nicht mit Del Sassos Macht messen!" erwiderte Viktor.
„Ich bin sicher, daß er es kann, und das verwirrt mich."
„Sie meinen damals im Labor? Del Sasso hat das erklärt."
„Ich habe seitdem andere Beweise gesehen, von denen ich Ihnen unbedingt berichten muß. Aber das kann ich nicht tun, wenn Ken nicht dabei ist, um seine eigene Erklärung dazu abzugeben."
Carla dachte einen Augenblick lang nach. „Es muß eine Möglichkeit geben, Sie hier herauszubekommen, damit Sie sich mit Ken treffen können, und ich glaube, ich weiß, wie. Kommen Sie. Fragen Sie mich nicht, woher ich es weiß, aber Don Jordan ist auch jemand, dem man vertrauen kann." Sie gingen das letzte Stück ihres kurzen Spazierganges. Als sie unten an der Treppe standen, blieb Carla stehen und rief zu Don Jordan hinauf: „Dürfen wir Sie etwas fragen — hier unten?" Er

nickte und lief die Treppe hinunter, wobei er immer zwei Stufen auf einmal nahm.

Sie winkte Jordan, und die drei zogen sich von dem Gebäude und den Schwärmen von Sicherheitsleuten und FBI-Agenten um Viktors Appartement herum zurück. „Don, Viktor hat etwas zu sagen, was Sie meiner Meinung nach hören sollten. Er kann es Ihnen nicht hier auf diesem Gelände sagen, weil Ken es auch hören sollte. Wir brauchen seine Meinung dazu. Es ist wirklich wichtig. Gibt es eine Möglichkeit, Viktor lange genug aus diesem Gefängnis herauszuholen, um die Sache mit Ken durchzusprechen — vielleicht heute abend?"

Jordan dachte kurz nach. „Ja", sagte er. „Das läßt sich einrichten. Er ist ein wichtiger Zeuge, und ich muß ihn einfach für eine weitere Befragung in mein Büro bringen. Ich werde ihn in meinem Wagen mitnehmen. Ich wollte sowieso zurückfahren, sobald ich Ihre Aussage aufgenommen habe."

„Phantastisch!" sagte Carla. „Ich wäre freier, einige Dinge zu sagen, wenn Sie meine Aussage ebenfalls in Ihrem Büro aufnehmen würden. Wäre das möglich?"

„Das ist kein Problem. Ich wollte es Ihnen sogar vorschlagen."

„Okay. Ich werde Ihnen und Viktor folgen. Was meinen Sie, wieviel Zeit werden Sie für meine Aussage brauchen?"

„Eine halbe Stunde, vielleicht auch etwas länger."

„Gut. Noch etwas. Viktor hat seit seiner Ankunft in den Vereinigten Staaten nichts außer dem Inneren dieser sterilen Einrichtung gesehen. Wie wäre es, könnte die Unterhaltung mit Ken nicht in einem netten Restaurant stattfinden, anstatt in Ihrem Büro, wenn Sie mit mir fertig sind? Nur eine kleine Gefälligkeit für einen Mann, der so große Hoffnungen hatte, als er übergelaufen ist."

„Ich sehe da kein Problem", sagte Jordan. „Welches Restaurant würden Sie vorschlagen?"

„Wie wäre es mit dem Old Wharf Fish House? Es ist jetzt 16.30 Uhr. Also sagen wir um 19.00 Uhr? Okay?"

„Geht in Ordnung. Lassen Sie mich hier noch ein paar Dinge klären. Viktor und ich werden in 15 Minuten im Wagen am Tor auf Sie warten."

„Ich rufe noch Ken von meinem Büro aus an und sorge dafür, daß er auch kommt", sagte Carla, die offenbar sehr erleichtert war.

Als sie wieder in ihrem Büro war, suchte sie ein paar Unterlagen zusammen, legte sie in ihren Aktenkoffer und rief dann Kens Firma an. Eine höfliche weibliche Stimme sagte: „Sensitronics International. Was kann ich für Sie tun?"

„Ich würde gerne mit Dr. Inman sprechen."
„Einen Moment bitte." Sie wartete einen Moment, während die Zentrale sie mit Kens Sekretärin verband.
„Büro Dr. Inman."
„Carla Bertelli. Ist Ken zu sprechen? Es ist ziemlich dringend."
„Einen Augenblick, Frau Bertelli."
Kens Stimme kam über die Leitung. „Carla! Ist alles in Ordnung?"
„Mir geht's gut. Ken, bist du heute abend noch frei?"
„Das wäre machbar. Was ist denn los?"
„Oh, ich habe mir gedacht, es wäre schön, mich mit dir zum Abendessen im Old Wharf Fish House zu treffen ... sagen wir, um 19.00 Uhr?"
Am anderen Ende gab es eine kurze Pause. „Und du nimmst mich nicht auf den Arm?"
„Nein, tue ich nicht. Hier draußen ist etwas Schreckliches passiert, und ich brauche wirklich etwas Ablenkung, damit ich nicht mehr daran denke. Es wäre sehr nett von dir, Ken."
„Das ist wunderbar. Soll meine Sekretärin einen Tisch reservieren?"
„Ich bitte darum. Mit vier Plätzen."
„Vier Plätze?"
„Ja. Es gibt da ein paar Leute, die du einfach kennenlernen *mußt*."

35. Ein Konkurrenzplan

Ken saß schon im Restaurant, als Carla ankam. Während sie auf Jordan und Viktor warteten, berichtete sie Ken, was in der letzten Zeit passiert war – wer Kay Morris war, wie nahe sie und Viktor an jenem Nachmittag dem Tode gewesen und wie sie in letzter Sekunde von einer FBI–Agentin namens Anne White gerettet worden waren.
„Ich kenne sie sehr gut", lächelte Ken. „Wir sind ein paar Mal zusammen ausgegangen."
„Wirklich? Sie ist ziemlich attraktiv", sagte Carla.
„Eine sehr nette Frau. Ich mag sie", sagte Ken. „Sie heißt eigentlich Anne Bartkowski, aber bei Sonderaufträgen wie diesem läuft sie unter dem Namen ‚White'."
„Woher kennst du sie und Jordan?"
„Sie besuchen beide dieselbe Gebetsversammlung, zu der auch meine Mutter und ich gehen . . . die, die in Dr. Elliotts Haus stattfindet. Du kannst dich bestimmt noch an ihn erinnern."
„Wie sollte ich ihn je vergessen?" sagte Carla mit gerunzelter Stirn. „Nun, ich muß schon sagen, du hast wirklich eine interessante Gruppe von ‚christlichen Freunden' – und ihr scheint euch ja sehr um einander zu kümmern."
In dem Moment trafen Viktor und Jordan ein und wurden sofort zu ihren Plätzen gebracht. Als sie sich die Speisekarte ansahen, fiel Carla etwas ein, was sie Jordan eigentlich sagen wollte, aber dann vergessen hatte. „Don, wissen Sie eigentlich, daß Anne White meine Waffe hat?" fragte sie. „Ich nehme an, sie ist jetzt ein Beweismittel – und es wäre mir lieber, wenn ich keine neue bekäme. Trotzdem vielen Dank!"
„Sie haben gute Arbeit geleistet. Also werden wir Sie in Frührente schicken", sagte Jordan. „Anne hat mir alles erzählt. Sie sagte, Sie und Viktor hätten sich hervorragend gehalten."
„Es war nett von ihr, das zu sagen, und bei Viktor trifft es auch zu – aber ich war völlig unterlegen. Ich hätte einen Panzer gebraucht, um gegen Kay ankommen zu können, und nicht nur eine Pistole. So etwas habe ich noch nie erlebt. Und was Anne betrifft – sie war einfach großartig. Sie wußte genau, was zu tun war. Sie hat uns das Leben gerettet – gerade noch rechtzeitig."
„Sie gehört zu unseren besten Leuten", sagte Jordan. „Aber was bestellen wir denn nun?"
„Ich nehme die Combo", sagte Carla, „und Sie sollten dasselbe neh-

men, Viktor." Sie beugte sich hinüber und wies auf eine Stelle auf der Speisekarte. „So etwas haben Sie in Moskau noch nie gegessen. Es ist eine Platte mit verschiedenen Fischarten: Lachs aus Alaska, der beste Hummer der Welt aus der Karibik und Riesengarnelen aus dem Golf von Mexiko — alles frisch eingeflogen. Und die Garnelen sind in der leckersten Teighülle, die Sie je gegessen haben. Es ist phantastisch! Na, wie wär's damit?"

Viktor hatte inzwischen nicht nur die Speisekarte studiert, sondern genau soviel Zeit damit verbracht, sich im Restaurant umzusehen. „Es klingt erstaunlich", sagte er. „Wenn Sie es empfehlen..."

„Sie werden es nicht bereuen", sagte Jordan begeistert. „Ich werde dasselbe nehmen."

„Und ich ebenfalls", setzte Ken hinzu.

„Na, da sind wir also alle einer Meinung", lachte Carla. Nachdem sie bestellt hatten, brachte Carla sofort ihr Anliegen vor. „Bevor wir zum Thema kommen, wüßte ich gerne von Don, ob das FBI nicht den CIA überreden kann, daß sie Viktor wenigstens ab und zu sehen lassen, wie die Welt draußen aussieht. Ich weiß, daß ihm diese Erfahrung heute abend sehr guttun wird, und ich sehe keinen Grund, weshalb er sich jetzt noch in großer Gefahr befinden sollte. Oder?"

„Das Klima im Kreml wird immer besser", erwiderte Don. „Ich glaube, sie wollen wirklich Frieden — wofür sie natürlich ihre eigenen Gründe haben. Und der russische Staatspräsident versteht sich wirklich gut mit unserem Präsidenten. Aber trotzdem kann man für nichts garantieren."

„Sie meinen also, daß Kay Morris die Wahrheit gesagt hat, als sie meinte, sie sei nach Moskau zurückbeordert worden und hätte sich geweigert, weil sie sich noch an mir und Carla rächen wollte?" fragte Viktor.

„Nach allem, was wir in Erfahrung bringen konnten, glaube ich, daß es stimmt. Aber es könnte irgendwo dort draußen noch weitere abtrünnige Agenten geben. Wenn ich Sie wäre, Viktor, würde ich mir eine völlig neue Identität zulegen. Dieses Land ist sehr groß. Sie könnten mit Leichtigkeit von der Bildfläche verschwinden — zumindest so lange, bis Sie für die Russen nicht mehr wichtig sind."

Viktor sah ernst aus. „Vor dem Kongreß ist das unmöglich. Ich bin für Leighton aufgrund meiner Identität von Bedeutung, und er sagt, es sei sehr wichtig, daß ich auf dem Kongreß der Hauptredner bin."

„Dann würde ich den CIA bitten, sich unmittelbar nach dem Kongreß darum zu kümmern, wenn Ihre jetzige Identität ihren Zweck erfüllt hat. Und bis dahin würde ich diese Festung nicht verlassen. Ich habe im Augenblick vier Männer dort drin, die Sie bewachen. Das ist ein ziemlich teurer Spaß für Onkel Sam."

„Sie machen Witze!" sagte Carla und sah sich im Raum um. „Mir war nicht klar, daß das nötig sein würde. Aber ich glaube, das ist die Sache wert. Viktor wollte unbedingt mit Ken über einige Gedanken reden, die er sich gemacht hat. Und Sie wissen ja, daß Ken dort draußen eine *Persona non grata* ist. Deshalb war das hier die einzige Möglichkeit." Sie wandte sich an Viktor. „Wie wäre es, wenn Sie uns jetzt erklären, was Sie mir heute nachmittag gesagt haben?"

„Ich war zunächst begeistert, als ich hierher kam", begann Viktor. „Mein ganzes Denken wurde verändert, als ich Del Sassos Fähigkeiten sah. Und der Plan erweckte so große Hoffnungen, den Planeten Erde retten zu können. Aber mir war nicht wohl bei der Art, wie die Archonten alles vorschrieben. Ihr Wort ist Gesetz und muß befolgt werden, oder aber ... Es war genauso unterdrückend wie in der marxistischen Gesellschaft, der ich entflohen war. Mir fiel auf, daß alles, was die Archonten taten, Del Sassos Bedeutung und Macht vergrößerte. Er ist der Schlüssel für die ganze Sache. Jeden Tag kommt durch Del Sasso eine ‚Übertragung' von den Archonten, in der sie uns sagen, was wir zu tun haben. Aber es gibt keine Möglichkeit zu überprüfen, ob die Archonten wirklich durch Del Sasso sprechen oder ob er uns nur etwas vorspielt. Das machte mir allmählich Sorgen."

Viktor versuchte zu essen, während er sprach. Er hatte offensichtlich noch nie einen Hummer gesehen und wußte nicht, an welchem Ende er anfangen sollte. „Ich bin gespannt, wer die Schlacht auf Ihrem Teller gewinnen wird", zog Carla ihn auf. „Sie oder das Seeungeheuer?"

Viktor wollte seine Niederlage einem Krustentier gegenüber nicht zugeben und sagte: „Ich glaube, ich werde gewinnen", und attackierte wieder eine der Scheren.

„Kommen Sie, ich zeige es Ihnen", sagte Ken lachend.

„Mmm! Wirklich köstlich!" meinte Viktor. Als er einige schöne Stücke von dem saftigen weißen Fleisch genossen hatte, wurde er wieder ernst und fuhr fort: „Der Plan verspricht, daß Del Sasso nur der erste ist. Es wird Millionen andere geben, die diese psychische Kraft zum Wohle der Menschheit einsetzen können. Aber bisher konnten wir nicht einmal *einen* hervorbringen. Wir haben nacheinander sechs Medien auf dem Psitron trainiert, und für jeden endete die Sache in einer Katastrophe. Fünf begannen, sich seltsam zu verhalten, verloren den Kontakt mit der Realität, und zwei von ihnen befinden sich immer noch in der Psychiatrie. Die letzte — Inga — hat sich offenbar selbst erhängt."

„Darüber sind wir uns noch nicht ganz im klaren", warf Don ein. „Es ist ein sehr seltsamer Fall."

„Naja, worum es geht, ist folgendes", fuhr Carla fort. „Jeder, der beginnt, Kräfte zu entwickeln, die möglicherweise eine Herausforderung für Del Sasso darstellen können, wird auf die eine oder andere Weise eliminiert."

„Der Kommunismus klingt auf dem Papier sehr gut, aber das Paradies, das er verspricht, wird irgendwie nie Realität", sagte Viktor. „Mit den Archonten ist es dasselbe. Sie versprechen Frieden, Liebe und Brüderlichkeit, aber alles, was bisher dabei herausgekommen ist, waren Gewalt und Tod. Um es einmal deutlich zu sagen: Ich glaube, die ganze Sache mit den Archonten könnte ein Trick sein, und der Plan nichts weiter als Del Sassos cleverer Versuch, die Weltherrschaft an sich zu reißen. Ich vermute, daß Frank sein Komplize ist, aber vielleicht wird er auch genauso getäuscht wie wir anderen."

Carla wandte sich an Ken: „Nun, was hältst du davon?"

„Du weißt, wer ich bin und was ich glaube, aber Viktor weiß es nicht. Deshalb werde ich es ein wenig erklären. Die Bibel sagt, daß ein böser Mensch, der der Antichrist genannt wird, die Weltherrschaft übernehmen wird."

„Sie meinen, der ‚Herr 666'", sagte Viktor. „Sie glauben also daran?"

„Ja, das tue ich. In der Vergangenheit hat es einige gute Kandidaten für dieses Amt gegeben. Hitler kam der Sache sehr nahe. Aber es kann nur geschehen, wenn Gott es zuläßt, und der Antichrist wird wahrscheinlich eine Inkarnation Satans sein, der auch als die Schlange bekannt ist. Ob es mit Hilfe des Plans der Archonten geschehen wird, bleibt abzuwarten. Obwohl Del Sasso — zumindest im Augenblick — über große Kräfte verfügt, bezweifle ich, daß er der Antichrist ist. Aber er hat sicher einige Qualitäten, die dafür nötig wären."

„Und was für Qualitäten wären das?" fragte Carla.

„Im zweiten Brief an die Thessalonicher, Kapitel 2, Vers 9 und 10, und in Offenbarung 13, Vers 4, wird erklärt, daß er *alle Fähigkeiten Satans* manifestiert, und zwar ‚mit jeder Machttat und mit Zeichen und Wundern der Lüge'. Das paßt sehr gut auf Del Sasso — und daß er in Rom geboren ist, schadet auch nicht. Aber ich glaube, daß der Antichrist auch eine mächtige politische Basis haben wird, von der aus er antreten wird. Deshalb ist im Augenblick noch alles offen."

„Ist dieser Del Sasso wirklich so großartig?" fragte Jordan.

„Er ist unglaublich!" sagte Carla. „Seine psychischen Kräfte können sich mit allem messen, was im Neuen Testament über Jesus berichtet wird. Ich habe noch nicht gesehen, daß er Tote auferweckt hätte, aber ich würde nicht bezweifeln, daß er es könnte. Und nicht nur das. Er besitzt auch unwiderstehliche Überredungskünste — ein unglaubliches Charisma. Er ist mit Sicherheit fähig, den Plan zu leiten — den ich übrigens für echt halte. Er bietet der Welt wirkliche Hoffnung. Er ist logisch. Offen gesagt, ich hoffe immer noch, daß es klappt."

Ken warf ihr einen enttäuschten Blick zu und wandte sich dann wieder an Viktor. „Was auch immer sonst noch über die Übertragungen kommt, oder ob Del Sasso es manchmal nur vortäuscht — ich kann nichts dazu sagen, denn ich war nie dabei. Aber von dem wenigen, was ich gehört habe, glaube ich nicht, daß es Del Sassos Plan ist. Es ist der Plan der Archonten — und sie sind Dämonen!"

Ken sah Viktors zynisches Lächeln. „Ich war auch so ein Skeptiker wie Sie, Viktor — vielleicht war ich sogar noch skeptischer. Sie haben mich nach meiner Meinung gefragt, und ich muß Ihnen wenigstens einige der Gründe nennen, wieso ich sie vertrete, denn sonst würde es noch sinnloser klingen."

„Ich widerspreche Ihnen nicht", erwiderte Viktor. „Ich möchte genau wissen, was Sie wirklich glauben."

„Okay", sagte Ken. „Es ist sehr gut möglich, daß Del Sasso hofft, die Weltherrschaft zu bekommen. Und bei seiner verdrehten Theologie könnte er es sogar für eine große Ehre halten, der Antichrist zu werden. Das würde erklären, warum er möglicherweise jeden ausgeschaltet hat, der ähnliche Kräfte wie er entwickelte. Aber es gibt die Archonten tatsächlich. Sie müssen wissen, daß die Geschichte des Okkultismus voller Hinweise auf sie ist — obwohl sie meistens ‚die Neun' genannt werden. So haben sie sich mir übrigens am Anfang vorgestellt."

Viktor nickte. „Also hat sich Del Sasso doch nichts aus den Fingern gesogen. Er behauptete, er stehe in Kontakt mit Wesen, die es schon sehr lange gäbe und die zumindest Okkultisten und Medien gut bekannt seien. Das verleiht dem Plan eine gewisse Legitimität. Vielleicht gibt es solche Wesen. Ich widerspreche dem nicht. Aus diesem Grunde bin ich ja eigentlich in den Westen geflohen: Ich war überzeugt davon, daß hinter psychischen Phänomenen nicht-physische Wesen stehen."

„Was wollen Sie damit sagen?" fragte Carla. „Ich dachte, Sie hätten gesagt, es gäbe sie nicht."

„Ich meinte damit, daß Sie nicht in der Form existieren, *wie Del Sasso sie darstellt.* Ich weiß nicht, wer oder was sie wirklich sind. Aber ich glaube, daß er aus ihnen etwas anderes macht, als sie eigentlich sind, um damit seine eigenen Ziele zu verfolgen."

Ken griff in die Innentasche seines Jacketts und zog ein kleines schwarzes Buch heraus. Er hielt es hoch, damit Viktor es sehen konnte. „Davon gab es nur wenige in der Sowjetunion. Es wäre möglich, daß Sie noch nie eines gesehen haben."

„Was ist das?" fragte Viktor.

„Ein Neues Testament – ein Teil der Bibel."

„Sie haben recht. Ich kenne es nicht."

„Ich werde Ihnen nur einige Verse daraus vorlesen." Ken sah zu Carla hinüber. Ihr erwartungsvoller Blick gefiel ihm. „Ob Sie es glauben oder nicht, die Archonten wurden vor 1900 Jahren in dieser Schrift erwähnt", sagte er dann. Carla sah überrascht aus.

„Ein jüdischer religiöser Führer namens Saulus, der die Christen haßte und sie ins Gefängnis werfen und töten ließ, behauptete, daß Jesus Christus, der von den Toten auferstanden war, zu ihm kam und ihn bekehrte. Das scheint die einzige logische Erklärung dafür zu sein, daß Saul plötzlich ein Christ wurde. Er wurde als der Apostel Paulus bekannt und kam schließlich selbst ins Gefängnis und wurde getötet. Ich lese aus einem Brief, den er an die damalige Gemeinde in Ephesus schrieb – einer Stadt, die in der heutigen Türkei liegt: ‚Schließlich: Werdet stark im Herrn und in der Macht seiner Stärke! Zieht die ganze Waffenrüstung Gottes an, damit ihr gegen die Listen des Teufels bestehen könnt. Denn unser Kampf ist nicht gegen Fleisch und Blut, sondern gegen die Gewalten, gegen die Mächte, gegen die Weltbeherrscher dieser Finsternis, gegen die Geister der Bosheit in der Himmelswelt. Deshalb ergreift die ganze Waffenrüstung Gottes, damit ihr an dem bösen Tag widerstehen und, wenn ihr alles ausgerichtet habt, stehen könnt.'"

Viktor schien nicht beeindruckt zu sein. „Und was soll das bedeuten?"

„Das Wort ‚Gewalten' in dieser Übersetzung heißt in der griechischen Sprache, in der Paulus den Brief ursprünglich schrieb, ‚Archonten'. Als ich das eines Abends, als ich die Bibel las, entdeckte, hat es mich fast vom Stuhl gehauen."

„Ich wußte, daß es ein griechisches Wort war", rief Viktor aus. „Aber ich wußte nie, daß die Bibel ursprünglich in Griechisch geschrieben wurde — genau wie jene Nachrichten, die wir in unserem Labor in der Sowjetunion erhielten!" Ken hatte jetzt seine uneingeschränkte Aufmerksamkeit.

„Wie Sie wahrscheinlich bereits wissen", fuhr Ken fort, „waren die Archonten neun Ratsherren, die in der Zeit des Paulus Athen regierten. Aber Paulus — der behauptet, beim Schreiben dieses Briefes von Gott inspiriert worden zu sein — sagt deutlich, daß er sich nur auf die Herrscher von Athen bezieht, um zu erklären, daß es eine ähnliche Hierarchie dämonischer Wesen gibt, die die Kräfte des Bösen in dieser Welt lenken. Es sagt ausdrücklich, daß sich unser Kampf nicht gegen *menschliche Feinde* richtet, sondern gegen geistliche Wesen von großer Macht und Bosheit, die sich offenbar unter dem Befehl jener Wesen befinden, die Paulus die Archonten, oder auch die Neun, nennt."

Carla hatte Kens Ausführungen mit deutlichem Erstaunen verfolgt. „Warum hast du mir nie gesagt, daß die Bibel sagt, wer die *Archonten* sind?" fragte sie empört. „Das ist ganz erstaunlich!"

„Du warst nicht gerade begierig darauf, etwas von diesem Buch zu hören. Hast du das vergessen?"

„Aber Del Sasso kennt die Bibel", beharrte Viktor. „Er muß wissen, daß sie über die Archonten spricht, und das wäre ein weiterer Grund für ihn, so zu tun, als ob sie ihm Anweisungen gäben."

„Er tut nicht nur so — sie geben ihm *tatsächlich* Anweisungen", sagte Ken bestimmt. „Sie sind zu dem Schluß gekommen, daß irgendwelche *nicht-physischen Wesen* die Quelle psychischer Kraft sein müssen, und nicht der *Verstand und die Gedanken* des Medium, wie allgemein angenommen wird. Auch ich bin davon überzeugt. Die Archonten, oder die Neun, müssen die Quelle seiner Kraft sein!"

„Aber wer sagt denn, daß der Plan, der in diesen ‚Übertragungen' durch Del Sasso empfangen wird, von ihnen stammt?" bohrte Viktor nach. „Wäre es nicht durchaus möglich, daß es ihnen egal ist, wie ihre Kraft genutzt wird und er nur so tut, als gäben sie ihm Anweisungen, damit er allein diese Kraft nutzen und die Welt beherrschen kann?"

„Dann hätten viele andere Medien dieselbe Kraft erhalten müssen. Aber Sie haben zugegeben, daß Del Sasso einzigartig ist. Für mich bedeutet das, daß sie ihn auserwählt haben, und zwar für *ihre eigenen* Zwecke, nicht für seine. Diese Sache ist größer als Del Sasso — ja, sogar größer als die Menschheit. Es gibt einen ständigen kosmischen Kampf zwischen Gott und Satan, und die Menschheit hat sich auf Satans Seite gestellt, indem sie seine Lüge, wir könnten Götter werden, geglaubt hat – und genau diese Lüge wird jetzt erneut durch den Plan offeriert."

„Wenn Gott so allmächtig ist", wandte Carla ein, „warum schlägt er Satan dann nicht einfach kräftig über den Mund und schließt ihn ein, und fertig?"

„Darf ich auch einmal etwas sagen?" fragte Don, der die Unterhaltung mit großem Interesse verfolgt hatte.

„Bitte, gern!" sagte Ken.

„Es geht nicht einfach nur um rohe *Gewalt*", meinte Don. „Es geht um eine *moralische* Angelegenheit. *Gut* und *Böse* haben nichts mit *Gewalt* zu tun. Wer die Macht hat, hat dadurch nicht gleichzeitig auch recht. Es geht um eine *moralische Wahl*, die jeder Mensch freiwillig treffen muß. Die einzige Weise, auf die Gott den Kampf um die Herzen der Menschen gewinnen will – und auch die einzige Weise, auf die er sie gewinnen *kann* – ist durch Liebe. Er hat uns so sehr geliebt, daß er ein Mensch wurde und für unsere Sünden starb, damit er uns rechtmäßig vergeben konnte. Diejenigen, die Gottes Liebe erwidern und an Jesus Christus als ihren Retter und Herrn glauben, sind aus den Klauen Satans befreit und haben in dem Namen Jesu Christi völlige Macht über den Satan und seine Dämonen."

Ken beugte sich über den Tisch und sagte sehr ernst zu Carla und Viktor: „Sie haben beide gesehen, wie ich an jenem Tag im Labor Del Sassos Machttaten beendet habe. Wie ich gehört habe, hat er eine andere Erklärung angeboten, aber das ist eine Lüge. Sie haben gesehen, daß ich keine Angst vor ihm hatte. Und Carla könnte Ihnen sagen, daß etwas, was aussah wie Del Sasso – in Wirklichkeit war es jedoch ein Archont, der seine Gestalt benutzte – direkt in ihr Schlafzimmer kam und sie umbringen wollte. Aber als ich ihm und etwas, das wie eine riesige Kobra aussah und mich angriff, befahl, zu verschwinden, verschwanden sie augenblicklich. Und Satan wird in der Bibel immer wieder ‚die Schlange' genannt."

Viktor sah fragend zu Carla hinüber, und sie nickte heftig. „Das war die Sache, die ich erwähnt habe. Aber ich wollte, daß Sie Kens Erklärung dazu hören, denn er hat sie schließlich verschwinden lassen. Ich wurde wirklich gewürgt und wäre getötet worden, wenn er mich nicht gerettet hätte."

„Auch ich wurde gerettet, Viktor", sagte Ken. „Wie Sie wissen, habe ich das Psitron erfunden und war der erste, der es benutzt hat, um Kontakt zu den Archonten aufzunehmen. Das Ergebnis war, daß ich von den Archonten *besessen* war. Sie versuchten, mich umzubringen, und sie hätten es auch geschafft, wenn nicht der Chirurg, der mich operierte, ein Christ gewesen wäre und diese Dämonen ausgetrieben hätte. Denn genau das sind sie — Dämonen. Es muß also durchaus nicht Del Sasso gewesen sein, der Inger umbrachte und die anderen in den Wahnsinn trieb, sondern vielmehr die Archonten selbst. Bei mir hätten sie es beinahe geschafft."

„Sie haben Del Sasso an jenem Tag im Labor also tatsächlich zum Aufhören gezwungen", sagte Viktor nachdenklich aber noch nicht ganz überzeugt. „Das bedeutet, daß sie eine größere Kraft besitzen als er. Also könnten Sie die Weltherrschaft übernehmen. Haben Sie das damit gemeint?"

„Die Kraft, für die ich an jenem Tag als Kanal gedient habe, kann ich genauso wenig nach eigenem Gutdünken benutzen, wie Del Sasso die Kraft der Archonten für seine eigenen Zwecke nutzen kann. Und beides sind keine *psychischen* Kräfte, Viktor. Es ist etwas völlig anderes. Die Kraft, die ich besitze und der sich die Archonten und selbst der Satan beugen müssen — und deshalb habe ich auch keine Angst vor Del Sasso — liegt *in dem Namen Jesu Christi*. Er besiegte Satan, indem er für unsere Sünden starb und von den Toten auferstand, als Beweis dafür, daß die Strafe bezahlt war und daß alle, die ihn als ihren Herrn und Retter annehmen, Vergebung empfangen und unter Gottes Schutz stehen würden. Genau das hat Don Ihnen gerade erzählt. Aber ich wollte es noch einmal wiederholen, weil das die einzige Möglichkeit ist, wie Sie sich vor Del Sasso und den Archonten, die hinter Del Sasso stehen, schützen können."

„Ich habe nicht vor, wegen den Archonten meine Integrität aufzugeben", erklärte Viktor ärgerlich, „ganz gleich, wer oder was sie sind. Und ich habe auch nicht vor, Del Sassos oder Franks — wie sagen Sie doch gleich? — *Lakai* zu sein."

„Das sind mutige Worte, Viktor", sagte Don, „und ich bewundere Ihren Mut. Aber vergessen Sie nicht, daß Sie es jetzt mit der Macht zu tun haben, die ohne jede Mühe Chernov und seine Männer vernichtet hat! Wie wollen Sie sich den Archonten entgegenstellen, ohne dasselbe Schicksal zu erleiden?"

„Ich weiß es nicht", erwiderte Viktor düster, „aber ich werde bei diesem neuen Totalitarismus, der sogar noch schlimmer ist als der Marxismus, nicht mitmachen!"

„Viktor, bitte!", bat Carla.

„Sie befinden sich beide in großer Gefahr", warnte Ken. „Sie waren von Nutzen für den Plan. Aber wenn Sie versuchen, sich gegen die Archonten zu stellen und wenn ihnen klar wird, daß sie Sie niemals dazu bringen können, an sie zu glauben, dann werden sie versuchen, Sie zu vernichten. Gott hat einen besseren Plan. Er ist für all jene, die über ihre Rebellion Buße tun und an Jesus Christus glauben."

Viktor dachte einige Zeit schweigend nach. Schließlich sagte er: „Ich habe meinen eigenen Plan. Ich weiß, was ich tun werde." Offensichtlich war die Unterhaltung beendet.

36. Um die Welt zu retten

Es war schon sehr spät am Abend, als Carla wieder in Kens Haus eintraf. Sie war zurück ins Zentrum gefahren, um mit Viktor zu diskutieren — aber erfolglos. Ken hatte auf sie gewartet, und zusammen saßen sie am Küchentisch, um miteinander zu reden. Es war das erste Mal seit einer Woche, daß er sich dafür Zeit genommen hatte.

„Ich mag Viktor wirklich gern", sagte Ken, „aber ich habe noch nie jemanden gesehen, der so stur ist. Hat er dir gesagt, was er vorhat?"

„Nein. Er hat nur wiederholt, was er schon beim Abendessen sagte — daß er seinen eigenen Plan hätte und genau wüßte, was er täte. Aber er wollte nicht damit herausrücken. Ich mache mir Sorgen um ihn."

„Und ich mache mir Sorgen um euch beide und bete für euch. Du wolltest weiter dort mitarbeiten, um Jordan zu helfen, und diese Aufgabe ist abgeschlossen. Ich weiß, du willst Viktor nicht im Stich lassen, aber er hat alles erfahren, was er wissen muß, Carla, und er hat seine Entscheidung getroffen — und er will dir noch nicht einmal sagen, worum es dabei geht! Ich glaube nicht, daß du ihm gegenüber noch eine Verpflichtung hast."

„Ich habe mich Frank gegenüber verpflichtet, und ich kann jetzt nicht einfach aussteigen. Und es gibt da eine Story, Ken — *die* Story des Jahrhunderts, wenn nicht gar der gesamten Geschichte! Und ich hoffe immer noch, daß die Archonten im Grunde wohlwollende Wesen sind, die uns auf die Erde gesetzt und unsere Entwicklung überwacht haben."

„Was sind wir denn deiner Meinung nach?" fragte Ken sarkastisch. „Eine Art Experiment, das sie im Labor erschaffen und auf diesem Planeten ausgesetzt haben? Oder falls wir nur die Weiterentwicklung einer Lebensform sind, die spontan auf der Erde entstanden ist — was macht sie dann zu den Zoowärtern des Universums mit dem Recht, unser Schicksal zu steuern? Und wenn die Archonten ‚uns auf *die* Erde gesetzt' haben, wer hat *sie* denn *erschaffen* — und so weiter, *ad infinitum, ad absurdum?*"

„*Zoowärter des Universums?*" Carla lehnte sich zurück und lachte. „Du läßt einem wirklich keine große Chance, herumzuschwafeln, Ken. Na gut, es klingt ziemlich *absurd* ..."

„Und was macht man, wenn etwas absurd ist?" hakte er sofort nach.

„Hey, halt dich ein wenig zurück." Sie hob protestierend beide Hände. „Bei dir ist alles so schwarz und weiß, so einfach, aber ich sehe die Dinge nicht so. Ich glaube, in diesem Punkt bin ich hin- und hergerissen. Es gibt Zeiten, da möchte ich am liebsten um Hilfe schreien und so schnell wie möglich weglaufen. Aber dann gibt es auch wieder Zeiten, da spüre ich, daß Antonio von einer echten Wärme und Liebe umgeben ist. Wir brauchen, weiß Gott, dringend drastische Lösungen, wenn der Planet Erde überleben soll. Die Archonten, wer oder was auch immer sie sein mögen, bieten zur Abwechslung wenigstens einmal etwas Positives an — es ist das erste Mal, daß ich von einem Plan höre, der sinnvoll ist."

„Er ist nicht sinnvoll. Er hat keine moralische Grundlage, keine Basis für die Gewissensfreiheit des einzelnen und deshalb auch keine echte Liebe — und er stinkt nach *Unheil.* Viktor spürt das."

„Das spüre ich auch ab und zu, aber nicht immer. Vielleicht *will* ich ja einfach, daß es funktioniert, weil es keine Alternative zu geben scheint."

„Es gibt eine Alternative, Carla, eine Alternative, die sinnvoll ist. Und du weißt, was ich meine."

Carla malte mit einem Löffelstiel das Muster der Tischdecke nach. Schließlich sagte sie: „Ich erkenne mich selbst sehr stark in Viktor wieder. Vielleicht ist das der Grund, warum ich mich ihm so nahe fühle. Sein Haß auf den marxistischen Totalitarismus, und jetzt seine Angst, daß die Archonten die ganze Welt unter ihre Kontrolle bekommen wollen, hat große Ähnlichkeit mit meinen Gefühlen gegenüber dem Christentum, als ich ein Teenager war. Es schien so beengend zu sein, und ich wollte völlige Freiheit haben."

„Wenn es diese Art von ‚Freiheit' gäbe", sagte Ken, „wären wir alle Gefangene der uneingeschränkten Aktionen anderer, die unweigerlich mit unseren eigenen Handlungen kollidieren würden. Echte Freiheit kann es nur innerhalb von Gesetzen geben, die diese Freiheit definieren. Gehorsam gegenüber den allgemeinen Naturgesetzen gibt uns die Freiheit, mit Flugzeugen zu fliegen, mit Drachen durch die Luft zu gleiten, zum Mond zu rasen, die Atomenergie zu nutzen. Hör mal! Die unglaublichen wissenschaftlichen Fortschritte, die die Menschheit gemacht hat, sind immer durch Gehorsam gegenüber den Gesetzen zustande gekommen, die das physische Universum beherrschen — dadurch, daß man mit ihnen gearbeitet hat, und nicht dadurch, daß man versucht hat, sie umzustoßen. Es gibt auch moralische und geistliche Gesetze, denen man gehorchen muß. Und der große Irrtum, wir wären in der Lage, zu tun, was wir wollten, und daß wir diese Gesetze einfach übertreten könnten, ist die Ursache für all unsere Probleme."

Es kam keine Reaktion, und so fuhr Ken fort, nachdem er einige Augenblicke gewartet hatte. „Die einzige wirkliche Freiheit findet man in Jesus Christus. Und die einzigen Gründe, die du anführen kannst, um ihn abzulehnen, haben alle mit *Menschen* zu tun, die ihn falsch dargestellt haben, und nicht mit *ihm selbst*. Es ist unfair, ihm die Schuld für Dinge zuzuschieben, die andere in seinem Namen getan haben. Vergiß nicht: Er liebt dich und ist bereit, dir all deine Feindseligkeiten zu vergeben."

Carlas Gesichtsausdruck schwankte zwischen Ärger und Belustigung. „Ich staune, daß ich hier so ruhig sitzenbleibe, während du versuchst, mich zu bekehren", erwiderte sie schließlich mit einem gezwungenen Lachen. „Wenn du es gewagt hättest, so etwas vor nur zwei Wochen zu sagen, wäre ich hinausgerannt. Du hast mich selbstverständlich nicht überzeugt, aber ich bin froh, daß wir jetzt zumindest darüber reden können."

* * *

Nachdem Leighton mit Del Sasso aus Washington D.C. zurückgekehrt war, ließ er die gesamte Belegschaft ins Auditorium kommen, um ihnen seinen Bericht zu geben. Bevor er begann, sagte er noch ein paar Worte zu Kay, allerdings ohne ihren Namen zu erwähnen oder Näheres darüber zu sagen, was genau sich in Viktors Appartement zugetragen hatte. Kays Körper war an jenem Abend so schnell wie möglich weggebracht worden, und der CIA und das FBI hatten ein Siegel des Schweigens auf die ganze Angelegenheit gesetzt. Anne White war am nächsten Tag einfach nicht mehr zur Arbeit erschienen, und auf dem ganzen Gelände kursierten wilde Gerüchte. Die beiden Wachen, die für das FBI arbeiteten, blieben vorsichtshalber, aber selbst Mike, der Leiter der Sicherheitskräfte, wußte nicht, wer sie in Wirklichkeit waren.

„Wir hatten schon eine Zeitlang vermutet, daß sich ein Verräter in unseren Reihen befand", begann Leighton, und Carla fiel auf, daß seine Stimme fest klang. Offenbar hatte er es geschafft, Kay und seine Beziehung zu ihr ganz und gar hinter sich zu lassen. „Ein Mörder", fuhr Leighton fort, „der zwei Wachen getötet und das sowjetische Team auf dieses Gelände gelassen hatte. Nun, diese Person ist jetzt ausgeschaltet worden. Nun müssen wir diese Sache hinter uns lassen und uns auf die Zukunft konzentrieren, die, wie ich Ihnen zu meiner großen Freude mitteilen kann, noch nie großartiger ausgesehen hat. Lassen Sie mich etwas ausführlicher berichten, was in Washington D.C. geschehen ist.

Der Präsident steht voll hinter uns. Er hatte eine Gruppe von ausgewählten Botschaftern aus 40 oder 50 Ländern sowie positiv eingestellte Abgeordnete und Senatoren in Camp David versammelt. Fast sein gesamtes Kabinett war da, sowie einige hochrangige Offiziere aus dem Pentagon. Ich wünschte, Sie wären dabeigewesen und hätten miterleben können, was geschah. Aber noch nicht einmal die Medien waren eingeladen worden. Sie wären stolz gewesen auf Antonio Del Sasso. Er hat vor dieser illustren Gruppe eine unglaubliche Vorführung veranstaltet — und wenn ich *unglaublich* sage, so ist das nicht übertrieben.

Natürlich gab es Skeptiker", fuhr Leighton lachend fort, „und Antonio hat sie mit großem Geschick zum Schweigen gebracht. Da war zum Beispiel ein älterer Senator aus dem Süden — ein totaler Skeptiker. Antonio ließ gerade einen Panzer in der Luft schweben, der eigens für diesen Zweck dorthin gebracht worden war. Er ließ ihn volle fünf Minuten etwa 15 Meter hoch in der Luft schweben, während er den Zuschauern einen Vortrag über die friedliche Nutzung psychischer Energie hielt. Sie können sich vorstellen, was für eine Verblüffung und Bestürzung *das* hervorrief! Alle waren völlig platt — alle, außer diesem Menschen, dessen Namen ich hier nicht nennen will. Er war überzeugt, daß es sich um einen Trick handele. Das wäre ein schöner Trick gewesen! Und dann gab es da noch einen Abgeordneten, der meinte, die ganze Sache sei reine Zeitverschwendung und der in sehr aufgeblasenem Ton verkündete: ‚Meiner Meinung nach hat diese psychische Kraft, die uns heute vorgeführt wird, keinerlei praktischen Nutzen.'

Antonio war unglaublich geduldig. Sie müssen wissen, daß der Präsident ein Anhänger des Wurftaubenschießens ist. Also bat Antonio darum, eine Wurftaubenanlage aufzustellen. ‚Stellen Sie sich vor, die Tontauben wären Raketen, die von den Russen, den Amerikanern oder irgendeiner anderen Nation abgeschossen worden sind', sagte er ihnen. ‚Und jetzt passen Sie auf.' Als die Ziele aus der Maschine kamen, zersprengte sie Antonio beinahe augenblicklich, eine nach der anderen." Frank wurde von lautem Applaus unterbrochen und winkte Del Sasso, aufzustehen und den Beifall seiner Kollegen entgegenzunehmen.

„Ich kann Ihnen mitteilen", fuhr Leighton fort, „daß Antonio sie, als wir abfuhren, so weit hatte, daß sie ihm aus der Hand fraßen. Unser einziges Problem ist jetzt die Größe dieses Auditoriums, denn Sie können mir glauben, daß jeder kommen und am Kongreß teilnehmen will. Ich habe es dem Präsidenten überlassen, jene Leute einzuladen, die in ihrem jeweiligen Land den größten Einfluß haben. Dank seiner Unterstützung ist uns der Erfolg sicher!"

Alle erhoben sich und applaudierten. Nachdem er jedem die Hand geschüttelt und die Glückwünsche entgegen genommen hatte, eilte Leighton in sein Büro. Dort versammelte er den Kreis seiner engsten Mitarbeiter, der jetzt durch Kay Morris' Tod kleiner geworden war, um ihnen weitere Einzelheiten mitzuteilen. Als erstes wandte er sich an Viktor.

„Mir ist Ihr Gesichtsausdruck aufgefallen, als ich im Auditorium zu den Mitarbeitern sprach. Was Sie und Carla durchgemacht haben, als wir weg waren – ich weiß, es muß ein schreckliches Erlebnis gewesen sein. Ist es das, was Sie bedrückt?"

„Es ist nichts Neues", sagte Viktor. „Ich habe es schon einmal erwähnt, und ich dachte, ich hätte das Problem gelöst, aber dem war nicht so." *Paß auf, Viktor!* Carla warf ihm einen kurzen, warnenden Blick zu, aber er achtete nicht darauf. Die Worte sprudelten nur so aus seinem Mund, als würde er von einer großen Leidenschaft getrieben. „Mich stört nach wie vor der autoritäre Stil der Archonten und die Ähnlichkeit ihrer neuen Weltordnung mit dem kommunistischen System, dem ich entflohen bin." Er schien sich wieder unter Kontrolle zu bekommen, zuckte hilflos mit den Schultern und sah entschuldigend von Leighton zu Del Sasso. „Ich möchte nicht derjenige sein, der alles aufhält."

„Es ist *ihr* Programm", sagte Carla sanft, aber mit Überzeugung. „Und sie sind uns dermaßen überlegen, daß wir ihren Rat annehmen sollten. Ich könnte mir gar nichts anderes vorstellen und sehe nicht, was daran falsch sein soll."

„Ich bin nicht besorgt, weil wir *Ratschläge* annehmen sollen", wiederholte Viktor. „Mir gefällt nur nicht, daß wir uns ihrer Kontrolle unterwerfen müssen."

Leighton sah beunruhigt aus. Er wandte sich an Del Sasso. „Viktor hat seine Bedenken bezüglich der Integrität der Archonten offen und ehrlich vorgebracht. Gibt es irgendein ‚Zeichen', das wir ihm geben können, um sein Vertrauen wiederherzustellen?"

Antonio nickte ernst. „Ich bin sicher, daß die Archonten bereit sind, ihren guten Willen auf eine Weise zu bezeugen, an der Viktor nicht zweifeln kann."

Er nahm schnell die Yoga-Position ein und befand sich beinahe augenblicklich in tiefer Trance. Aus seiner Kehle kam die Stimme eines älteren Mannes. Laut, bedächtig und ernst brachte die Stimme in leicht singendem Tonfall eine Botschaft in einer Sprache, die Carla nicht kannte und die offensichtlich auch jedem anderem im Raum unbekannt war — jedem, außer Viktor. Er saß wie angenagelt auf seinem Platz.

Die Stimme endete genauso plötzlich, wie sie begonnen hatte, und Del Sasso erwachte langsam aus seiner Trance. „Nun?" fragte er sofort.

Viktor zitterte unkontrollierbar. Als er endlich reden konnte, stotterte er: „Er — es — sprach mit *mir* in einem seltenen Dialekt, der nur in dem sibirischen Dorf Karkaralinsk gesprochen wird. Als ich ein kleiner Junge war, habe ich dort im Sommer immer meine Großeltern besucht." Wieder wurde er von seinen Gefühlen übermannt, mußte innehalten und sich die Tränen aus den Augen wischen.

„Es klang genau wie mein Großvater", fuhr Viktor schließlich fort. „Dieselben Eigenheiten und Ausdrücke — so hat er geredet, wenn er mich gescholten hat, weil ich mich vor der Milchkuh fürchtete — sie hat mich immer drangsaliert, als ich noch sehr klein war. Die Stimme sagte, ich solle keine Angst haben, sondern den Archonten vertrauen, denn genauso wie jene Kuh sei es ihr Ziel, mich und die gesamte Menschheit zu ernähren."

Viktor wurde erneut von seinen Gefühlen übermannt. Schließlich erholte er sich wieder und fuhr fort: „Mir fiel erst jetzt wieder ein, daß es heute genau 20 Jahre her ist, daß mein Großvater in den Wald ging und nicht zurückkehrte. Seine Leiche wurde nie gefunden. Das ist das Zeichen, daß die Stimme mir gab. Aber ich weiß nicht, was es bedeutet."

„Es ist ziemlich klar", sagte Del Sasso rasch. „Die Welt befindet sich, genau wie Ihr Großvater, auf einem ‚Weg ohne Wiederkehr' und muß gerettet werden. Sie konnten Ihrem Großvater damals nicht helfen. Aber heute sind Sie in der Lage, der ganzen Welt zu helfen."

Viktor hielt den Kopf gesenkt, und seine Schultern zuckten krampfartig. „Es tut mir leid. Ich schäme mich wegen meiner Zweifel."

Leighton versuchte, die Unterhaltung wieder aufzunehmen, um die peinliche Aufmerksamkeit von Viktor abzulenken. „Wir wissen, daß die Archonten unglaubliche — und ich nehme sogar an, unendliche —

Macht besitzen. Wenn sie böse Absichten haben sollten, hätten sie uns schon vor langer Zeit vernichten können."

„Natürlich!" stimmte Carla zu. „Und ich kann mir sowieso nicht vorstellen, warum sie uns Böses antun sollten."

* * *

Es überraschte Carla nicht, daß die neue Gewißheit, die ihr jene unglaubliche Demonstration gegeben hatte, nicht lange anhielt. Seit sie Viktor in Paris Chernovs Griff entrissen hatte, befand sie sich gefühlsmäßig auf einer Achterbahn. Und in letzter Zeit hatte sie Angst bekommen, weil ihre wechselnden Gefühle drohten, außer Kontrolle zu geraten. Alte Zweifel, mit denen sie ständig gekämpft hatte, kamen wieder hoch, und sie waren stärker denn je. Dennoch hoffte sie, daß Viktor zumindest seinen „Plan" aufgegeben hatte. Wie auch immer er aussehen mochte – sie war sicher, daß er zu einer gefährlichen Konfrontation mit den Archonten führen würde. Und sie wußte, was das bedeutete!

Das Versprechen, daß Carla und Viktor sich gegeben hatten – nämlich, sich mehr Zeit füreinander zu nehmen –, war dem hektischen Arbeitstempo zum Opfer gefallen, das sie beide bestimmte. Carla gab jetzt Telefon–Interviews und war zweimal in San Francisco gewesen, um im Fernsehen aufzutreten. Aber zwei Tage nach Del Sassos bemerkenswerter Vorführung in Leightons Büro nahm sie sich die Zeit, Viktor zu besuchen. Er hockte vor seinem Computer und war so in seine Arbeit vertieft, daß er nicht einmal bemerkte, als sie sein Büro betrat, bis sie sich über seinen Schreibtisch beugte.

„Sind das Ihre Memoiren, oder feilen Sie immer noch an Ihrer Rede herum?" fragte sie leichthin.

Er sah auf und lächelte. Dann lehnte er sich zurück und streckte seine verkrampften Arme und den Rücken. „Nein, ich versuche nur herauszufinden, wie um alles in der Welt ich von meinem kleinen Dorf im Ural hierhergekommen bin, in dieses – dieses ..." Er suchte nach Worten, zuckte dann mit den Schultern und breitete in einer Geste der Hilflosigkeit seine Arme aus.

„Wären Sie lieber wieder dort?"

Er zuckte wieder mit den Schultern. „Vielleicht. Wenn man darüber nachdenkt, worauf diese Welt zutreibt, möchte man entweder die

Augen schließen und sich die gute alte Zeit zurückwünschen, oder man versucht alles, was man kann, um die Situation zu verbessern. Und ich bin mir nicht sicher, ob das eine nicht genauso illusorisch ist wie das andere."

„Man könnte leicht zum Zyniker werden", erwiderte Carla. „Manchmal fühle ich mich genauso. He, warum gehen wir nicht ein bißchen raus an die frische Luft? Ich könnte einen schönen Spaziergang gebrauchen, um wieder einen klaren Kopf zu kriegen."

Sobald sie draußen waren, weiter weg von den Gebäuden, und auf dem Pfad spazieren gingen, der direkt an der Mauer entlangführte, sagte sie leise zu Viktor: „Nun, Sie haben Ihr ‚Zeichen' bekommen. Ich denke, es war ziemlich eindrucksvoll."

„Es war mehr als nur eindrucksvoll", gab Viktor zu. „Es war unglaublich. Das war *tatsächlich* die Stimme meines Großvaters und seine spezielle Ausdrucksweise und sein Tonfall!"

„Ihr Gesichtsausdruck hat mir gesagt, daß es authentisch war", sagte Carla, „obwohl ich nicht verstand, was da gesagt wurde."

„Es hat mich eine Zeitlang geblendet, aber später ging mir natürlich auf, daß es genauso wenig ein ‚Zeichen' war wie der Beweis, den ich brauchte, um von Antonio überzeugt zu werden. Ich war wie Wachs in seinen Händen, und deshalb habe ich beschlossen, daß ich meine Entscheidungen allein treffen werde, und nicht, wenn ich mit ihm oder Frank oder sonst irgend jemandem zusammen bin. Ich schäme mich über mich selbst — wie ich zusammengebrochen bin."

„Ich glaube nicht, daß Sie auch nur im geringsten so von sich denken sollten."

„Ich weiß, was ich sage, Carla. Als ich später darüber nachdachte, als ich wieder einen klaren Kopf hatte, wurde mir klar, daß ich wieder nichts weiter als eine Zurschaustellung psychischer *Kraft* gesehen habe. Ich hatte irrtümlicherweise Macht für ein Zeichen von *Wahrhaftigkeit* und *Ehrlichkeit* gehalten, und das ist einfach dumm."

„Sie haben recht!" sagte Carla. „Ich habe auch schon daran gedacht. Aber ich wollte nicht den Glauben zerstören, den es Ihnen gegeben hatte. Ken hat schon seit langem versucht, mir das klarzumachen — das *Macht* nicht automatisch auch *Recht* ist, und daß *Kraft* keine *moralische* Basis ist. Aber ich glaube nicht, daß es fair wäre, Del Sasso und den Archonten diesen Irrtum zu unterstellen — zumindest jetzt noch nicht."

Viktor blieb stehen, um den riesigen Redwood-Baum gleich vor der Anlage zu betrachten, der ihm immer ein Gefühl ehrfürchtiger Scheu einflößte. Als er sich umwandte, um Carla wieder anzusehen, waren seine Augen schmale Schlitze, und seine Stimme hatte wieder die alte Festigkeit. „Ich habe mein Leben riskiert, um der Unterdrückung durch den Marxismus zu entfliehen. Jetzt werde ich es wieder riskieren, um der Welt zu helfen, einem noch schlimmeren Totalitarismus zu entfliehen. Mir ist klar, daß ich bei dem Versuch ums Leben kommen kann, aber es gibt keinen anderen ehrbaren Weg, den ich wählen könnte."

„Seien Sie kein Narr, Viktor! Ich habe schreckliche Angst um Sie!"

„Ich hatte einen sehr guten Freund — mein früherer Laborassistent —, der mir fast genau dasselbe sagte, als ich ihm in Moskau erklärte, daß ich fliehen würde", flüsterte Viktor, in Erinnerung versunken. „Er war ein Christ, so wie ihr Freund Ken. Ich frage mich, was mit Dimitri geschehen ist, nachdem ich weg war."

„Ich wünschte, ich wüßte, was Sie vorhaben. Kann ich Ihnen irgendwie helfen?"

Viktor schüttelte den Kopf. „Wenn es soweit ist, werden Sie schon sehen, wovon ich rede."

37. Der Weltkongreß 666

Man schrieb den 14. Juni — ein Tag, der unvergeßlich werden sollte. Diejenigen, die diesen Kongreß einberiefen, waren fest entschlossen, dafür zu sorgen, daß dieses Datum als der Tag in die Geschichte eingehen würde, an dem die Grundlagen für ein Neues Zeitalter des ununterbrochenen, weltweiten Friedens und ökonomischer wie auch ökologischer Ganzheit gelegt wurden. Und sie waren auch zuversichtlich, daß dieser Tag als der Tag in Erinnerung bleiben würde, an dem dieser Planet vor einem nahezu sicheren Holocaust gerettet worden war.

Das ungewöhnlich schöne Wetter verwöhnte die Würdenträger, die aus aller Welt auf dem San Francisco International Airport ankamen, mit einer sehr klaren, weiten Sicht — vom Pazifischen Ozean und der Golden Gate Bridge über die Nob Hills und die Wolkenkratzer in der Market Street, entlang der Oakland Bay Bridge nach Berkeley und weiter bis zum Walnut Creek Gebiet, hinter dem in der Ferne der Mount Diablo wie ein grübelnder Riese emporragte.

Für die Pendler, die an jenem Freitag morgen wie immer am Flughafen von San Francisco vorbeifuhren, war die große Zahl von Fremden, die dort ankamen — viele in ihren Landestrachten, wobei von langen Roben bis zu Turbanen alles vertreten war — nichts Ungewöhnliches. Aber dem aufmerksamen Beobachter wäre aufgefallen, daß die *Qualität* der Ankömmlinge recht bemerkenswert war. Man hätte bis zu jener Konferenz im April 1945 zurückgehen müssen, bei der die Vereinten Nationen ins Leben gerufen wurden, um einen Zeitpunkt zu finden, zu dem sich eine vergleichbare Anzahl von internationalen Führungspersönlichkeiten in diesem Teil der Welt versammelt hatten. Und selbst dann hätte der Vergleich gehinkt. 1945 waren nur ungefähr 50 Nationen vertreten. Jetzt hingegen strömten hochrangige Würdenträger aus über 120 Nationen in die Bucht. Allerdings fuhren diese internationalen Repräsentanten vom Flughafen aus nicht nach Norden in die Innenstadt. Vielmehr bewgten sich die schweren Limousinen in südlicher Richtung. Ihr Ziel war eine abgelegene und bis vor kurzem unbekannte Einrichtung des CIA in den Redwood-Wäldern westlich von Palo Alto.

Begeistert, aber immer noch beunruhigt von unbeantworteten Fragen, ging Carla in ihrem Büro nervös auf und ab. Sie wartete auf den Anruf, daß es jetzt Zeit sei, gemeinsam mit Frank und den anderen prominenten Persönlichkeiten die Gäste offiziell zu begrüßen. Ihre

Erregung steigerte sich noch, als sie durch das Fenster flüchtig auf die Limousinen sah, die eine nach der anderen eintrafen. Unter den Ankömmlingen waren Diplomaten aus der ganzen Welt, einschließlich der Dritten Welt und den kommunistischen Ländern, sowie hochrangige Offiziere, die das Pentagon, die NATO und den Warschauer Pakt repräsentierten. Unter den ersten Gästen befand sich ein Dienstwagen der US-Armee, auf dessen vorderem Kotflügel die Standarte eines Vier-Sterne-Generals zu sehen war. Nachdem die zwei Dutzend Parkplätze innerhalb des Komplexes besetzt waren, mußten die Fahrer ihre Fahrgäste aussteigen lassen und dann wieder durch das Tor hinausfahren, um draußen zu parken. Die Wachen waren zwar noch da, überprüften die Identität der Ankömmlinge und händigten ihnen das offizielle Paket von Unterlagen aus, das jeder Geladene erhielt. Aber das Tor war jetzt zu Ehren des großen Ereignisses offen. Von diesem Tage an würde es immer offen stehen – als Symbol des neuen Vertrauens, das ab jetzt zwischen allen Nationen herrschen sollte.

Natürlich war ein großes Kontingent an Journalisten anwesend, aber wegen der begrenzten Sitzplätze im Auditorium, wo die Hauptversammlung stattfinden sollte, wurden die meisten von ihnen gebeten, vor dem Tor zu warten. Dort versammelten sich etwa 200 von ihnen, von der Polizei zurückgehalten, damit die schmale Straße vor dem Eingang nicht blockiert wurde. Ungefähr 30 Vertreter der wichtigsten und größten Nachrichtenagenturen, alle von Carla handverlesen, durften hinein, um sich unter die Gäste zu mischen und direkt mitzuerleben, wie sich dieses historische Ereignis entwickelte.

Pünktlich um 16.00 Uhr führte ein zu Recht stolzer und strahlender Frank Leighton seine engsten Mitarbeiter hinaus, um neben ihm als Begrüßungskomitee in einer Reihe zu stehen und ihre vornehmen Gäste willkommen zu heißen, die bereits durch den größten Teil der Anlage geführt worden waren. Zu diesem besonderen Anlaß trug Leighton einen dunklen Anzug mit kaum wahrnehmbaren Nadelstreifen. An seinem Revers steckte eine dezente Anstecknadel, die ihn als Gründer und Direktor des Parapsychologischen Forschungszentrums auswies. Quer über den oberen Rand wurde die Anstecknadel von einer großen, goldenen Zahl verziert: 666. In dem Paket, das jeder Kongreßteilnehmer erhielt, befand sich eine ähnliche Anstecknadel, auf der der Name, das Land und das Amt des Teilnehmers standen – und natürlich dieselbe auffällige numerische Kennzeichnung.

Links neben Leighton stand Antonio Del Sasso, der seine lange, schwarze Mönchsrobe trug. Die Kapuze war zurückgeschlagen, und er lächelte liebenswürdig und verbreitete einen gewinnenden Charme. Als Nächste kam Carla, strahlend schön in ihrem bodenlangen, geblümten Seidenkleid, und schließlich ein bleicher und angespannter Viktor, der sich in dem sehr teuren, maßgeschneiderten Anzug, den Frank ihm hatte machen lassen, unwohl fühlte. Als Hauptredner mußte er eben auch entsprechend aussehen.

„Es liegt eine warme und schöne Atmosphäre über diesem ganzen Gelände, nicht wahr?" flüstere Carla Viktor zu. „Haben Sie gemerkt, wie sie den ganzen Tag über stärker geworden ist?"

Er schüttelte den Kopf. „Nein, das ist mir nicht aufgefallen", sagte er mit geistesabwesender Stimme.

„Ist alles in Ordnung?" flüstere Carla. Er nickte und sah zur Seite.

„Ich mache mir Sorgen um Sie!" Viktors Kinn straffte sich, aber er gab keine Antwort.

Die geladenen Delegierten gingen langsam an ihnen vorbei, schüttelten ihre Hände, verbeugten sich, fühlten sich geehrt, Leighton kennenzulernen und waren begeistert, weil sie die Hand des größten Medium schütteln konnten, das die Welt je gesehen hatte – jenes Mannes, der die Menschheit in das Neue Zeitalter führen würde. Auch Carla und Viktor nahmen wiederholt Glückwünsche entgegen für ihren Beitrag zum Erfolg des Forschungszentrums. In der Euphorie jenes großartigen Augenblicks wollte Carla mehr denn je daran glauben, daß der Plan tatsächlich alle Probleme der Welt lösen würde. Was für ein Tag war dies für den Planeten Erde und alle seine Bewohner!

Soldaten der US-Marine in Galauniform bedienten die Gäste von großen Tabletts, die mit verschiedenen Getränken und hors d'oeuvres beladen waren. Auf der weiten Rasenfläche rechts von der Zufahrt waren lange Tische aufgebaut, auf denen ebenfalls erlesene Speisen angeboten wurden. Dort sammelten sich die Gäste, bis schließlich alle angekommen waren und die Formalität des Empfangs hinter sich gebracht hatten. Dann ging Leighton zu einem Mikrophon, das auf einer kleinen Plattform aufgebaut worden war.

„Dürfte ich um Ihre Aufmerksamkeit bitten?" Das Gewirr von aufgeregten Stimmen ebbte ab. „Bevor wir ins Auditorium gehen und mit dem Programm dieses historischen Ereignisses fortfahren, möchte Antonio Del Sasso Sie gerne begrüßen und ein paar Worte zu den Anstecknadeln sagen, die Sie alle tragen. Apropos Anstecknadeln — trägt irgend jemand noch keine Nadel?"

Hier und dort entstand eine ängstliche Aufregung, als Delegierte, die das noch nicht getan hatten, ihre Nadeln ansteckten. Während dessen war Del Sasso ans Mikrophon getreten.

„Willkommen zum ‚Weltkongreß 666'", begann Del Sasso mit warmer und doch dröhnender Stimme. „Sie alle wissen, daß Name, Zeitpunkt und Inhalt dieser Versammlung von höheren Intelligenzen angeordnet worden sind, die unsere Entwicklung seit Jahrtausenden beobachtet haben. An diesem entscheidenden Zeitpunkt haben sie sich entschieden, einzugreifen, um uns vor einem sehr wahrscheinlichen nuklearen Holocaust zu retten und die Basis für ein revolutionäres politisches und ökonomisches System zu legen, das ein Neues Zeitalter des Friedens, des Wohlstandes und der Freiheit für alle Menschen einleiten wird.

Ich bin sicher, Sie alle kennen den Namen Pierre Teilhard de Chardin, jenes Jesuitenpriesters, der zu Recht als der ‚Vater des Neuen Zeitalters' bekannt ist. Vielleicht ist Ihnen nicht bekannt, daß er vorhersagte, daß dieser Tag kommen würde — der Tag, an dem die Menschheit einen Riesenschritt auf ihrer Reise zum Omegapunkt machen würde, an dem wir alle unsere wahre Göttlichkeit erkennen werden. Dies ist die Hoffnung aller Religionen gewesen. Und doch gibt es einige, nun, sagen wir, ‚schlecht informierte' Elemente unter den Juden, Christen und Moslems, die diese großartige Wahrheit nicht akzeptieren werden. Wir dürfen nicht länger zulassen, daß diese negativen Philosophien die Entwicklung der gesamten Rasse aufhalten. Später wird es diesbezüglich noch genaue Anweisungen geben. Bis dahin ist die Zerstörung des Mythos vom Antichristen, die wir heute gemeinsam bewirken, der erste Schritt in diese Richtung.

Wir alle tragen — wie ich hoffe, mit großem Stolz und großer Würde — auf einer Anstecknadel, die auch unseren Namen, unser Land und unser Amt nennt, die Zahl 666. Durch die Literatur, die Sie alle mit Ihrer Einladung erhalten haben, ist Ihnen bereits mitgeteilt worden, was diese Symbolik bedeutet. Dennoch hatten viele von Ihnen diesbezüglich Fragen und schienen recht verwirrt zu sein. Erlauben Sie mir deshalb, eine kurze Erklärung der monumentalen Bedeutung dieses Augenblicks zu geben. Jene von Ihnen, die aus dem Osten kommen, werden wahrscheinlich nicht wissen, daß die westliche Welt Jahrhundertelang von der Angst vor einem kommenden Antichristen gequält wurde, der diesen Planeten übernehmen und von jedem Menschen unter Androhung der Todesstrafe verlangen würde, die Zahl 666 zu tragen. Ihr Mut und Ihre Überzeugung, die Sie dadurch bewiesen haben, daß Sie sich heute mit jener gefürchteten Zahl identifizieren, hat dieses machtvolle Tabu gebrochen und hat die Welt von diesem Augenblick an von dem lähmenden antichristlichen Aberglauben befreit, der in der Vergangenheit so viele geknechtet hat. Die Welt kann sich jetzt von den negativen Vorstellungen von Sünde und Erlösung und dem erniedrigenden Irrglauben, daß die Menschheit von irgendeinem mystischen ‚Gott' abhängig sei, lösen.

Männer und Frauen guten Willens auf der ganzen Welt werden Ihrem mutigen Vorbild folgen und sich mit der Neuen Weltordnung identifizieren, indem sie eine ähnliche Anstecknadel tragen. Deshalb beglückwünsche ich Sie zu der Rolle, die Sie heute spielen. Lassen Sie uns die Gläser heben und auf die herrliche Freiheit von den zerstörerischen religiösen Überzeugungen trinken, die den Fortschritt so lange erstickt und die Intoleranz gefördert haben."

Nach dem Applaus hörte man fröhliches Geplauder und das Klingen von Gläsern. Carla fühlte, wie ihr jemand auf die Schulter tippte. Als sie sich umwandte, sah sie in das lächelnde Gesicht von George Conklin. Er hob das Glas, um mit ihr anzustoßen und sagte mit einem Augenzwinkern: „Auf den friedlichen Gebrauch psychischer Kraft!"

„Aus deinem Munde, George", lachte sie, als sie ihr Glas hob, um mit ihm anzustoßen, „ist das das größte Kompliment, das ich je bekommen habe!"

„Ich meine es wirklich", sagte er. „Vielen Dank, daß du mir eine Einladung verschafft hast. Hier drinnen ist eine unvorstellbare Atmosphäre der Liebe zu spüren. Ich habe sie von dem Moment an gefühlt, als ich durch das Tor kam, und sie wird ständig stärker!"

„Wunderbar, George! Ist es nicht phantastisch?"

„Du weißt, daß ich mit Superlativen sehr sparsam umgehe, aber das ist wirklich erhebend. Ich habe noch nie so etwas wie das hier verspürt!"

„Und du hast noch gar keine Ahnung, was du heute nachmittag sehen wirst!" verkündete Carla. „Du bist zwar eine harte Nuß, aber glaube mir, du wirst absolut platt sein. Nach dem heutigen Tag wird es keine Zweifel mehr geben!"

Sie wandte sich ab, um mit anderen Leuten anzustoßen, Menschen unterschiedlicher Hautfarbe, Kleidung und Kultur, und sie tranken auf die neue Ära des Friedens, die, davon war jeder von ihnen überzeugt, nun anbrach. Es war, als befände sie sich auf dem Gipfel einer Woge von überwältigender Liebe und überschäumendem Optimismus, die sie mit sich trug und die Konflikte, die sie immer noch beunruhigten, fast überschwemmt hätte. Carla bemerkte, daß sie ihre

Anstecknadel voller Stolz berührte. Es war solch eine Ehre, diesen Männern und Frauen von weltweitem Ansehen die Hände zu schütteln, sich gegenseitig zu umarmen und aufrichtige Worte der Bruderschaft und Schwesterschaft auszutauschen. Es war, als hätte sie einen heimlichen Blick in die Neue Welt ergattert, die schon bald durch ihr gemeinsames Engagement Realität werden würde.

Sie hatte Viktor aus den Augen verloren und fragte sich, ob ihn dies alles auch so aufgewühlt hatte. *Wissen die Archonten, was er in der Hinterhand hat, was auch immer es sein mag? Wird es dem Plan schaden? Und falls ja, was werden sie tun, um ihn aufzuhalten? Sollte ich Frank sagen, daß Viktor einen eigenen Plan hat? Wäre es vielleicht sogar das Beste für Viktor und auch für die ganze Welt?*

Carla spürte, daß sie angestarrt wurde. Sie sah auf und blickte in die Augen von Antonio Del Sasso, der jetzt einige Schritte von ihr entfernt langsam durch die Menge schritt. Er lächelte. Sie erwiderte sein Lächeln und hauchte einen Kuß zu ihm hinüber.

Frank trat wieder an das Mikrophon. „In wenigen Minuten werden wir hineingehen, und dort werden Sie dann mit Ihren eigenen Augen die erstaunlichen Fähigkeiten sehen, die Antonio Del Sasso besitzt. Er befindet sich gerade mitten unter Ihnen, um Ihnen die Gelegenheit zu geben, persönlich mit ihm zu sprechen. Wie Sie bereits durch den Bericht des Weißen Hauses, der jedem von Ihnen zugesandt wurde, wissen, besitzt Dr. Del Sasso Kräfte, die kein anderer, ob tot oder lebendig — Krishna, Buddha, Jesus Christus und Mohammed eingeschlossen — je gezeigt hat.

Wir haben nicht vor, ihn anzubeten. Und er hat auch nicht vor, um unsere Anbetung zu bitten. Er ist ein sehr demütiger Mann, dessen einziges Ziel es ist, der Menschheit zu dienen. Antonio erinnert mich immer wieder daran, daß ihn höhere Intelligenzen lediglich dafür ausgewählt haben, der Prototyp für Millionen und schließlich sogar Milliarden von Menschen zu sein, die durch sein Beispiel und seine Anleitung zu gegebener Zeit dieselben gottähnlichen Fähigkeiten entwickeln werden. Dies ist das Herz des Planes und die einzige Hoffnung auf eine Neue Welt des Friedens, der Liebe und der echten Bruderschaft aller Völker. Erst dann werden wir in die intergalaktische Gemeinschaft der planetaren Zivilisationen aufgenommen werden können, die seit Jahrhunderten geduldig darauf gewartet hat, daß wir den Kinderschuhen entwachsen — was schon längst hätte passieren sollen. Was für ein Erbe werden wir an unsere Kinder und Enkel weiterreichen können!

Wenn Sie bereit sind, können Sie durch die beiden Eingänge zu ihrer Rechten, wo die beiden Marinesoldaten Wache stehen, ins Auditorium gehen. Achten Sie bitte darauf, daß Ihre Anstecknadeln deutlich sichtbar sind, damit Sie eingelassen werden. Wir werden in etwa 15 Minuten drinnen weitermachen."

* * *

Seit mehr als einer Woche verspürte Ken eine wachsende Sorge um Carla. Diese Sorge hatte ihn zu dem Schluß kommen lassen, daß es jetzt keine andere Zuflucht mehr gab als eindringliches Gebet. Sie hatten in den letzten Tagen immer weniger Kontakt gehabt, da sie täglich zurückgezogener und schweigsamer zu werden schien. Er hatte nicht in ihre Privatsphäre eindringen wollen, weil er spürte, daß sie ihre Konflikte allein lösen mußte und er sie am besten in Ruhe ließ. Weder Gebet noch Überredungskünste konnten sie zwingen, die richtige Entscheidung zu treffen. Diese Entscheidung würde bereitwillig aus ihrem eigenen Herzen kommen müssen. Argumente und gutes Zureden — davon hatte er ihr schon mehr als genug gegeben. Sie kannte die Wahrheit, und jetzt ging es darum, daß sie handelte, ohne jeden weiteren Einfluß von seiner Seite. Während der Tag des Kongresses näherrückte, hatte er ihretwegen im Gebet gerungen, daß Gott nichts unversucht lassen möge, um ihr die Wahrheit vor Augen zu führen.
Am Morgen des Dreizehnten hatte sie ihm beim Frühstück ihre Anstecknadel gezeigt und über die 666 gewitzelt. Ken war entsetzt gewesen. „Das ist so furchtbar, daß ich keine Worte finde, um es auszudrücken!" hatte er gesagt. „Du spielst mit deiner Seele!"
„Halte dich zurück, Ken", hatte sie sofort erwidert. „So hast du ja noch nie reagiert."
„Carla — wenn deine Mutter noch am Leben wäre, wäre sie bei dem Gedanken, daß du die Zahl 666 trägst, noch viel entsetzter als über die Untreue deines Vaters!"
Sie hatte die Anstecknadel wortlos wieder in ihre Tasche gesteckt und den Tisch verlassen, ohne ihr Frühstück anzurühren.
„Diejenigen, die diese Zahl annehmen", hatte er hinter ihr hergerufen, während sie durch den Flur eilte, „werden den ‚Zorn des Lammes' auf sich ziehen! Zieh dir nicht den Zorn Gottes zu. Bitte, Carla!"
Sie war ohne ein weiteres Wort aus dem Haus gegangen.

Mit einer Dringlichkeit, die schon an Verzweiflung grenzte, hatte sich Ken daraufhin an Hal und Karen Elliott gewandt, zu denen er aufsah und die er als seinen Vater und seine Mutter im Glauben respektierte. „Gebet wird nicht ihr Denken verändern", hatte Hal gesagt. „Aber wir können gegen die Kräfte der Finsternis und des Bösen kämpfen, die Carla und die anderen umgarnen, damit sie wenigstens selbst die Wahrheit erkennen können. Und wir können Fürbitte tun und Gott bitten, einzugreifen und zu verhindern, daß dieser teuflische Plan verwirklicht wird, zumindest vorerst, damit die Welt ein wenig mehr Zeit hat, sich Christus zuzuwenden." Zu diesem Zweck beschlossen sie, daß sich so viele wie möglich für den 14. Juni einen Tag Urlaub nehmen sollten, den sie gemeinsam mit Gebet und Fasten verbringen wollten.

Carla und Ken begegneten sich an jenem Morgen nur kurz beim Frühstück. Kens Mutter hatte erfolglos versucht, eine Unterhaltung in Gang zu bringen. Ken wartete, bis das Frühstück beendet war, um noch einmal liebevoll zu versuchen, Carla den ganzen Ernst des Unterfangens, an dem sie teilnehmen wollte, klarzumachen. Sie hatte ihm höflich für seine Fürsorge gedankt und war dann eilig zum Zentrum aufgebrochen. Beim Hinausgehen hatte sie noch über ihre Schulter zurückgerufen, daß dies „der große Tag" sei. Wenige Minuten später waren Ken und seine Mutter zum Haus der Elliotts gefahren, denn auch für sie sollte dies „ein großer Tag" werden.

In dem wohlvertrauten Wohnzimmer hatte sich eine Gruppe von etwa 20 Personen versammelt. „Ich bin davon überzeugt, daß dies die größte Herausforderung ist, der wir uns als Gruppe je gestellt haben", sagte Elliott, als sie sich zum Gebet vorbereiteten. „Wie ihr alle wißt, ist heute der lang erwartete Tag, an dem Frank und Del Sasso versuchen werden, die Abgeordneten dazu zu überreden, daß sie ihre Länder an die Archonten übergeben. Ich nehme an, euch allen ist bekannt, daß Archon das griechische Wort im Epheserbrief ist, das mit ‚Gewalten' übersetzt wird – Dämonen, von denen Paulus sagte, daß sie die Kräfte des Bösen über dieser Erde lenken. Den Delegierten wird nicht klar sein, was sie tun. Aber den Plan der Archonten anzunehmen ist im Endeffekt dasselbe, wie die Welt dem Antichristen zu übergeben. Man wird sie sogar überreden, die Zahl 666 zu tragen, um die Prophetie in Offenbarung 13 zu verspotten, die davor warnt. Ich glaube, daß zur Zeit ein großer geistlicher Kampf in den Himmeln ausgefochten wird, und unsere Gebete könnten einen bedeutenden Einfluß auf seinen Ausgang haben.

Falls dies der Zeitpunkt sein sollte, an dem Gott dem Satan erlaubt, die Welt zu übernehmen, dann würden unsere Gebete natürlich nichts daran ändern. Aber irgendwie kann ich nicht glauben, daß dieser Zeitpunkt schon gekommen ist. Wenn es so wäre, dann wären wir meiner Meinung nach schon alle von hier entrückt worden, und das ist offensichtlich noch nicht geschehen. Also laßt uns im Glauben beten und die Kräfte des Bösen im Namen Jesu Christi binden, so daß keiner, der auch nur ein wenig Offenheit gegenüber der Wahrheit besitzt, getäuscht werden kann. Laßt uns beten, daß Satans Ziele vereitelt werden und daß der Plan noch nicht Gestalt annehmen wird, sondern daß noch ein wenig mehr Zeit bleiben wird, um die Gute Nachricht zu predigen, damit noch viele zu Christus kommen können, bevor es ‚auf ewig zu spät' sein wird."

„Und bitte betet um zwei konkrete Dinge für Carla", hatte Ken noch gesagt, „daß ihre Augen ganz geöffnet werden und daß sie den Mut haben wird, sich vom Bösen abzuwenden, hin zu Christus, und daß ihr nichts Böses geschieht. Die ganze Szene dort draußen ist ein Pulverfaß. Beinahe alles könnte passieren. Und betet dasselbe auch für Viktor Khorev, den Russen – und für Frank und die Delegierten von diesen vielen Ländern, daß auch ihre Augen geöffnet werden und sie von den Lügen und dem Einfluß betrügerischer Geister befreit werden."

Und so kam es, daß zur gleichen Zeit, als Frank, sein Team und eine große Versammlung von Führungspersönlichkeiten aus aller Welt im Zentrum den größten Moment ihres Lebens genossen, eine bescheidene Gruppe von Fürbittern niederkniete und betete, daß eben diese großen Hoffnungen sich nicht erfüllen sollten.

* * *

Während die Delegierten durch die Außentüren gingen, betraten Carla und die anderen Mitarbeiter, die auf dem Podium sitzen sollten, das Gebäude durch die vordere Eingangshalle. Sie gingen nach links durch den Gang an Leightons Büro vorbei, dann nach rechts, vorbei am Hauptlabor, wo Carla und Viktor zum ersten Mal gesehen hatten, wie Del Sasso seine Fähigkeiten demonstrierte, wandten sich dann wieder nach links durch einen schmalen Flur, der sie zu einem Hintereingang zur Bühne brachte. Außer Leighton, Del Sasso, Viktor und

Carla saßen noch Mike Bradford, der Leiter der Sicherheitskräfte, und sein Assistent, sowie Leightons Sekretärin und der frühere Cal Tech-Professor Dr. Chris Burton, der erst kürzlich eingetroffen war, um den Platz von Kay Morris einzunehmen, auf den Sitzen auf der Plattform gleich hinter dem Podium.

Von ihrem Ehrenplatz auf der Plattform aus beobachtete Carla fasziniert, wie die Repräsentanten aus über 120 Ländern sich beeilten, um einen Platz in den vorderen Reihen des kleinen Auditoriums zu bekommen, das nur 250 Sitze hatte. Diese kultivierten Persönlichkeiten — viele von ihnen weltbekannt — schienen so begierig und aufgeregt zu sein wie Kinder, die sich an einem Samstag nachmittag ins Kino drängeln. Wenn man bedachte, daß der Präsident der Vereinigten Staaten mit Anfragen aus aller Welt überschwemmt worden war, von Botschaftern, Parlamentsmitgliedern, Senatoren und Kongreßabgeordneten, die alle teilnehmen wollten — und daß Tausende aus Platzmangel abgewiesen worden waren —, konnte man nur staunen. Diese Flut der Akzeptanz und Unterstützung — und das in diesem frühen Stadium, sogar noch bevor die Welt die ganze Story kannte — beeinflußte Carlas eigenes Denken sehr stark. Eigentlich war das in den letzten zwei Wochen sogar einer der Hauptpunkte gewesen, der ihre Zweifel hatte verfliegen lassen und ihr Engagement für den Plan erneuert hatte.

Eine ganze Armee von Ton- und Elektroniktechnikern war bestellt worden, um ihr eigenes Personal zu unterstützen. Man konnte sie überall im Auditorium an den Videokameras und in den Ton- und Aufnahmekabinen sehen. Es waren neue Kabel verlegt worden, damit an jedem Platz Kopfhörer für die Simultanübersetzung in 20 verschiedene Sprachen vorhanden waren. Dafür waren 40 Übersetzer eingeflogen worden, einige von ihnen aus anderen Ländern. Sie saßen jetzt in ihren eigens errichteten Kabinen an der hinteren Wand des Auditoriums zwischen den riesigen Pfeilern aus geleimtem Eichenholz, die die Kuppeldecke trugen. Und hinter ihr ragte der neu installierte, riesige, gewölbte Bildschirm empor, der von seinem Sockel auf der Plattform bis unter die ansteigende Decke reichte.

Es war beeindruckend für Carla, jetzt all das vor sich zu sehen und sich an die Ereignisse zu erinnern, die sie hierher geführt hatten und durch die sie diesen unglaublichen Augenblick in der Geschichte miterlebte. Wie rasch sich doch alles entwickelt hatte — und jetzt der Höhepunkt, bei dem die Augen der ganzen Welt auf sie gerichtet waren! Und all das hatte damit begonnen, daß sie zufällig am rechten

Ort und zur rechten Zeit ein Auto hatte, um Viktor Khorev zu retten, den Mann, der in diesem Augenblick neben ihr saß – den Mann, der die einleitende Rede vor dieser illustren Zuhörerschaft halten sollte. Das war eine Ehre und eine Verantwortung, mit der er sicherlich nicht im Traum gerechnet hatte, als er seinen entscheidenden Entschluß, zu fliehen, faßte! Sie hoffte sehr, daß es für ihn eine Zeit der Rehabilitation und Ehre und Anerkennung durch die ganze Welt geben würde, denn das hatte er wirklich verdient. Und sie hoffte auch, daß es ihm die Zufriedenheit und das Glück bringen würde, das ihm so offensichtlich fehlte.

Ihre Gedanken wurden von Franks flüsternder Stimme unterbrochen, der sich dicht zu Viktor hinunterbeugte. „Ist alles in Ordnung, Viktor?"

Viktor winkte beruhigend mit der Hand. „Nur die Nerven. Sobald ich auf dem Podium stehe, bin ich wieder o.k." Frank schien mit dieser Antwort zufrieden zu sein und ging zurück zu seinem Platz neben Del Sasso, um auf den Moment zu warten, wo er offiziell den Weltkongreß 666 eröffnete.

Carla sah besorgt zu Viktor hinüber. Er ging seine Unterlagen durch und unterstrich wichtige Sätze mit einem roten Stift. Es hatte keinen Sinn ihm zu sagen, daß sie sich Sorgen mache, oder ihn zu warnen, er solle nichts Dummes machen. Sie hatte das schon zu oft gesagt. „Wenn es soweit sei", würde sie schon sehen, wovon er rede, hatte er ihr gesagt. Anscheinend war dieser Punkt in der Weltgeschichte nun erreicht. Sie war aufgeregt – und hatte plötzlich schreckliche Angst.

38. Inferno!

„Meine Damen und Herren, hochverehrte Repräsentanten der Nationen aus aller Welt, geehrte Vertreter der Medien", begann Leighton endlich, „es ist mir eine große Ehre und Freude, heute jeden einzelnen von Ihnen hier zu diesem wichtigen Ereignis in der langen und nur allzu oft tragischen Geschichte unserer Rasse begrüßen zu dürfen. Wir befinden uns hier südlich von San Francisco, wo im Jahre 1945 Delegierte von weniger als halb so vielen Nationen, wie heute an diesem Ort vertreten sind, voller Hoffnung zusammenkamen, um die Grundlagen für die Vereinten Nationen zu schaffen. Heute legen wir die Grundlagen für etwas weitaus Bedeutenderes. Es geht nicht nur um eine Organisation von Nationen, die aufgrund nationaler Rivalitäten weiterhin hoffnungslos voneinander getrennt bleiben, sondern um eine Neue Weltordnung, die alle Menschen und alle Nationen gleich und einig machen wird. Wenn wir bewiesen haben, daß wir einig und in Frieden miteinander leben, dann können wir uns darum bewerben, in die intergalaktische Gemeinschaft von Zivilisationen aufgenommen zu werden, die uns in ihrer Entwicklung weit überlegen sind und die darauf warten, ihre Technologie und ihre übernatürlichen Kräfte mit uns zu teilen, die uns ungeahnten Zugang zu dem ungeheuren Universum des Weltraums und seinen unbegrenzten Ressourcen geben werden.

Wir müssen krabbeln, bevor wir gehen können, Babyschritte tun, bevor wir laufen und dann fliegen können. Der Schlüssel zu diesem Neuen Zeitalter liegt in dem ersten Schritt, den wir tun müssen: Wir müssen die Voraussetzungen erfüllen, um die Gabe der psychischen Kraft zu empfangen, und wir müssen sie von jenen hochentwickelten Wesen, die sie austeilen und die unsere Evolution seit Tausenden von Jahren beobachtet haben, in Empfang nehmen. Als wir vor mehr als zwei Jahren zum ersten Mal Kontakt zu diesen Wesen bekamen, nahm ich auf selbstsüchtige Weise an, daß diese Kraft für den ausschließlichen Gebrauch durch meine eigene Nation bestimmt sei. Wir befanden uns damals in ständiger Konkurrenz mit Rußland, wo ebenfalls versucht wurde, Fähigkeiten im psychischen Kampf zu entwickeln. Ich lernte jedoch schon sehr bald, daß es das Ziel der Archonten war, dieses Wissen und diese Kraft uneingeschränkt mit der gesamten Welt zu teilen.

Hier sehen wir einen weiteren bedeutenden Unterschied zwischen dem, was wir heute zu erreichen suchen, und dem, was 1945 bei jener Konferenz in San Francisco geschah. Auch damals hatten die Vereinigten Staaten eine unglaubliche neue Kraft entwickelt, aber sie hatten Angst, sie mit der gesamten Welt zu teilen. Diese Kraft war die Ursache für viel Leid und zog eine tödliche Rivalität nach sich, die uns an den Rand des nuklearen Holocaust gebracht hat. Damals wie heute sind es die Vereinigten Staaten, die das Geheimnis einer unglaublichen neuen Kraft besitzen. Aber diesmal befindet sie sich glücklicherweise unter der Kontrolle höherer Wesen und soll mit der gesamten Welt geteilt werden — anstatt sie selbstsüchtig zurückzuhalten. Ja, das gerechte Teilen ist sogar die Hauptbedingung dafür, daß diese Kraft gespendet wird. Diese Tatsache allein sollte ausreichen, um jede Nation zu beruhigen und den Erfolg dieses großen Abenteuers zu sichern — und es ist unser Privileg, es heute für die gesamte Menschheit zu beginnen. Dies wird in der Tat ein riesiger Sprung nach vorne sein.

Sie alle haben den Entwurf einer Vereinbarung erhalten, die von allen Nationen der Welt unterzeichnet werden soll. Dieser Kongreß ist nicht zusammengetreten, um Änderungen an dieser Vereinbarung vorzunehmen. Sie ist von den Archonten diktiert worden und kann nicht geändert werden. Sie werden jedoch sofort sehen, daß sie nicht kompliziert ist und keiner Nation Vorteile gegenüber einer anderen verschafft, sondern auf das gemeinsame Wohl aller ausgerichtet ist. Sie alle sind heute hier, um eine Demonstration jener Kraft mitzuerleben, die Ihrer Nation angeboten wird, wenn sie bereit ist, sich der Neuen Weltordnung anzuschließen. Anschließend sollen Sie Ihren Bericht, zusammen mit der Vereinbarung und Ihrer Empfehlung, mit zurücknehmen zu den Führern Ihrer jeweiligen Nation. Wir haben 60 Tage Zeit, innerhalb derer alle Nationen der Welt gemeinsam die Vereinbarung unterzeichnen müssen, oder aber das Angebot wird zurückgezogen. Es ist unvorstellbar, daß irgendeine Nation sich nicht wünschen würde, diese Kraft zu empfangen, aber die Entscheidung darüber muß den einzelnen Nationen überlassen bleiben. Es wird kein Druck ausgeübt werden, aber die Entscheidung muß einstimmig sein.

Wie Sie verstehen werden, macht es der Empfang der Kraft erforderlich, daß man sich den Anweisungen der Archonten unterwirft, bis sie der Meinung sind, daß wir gut in der Neuen Weltordnung verankert sind und allein weitermachen können. Bis zu dem Zeitpunkt, wo es in jedem Land vergleichbare psychische Führer geben wird, die einen Weltrat bilden können, werden die Anweisungen der Archonten durch Antonio Del Sasso übertragen werden. Er ist der Mann, den ich

Ihnen jetzt erneut vorstellen möchte — zum einen auf dem riesigen Bildschirm direkt hinter mir, und dann persönlich, um weitere Demonstrationen dieser Fähigkeiten zu zeigen."

Es gab einen donnernden Applaus. Das Licht wurde gedämpft, und Viktor und Carla sahen im Prinzip noch einmal dasselbe Video, das Leighton ihnen am ersten Tag in seinem Büro gezeigt hatte. Als erstes sah man die Lagebestimmung von Ölvorkommen. Aber diesmal waren die Aussagen einiger Geologen in das Video eingefügt, die von der erstaunlichen Größe des inzwischen bestätigten unterirdischen Ölfundes an dieser unwahrscheinlichen Stelle sprachen. Außerdem war eine „Übertragung" von den Archonten durch Del Sasso eingefügt worden, in der versprochen wurde, daß sich an vielen anderen Orten auf der ganzen Welt ähnliche Ölvorkommen befänden — einige in Gebieten, in denen extreme Armut herrsche — und daß sie nach einem gerechten Entwicklungsplan bekanntgegeben würden.

Als nächstes kam die Szene, in der Del Sasso in dem pyramidenförmigen Gewächshaus seine Hände über die jungen Pflanzen hielt, und anschließend die Ernte des riesigen Gemüses. An diesem Punkt wurde das Video unterbrochen und das Licht ging kurz an. Einer der stellvertretenden Minister der Vereinigten Staaten für Agrarwirtschaft zeigte auf der Bühne einige der echten Gemüsepflanzen und erklärte, sie könnten auf erschöpftem Boden, in trockenen Gegenden und ohne Dünger gezogen werden.

„Der einzige Grund, weshalb diese Fülle den ärmsten Gegenden der Welt noch nicht zur Verfügung steht", sagte er begeistert, „ist, daß noch keine Medien für die einzelnen Länder und Orte ausgebildet worden sind. Je eher die Welt den Plan übernimmt, desto eher werden wir sehen, wie alle Hungersnöte und mangelhafte Ernährung völlig beseitigt werden. Ich bitte Sie dringend, eine rasche Annahme des Planes zu empfehlen, wenn Sie wieder in Ihre Heimatländer zurückkehren!"

Das Video lief weiter, jetzt mit einigen Aufnahmen, die das Innere von Viktors Labor nördlich von Moskau zeigten. Viktor war vor den Hauptkontrollgeräten zu sehen. Aber die schreckliche Szene von Yakovs Tod war herausgeschnitten worden. Schließlich kam eine erstaunliche Serie von kurzen Szenen aus aller Welt, die rasch aufeinander folgten: Sowjetische Politiker bei einer geheimen Sitzung im Kreml, Generäle und ihre Adjutanten bei einer Krisensitzung im Hauptquartier der NATO, das Kabinett des Präsidenten bei einer Sitzung unter Ausschluß der Öffentlichkeit im Weißen Haus, Drogenbosse, die sich heimlich in Kolumbien trafen, eine Geheimsitzung der Mafia auf höchster Ebene in Sizilien, der Papst beim privaten Gebet in seinem Gemach, Offiziere eines sowjetischen Atom-U-Bootes unter der Eiskappe des Pols, die sich auf der Brücke über einer Karte berieten. Untertitel auf Englisch erklärten jede Szene.

Das Licht ging wieder an, und während sich die erstaunte Zuhörerschaft aufgeregt Bemerkungen über das Gesehene zuflüsterte, trat Leighton rasch auf das Podium. „Sie fragen sich, wie wir all diese Aufnahmen von geheimen Treffen überall auf der Welt gemacht haben", sagte Leighton lächelnd. „Sie würden es nie erraten! Sie wurden alle von Antonio Del Sasso aufgenommen, und zwar von einem Labor aus, das sich am Ende des Korridors zu ihrer Linken befindet. Die Aufnahmen wurden direkt von seinem Gehirn auf das Video übertragen, so, wie Sie es eben gesehen haben." Er hielt inne, um sich an der Wirkung seiner Worte zu freuen, und redete weiter, als wieder Ruhe eingekehrt war.

„Sie haben zum Beispiel Dr. Khorev in seinem Labor nördlich von Moskau gesehen. Das war, *bevor* er in dieses Land kam, und er merkte damals nicht, daß diese Videoaufnahme von ihm gemacht wurde. Und bedenken Sie, daß er sich auf einem geheimen und schwer bewachten Armeestützpunkt befand, von dessen Existenz nur einige wenige höchste Führungskräfte in der Sowjetunion wissen. Ich werde Ihnen nicht erst sagen müssen, was man mit solchen Fähigkeiten machen kann, nicht nur, um den Krieg zu beenden, sondern auch die Kriminalität. Deshalb wählten wir die Aufnahmen von dem geheimen Treffen der Drogenbosse in Kolumbien und der Anführer der Mafia in Sizilien aus. Diese Männer sind noch nicht hinter Gittern, aber Sie können sicher sein, daß sie dort landen werden, sobald der Plan in Kraft tritt. Beides, Krieg und Kriminalität, meine Damen und Herren, werden auf diesem Planeten der Vergangenheit angehören!"

Er wurde beinahe eine volle Minute lang von begeistertem Applaus unterbrochen. Aber als der Beifall schließlich abebbte, verschwand die ursprüngliche Begeisterung, die Leighton auf den Gesichtern vor sich bemerkt hatte, und machte einer wachsamen Besorgnis Raum. Leighton lächelte verständnisvoll, als er fortfuhr:

„Ich weiß, was einige von Ihnen jetzt denken. Dies wird auch das Ende jeglicher Intimsphäre sein, und zwar für jeden! Aber das stimmt nicht. Sie können diese Befürchtungen sofort wieder beiseite legen. Del Sasso lugt nicht in Schlafzimmer hinein. Es wird kein Ausspionieren von geschäftlichen Konkurrenten oder Kontrahenten im Sport geben. Die Archonten erlegen uns ein psychisches Auswahlverfahren auf, daß eine Überwachung nur bei illegalen Aktivitäten zuläßt und alles andere unsichtbar macht. Die einzige Ausnahme wären lebensbedrohliche Gefahren für das Leben der betroffenen Personen. Der Nutzen ist also beinahe grenzenlos, während Sicherheitsvorkehrungen einen Mißbrauch jedweder Art verhindern.

Nun, jetzt ist der Augenblick gekommen, auf den Sie alle gewartet haben — der Augenblick, wo sie aus erster Hand miterleben können, wie Antonio Del Sasso einige kleine Beispiele der Macht vorführt, die die Archonten schon bald der ganzen Welt geben wollen. Und nun, meine Damen und Herren, wieder Dr. Antonio Del Sasso, ein außergewöhnlicher Jesuitenpriester — aber nicht nur das: Er ist auch der Sonderbotschafter der Archonten in dieser Welt!"

Die Spannung wuchs und löste sich vorübergehend in einem donnernden, stehenden Applaus, bei dem Del Sasso bescheiden mit gesenktem Kopf auf der Bühne stand. Schließlich winkte er mit seinem Arm, um den Applaus zu beenden. „Als erstes möchte ich kurz etwas erklären", begann Del Sasso, als wieder Ruhe eingekehrt war. „Jene von Ihnen, denen überhaupt etwas über die parapsychologische Forschungsarbeit bekannt ist, die es während des letzten Jahrhunderts auf der ganzen Welt gegeben hat, wissen, daß dies ein äußerst schwieriges Gebiet gewesen ist. Um überhaupt irgendwelche Ergebnisse zu erzielen, mußten alle Bedingungen absolut perfekt sein. Die Ergebnisse selbst der erfolgreichsten Experimente ließen sich nur sehr schwer wiederholen, selbst wenn die Bedingungen ganz genauso wie beim ersten Versuch waren. Außerdem war psychische Kraft bekannt dafür, daß sie unberechenbar und unzuverlässig war, und die erzielten Ergebnisse waren bestenfalls enttäuschend gering und schwer zu überprüfen.

Vor diesem Hintergrund kann ich Ihnen mitteilen, daß die Umstände für mich völlig gleichgültig sind. Sie müssen nicht leise sein, das Licht muß nicht gedämpft werden — ich muß mich noch nicht einmal dicht am Ort des Geschehens befinden. Und dennoch ist alles vollkommen unter Kontrolle — nicht unter meiner Kontrolle, sondern unter der der Archonten. Ich erwähne dies noch einmal, weil es der Schlüssel zum Empfang dieser Kraft ist, jene zu ehren, die sie zu unserem Nutzen lenken, und sich ihnen unterzuordnen. Ich kann nur tun, was sie mir erlauben und muß mich im Rahmen der Kraft bewegen, die sie mir zum jeweiligen Zeitpunkt geben wollen — dieses Maß wird übrigens unbegrenzt sein, wenn der Plan erst einmal völlig erfüllt ist."

An diesem Punkt lief ein leises Lächeln über Del Sassos Gesicht. „Wir haben heute etwa 30 Vertreter der wichtigsten und größten Medienkonzerne unter uns. Sie sitzen in einem Abschnitt zu meiner Rechten und zu Ihrer Linken. Ich werde sie nicht bitten, aufzustehen oder die Hände zu heben, denn Sie alle werden sie sehen können. Schauen Sie einmal hin!"

Zum äußersten Erstaunen seiner Zuhörer und zum Kummer und Entsetzen der Journalisten wurden sie, alle 30 auf einmal, aus ihren Sitzen gehoben und schwebten zur Decke empor. Ein Tumult brach aus. „Es wird keinen Herzinfarkt geben", sagte Del Sasso rasch. „Der medizinische Nutzen dieser Kraft – das haben wir bisher noch nicht einmal erwähnt – ist phantastisch. Die Möglichkeiten, alle Krankheiten auf diesem Planeten zu heilen und jedem ein langes Leben zu geben, sind unbegrenzt."

Er winkte mit der Hand, und die schwebenden Journalisten kehrten langsam zu ihren Plätzen zurück. „Und nun", sagte Del Sasso mit einem leisen Lachen, „werde ich Ihnen zeigen, wie selektiv diese Kraft sein kann. Man sollte doch eigentlich annehmen, daß jeder, der ein so außergewöhnliches Erlebnis hinter sich hat, wie Sie es gerade mit Ihren eigenen Augen gesehen haben, jetzt ein begeisterter Gläubiger ist, oder etwa nicht? Aber seltsamerweise ist das nicht der Fall. Die Skepsis von Reportern und Nachrichtensprechern ist einfach unglaublich. Einige von ihnen sind immer noch überzeugt, daß das, was gerade mit ihnen geschehen ist, irgendein Trick war. Jene, die der Kraft und dem Plan immer noch skeptisch gegenüberstehen, werden jetzt gleich noch einmal dasselbe erleben. Wir wollen einmal sehen, ob wir sie nicht doch noch überzeugen können." Augenblicklich schossen fünf Männer und zwei Frauen aus ihren Sitzen empor und fanden sich unter der Decke wieder. Carla bemerkte zufrieden, daß George Conklin nicht dabei war. Dann ließ Del Sasso sie unter Gelächter und Applaus wieder hinunter.

Jetzt stand Del Sasso mit verschränkten Armen vor der Zuhörerschaft und betrachtete nachdenklich jede einzelne Person. Man konnte die Befürchtungen förmlich spüren. Was würde dieser Mann als nächstes tun? Dann brach er in gutmütiges Lachen aus. „Keine Sorge", beruhigte er alle. „Ich werde die Zuhörer nicht weiter in das Programm mit einbeziehen." Man konnte ein erleichtertes Aufseufzen hören.

„Einige von Ihnen waren vor einigen Wochen in Camp David dabei", fuhr er fort, „als mich ein gewisser, wohlbekannter Senator aus den Südstaaten herausforderte. Er zweifelte daran, daß diese Kraft etwas zum Frieden in der Welt beitragen könne. Damals wurde eine Wurftaubenanlage aufgestellt, und als die Tontauben hinausgeschleudert wurden, löste ich sie mit Hilfe meiner Willenskraft in tausend Stücke auf und wies darauf hin, daß, wenn der Plan erst einmal in Kraft getreten sei, interkontinentale Marschflugkörper kurz nach ihrem Start irgendwo in der Welt vom selben Schicksal ereilt werden würden. Der erste Schritt wäre jedoch selbstverständlich eine allgemeine Abrüstung, bei der solche Raketen vernichtet würden.

Später fragte dann jemand, ob atomare Marschflugkörper durch die Zerstörung im Flug nicht zur Explosion gebracht oder auf diese Weise atomarer Müll oder Radioaktivität verbreitet werden würde. Diese Frage kam von einem sehr aufmerksamen Beobachter. Wir würden natürlich atomare Marschflugkörper nicht auf dieselbe Weise auflösen, wie ich es mit den Tontauben tat. Ich ahmte dabei ein Gewehr nach. Bei atomaren Marschflugkörpern jedoch würden wir, falls das je nötig werden sollte, einfach ihre Verbindung zum Universum lösen — mit anderen Worten, ihre Existenz auflösen, sie verschwinden lassen, als ob sie auf einen Klumpen Antimaterie getroffen wären.

Ich brauche jetzt einen Freiwilligen aus der Zuhörerschaft — einen Mann mit großer körperlicher Kraft."

In der ersten Reihe sprang ein uniformierter und sehr athletisch wirkender junger Oberst von etwa 35 Jahren auf. Nach seinem starken Nacken, den Boxerohren und der krummen Nase zu urteilen, war er einmal ein Boxer gewesen. Del Sasso winkte ihm, und er eilte auf die Plattform. Del Sasso sah auf die 666-Anstecknadel, die er trug, und las die Informationen ab: „Dies ist Oberst Rob Blaisley, Adjutant des jetzigen Oberbefehlshabers der NATO." Er schüttelte freundlich die Hand des Oberst. „Sehr angenehm, Oberst."

Ein Laborassistent schob einen großen Einkaufswagen herein, der mit runden Gegenständen gefüllt war. Del Sasso wies darauf und sagte: „Das sind etwa ein Dutzend Bowlingkugeln und einige massive, schwere Stahlkugeln zum Kugelstoßen." Während Del Sasso sprach, nahm der Oberst sie und prüfte ihr Gewicht. „Stimmt das, Oberst?"

„Sie sind in Ordnung", sagte der Oberst. „Ich bowle sehr gerne, und ich habe früher regelmäßig Kugelstoßen gemacht. Das sind keine Windbeutel, sondern reguläre 7-Kilo-Bowlingkugeln und massive 7-Kilo-Kugeln zum Kugelstoßen. Was soll ich tun — sie auf Sie zuwerfen?"

„He, wir sollten zusammen auf Tournee gehen, Sie und ich", gab

Del Sasso lachend zurück. „Sie haben gute Einfälle. Wir würden eine Supershow auf die Beine stellen! Nein, werfen Sie sie nicht auf mich. Werfen Sie sie in die Zuhörerschaft. Zuerst die Bowlingkugeln."
Der Oberst hob eine der Bowlingkugeln hoch und bereitete sich auf den Wurf vor, als Del Sasso sagte: „Lassen Sie sie zunächst einmal auf den Boden fallen, damit jeder weiß, daß sie nicht hohl ist." Er hielt sie über seinen Kopf und ließ sie fallen. Der Aufprall war überzeugend.
„Ich meinte nicht aus solch einer Höhe!" sagte Del Sasso. Er wandte sich an Leighton. „Wir werden den Fußboden verstärken müssen, wenn wir das noch einmal tun."
„Bitte nicht!" erwiderte Leighton rasch.
„Okay. Fangen Sie an. Werfen Sie sie in die Zuhörerschaft", sagte Del Sasso.
Der Oberst zögerte. „Sind Sie sicher, daß niemand verletzt wird?" fragte er. Augenblicklich wurde er vom Boden empor unter die Decke gehoben.
„Da sehen Sie, was mit Zweiflern geschieht", witzelte Del Sasso und ließ ihn wieder hinunter. „Und jetzt werfen Sie das Ding in den Saal. Dort unten in der ersten Reihe, gleich neben Ihrem Platz, sitzt ein Vier-Sterne-General. Zielen Sie auf ihn."
„Um nichts in der Welt, Sir!" sagte der Oberst und warf die Kugel schnell auf die andere Seite des Auditoriums. Sie hatte noch keine drei Meter in der Luft zurückgelegt, als sie plötzlich verschwand. Man konnte hören, wie 250 Münder nach Luft schnappten. Der Oberst warf eine weitere Kugel in eine etwas andere Richtung — mit demselben Ergebnis. Dann eine dritte. Del Sasso hob die Hand.
„Ich glaube, das war genug von dieser Sorte, Oberst. Es ist nicht nötig, noch weitere Bowlingkugeln zu zerstören. Sie kosten Geld, und die Archonten haben mir noch nicht gesagt, wie ich sie wieder zurückholen kann. Wie wäre es jetzt mit den beiden Kugeln zum Stoßen? Wie weit konnten Sie eine 7-Kilo-Kugel stoßen?"
„Während meiner Collegezeit 18 Meter und weiter. Ich war nicht so besonders, aber ich habe an vielen Sportfesten teilgenommen und einige gewonnen."
„Gut. Ich werde Sie nicht bitten, diese fallenzulassen. Teilen Sie uns einfach mit, ob sie hohl ist oder nicht."
„Das ist massiver Stahl", sagte der Oberst und warf die Kugel abwägend von einer Hand in die andere.
„Na, dann wollen wir einmal sehen, wie weit Sie das Ding in die Zuhörerschaft stoßen können", sagte Del Sasso.

Der Oberst tat einen gewaltigen Stoß. Die Stahlkugel schoß in einer hohen Flugbahn hinaus über die Zuschauer. Dann verschwand sie plötzlich. „Ich glaube, wir brauchen uns mit der anderen gar keine Mühe zu machen", sagte Del Sasso, „es sei denn, Sie möchten gerne."

„Ja, tun wir's doch", sagte der Oberst begeistert.

„Na gut", sagte Del Sasso.

Die zweite 7-Kilo-Kugel aus massivem Stahl schoß hinaus und flog in einem hohen Bogen auf die Zuschauer zu. Dann löste sie sich in Luft auf. Die Zuschauer schrien vor Begeisterung und brachen dann in donnernden Beifall aus. Del Sasso hob die Hand, um wieder Ruhe herzustellen und wies dann auf den rechten Bühnenrand. Ein Laborassistent trat hinter dem Vorhang vor. Er brachte einen seltsamen Apparat und warf ihn in die Arme des erstaunten Oberst.

„Würden Sie den Zuschauern bitte sagen, was das ist?" bat ihn Del Sasso.

Der Oberst schien sprachlos zu sein. „Es ist ein – ein *Flammenwerfer!*" sagte er. „Was soll ich mit dem Ding machen?"

„Schnallen Sie es sich auf den Rücken und verbrennen Sie mich damit zu Kohle."

„Das meinen Sie doch nicht ernst!"

„Doch, durchaus. Sie wollten mit Bowlingkugeln nach mir werfen. Aber ich ziehe Flammen vor. Fangen Sie an."

Der Oberst schnallte sich das Gerät auf den Rücken, während Del Sasso sprach. Er ging einige Schritte weg und stellte es in etwa 6 Metern Entfernung an. Eine lange, breite Flamme schoß heraus. Sie war direkt auf Del Sasso gerichtet. Aber sie verschwand ungefähr einen Meter vor ihm. Er begann, auf den Oberst zuzugehen, und die Flamme wich immer weiter zurück, je näher er kam, bis plötzlich der Flammenwerfer selbst verschwand, als Del Sasso direkt davorstand.

Die Zuschauer, die bei dieser unglaublichen Vorführung in atemlosem Staunen zugesehen hatten, sprangen spontan auf, klatschten und brachen in laute Beifallsrufe aus. Del Sasso lächelte unmerklich, verbeugte sich mehrmals und kehrte auf seinen Platz zurück.

Der Beifall war ohrenbetäubend. Leighton hob seine Arme, um die Zuschauer zu beruhigen. „Sie werden natürlich verstehen", sagte er, als er sich endlich Gehör verschaffen konnte, „daß das, was Sie gesehen haben, nur ein winziger Bruchteil jener Macht ist, die der Menschheit durch das freundliche Eingreifen der Archonten zur Verfügung stehen wird. Ferner ist es, wie wir bereits erwähnt haben, Teil ihres Planes, buchstäblich Millionen von Medien auszubilden, damit sie

Kräfte entwickeln, die denen von Antonio Del Sasso gleichen. Ja, es wird keinerlei Begrenzung geben. Jede Nation wird so viele Schamanen ausbilden können, wie sie will. Allen wird unbegrenzte Macht zur Verfügung stehen – selbst den kleinsten und ärmsten Ländern. Und am Ende wird jeder Mensch auf Erden ungehinderten Zugang zu der Kraft haben, die im Universum liegt, ohne erst über die Archonten gehen zu müssen!

Hierzu wird es natürlich nötig werden, das Psitron – das ist jenes geniale elektronische Wahrsagegerät, durch das am Omega-Punkt der erste Kontakt mit jenen Wesen hergestellt wird und das als offizielles Trainingsgerät dient – in einer sehr hohen Stückzahl zu produzieren. Ein Konsortium von verschiedenen Banken aus aller Welt hat uns bereits einen Kredit in Höhe von fünf Milliarden Dollar zugesagt, um auf jedem Kontinent an strategischen Punkten Fabriken zur Herstellung des Psitron zu bauen. Die Bürgschaft für diesen Kredit wird selbstverständlich von den Unterzeichnern der Neuen Weltverfassung kommen, zu denen, wie Sie ja bereits wissen, jede einzelne Nation auf der ganzen Welt gehören muß.

Natürlich werden beachtliche Fachkenntnisse nötig sein, um dieses Unternehmen so schnell wie möglich zu einem Erfolg zu machen. Wir haben das große Glück, bei unseren Bemühungen die Hilfe eines Mannes zu haben, der zweifellos der brillanteste Parapsychologe ist, den die Sowjetunion je hervorgebracht hat. Ich spreche, wie könnte es anders sein, von Dr. Viktor Khorev. Ursprünglich floh er voll Verzweiflung aus seinem Land, um bei dem Programm mitzuarbeiten. Doch jetzt ist Dr. Khorev in seinem eigenen Land ein Held und erst kürzlich vom sowjetischen Staatspräsidenten persönlich für seine Arbeit gelobt worden.

Ich habe jetzt die große Freude, Ihnen den Hauptredner dieses Abends vorzustellen, einen Mann, dessen Anwesenheit nicht nur ein Symbol wissenschaftlicher Größe ist, sondern auch ein Symbol der Solidarität der Vereinigten Staaten von Amerika und der russischen Volksrepubliken – Dr. Viktor Khorev."

Langsam und bedächtig trat Viktor auf das Podium, nahm seine Notizen aus einem einfachen Hefter und breitete sie vor sich aus. „Hochverehrte Delegierte aus den Nationen der Welt, verehrte Gäste", begann Viktor und blickte über seine Zuhörerschaft, „seit dem Tag, an dem ich in dieses bemerkenswerte Forschungszentrum gekommen bin, habe ich etwas getan, was Sie alle heute abend tun müssen, und zwar sorgfältig und mutig. Ich habe versucht, die immer unglaublicheren Ereignisse in diesen Laboratorien und ihre Bedeutung für die ganze Menschheit zu verstehen.

Was Sie auf dem Video gesehen haben, entspricht alles der Realität. Es ist um Lichtjahre weiter als das, was wir in all den Jahren meiner parapsychologischen Forschung in Rußland erreichen konnten und auch nur zu erreichen hofften. Dasselbe kann von der parapsychologischen Forschung in jedem anderen Land gesagt werden. Wie sowohl Dr. Leighton als auch Dr. Del Sasso bereits deutlich erklärt haben ...", hier drehte sich Viktor halb um und nickte zu Leighton und Del Sasso hinüber, „... ist es unmöglich, ohne jene Wesen, die als die Archonten — oder auch die Neun — bekannt sind, solche Kräfte zu entwickeln. Ich kann Ihnen auf der Basis meiner langen Jahre in der Forschung unwidersprochen sagen, daß keine menschliche Organisation solche Kräfte besitzt oder sie entwickeln kann. Sie kommen ausschließlich von den Archonten. Sie kontrollieren diese Kraft und geben sie, wie und wem sie es wollen. Und jetzt haben sie durch Antonio Del Sasso ihre Bereitschaft erklärt, diese Kraft der Welt zur Verfügung zu stellen, um die Zerstörung dieses Planeten zu verhindern — eine Zerstörung, die ansonsten unvermeidbar wäre.

Damit die Welt diese Kraft empfängt, müssen wir uns, wie bereits gesagt wurde, notwendigerweise diesen Wesen völlig unterordnen — natürlich durch ihren Botschafter Antonio Del Sasso. Ich nehme an, Sie alle sind davon überzeugt, daß er eine sehr wichtige Rolle in dem Plan haben wird und daß er auf einzigartige Weise befähigt ist, diese Rolle zu übernehmen. Wenn wir uns den Archonten völlig unterordnen sollen, müssen wir ihnen natürlich auch völlig vertrauen. Es wäre Dummheit, sich Wesen unterzuordnen, von denen wir nicht genau wissen, ob sie auch absolut vertrauenswürdig sind.

Und genau da liegt der Kern des Problems, mit dem ich in den letzten Wochen gekämpft habe. Ich möchte, daß Sie gemeinsam mit mir den Prozeß des Zweifels durchlaufen, den ich selbst durchlebt habe, um Sie dann zu der glücklichen Schlußfolgerung zu führen, zu der ich gekommen bin. Ich erkannte folgendes: Wenn ich und wir alle, ja die ganze Welt ihnen vertrauen sollen — und das ist notwendig, damit der Plan in Kraft gesetzt werden kann —, dann gibt es bestimmte Kriterien, nach denen wir die Dinge beurteilen müssen.

Ich werde Ihnen jetzt berichten, welchen gedanklichen Prozeß ich selbst durchkämpfen mußte. Zunächst einmal bin ich in einem atheistischen Land aufgewachsen und bin selbst ein Atheist. Dennoch erkannte ich, was jeder vernünftige Mensch erkennen muß, nämlich, daß nur Gott allein – falls ein solches Wesen existieren sollte – völliges Vertrauen verdient. Dies ist so, weil Gott definitionsgemäß liebend und freundlich ist und über jede Korrumpierung, selbst durch seine eigenen Wünsche, erhaben ist. Er existiert, weil er ist, vollkommen unabhängig von irgend jemandem oder irgend etwas anderem als sich selbst, und er ist unendlich und braucht von daher nichts von irgend jemand oder irgend etwas anderem, denn er selbst ist ja der Schöpfer aller Dinge. Und weil Gott, wiederum per Definition, unwandelbar ist, können wir ihm sowohl auf der Basis seines Charakters als auch seines Verhaltens in der Vergangenheit völliges Vertrauen entgegenbringen, was seine Handlungen in der Zukunft angeht.

Unglücklicherweise existiert Gott nicht, und so bleiben uns nur unsere eigenen Hilfsmittel und Fähigkeiten, und wir können es nicht wagen, uns einem anderen auf Gedeih oder Verderb auszuliefern. Und als ich über diese Dinge nachdachte, erschien es mir nur logisch, daß das auch die Archonten betraf.

Da sie weniger als Gott sind – ja, sie leugnen sogar die Existenz einer höchsten Gottheit und behaupten, daß jeder von uns selbst ein Gott sei –, wäre es denkbar, daß die Archonten von ihren eigenen selbstsüchtigen Wünschen korrumpiert sind. An diesem Punkt stand ich vor einem schwerwiegenden Dilemma. Da die Archonten, so hoch sie auch entwickelt sein mögen, weniger sind als Gott und sich daher durchaus verändern können, stehen wir vor einem gravierenden Problem. Selbst wenn sie in den vergangenen tausend Jahren in ihrem Verhalten der Menschheit gegenüber durch und durch wohlwollend gewesen wären, könnten wir auf der Basis dieser beeindruckenden Tatsache nicht völlig darauf vertrauen, daß sie sich nicht vielleicht in der Zukunft gegen uns wenden oder uns betrügen würden."

An diesem Punkt seiner Rede wandte sich Viktor um und wies erneut auf Leighton und Del Sasso, die beide besorgt aussahen, aber im allgemeinen mit seinem bisherigen Vorgehen zufrieden zu sein schienen. „Dr. Leighton und Dr. Del Sasso wußten von meinen Zweifeln und waren so liebenswürdig, mir bei der Aufarbeitung dieser Zweifel zu helfen. Es war nicht leicht, denn es handelte sich um ein äußerst schwieriges Problem. Wir werden dazu aufgefordert, den Archonten völlig zu vertrauen, obwohl sie weniger als Gott sind und möglicherweise selbstsüchtige Ziele verfolgen, von denen wir nichts wissen. Natürlich versichern sie uns, daß sie wohlwollend und gütig sind, aber wie sollen wir ihren Beteuerungen glauben?

Ein überzeugendes Argument ist, daß die Archonten den Menschen so weit überlegen sind, daß sie uns eigentlich nicht brauchen. Es scheint nichts zu geben, was wir ihnen bieten könnten, und daher kann es auch nichts geben, was sie möglicherweise von uns wollten. Also hätten sie kein Motiv, uns zu belügen und zu betrügen oder uns auf irgendeine Weise zu schaden. Denn was für einen Zweck sollten sie damit verfolgen? Eine Zeitlang übernahm ich diesen Gedankengang. Aber schließlich mußte ich mir eine Frage stellen, die ich bis dahin beiseite geschoben hatte: Wenn die Archonten nicht daran interessiert sind, uns zu schaden, warum sollten sie dann daran interessiert sein, uns zu helfen? Warum sollten sie sich überhaupt für uns interessieren? Die Frage verwirrte mich, und dann wurde mir klar, daß ich etwas übersehen hatte."

An diesem Punkt machte Viktor eine kurze Pause und holte mehrmals tief Luft, um all seinen Mut zusammenzunehmen. Eine beinahe fühlbare Stille hatte sich auf die Zuhörer gesenkt. Jedes Auge war unverwandt und voll Erwartung auf Viktor gerichtet. Carla bemerkte, daß Leighton stocksteif auf seinem Stuhl saß, und Del Sasso war seltsam regungslos, als sei er dabei, in Trance zu fallen. Sie verspürte ein wachsendes Grauen, und doch war sie gleichzeitig auf eigenartige Weise losgelöst von den Ereignissen um sie herum.

Was Viktor über Gott gesagt hatte, traf sie mit erstaunlicher Wucht. Da war ein Atheist, der ihr erzählte, wer Gott war — falls es, wie er sagte, überhaupt einen Gott gab — und warum man ausschließlich ihm vertrauen konnte. Seine Argumentation war äußerst überzeugend gewesen. Sie hatte ein Flut von tiefen und immer stärker werdenden Überzeugungen freigesetzt, die Carla bisher unterdrückt hatte. Die Zeit schien stehenzubleiben, das Auditorium wurde irgendwie unwirklich, und Viktors Stimme klang wie ein entferntes Brummen, als ihr frühere Unterhaltungen mit Ken mit neuer Kraft ins Bewußtsein drangen. Sie konnte seine Argumente nicht widerlegen, und jetzt konnte sie sie auch nicht länger ignorieren. Jene Argumente, die Viktor, ein Atheist, vorbrachte — und die sie alle kannte, aber zum ersten Mal zu hören schien — verstärkten das, was Ken gesagt hatte und wozu er sie in den letzten Wochen hatte überreden wollen.

Viktors Stimme, die jetzt Anspannung und zunehmende Angst verriet, aus der jedoch gleichzeitig jener Mut klang, der aus Überzeugung geboren wird und dem dringenden Verlangen, die Welt zu warnen, forderte wieder ihre volle Aufmerksamkeit. „Es war nicht nötig, Vermutungen anzustellen. Die Beweise waren klar und offensichtlich, aber ich war nicht bereit gewesen, sie zu akzeptieren. Man muß sich nur ansehen, was bisher geschehen ist — Frank Leighton könnte es bestätigen, wenn er dazu bereit wäre, und falls nicht, gibt es andere, die vielleicht den Mut dazu haben" (hier sah er kurz zu Carla hinüber) „um zu erkennen, daß die Archonten denjenigen gegenüber, die an diesem Projekt beteiligt waren, alles andere als aufrichtig gehandelt haben, und zwar von Anfang an. Sie haben Frieden, Liebe und Brüderlichkeit versprochen. Statt dessen haben sie Gewalt verursacht. Das ging sogar soweit, daß einige von denen, die ihren Versprechen glaubten und sich ihrer Kontrolle unterwarfen, starben oder den Verstand verloren. Sie haben zwar versprochen, zusätzlich zu Del Sasso Millionen von Medien hervorzubringen, aber bisher haben sie nicht einen einzigen erzeugt — trotz der sorgfältigen und eifrigen Bemühungen in diesem Labor, andere auf dem Psitron auszubilden! Inzwischen bezweifle ich, daß sie es je vorhatten. Wir haben gehorsam den Archonten die völlige Kontrolle über dieses Projekt und unser Leben übergeben, und bisher ist — abgesehen von den Kräften, die Del Sasso vorgeführt hat, um uns zu verführen — nichts Gutes dabei herausgekommen!"

Endlich erkannte Carla klar die Wahrheit. *Warum habe ich nicht auf Ken gehört?* dachte sie. *Was ist, wenn die Archonten Dämonen sind? Viktor bringt absolut hieb- und stichfeste Beweise gegen sie vor, die nicht zu widerlegen sind. Sie sind zweifellos böse und darauf aus, zu verführen und zu beherrschen — und vielleicht wollen sie sogar zerstören.* Sie verspürte einen überwältigenden Drang, aufzuspringen und zum nächsten Ausgang zu rennen. Aber Viktor! Was würde mit ihm geschehen? Sie konnte ihn nicht im Stich lassen. Also blieb sie sitzen, starr vor Angst wegen des Grauens, das sie spürte und von dem sie mit seltsamer und schrecklicher Gewißheit wußte, daß es in wenigen Augenblicken vor ihren Augen explodieren würde.

Die Zuhörer bewegten sich unruhig auf ihren Sitzen. Ein Gemurmel kam auf. Carla fühlte, daß die Gegenwart von Liebe, die zuvor zu spüren gewesen war, nicht mehr da war. Statt dessen verspürte man jetzt die reptilienartige Gegenwart, die sie nur zu gut kannte. Leighton begann, sich zu erheben, sank aber wieder auf seinen Sitz zurück. Er war anscheinend zu fassungslos, um zu reagieren. Jetzt hatte sich eine unheimliche Stille über das Auditorium gelegt — wie die Ruhe vor einem Sturm. Die Zuhörer waren starr vor Schreck. Nur das unheimliche Geräusch des Atmens war zu hören.

Viktors Worte kamen jetzt wie ein Flut aus seinem Mund. Es war, als erwarte er, jeden Moment unterbrochen zu werden, und beeilte sich, um noch alles sagen zu können, was er sagen wollte. „Was mich dabei beunruhigt, ist die totale Kontrolle, die sie fordern. Ich habe den Totalitarismus erlebt. Soweit ich weiß, werden im Moment in meinem Heimatland — einem Land, daß ich sehr liebe — viele Veränderungen vorgenommen. Und dennoch ist dieses Land noch sehr weit von der Freiheit entfernt, die allen Menschen lieb und teuer ist, jener Freiheit, die ich im Westen gesucht habe und die, wie ich erkennen mußte, selbst hier fehlt."

Carla mochte ihren Ohren nicht trauen. Und es schien noch unglaublicher zu sein, daß Leighton nicht eingegriffen und Del Sasso sich nicht gerührt hatte, um ihn niederzustrecken. Zögerten sie, weil sie vor dieser Zuhörerschaft nicht noch eine schlimmere Szene hervorrufen wollten und ließen Viktor deshalb einfach zu Ende reden, um ihn dann als unglaubwürdig zu bezeichnen?

„Diese Versammlung ist von größter Bedeutung, und Sie halten in der Tat die Zukunft der Welt in Ihren Händen. Alles hängt davon ab, ob Sie sich dem Willen der Archonten beugen, oder ob Sie sich ihm widersetzen. Ich warne Sie hiermit: Wenn Sie sich ihrer Kontrolle unterordnen, wird diese Welt dadurch in ein riesiges Gefängnis verwandelt werden — kein Gefängnis, in dem Leiber in Zellen eingesperrt sind, sondern eines, in dem man nicht mehr selbst denken kann. Das Paradies, das die Archonten anbieten, wird sich als die unbeschreibliche Hölle eines bösartigen Totalitarismus herausstellen, der schlimmer sein wird als alles, was diese Welt je gesehen hat. Und er wird uns von fremden Intelligenzen aufgezwungen werden, die uns für ihre eigenen heimtückischen Zwecke mißbrauchen wollen."

Leighton hatte seine Lähmung abgeschüttelt und sprang auf. Er rannte zum Podium und versuchte, Viktor das Mikrofon zu entreißen. Viktor wehrte Leighton ab und rief in einem letzten Versuch ins Mikrofon: „Verschließen Sie Ihre Gedanken vor dem Einfluß der Archonten. Wehren Sie sich. Lassen Sie nicht zu, daß sie Ihnen ihren Willen aufzwingen." In diesem Moment packte eine Wache Viktor, riß ihm das Mikrofon aus den Händen und warf ihn auf den Boden der Plattform.

Das war der Augenblick, in dem sich die Wut der Archonten entlud, und es geschah mit einer Gewalt, die jeden vernünftigen Gedanken beiseite fegte. Die Stille wurde von einem Schrei unterbrochen, der aus Del Sassos Kehle kam und auf beängstigende Weise an seine Reaktion im Labor erinnerte, als Ken ihn gestoppt hatte. Kens Worte waren Carla plötzlich lebhaft im Gedächtnis: *Der Zorn des Lammes — das*

Gericht Gottes! Ja, gab sie endlich zu, *es stimmt, was Viktor von dem Schöpfer des Universums gesagt hat, und hier, in diesem Gebäude, hält er das mörderische Böse, das die Archonten darstellen, nicht länger zurück. Diejenigen, die ihnen geglaubt haben, ernten die Frucht ihrer Rebellion gegen den wahren Gott.*

Der Boden begann sich zu wölben. Dann öffnete er sich plötzlich genau dort, wo die Medien-Vertreter saßen, und verschluckte sie alle. Sitze wurden vom Boden gerissen und durch die Luft geschleudert. Die Zuhörer wurden umhergeworfen, als wären sie Treibgut auf stürmischer See. Das ganze Auditorium befand sich in einem gewaltigen Chaos. Riesige Stücke des Daches krachten herunter und zerschmetterten die Delegierten reihenweise. Das Grausigste von allem war, daß die Balken aus geleimtem Holz, die die Decke stützten, zu langen Speeren zersplitterten. Sie flogen durch die Luft wie ferngelenkte Geschosse und spießten jene auf, die wie wild über menschliche Körper und Trümmer krabbelten und versuchten, zu den Ausgängen zu gelangen.

Die Delegierten, die es schafften, die Ausgänge zu erreichen, ohne aufgespießt zu werden, mußten feststellen, daß die Türen verschlossen waren und ihnen die Flucht aus dem Inferno verwehrten. Sie hämmerten hilflos mit den Fäusten gegen die Türen und Wände. Einige starben an Hysterie, die übrigen wurden von dem Trümmerregen des einstürzenden Daches erschlagen. Es schien, als würden die Trümmer von einer Intelligenz, die alles sah und die Zerstörung steuerte, auf die Menschen unten gelenkt. Es war offensichtlich, daß man keinen einzigen Überlebenden entkommen lassen würde, um die schreckliche Wahrheit über die tatsächlichen Ereignisse zu berichten.

Leighton — das Ende seines unseligen Traumes vor Augen — verfluchte die Archonten und ging plötzlich in Flammen auf. Seine Schreie wurden rasch von der Hitze verschluckt. Sein Körper schien zu schmelzen und vor Carlas entsetzten Augen zu Asche zu werden. Dann sah sie, wie andere von den wenigen Menschen, die noch überlebt hatten, spontan in Flammen aufgingen. Die Flammen sprangen von ihren Körpern auf andere über, die schon tot waren, und begannen, sie zu verzehren. Mike Bradford, der Leiter des Sicherheitsdienstes, wurde von einem schweren Stück der Decke getroffen und zu Boden geworfen. Er stützte sich mühsam auf einen Ellenbogen, zog seinen Revolver aus der Tasche und feuerte voll Wut einige Kugeln auf Leightons sich auflösenden Körper ab. Dann richtete er die Waffe auf Del Sasso, der in Trance war und in Yogaposition auf seinem Platz saß.

Aber die Waffe wurde Bradford aus den Händen gerissen; ein schwerer Balken krachte herab und zerschmetterte seinen Schädel. Sein Assistent sprang von der Plattform, aber er verschwand, bevor er auf dem Boden des Auditoriums landete.

Viktor, der wie gelähmt auf dem Boden gelegen hatte, fand langsam das Bewußtsein wieder. Er kam mühsam auf die Beine und begann, verzweifelt zum hinteren Ende der Plattform zu wanken. Er hatte erst zwei Schritte gemacht, als ein großes Stück der Beleuchtungsschiene über der Bühne auf ihn niederkrachte und ihn am Boden festnagelte. Er lag bewegungslos da. Carla, die wie durch ein Wunder völlig unverletzt geblieben war, glaubte, er sei tot. Sie begann schon, zum hinteren Bühnenausgang zu laufen, durch den sie gekommen war, als sie hörte, wie ihr Name gerufen wurde.

Als sie sich umdrehte, sah sie, daß Viktor wieder bei Bewußtsein war und versuchte, das Gewicht, das ihn am Boden festhielt, loszuwerden. Seine Augen baten sie um Hilfe. Es kam einem Selbstmord gleich, zu ihm zu gehen, aber sie konnte ihn nicht im Stich lassen. So schnell sie konnte, bahnte sie sich einen Weg durch die Trümmer, zurück zu Viktor.

„Jesus, hilf mir bitte — hilf mir!" Es war ihr erstes Gebet seit über zwanzig Jahren.

39. Eine größere Kraft

Ken war im Laufe des Nachmittags immer unruhiger geworden. Es war jetzt schon nach fünf Uhr. Was ging dort draußen vor? Reichte es aus, einfach zu beten, oder gab es auch etwas, was er tun mußte? Entschlossen erhob er sich von den Knien und verkündete den anderen: „Ich muß gehen. Ich weiß einfach, daß ich so schnell wie möglich zum Zentrum hinausfahren muß. Ich weiß nicht, was mir dort vielleicht begegnet oder warum ich hinfahren soll. Deshalb betet bitte für mich! Ihr wißt, daß die Wachen mein Bild haben und die Anweisung, mich nicht hineinzulassen."

Don Jordan ging zusammen mit ihm hinaus. „Du wirst nicht einmal die Landstraße verlassen können", teilte er Ken mit. „Sie werden mit Sicherheit die Zufahrtsstraße gesperrt haben. Du würdest niemals durchkommen. Ich werde an mein Funkgerät gehen und dem Leiter der hiesigen Verkehrspolizei eine Beschreibung deines Wagens geben und ihn bitten, dich durchzulassen. Das sollte es dir ermöglichen, auf die Zufahrtsstraße zu kommen. Was du tun kannst, wenn du ans Tor kommst, weiß ich nicht. Dort kann ich dir nicht helfen. Wir werden einfach weiterbeten."

„Ich vertraue darauf, daß der Herr etwas tun wird", sagte Ken, während er zu seinem Auto eilte. „Er wird irgendwie dafür sorgen, daß es klappt. Vielen Dank!"

Tatsächlich standen ein Wagen der kalifornischen Verkehrspolizei und drei Wagen der örtlichen Polizei an der Abzweigung auf die Zufahrtsstraße, und quer über die Straße war eine Polizeisperre aufgebaut. Ken bog ab, und ein Beamter signalisierte ihm, er solle anhalten. Der Beamte sah sich seinen Führerschein an, grunzte und gab ihn zurück. „He, schiebt mal das Ding zur Seite und laßt diesen Wagen durch", schrie er und winkte den beiden Beamten an der Sperre.

Gleich hinter dem Schild „Sperrgebiet — Eigentum der Regierung" war ein weiterer Polizeikontrollpunkt. Aber als Ken den Beamten, die dort Dienst taten, mit seinem Führerschein zuwinkte, gaben sie ihm Zeichen, weiterzufahren. Auf dem letzten halben Kilometer vor dem Gelände war eine Straßenseite völlig zugeparkt von Taxis, Limousinen und Privatfahrzeugen. Ihre Fahrer standen herum, unterhielten sich und rauchten oder machten in ihren Fahrzeugen eine Nickerchen. Als er sich dem Tor näherte, sah er, daß es von Fernsehteams und anderen Mitarbeitern der Medien umgeben war, die man nicht hineingelassen hatte. Sie warteten darauf, daß sie Bilder von den Würdenträgern machen konnten und hofften auf Interviews. Es war kaum durchzukommen. Einen Augenblick lang mußte Ken an den Eröffnungstag der Forellensaison an einem kleinen Flüßchen im Verwaltungsbezirk Los Angeles denken. Dort mußte man schon fast seinen eigenen Felsen mitbringen, auf dem man stehen wollte.

Ken fuhr seinen Jeep langsam durch das Gewühle und erreichte endlich das Tor. Zu seiner Überraschung stand es weit offen. Als er vorsichtig weiterfuhr, kam eine Wache aus der Wachstation gelaufen und rief ihm zu, daß er stehenbleiben solle. „He! Sie können da nicht rein. Es gibt da drinnen keine Parkplätze mehr", sagte die Wache und kam an sein Autofenster. „Sie kommen sowieso zwei Stunden zu spät. Zeigen Sie mir Ihren Ausweis und Ihre Einladung."

„Ich habe keine Einladung", sagte Ken. „Aber ich muß durch! Don Jordan vom FBI hat mich hergeschickt."

„Hier drinnen ist er nicht zuständig. Sagen Sie mal, sind Sie nicht Ken Inman?" Ken nickte. „Ich dachte doch, ich hätte Sie erkannt! Okay, wenden Sie das Ding und sehen Sie zu, daß Sie hier rauskommen. Sie wissen, daß Sie keinen Zutritt zu dem Gelände haben."

* * *

Carla, die Viktor erreicht hatte, schaffte es, den Balken lange genug anzuheben, so daß er darunter hervorkriechen konnte. Sie half ihm auf die Beine und legte seinen Arm auf ihre Schultern. Dann gingen sie zum hinteren Bühnenausgang, der von der Plattform auf den inneren Gang führte. Halb zog sie ihn, und halb mußte sie ihn tragen. Inmitten des fortwährenden Trümmerregens erreichten sie sicher den Ausgang. Wie durch ein Wunder stand die Tür weit offen. Sie warf einen letzten kurzen Blick zurück auf das Chaos. Del Sasso stand mit erhobenem Kopf und erhobenen Händen da – unversehrt. Die tödlichen Geschosse berührten ihn nicht. Er schien in einer Haltung der Anbetung zu sein, als ob er den Archonten die aufgespießten und zerquetschten Leiber als Opfer darbrächte. Dann wandte er sich um und sah Carla. Selbst aus dieser Entfernung konnte sie den brennenden Haß in seinen Augen sehen.

Viktor war halb betäubt und zog ein blutiges und zerschmettertes Bein hinter sich her, das fast völlig nutzlos war. Angsterfüllt klammerte er sich an Carla. Wenn er nicht so hilflos wäre, hätte sie inzwischen draußen sein können. Aber sie konnte ihn unmöglich allein lassen.

„Was habe ich getan?" fragte Viktor immer wieder. „Was habe ich getan? Ich dachte, wir könnten sie bekämpfen, wenn wir es alle gemeinsam täten. Ist es meine Schuld, daß alle diese Leute umgekommen sind?" Er lehnte sich an die Wand und rang keuchend um Atem. „Jemand muß entkommen und es dem Rest der Welt sagen. Gehen Sie ohne mich weiter. Es reicht, wenn nur einer von uns durchkommt. Die Welt muß gewarnt werden!"

„Wir sind nicht die einzigen Überlebenden", sagte Carla und versuchte, ihn sanft weiterzuziehen. „Del Sasso lebt! Wir müssen uns beeilen — wenn Sie können."

„Ich schaffe es nicht — gehen Sie allein weiter. Sagen Sie allen, daß die Archonten *böse* sind. Sagen Sie, was sie getan haben. Sie haben alle umgebracht, damit niemand die Wahrheit erfährt."

„Ich werde Sie nicht allein lassen, Viktor", sagte Carla bestimmt. „Wir werden es gemeinsam schaffen. Kommen Sie, Sie können es! Geben Sie jetzt nicht auf!"

Sie gingen langsam eine kurze Treppe hinunter, schwankten unter Schmerzen durch den schmalen Flur und erreichten den Hauptkorridor, der am Zentrallabor vorbei zu den Büros führte. Als sie um die Ecke bogen und in den breiten Flur kamen, stand plötzlich Oberst Chernov vor ihnen und versperrte ihnen den Weg. Es war unmöglich. Er war tot. Sie hatte seinen schrecklichen Tod mit eigenen Augen gesehen — aber da stand er, den Mund zu einem verzerrten Lächeln verzogen und einem Gesicht, das wie eine Maske des Bösen aussah. In seinen boshaften Augen stand deutlich Rache geschrieben.

Chernov war so auf Viktor fixiert, daß er Carla gar nicht wahrzunehmen schien. Er sprach Viktor auf russisch an. Viktor antwortete mit stockenden Sätzen und schien um sein Leben zu betteln.

„Es ist nicht Chernov!" rief Carla ihm zu. „Es ist ein Archont!" Viktor sah zu ihr zurück. Er verstand nicht. „Sagen Sie ihm, daß Sie zu dem Herrn Jesus Christus gehören. Nennen Sie seinen Namen — glauben Sie an ihn! Er wird Sie retten!"

Carla war erstaunt. Waren diese Worte aus ihrem Mund gekommen? Dann wurde ihr plötzlich klar, daß sie auch aus ihrem Herzen gekommen waren. „Ich glaube", rief sie laut. „Ich glaube, daß Jesus für mich starb!" Jetzt hatte sie einen neuen Grund, zu überleben — nicht nur, um die Welt zu warnen, sondern auch, um es Ken zu erzählen.

Hier, in dieser extremen Notsituation, wo sich die Dinge bis zum Äußersten zugespitzt hatten, hatte sich ihr rebellisches Herz vor dem einen gebeugt, den sie so lange zurückgewiesen hatte.

Viktor schüttelte den Kopf. „Auch Christus verlangt Unterordnung. Das will ich nicht. Ich will frei sein!"

„Christus gibt Freiheit — von *Ihnen selbst!*" Sie bat ihn jetzt eindringlich. „Der wahre Diktator ist Viktor Khorev! Sie sind ein Sklave *ihrer selbst*, Viktor! Christus wird Sie retten. Er starb für Sie."

„Nein!" sagte Viktor. Einen kurzen Moment lang starrte er Carla mit weiten, glasigen Augen an. Zu ihrem Kummer sah sie einen kopflosen, verängstigten Blick, wie den eines Mannes, der sich in einer Wildnis verirrt und jede Hoffnung, jemals den Rückweg zu finden, aufgegeben hatte.

Er riß sich von ihr los und begann, in Panik zurückzuweichen. Chernov, dessen verzerrtes Grinsen jetzt zu einem Zähnefletschen geworden war, glitt auf ihn zu wie ein Tiger, der sich darauf vorbereitet, seine Beute anzuspringen.

„Viktor!" schrie sie. „Glauben Sie daran, Jesus wird Sie schützen!" Aber Viktor schien jetzt taub zu sein für ihre Stimme.

Mit einer plötzlichen, blitzschnellen Bewegung wirbelte Chernov herum. Sein Fuß traf Viktor mit tödlicher Wucht im Gesicht und schleuderte ihn gegen die Wand. Viktors Augen wurden glasig und sein Körper fiel schlaff auf den Boden.

Jetzt konzentrierte Chernov seine üblen Absichten auf Carla. „Hilf mir, Herr Jesus!" murmelte sie, und Chernov verschwand. Sie rannte laut schluchzend den Hauptkorridor entlang, vorbei an dem Labor, wo sie zum ersten Mal gesehen hatte, wie Del Sasso seine Kräfte zur Schau stellte, wandte sich dann nach links, vorbei an Leightons Büro, wo der Alptraum begonnen hatte und wo sie so viele Stunden, Tage und Nächte damit verbracht hatte, sich durch ihre inneren Konflikte zu kämpfen, um sich dann mit Leib und Seele zu engagieren — für *so etwas*.

Als sie in die Vorhalle rannte und die Freiheit schon vor Augen hatte, erblickte sie ihn. Er stand in seiner langen, schwarzen Robe vor der Tür, die Kapuze in den Nacken geworfen, und versperrte ihr den Fluchtweg. Dies war kein Archont. Es war Del Sasso selbst!

„Warum denn so eilig, Carla!" fragte er mit übertriebener Sorge. „Die Party ist noch nicht vorbei, und es ist unhöflich, einfach so davonzulaufen, ohne seinem Gastgeber zu danken." Er betrachtete sie mit einem Ausdruck gieriger Erwartung.

Carla zögerte. Sollte sie den Gang zurück zum Seitenausgang laufen? Nein, er würde sie einholen, noch bevor sie 10 Meter weit gekommen war. Er konnte sich wie eine Katze bewegen.
„Diesmal ist dein lieber kleiner Ken nicht da, um dich zu retten!" sagte er voll hämischer Freude. „Du gehörst nur mir!" Er begann, auf sie zuzugehen, und sie fing an, zum Korridor zurückzuweichen.
„Du bist verrückt, Antonio", sagte sie. „Völlig verrückt! Dieses Gemetzel hat dir Spaß gemacht! Und es hat dir auch Spaß gemacht, Chernov in zwei Hälften zu schneiden, oder?"
„Ich liebe die Macht", sagte er schlicht. „Warum auch nicht? Es ist, als wäre man Gott. Ich kann alles tun. Du wirst schon sehen!"

* * *

Mit den Worten des Wachmanns in den Ohren begann Ken zu beten. *„Herr, bitte hilf mir. Ich werde das Gelände nicht verlassen. Ich muß zu Carla durchkommen!"* Plötzlich erschien über dem Hauptgebäude ein pulsierendes Licht, das abwechselnd grün und lila blinkte. Dann sah er es — ein riesiges UFO, das total in Flammen stand, erhob sich durch das Dach über dem Auditorium in der Mitte des Hauptgebäudes. Es gab ein ohrenbetäubendes Krachen, und das Dach schien zusammenzubrechen. Selbst für Atheisten und Agnostiker war es offensichtlich, daß eine Katastrophe übernatürlichen Ausmaßes stattfand.
„Ich sagte, wenden Sie das Ding!" knurrte der Wachmann und griff nach seiner Waffe. Dann hörte er die Explosion, drehte sich um und sah es ebenfalls! In dem Augenblick schien eine alles beherrschende und uralte reptilienartige Gegenwart durch das zerstörte Dach freigesetzt worden zu sein — eine Gegenwart, die über alle Maßen schrecklich war.
Einen kurzen Moment lang sah der Wachmann starr vor Angst zum Hauptgebäude. Dann drehte er sich um und rannte. Ken startete den Wagen und fuhr weiter. Im Rückspiegel konnte er sehen, wie die Presseleute angsterfüllt auseinanderliefen. Er konnte ihre entsetzten Schreie hören. Das UFO, das eher wie ein Feuerball aussah als wie ein Raumschiff, war heruntergekommen und flog mit zunehmender Geschwindigkeit dicht über dem Boden auf das Tor zu.
„Hilf mir, Herr Jesus!" Er hatte keine Zeit, mehr zu sagen. Das UFO war über ihm. Er umklammerte das Steuer und schloß kurz die

Augen. Sein Wagen fuhr direkt durch das UFO hindurch. „*Danke, Herr Jesus!*"

Jetzt konnte er sehen, daß es keinen Parkplatz mehr gab. Die wenigen Plätze standen voll mit Limousinen und Militärfahrzeugen. Er hielt vor der Steinmauer, die den Vordereingang schützte und sprang aus dem Wagen. Er lief die dreißig Meter an dem Gebäude zu seiner rechten entlang und versuchte, beide Türen zu öffnen, aber sie waren verschlossen. Die Türgriffe waren beinahe zu heiß, um sie zu berühren. Von innen drang kein Laut nach außen. Nur die Stille des Todes und das Knistern des Feuers waren zu hören. Er trat ein paar Schritte zurück und sah nach oben. Dichter, schwarzer Rauch, der von den lodernden Flammen leicht rot gefärbt war, stieg in Schwaden gen Himmel. Das Theater war von Flammen eingeschlossen und brannte lichterloh.

※ ※ ※

Carla drehte sich um und wollte den Gang hinunterlaufen, aber Del Sasso streckte schnell die Hand aus und ergriff ihr langes, rotbraunes Haar mit seiner großen Faust. Sie schrie, kratzte, trat, aber er war viel zu stark für sie. Sie fühlte, wie er sie zurück in die Vorhalle zerrte. Dort warf er sie mitten auf den Boden. Sie lag halb betäubt da. Del Sasso stand über ihr und bereitete sich vor, den Archonten ein höchst angenehmes Opfer darzubringen — einen neuen Christen.

„Herr Jesus, hilf mir!" rief Carla. „Gott, hilf mir — bitte!"

„Jesus hilft *mir!*" sagte Del Sasso mit singendem Tonfall. „Er gehört jetzt den Archonten. Sie haben ihn gekreuzigt, und dich wollen sie auch haben."

Sie hörten beide, wie sich der Türknauf bewegte und dann, wie die Tür aufschwang und mit einem Knall gegen die Außenwand flog. Ken kam hereingerannt und lief auf den Gang zu. Dann sah er sie und blieb überrascht stehen. Del Sasso wirbelte herum, um ihm entgegenzutreten.

„Du hast gesagt, daß du meine Vorführung beendet hättest und daß ich Angst vor dir hätte. Und ich sagte, daß ich dich töten würde, wenn du jemals wieder dein verhaßtes Gesicht hier drinnen zeigen würdest! Jetzt werden wir ja sehen." Del Sasso packte eine schwere Keramiklampe, die auf einem Tisch stand, riß den Stecker aus der Wand, zerrte den Schirm von der Lampe und ergriff sie am schmalen Ende, um sie als Waffe zu benutzen. Ungestüm näherte er sich Ken.

„Komm, Carla", sagte Ken bestimmt. „Wir gehen. Lauf zur Tür. Los."

„Paß auf, Ken! Er..." Sie stand mühsam auf und begann, in einem weiten Bogen um Del Sasso herum zur Tür zu gehen.

„Wozu brauchst du so eine Waffe?" fragte Ken ruhig. „Was ist mit deinen ‚psychischen Kräften'? Warum benutzt du sie nicht? Ihr wißt, daß sie bei einem echten Christen nicht wirken, nicht wahr, *ihr Dämonen der Zerstörung!*"

Del Sassos Mund bewegte sich, aber kein Laut war zu hören. Er zögerte und betrachtete Ken mit einem mörderischen Blick. Carla hatte die Tür erreicht und sie aufgestoßen. Sie hielt sie offen, während sie in ängstlicher Faszination zusah. Ken begann, langsam zur offenen Tür zurückzuweichen. Dabei ließ er Del Sasso, der ihm folgte und unsicher die Lampe schwang, keinen Moment aus den Augen.

„Ich rede nicht mit dir, Antonio. Du bist nur eine Hülle", sagte Ken ruhig. „Ich rede mit den Dämonen, die dich in ihrer Gewalt haben. Wer auch immer ihr seid, und ganz gleich, wie viele ihr seid — ich sage euch im Namen Jesu Christi und durch das Blut, das er am Kreuz vergossen hat, daß wir jetzt gehen. Ihr könnt dieses Gebäude haben!"

Ken war jetzt an der Tür angekommen und bedeutete Carla, zu gehen. „Lauf zum Jeep!" flüsterte er. Sie drehte sich um und rannte. Ken trat schnell nach draußen. Er ließ das Medium immer noch nicht aus den Augen. Del Sasso stieß einen Wutschrei aus und warf die Lampe genau in dem Moment, als Ken die Tür zuwarf. Als er sich umdrehte, um schnell zu Carla zu laufen, hörte er, wie sie an der Innenseite der Tür zerschellte, ohne irgendeinen Schaden anzurichten. Carla lehnte am Jeep und schluchzte. Die Tür zur Vorhalle blieb zu.

„Er wird uns nicht folgen", sagte Ken. „Preis dem Herrn, du bist in Sicherheit!"

Sie fiel ihm in die Arme. Er drückte sie an sich, und sie wurde von Schluchzern erschüttert. „Es ist unglaublich, was da drinnen geschehen ist!" brachte sie mühsam hervor. Und dann begann die ganze Welt sich zu drehen, und alles wurde schwarz.

Er trug sie in den Jeep, kletterte dann hinter das Lenkrad und startete den Wagen. Aus der Ferne hörte er das Heulen von Sirenen, die rasch über die Zufahrtsstraße näher kamen. Kamerateams liefen durch das Tor und stellten ihre Kameras auf. Reporter sprachen in ihre Rekorder. Ken lenkte den Jeep langsam um den Platz und durch die immer größer werdende Menschenmenge. Als er zurücksah, konnte er sehen, daß sich das Feuer, von einer steifen Brise angefacht, vom Theater weiter ausgebreitet und inzwischen fast das ganze Gebäude erfaßt hatte. Der Wimpel mit den vier Sternen flatterte stolz auf dem Kotflügel vom Wagen des Generals.

40. Das Vermächtnis der Archonten

Carla kam wieder zu sich, als Ken etwa einen halben Kilometer vor dem Forschungszentrum an die Seite fuhr, um das erste Feuerwehrauto vorbeibrausen zu lassen. Die Sirenen heulten mit ohrenbetäubender Lautstärke. Sie öffnete die Augen, sah sich einen Moment lang angsterfüllt um und erkannte dann, daß sie in Sicherheit und auf dem Heimweg waren. Er mußte erneut an die Seite fahren und ein weiteres Feuerwehrauto vorbeilassen, und Carla nahm seinen Arm. Er drehte sich zu ihr, und sie sahen sich in die Augen. Sie weinte wieder, aber diesmal lächelte sie unter ihren Tränen.

„Sieh mich an, Ken", sagte sie zwischen zwei Schluchzern. „Es ist etwas mit mir geschehen — etwas *Wunderbares*. Errätst du es?"

„Willst du mir etwa sagen ...?"

Sie nickte, und ihre Augen erzählten ihm, was sie mit Worten nicht ausdrücken konnte. Er legte die Arme um sie und drückte sie an sich. Beide weinten jetzt — es waren Tränen der Freude. „Dank sei Gott! Oh Carla — dank sei Gott!"

* * *

Die Feuerwehrleute fanden Antonio Del Sasso im Hauptkorridor gleich vor dem schmalen Gang, der zum hinteren Bühnenausgang führte. Er war bewußtlos und lag mit dem Gesicht nach unten. Sie vermuteten, daß er zunächst von der gewaltigen Explosion im Theater zu Boden geworfen worden war, wieder zu sich kam und es nur bis dorthin geschafft hatte, bevor er vom Rauch bewußtlos geworden war. Es gab keine andere mögliche Erklärung dafür, warum er für eine so kurze Strecke so lange gebraucht hatte, nachdem er unverletzt aus dem Auditorium entkommen war, oder warum er nicht ohne Probleme denselben Fluchtweg hatte nehmen können wie Carla Bertelli, die einzige weitere Überlebende.

Ken rief die Elliotts an, sobald er Carla sicher nach Hause gebracht hatte. Die Neuigkeiten, die er für sie hatte, riefen sowohl Freude als auch Trauer hervor: Freude, weil Carla nicht nur überlebt, sondern auch endlich ihr Leben Christus übergeben hatte. Trauer, weil Viktor und Frank und die vielen anderen umgekommen waren. Wie die Feuerwehrleute später berichten würden, war die alles verzehrende Brandkatastrophe so heftig gewesen, daß nur Asche übrig geblieben war und man durch die Untersuchung der Ruinen nur wenig über die Ursache erfahren konnte. Natürlich hatte man auch Viktors Leiche gefunden – keine fünf Schritte von Del Sasso entfernt. Von all denen, die umgekommen waren, war sein Leichnam der einzige, der geborgen werden konnte.

„Wir müssen aufpassen", warnte Hal Elliott die Versammlung, als er die Neuigkeiten bekanntgab, „daß wir uns jetzt nicht einbilden, unsere Gebete hätten die Kraft, Satans Pläne für diese Welt völlig zu durchkreuzen. Unsere Gebete haben heute eine Rolle gespielt, weil der Zeitpunkt, wo Gott es dem Antichristen erlauben wird, seine Imitation von Gottes Königreich zu errichten, eindeutig noch nicht gekommen ist. Und wir dürfen nie vergessen, daß es nicht darauf ankommt, wie laut oder wie lange wir beten. Wir werden nicht erhört ‚um unseres vielen Redens willen', wie Jesus sagte. Was zählt, sind der Glaube, den Gott uns gibt, und die Heiligkeit unseres Lebens. In Jakobus 5,16 heißt es: ‚Viel vermag eines Gerechten Gebet in seiner Wirkung'. Gott wird keine unreinen Gefäße für seine Arbeit benutzen, ganz gleich, wie oft wir zu ihm rufen und seine Verheißungen in Anspruch nehmen. Und er antwortet nur, wenn unsere Gebete mit seinem perfekten Willen übereinstimmen. Wenn wir überhaupt erhört werden wollen, müssen wir uns diesem Willen in Gehorsam unterordnen."

Die anderen reagierten mit einem „Amen" oder nickten zustimmend. Hal fügte noch eine weitere Ermahnung hinzu: „Wir sollten uns jetzt nicht auf etwas ausruhen, was wir vielleicht für einen großen Sieg halten. Vielmehr sollten wir die restliche gemeinsam Zeit nutzen, um vor Gott zu sein und ihm zu erlauben, daß er unsere Herzen prüft. Vielleicht wird er uns durch sein Wort die Bedeutung der erstaunlichen Ereignisse des heutigen Tages offenbaren. Wie passen sie zu den biblischen Prophetien? Passen sie überhaupt dazu? Welche Bedeutung haben sie für die Zukunft, und was sollen wir daraufhin jetzt unternehmen? Ich glaube, dies ist ein äußerst kritischer Zeitpunkt in der Weltgeschichte, und wir als Gläubige brauchen einige neue Erkenntnisse und Führung."

Don Jordan war zwar der gleichen Meinung wie Hal und wollte gern zusammen mit den anderen weiterbeten, aber er hatte plötzlich den starken Eindruck, daß er jetzt eine andere Aufgabe habe. Er rief Ken an und sagte ihm, daß er sofort kommen würde – es sei dringend.

Als Jordan mit dem Aktenkoffer in der Hand ankam, lag Carla auf dem Sofa im Wohnzimmer und berichtete Ken die ganze unglaubliche Geschichte. „Sie tun genau das Richtige", sagte Jordan mitfühlend zu Carla und setzte sich zu ihnen. „Sie müssen sich das von der Seele reden und es irgend jemandem sofort erzählen. Und deshalb wollte ich hier sein." Er zog einen Kassettenrekorder aus seiner Aktentasche. „Aber es gibt einen anderen und vielleicht noch wichtigeren Grund. Ich vermute, daß Ihre Version der Geschichte später sehr wichtig sein wird. Sie können sicher sein, daß Del Sasso eine ganz andere Geschichte erzählen wird, und sie wird Ihrer total widersprechen."

„Ich weiß nicht, wie weit Sie schon gekommen sind", sagte er, stellte den Rekorder dicht vor Carla und schaltete ihn an, „aber Sie werden noch einmal von vorne anfangen müssen – beginnen Sie mit heute morgen. Gehen Sie den ganzen Tag durch und lassen Sie kein Detail aus. Danach werden wir zurückgehen zu dem Zeitpunkt, als Sie in Paris waren und Viktor zum ersten Mal getroffen haben, und von da an noch einmal alles aufrollen. Lassen Sie sich Zeit. Ich habe keine offizielle Funktion in dieser Sache und werde sie wahrscheinlich auch nie haben. Zunächst wird sich der CIA damit befassen, und dann, nehme ich an, ein Untersuchungsausschuß der Bundesregierung – oder vielleicht auch ein Senatsausschuß, je nachdem, was sie weiterhin machen wollen."

※ ※ ※

Es war schon nach Mitternacht, als sie endlich fertig waren. Für Carla war es ein ermüdendes und schrecklich traumatisches Verfahren gewesen, aber sie hatte sich bis zum Schluß gut gehalten. Dann ging sie zu Bett. Ken und Don unterhielten sich noch etwas länger. Don ging erst, nachdem sie von jedem Band eine Kopie für Ken gemacht und in seinem Banksafe eingeschlossen hatten. Jordan behielt die Originale für seine Akten, um sie wieder vorholen zu können, falls je der richtige Zeitpunkt dafür käme. Nachdem er die Geschichte gehört hatte, wußte er, daß er das Richtige getan hatte – und daß er nicht zögern würde, in den Zeugenstand zu treten, selbst wenn ihn das seine Stelle kosten sollte. Und er war jetzt davon überzeugt, daß das eines Tages durchaus der Fall sein könnte. Es gab in Washington einige Leute in sehr hohen Positionen, die eher sterben würden, als zuzulassen, daß jemals die Wahrheit bekannt würde. Dessen war er sich jetzt sicher.

Früh am nächsten Morgen brachte ein Anruf von Jordan die erwartete Nachricht. „Ken, wir haben gerade Anweisung erhalten, Carla zum Verhör zu holen. Wie ich bereits vermutete, fällt es nicht in unseren Zuständigkeitsbereich, sondern in den des CIA. Aber sie möchten, daß wir Carla holen. Zwei meiner Männer sind jetzt unterwegs zu euch. Du solltest Carla nicht wecken, bevor sie da sind — aber ich wollte, daß du Bescheid weißt. Ich bin mir nicht sicher, aber ich habe den Eindruck, daß Del Sasso bereits einige Dinge gesagt hat, durch die Carla in die Sache verwickelt werden könnte."

„Verwickelt werden?" fragte Ken. „In *was?*"

„In die Ursache der Zerstörung."

„Das ist vollkommen verrückt!" Ken merkte, wie er wütend wurde.

„Reiß dich zusammen, Ken. Und mach keine Aussagen gegenüber den beiden Agenten, wenn sie kommen. Bleib einfach ruhig. Deshalb habe ich nämlich angerufen. Okay? Bete darüber, Bruder, und laß den Herrn die Sache übernehmen. Und natürlich kein Wort über die Aufnahmen, die wir gestern nacht gemacht haben oder über diesen Anruf."

Es war spät am Nachmittag, als Carla von den beiden Agenten wieder zurückgebracht wurde. Es waren dieselben, die noch vor kurzem im Hilton Dienst getan hatten. Als Ken die Tür öffnete, um sie einzulassen, sah sie erschöpft aus — und verwirrt. „Und denken Sie daran, Sie stehen zwar noch nicht unter Arrest", sagte einer der beiden Agenten, „aber Sie sollten die Stadt nicht verlassen, ohne uns vorher zu fragen." Ken öffnete seinen Mund, biß sich dann auf die Lippen, nahm Carla am Arm und führte sie hinein. Sie legte ihre Arme um seinen Hals, klammerte sich an ihn und versuchte, die Tränen zurückzuhalten.

Er hielt sie fest, bis sie aufgehört hatte zu zittern. Dann legte er seinen Arm um sie, und sie gingen sie in die Küche. Er setzte Wasser auf, und sie nahmen am Tisch Platz. Carla wischte sich die Tränen aus dem Gesicht. „Ich habe mich zusammengerissen, damit sie mich so nicht sehen, das kannst du mir glauben", sagte sie. „Da unten war ich stark. Aber es ist so unglaublich."

„Erzähl mir, was los war."

„Ich kann nicht — sie haben es mir verboten."

„Wie meinst du das?"

„Ich habe die richterliche Anweisung, zu schweigen — ich darf mit niemandem über diese ganze Sache reden, von Anfang bis Ende, nicht einmal mit dir."

Kens Gedanken rasten. Jordan hatte also nicht nur eine Vermutung gehabt. Was würde geschehen? Es war unglaublich. Er würde kämpfen, mit aller Kraft. Sie würden damit nicht durchkommen — was auch immer es war, was sie da versuchten und worüber Carla nicht sprechen durfte. Das schrille Pfeifen des Wasserkessels brachte ihn wieder in die Gegenwart zurück.

Als er die Tassen und die Teekanne auf den Tisch gestellt hatte, sagte er: „Du kannst mir doch zumindest sagen, wie es lief und warum du so erregt bist."

„Ken, ich darf *absolut nichts* sagen."

Er erinnerte sich, was Jordan gesagt hatte. „Beschuldigen sie dich auf irgendeine Weise?" fragte er. „Sag' nichts — nick' einfach oder schüttle den Kopf."

Sie nickte langsam. „Aber mit dieser Lüge können sie doch unmöglich durchkommen!" rief er wütend aus.

„Vielleicht können sie es. Es gibt etwas, was ich übersehen habe, Ken. Wir alle haben es übersehen — selbst Jordan."

* * *

Die Regierung hatte sofort eine bewaffnete Patrouille aufgestellt, um die Neugierigen davon abzuhalten, irgendeinen Teil des Geländes, einschließlich der Zufahrtsstraße, zu betreten. Eine Decke völligen Schweigens war über die ganze Affäre gezogen worden. Die Tatsache, daß es eine gewaltige Explosion und ein Feuer gegeben hatte, bei dem beinahe 300 Menschen umgekommen waren — viele von ihnen bekannte internationale Führungspersönlichkeiten oder Mitarbeiter der Medien in Spitzenpositionen — konnte natürlich nicht geheimgehalten werden. Die Berichte und Filmreportagen von den Führungspersönlichkeiten, die zum Kongreß eintrafen, den vielen Journalisten vor dem Tor und dann dem Feuer waren innerhalb von Minuten um die ganze Welt gegangen. Aber über alles weitere erhielten die Medien keine Informationen, so daß sie auf eigene Vermutungen angewiesen waren. Natürlich verlangten die Regierungen, deren Repräsentanten bei der Katastrophe umgekommen waren, Antworten. Allen wurde die stereotype Mitteilung gemacht, daß man noch keinen Kommentar abgeben könne und daß eine vollständige Untersuchung möglicherweise mehrere Monate dauern werde.

Weder Bertelli noch Del Sasso durften irgendwelche Interviews geben. Aber es ging das Gerücht um, man habe aus ‚zuverlässiger Quelle' erfahren, daß ihre Aussagen einander sehr stark widersprachen und daß die Geschichte der Bertelli größere Lücken aufwiese. Es war nicht schwer, Vermutungen anzustellen, und in den Tagen nach der Katastrophe wurde sehr viel spekuliert, und zwar öffentlich in der Presse. Einige ihrer früheren Kollegen schienen beinahe wütend auf Carla zu sein, weil sie als einzige überlebt hatte — im Gegensatz zu den 30 anderen Vertretern der Medien, die sich zum Zeitpunkt des Unglücks im Gebäude befunden hatten, und die alle von ihr persönlich eingeladen worden waren. Warum? Irgend etwas stimmte da nicht. Zum Beispiel hatte man Del Sasso bewußtlos in der Nähe des Auditoriums aufgefunden, während die Bertelli es geschafft hatte, ohne einen Kratzer zu entkommen. Wie war es möglich, daß sie sich zum Zeitpunkt der riesigen Explosion, die die Presseleute vor dem Tor und die beiden Wachen miterlebt hatten, im Auditorium befunden hatte? Warum war sie die einzige Überlebende, und wie kam es, daß sie unversehrt entkommen war? Die Gerüchteküche kochte. Und wenn man keinerlei Fakten hat, baut sich ein Gerücht auf dem anderen auf.

Del Sasso schien sich nach einer Woche unter strenger Bewachung im Krankenhaus wieder völlig erholt zu haben. Die „Quelle" ließ durchsickern, daß Del Sasso sich an alles erinnern konnte, was bis zum Zeitpunkt der Explosion geschehen war, aber an nichts, was danach passiert war. Und das war bei der Gewalt der Explosion ja eigentlich auch zu erwarten gewesen. Aber die Bertelli wußte noch alle Einzelheiten — vor und nach der Explosion —, und einiges davon war absolut unglaublich. Es wurde gesagt, daß selbst Autoren von Science-fiction-Romanen zögern würden, Szenen auszumalen, wie sie sie beschrieb.

Was das riesige UFO betraf, so hatte niemand ein Bild davon gemacht, und die Berichte waren äußerst widersprüchlich. Einige sagten, es sei gar kein UFO gewesen, sondern vielmehr ein riesiger Feuerball, der von der Explosion vorwärtsgetrieben worden war, und der nur scheinbar wie ein UFO ausgesehen habe. Andere schworen, sie hätten den metallenen Schiffskörper erkennen können. Nur ein einziger bezeugte, er habe gesehen, wie Kens Jeep direkt durch das UFO hindurchgefahren sei. Aber das war offensichtlich ganz unmöglich — es mußte wohl dicht über ihn hinweggeflogen sein.

Bei der abschließenden Bewertung der Zeugenaussagen fiel die UFO-Theorie unter dem Gewicht der unglaublichen Szenen, die man hätte glauben müssen, wenn sie wahr gewesen wären, komplett unter den Tisch. Zum einen hatten die Zeugen — es gab mehr als 100 von ihnen — beinahe einstimmig gesagt, daß das Objekt aus dem Kuppeldach des Auditoriums auf der rechten Seite des Hauptgebäudes gekommen sei. Da es unmöglich war, daß ein Raumschiff von solch riesigen Ausmaßen in das Gebäude hätte kommen können, war es klar, daß auch kein Raumschiff das Gebäude verlassen hatte. Also konnte das Objekt nicht ein riesiges UFO sein, das von Flammen umgeben war, sondern mußte vielmehr ein riesiger Flammenball gewesen sein, der durch eine Laune der Natur — die möglicherweise mit der Art der Explosion oder der Windrichtung zu dem Zeitpunkt zu tun hatte — in horizontaler Richtung vorwärts getrieben worden war und gleich hinter dem Tor in den Bäumen verschwunden war. Die Tatsache, daß etliche Baumwipfel in einer geradem Linie, die vom Auditorium wegführte, arg versengt waren, schien diesen Gedankengang zu untermauern.

* * *

Ken und Carla ließen nicht zu, daß die Verbote der Regierung ihr Privatleben bestimmten, erst recht nicht, wenn es um etwas ging, was ihnen beiden sehr viel bedeutete. Die Hochzeit, die vor mehr als zwei Jahren wegen Kens Bekehrung zu Christus abgesagt worden war, wurde endlich doch noch wahr, weil sich Carla bekehrt hatte. Natürlich sah die Gästeliste jetzt vollkommen anders aus, als damals geplant. Alles hatte sich geändert. Carla stellte fest, daß sie jetzt einen ganz neuen Freundeskreis bekommen hatte. Die meisten von ihnen gehörten zu dem Gebetskreis bei den Elliotts und zu der Kirche, die Ken besuchte, oder zu dem wöchentlichen Bibelkreis in seinem Haus, den Ken leitete.

„Als dein Ehemann", hatte Ken gesagt, als er ihr zum zweiten Mal einen Antrag machte, „kann ich Geheimnisse erfahren, die du mir sonst nicht mitteilen dürftest. Dann können wir in dieser Sache gemeinsam kämpfen."

Carla hatte gelacht. „Versuchst du, diesen großartigen Antrag zu rechtfertigen? Einige Männer heiraten Frauen um des Geldes willen, das sie besitzen — aber das habe ich nicht. Und andere — naja, heiratest du mich etwa wegen der Geheiminformationen, in die ich eingeweiht bin?"

Eigentlich hatten sie ihre Flitterwochen auf Hawaii verbringen wollen. Aber da ihnen jede Reise verboten war, kam das nun nicht in Frage. Hätte Jordan nicht ein gutes Wort für sie eingelegt, hätten sie einen Ausflugsort bei Palo Alto wählen müssen. Aber unter seinem Druck gab der CIA nach und ließ sie nach Carmel fahren, das nur 80 Kilometer südlich von Palo Alto lag, aber in vielem beinahe genauso schön und so beliebt bei Jungverheirateten war wie Maui.

Während der nächsten sechs Monate wurde Carla mehrere Male nach Washington beordert, um bei einer Anhörung vor dem Senat unter Ausschluß der Öffentlichkeit auszusagen. Es gab starken Druck von Seiten der Medien, den Deckel der Geheimhaltung zu lüften, aber die Regierung gab solchen Forderungen kein einziges Mal nach. Es wurde Carla und Ken, der sie immer begleitete, wie auch den beiden Rechtsanwälten, die Ken beauftragt hatte, sehr bald klar, daß Carla sich in größten Schwierigkeiten befand – und auch, warum das so war.

„Bleiben Sie immer noch bei Ihrer Geschichte", fragte der Vorsitzende des Senatsausschusses, als Carla zum dritten Mal vor diesem Komitee erschien, „daß es Oberst Chernov war – ein Mann, der seit mehreren Wochen tot war – der Dr. Khorev im Korridor getötet hat, als sie beide zu entkommen versuchten?" Er sah sie skeptisch über seine Brillengläser hinweg an.

„Wie ich bereits erklärt habe, war es nicht Chernov." Es fiel ihr immer schwerer, ihr irisches Temperament zu zügeln. Sie schienen absichtlich darauf zu beharren, daß sie etwas gesagt habe, was sie gar nicht gesagt hatte, und zu versuchen, ihre Aussage auf jede nur mögliche Weise unglaubwürdig zu machen – aus dem einfachen Grund, weil sie nicht mit der Aussage ihres Starzeugen, Antonio Del Sasso, übereinstimmte. Ihre Forderung nach einer direkten Gegenüberstellung mit ihm wurde wiederholt abgelehnt.

„Aber Sie sagten, die Person habe genauso ausgesehen wie er!" unterbrach sie der Vorsitzende scharf.

„Ich habe erklärt, daß es ein Archont war, der sich als Chernov verstellt hat."

„Und Dr. Del Sasso sagt, daß diese ganze ‚Archonten-Geschichte' eine Erfindung von Viktor Khorev gewesen sei und daß Sie dabei mitgemacht hätten. Offenbar hatten sie das von Anfang an abgesprochen. Wir haben natürlich Ihre Veröffentlichungen, um das zu beweisen. Leugnen Sie sie etwa ab?"

„Natürlich leugne ich sie nicht ab. Und ich sage Ihnen noch einmal, daß Del Sasso lügt. Er hat sich selbst als der Sonderbotschafter der Archonten für diese Welt vorgestellt und wiederholt gesagt – übrigens auch bei der Versammlung, die hier untersucht wird –, daß die psychischen Kräfte, die er manifestiere, ausschließlich von den Archonten stammten."

„Und Sie erwarten, daß dieses Komitee Phantasien von hochentwickelten Außerirdischen ohne Leiber glaubt – Geistwesen, die sie jetzt *Dämonen* nennen –, die herumgehen und sich als tote sowjetische Offiziere ausgeben?"

„Ich habe keinerlei Kontrolle darüber, was dieses Komitee glaubt. Ich weiß nur, daß ich Ihnen die Wahrheit sage, ob Sie es nun glauben oder nicht!"

„Und Sie bleiben immer noch dabei", warf ein anderer Senator ein, „daß Sie Dr. Del Sasso nach der Explosion in der Lobby angetroffen haben – obwohl ihn die Feuerwehrmänner bewußtlos direkt vor dem Auditorium liegend vorgefunden haben, tief im Inneren des Gebäudes?"

„Ja, dabei bleibe ich – und mein Ehemann, Ken Inman, hat diese Tatsache bestätigt."

„Ja, wir haben seine Aussage, und sie stimmt in der Tat mit Ihrer Aussage überein – was ja wohl zu erwarten war."

An diesem Punkt sprang Ken auf, um Einspruch zu erheben, wurde jedoch von seinen beiden Anwälten gleich wieder heruntergezogen. „Ich habe Carla in meinem Jeep vom Gelände gebracht. Es gibt Zeugen, die gesehen haben, wie wir beide zusammen aus der Lobby gekommen sind!" flüsterte er den Anwälten zu. „Und das beweist nicht im geringsten, daß auch Del Sasso in der Lobby war!" kam die strenge Antwort, verbunden mit einer Ermahnung, ruhig zu bleiben und die Sache seinen Anwälten zu überlassen. Schließlich habe er sie damit beauftragt.

„Wir bitten Sie dringend, die Wahrheit zu sagen, Mrs. Inman", sagte der Vorsitzende noch einmal. „Sie waren bisher nicht vorbestraft, und ich möchte diese Bitte auf der Basis der Loyalität, die sie offenbar früher Ihrem Land gegenüber gehabt haben, an Sie richten. Führende Politiker aus der ganzen Welt starben bei dieser Katastrophe, und unsere Beziehungen zu anderen Nationen sind dadurch stark gefährdet. Ich kann Ihnen keine Milde versprechen – diese Entscheidung liegt bei dem Richter. Aber ich kann Ihnen die Befriedigung bieten, zu wissen, daß Sie sich zumindest zu einem gewissen Grade von diesem unbeschreiblichen Verbrechen reinwaschen können, indem Sie jetzt die Wahrheit sagen."

„Ich habe die Wahrheit gesagt" war alles, was Carla noch sagen konnte. Sie schien die Verbindung zur Realität verloren zu haben. Dies konnte doch unmöglich tatsächlich passieren!

„Sie wissen, daß es absolut unlogisch ist", beharrte der Vorsitzende, „daß sich Dr. Del Sasso in der Vorhalle befand, nur einen Schritt von der Sicherheit entfernt, um dann wieder hineinzugehen – in den beinahe sicheren Tod. Wenn der Feuerwehrmann ihn nicht im letzten Augenblick gefunden hätte, wäre er tatsächlich gestorben. Warum hätte er zurückgehen sollen? Er mußte wissen, daß alle anderen tot waren. Und nachdem er so weit gekommen war in seinem Versuch, sich zu retten, wäre er doch sicherlich nicht ohne Grund in ein brennendes Gebäude zurückgegangen."

„Vielleicht schämte er sich für das, was er getan hatte und wollte sterben", erwiderte Carla. „Ich weiß es nicht. Sie müssen Ihn schon selbst fragen, warum er zurückgegangen ist. Aber da er offensichtlich lügt, hat es eigentlich keinen Sinn, ihn irgend etwas zu fragen. Und ich verlange immer noch eine Gegenüberstellung mit ihm vor diesem Komitee."

Das war ein Wunsch, der niemals gewährt werden würde, trotz der Argumente, die Kens Anwälte gekonnt vorbrachten und trotz einigem Druck von Jordan, den er unter beachtlichem Risiko für sich selbst hinter den Kulissen ausübte.

* * *

Und so verliefen die Anhörungen Monat für Monat auf sehr enttäuschende Weise, obwohl die Gruppe, die sich im Haus der Elliotts traf, betete, daß die Wahrheit ans Licht kommen möge, um die Welt zu warnen. Es war ein großer Trost für Ken und Carla und auch alle anderen in der Gebetsgruppe, als Dr. Elliott sie daran erinnerte, daß es Glaubensprüfungen gäbe und daß Gottes Wille immer das Beste sei, und daß er alles unter Kontrolle habe, auch wenn es so aussah, als sei das nicht der Fall. Sie vertrauten auf die Güte Gottes und darauf, daß sie in seiner Hand waren und daß zu seiner Zeit die Wahrheit tatsächlich ans Licht kommen würde, obwohl das ein unmöglicher Traum zu sein schien.

Immerhin stand Carlas Wort gegen das von Del Sasso. Das alte Sprichwort „Die Wahrheit ist seltsamer als jede Erfindung" erwies sich wieder einmal als wahr. In diesem Fall war die Wahrheit zu seltsam, als daß der Untersuchungsausschuß des Senats sie glaubte. Es war gar nicht unbedingt so, daß irgend jemand von ihnen mit jenen hochgestellten Personen in Washington, die die Wahrheit kannten und sie verheimlichen wollten, unter einer Decke steckte. Carlas Geschichte war einfach zu unglaublich, um sie zu akzeptieren. Und für jemanden, der nicht sehr gut mit den Tatsachen vertraut war, war diese Reaktion nur normal.

In der Zwischenzeit hatte sich Del Sassos Vorgehensweise geändert. Da die Archonten in der Anhörung vor dem Senat vollkommen abgelehnt worden waren, erwähnte er sie nicht mehr. Anstatt von hoch entwickelten, nicht-menschlichen Geistwesen zu sprechen, redete er jetzt von Jung'schen Archetypen, mit denen man mit Hilfe uralter und jetzt wiederbelebter schamanistischer Techniken in Kontakt treten konnte — und er behauptete, daß er diese These schon die ganze Zeit über vertreten habe. Auf diese Weise, schlug er vor, könne man die unbegrenzten Kräfte der Psyche anzapfen, die ungenutzt im Unbewußten schlummerten, die man jedoch wecken und nutzen könne. Er gründete eine Firma mit dem Namen *Shamans Unlimited*, die Unterweisung in solchen Techniken anbot, und wurde sehr rasch der bekannteste Guru in den Human Potential/positives Denken/Erfolgsmotivations-Kreisen. Es gab natürlich noch viele andere, die diese Botschaft unter die Geschäftsleute und politischen Führer, die Erzieher und Psychologen brachten, aber Del Sasso besaß als einziger die psychischen Kräfte, mit denen er die Leute ködern konnte. Allerdings führte er diese Kräfte mit der Begründung, er wolle nicht, daß irgend jemand zu hohe Erwartungen bekomme — zumindest noch nicht am Anfang —, nur noch in sehr viel geringerem Maße vor als bisher.

„Es ist schon paradox", berichtete Ken der Gebetsgruppe. „Was zunächst wie eine Katastrophe für die Archonten ausgesehen hat, stellt sich jetzt als ein großer Sprung nach vorne heraus. Es ist fast so, als hätten sie es die ganze Zeit so geplant. War Del Sasso einst nur einer Elitegruppe in den höchsten Rängen politischer Führer bekannt, so kennt ihn jetzt die ganze Welt. Dank der Medien, die ihn wie einen Helden behandelt haben, ist sein Name in aller Munde. Er ist über Nacht weltberühmt geworden.

Was den Plan betrifft, so hat sich eigentlich nicht viel geändert. Es ist egal, ob man sie nun ‚Archonten' nennt oder ‚Archetypen' des kollektiven Unbewußten. Sie sind und bleiben Dämonen, und Del Sasso ist immer noch ihr Top-Mann. Das Endergebnis wird dasselbe bleiben:

Unzählige Millionen von Menschen werden dämonisiert werden, um die Welt für den Antichristen vorzubereiten. Aber jetzt benutzt Del Sasso ein weitaus effektiveres Mittel, um die Lüge der Göttlichkeit des Menschen und der unbegrenzten Möglichkeiten unter die Massen zu bringen."

„Das ist wahr", hatte Hal zugestimmt. „Die Prophetie wird sich erfüllen. Satans ‚Archontenplan' ist nicht endgültig beiseite gelegt worden – er ist nur in seiner äußeren Form verändert worden. Und ihr könnt davon ausgehen, daß der Appetit der Öffentlichkeit auf das nachgeahmte Übernatürliche und ihre Leichtgläubigkeit auch nicht vorbei sind. Im Gegenteil, sie nehmen zu. Was wir hier sehen, ist nur eine schlaue Anpassung des Programms, um die Welt besser auf die große Verblendung vorzubereiten. Das werden wir nicht aufhalten können. Wir werden die Welt nicht retten können, ganz gleich, wieviel wir beten und predigen. Der Schlüssel ist die Kirche. Wenn sie aufwacht und erkennt, was geschieht, dann können vielleicht noch viele irregeleitete Seelen gerettet werden, bevor es zu spät ist. Carla ist ein Beispiel dafür. Sie schien hoffnungslos verstrickt zu sein, aber – preis sei Gott!" Hals Lächeln sagte den Rest.

* * *

Es waren beinahe acht Monate seit jenem Ereignis vergangen, als das Komitee endlich zu einem Urteil kam. Die Ergebnisse wurden vom Kongreß und dem Weißen Haus akzeptiert und an die vielen Nationen weitergegeben, die bei der Brandkatastrophe führende Persönlichkeiten verloren hatten. Ken und Carla wurden wieder nach Washington gerufen, um bei der öffentlichen Verkündigung der Ergebnisse anwesend zu sein. „Wird man uns einsperren?" fragten sie ihre Anwälte, als sie gemeinsam nach Washington flogen.

„Nach unseren Informationen nicht", versicherten sie ihnen, „aber Sie werden mit den Ergebnissen sehr unzufrieden sein."

Und das waren sie in der Tat, als sie mit dem Komitee zusammenkamen und das Urteil erfuhren. Sie durften nicht darauf antworten – es war kein Einspruch mehr möglich – und mußten schweigend zuhören, als die Liste der Anklagepunkte gegen sie verlesen wurde. Zum Schluß wurde ihnen gesagt, daß die Anklage wegen Mangel an Beweisen fallengelassen würde, daß die Untersuchungen aber noch nicht beendet wären. Dann gingen sie hinaus, um sich unter die Menschenmenge zu mischen und die öffentliche Ankündigung zu hören.

Es war ein kalter, stürmischer Februartag. Der Himmel war grau und drohte, beachtliche Schneemengen auf die Hauptstadt des Landes herabzuschütten. Dennoch wurde die Ankündigung auf den Treppen des Senatsgebäudes gemacht. Die lauten Forderungen der Öffentlichkeit, die Tatsachen zu erfahren, hatten es unmöglich gemacht, die Ergebnisse bei einer normalen Pressekonferenz bekanntzugeben. Die Öffentlichkeit wollte dabei sein, und Tausende hatten sich in dem kalten Wind versammelt. Einige von ihnen hatten mehrere Stunden dagestanden, um die langerwartete Ankündigung zu hören. Der Präsident der Vereinigten Staaten kam in Camp David mit seinem Kabinett zusammen, so daß der Vizepräsident, der gleichzeitig Vorsitzender des Senats war, an seiner Stelle die vorbereitete Ankündigung verlesen mußte. Sie war sehr kurz.

„Der vollständige, schriftliche Bericht steht jedermann zur Verfügung. Sie können nach dieser Ankündigung hineingehen und ihn sich am Informationstisch holen", gab er über das Mikrofon bekannt, und seine Stimme wurde von Lautsprechern zu der riesigen Menschenansammlung getragen. „Zusammenfassend ist das Komitee zu folgendem Ergebnis gekommen: Der Tod von 289 Menschen und die Zerstörung der Parapsychologischen Forschungseinrichtung bei Palo Alto, Kalifornien, am 14. Juni vergangenen Jahres wurde durch einen Sprengsatz verursacht, der von Viktor Khorev angebracht worden war. Viktor Khorev war erst vor kurzem angeblich in den Westen geflohen. Er hat jedoch nicht – und daß möchten wir hier sehr deutlich sagen – als Agent der sowjetischen Regierung gehandelt, sondern war Teil eines Planes, den sich ein gewisser Oberst Alexei Chernov ohne das Wissen seiner Vorgesetzten in Moskau ausgedacht hatte. Als ihr erster Versuch, die Parapsychologische Forschungseinrichtung zu zerstören, fehlschlug und Chernov durch den heldenhaften Einsatz von Dr. Antonio Del Sasso getötet wurde, erreichte Khorev – der mit anderen, noch unbekannten Personen zusammengearbeitet hat – dieses Ziel mit Hilfe eines sehr leistungsfähigen Sprengsatzes. Wir haben die Versicherung des russischen Staatspräsidenten persönlich, daß Khorev und Chernov und andere einzelne Agenten auf eigene Faust gehandelt haben, ohne Erlaubnis oder Unterstützung von Seiten der russischen Regierung. Intensive Nachforschungen, die wir mit Hilfe unserer Alliierten in Übersee angestellt haben, haben die Richtigkeit dieser Versicherung bestätigt.

Die bekannte Journalistin Carla Bertelli, jetzt Carla Inman, ist ebenfalls darin verwickelt. Sie half Khorev und Chernov, jene Flucht in Paris zu inszenieren, von der wir jetzt wissen, daß sie als Teil von Khorevs gespieltem Überlaufen nur vorgetäuscht war. In der Zeit, in der sie sich gemeinsam in der Forschungseinrichtung befanden, war sie eine gute Freundin Khorevs und arbeitete offensichtlich mit ihm an dem Plan, die Einrichtung zu zerstören. Sie veröffentlichte Artikel, in denen sie Khorevs erfundene Theorie von mystischen Wesen ohne Körper, den sogenannten Archonten, verbreitete, die sie als Tarnung für ihr Komplott nutzen wollten, und versuchte sogar, den Untersuchungsausschuß des Senats davon zu überzeugen, daß die ‚Archonten' für die Zerstörung verantwortlich seien. Bertelli entkam vollkommen unversehrt – etwas, was selbst Khorev nicht schaffte –, so daß man zumindest vermuten kann, daß sie wußte, wann die Explosion stattfinden würde und das Auditorium rechtzeitig verließ, um ihr aus dem Weg zu gehen.

Der Untersuchungsausschuß des Senats hat nur widerwillig wegen Mangels an Beweisen davon abgesehen, Mrs. Inman und ihren Gatten zum gegenwärtigen Zeitpunkt unter Anklage zu stellen. Die Untersuchung wird jedoch fortgesetzt, und sollte in der Zukunft jemals der Beweis für ihre Schuld erbracht werden, werden sie unter Arrest gestellt und für ihre Rolle in diesem teuflischen Plan belangt werden. Bis dahin sind sie frei.

Ich weiß, daß die heute anwesenden Repräsentanten der Medien viele Fragen haben, aber dies ist weder die Zeit noch der Ort, um diese Fragen zu stellen oder sie zu beantworten. Der Präsident tritt in diesem Augenblick mit seinem Kabinett zusammen, um über diese wichtige Angelegenheit und ihre Folgen für unsere Beziehungen zu anderen Nationen zu sprechen, von denen viele einige ihrer Spitzenpolitiker verloren haben. Wir werden nächste Woche eine Pressekonferenz abhalten, und dann wird der Präsident Ihre Fragen beantworten."

In dem Moment wurden Ken und Carla von einem Reporter der *Washington Post* abgelenkt, der Carla seit Jahren kannte. Er hatte sich einen Weg durch die Menschenmenge bis zu ihnen gebahnt und begann, ihnen Fragen zu stellen.

„Ich bin wirklich schockiert von dem, was wir gerade gehört haben", sagte er zu Carla. „Und ich finde es einfach unglaublich. Haben Sie irgend etwas dazu zu sagen?"

„Jetzt, wo das Redeverbot aufgehoben worden ist und man in aller Öffentlichkeit falsche Anschuldigungen gegen mich erhoben hat, können wir endlich sprechen – und das werden wir auch tun. Wir werden sogar noch mehr tun", sagte Carla. „Ich habe nicht nur die Absicht, mich selbst gegen die verleumderischen Anschuldigungen zu verteidigen, die wir gerade gehört haben, sondern auch, den guten Namen Viktor Khorevs reinzuwaschen. Mein Mann und ich werden nicht aufgeben, bis die Wahrheit ans Licht kommt. Darauf können Sie sich verlassen!"

Der Vizepräsident beendete gerade seine Rede, und was er sagte, forderte wieder ihre Aufmerksamkeit. „Und ich möchte noch etwas sagen, meine Damen und Herren. Dr. Antonio Del Sasso, der einzige Überlebende der Explosion und derjenige, der heldenhaft sein Leben riskierte bei dem Versuch, Dr. Khorev in Sicherheit zu bringen, ist hier unter uns. Der Präsident wird ihm in einer besonderen Feierstunde, die heute nachmittag im Weißen Haus stattfinden wird, eine Medaille überreichen. Ich möchte ihn bitten, sich hier neben mich zu stellen, wo Sie ihn alle sehen können. Meine Damen und Herren, bitte zeigen Sie, wie sehr Sie diesen Mann schätzen, der versucht, diesem Planeten Wohlstand und Brüderlichkeit zu bringen."

Die Menge begann zu toben. Del Sasso, der jetzt einen Rollkragenpullover und einen sportlichen Tweedmantel trug, neigte seinen Kopf leicht und lächelte. Ja, der Plan würde vorangehen. Die wenigen Leben, die geopfert worden waren, waren nur der Anfang gewesen. Es war alles Teil des Planes. Jetzt würde ihn nichts mehr aufhalten können. Dessen war er sich sicher.